W0303767

Olaf Latzel

Schwarzbrot für das Leben

Predigtreihe

Band I

Altes Testament

1. Mose bis Josua

LICHTZEICHEN VERLAG

Arbeitsgemeinschaft Weltanschauungsfragen e.V.
AG WELT

Olaf Latzel

Schwarzbrot für das Leben
Predigtreihe Band I
Altes Testament 1. Mose bis Josua
1. Auflage 2020
© Lichtzeichen-Verlag GmbH, Lage
© Arbeitsgemeinschaft Weltanschauungsfragen e.V.
Covergestaltung: Manuela Bähr-Janzen
Titelbild: Alexandra Brietzke
ISBN: 978-386-954-475-5
Bestell-Nr.: 548475

Inhalt

Vorwort

Seit Jahrzehnten ist zu hören: Wer von Gericht und Hölle spricht, wer nur Bibel und Bekenntnis gelten lässt, predigt die Kirchen leer. Die Praxis spricht eine andere Sprache und an Olaf Latzel's Predigtstätte, der Bremer St. Martinikirche, wurde erneut der Gegenbeweis erbracht. Die Gottesdienste sind voll und der Livestream im Internet brummt. Die Predigthörer sind jedoch keine Fundamentalisten und Faschisten, wie ein netter Pfarrkollege in Bremen sinnierte. Vom Doktor bis zum Schulabbrecher und vom Greis bis zum Teenager sind alle Bevölkerungsschichten unter Latzel's Kanzel versammelt.

Im vorgelegten Schwarzbrot-Predigtband kann nun das, was eigentlich nicht sein darf, nachgelesen werden. Wo Jesus gepredigt wird, der von sich sagt, dass er das Brot des Lebens ist, werden Menschen satt. Wo Latzel drauf steht, steckt Klartext für Jesus drin. Fakt ist, das gefällt nicht allen. Besonders denen, die eine Aussage gerne verdrehen oder nicht verstehen wollen. Selbst dann, wenn der Weser-Pastor eine verkürzte Formulierung gerade rückt und überflüssigerweise auch noch um Entschuldigung bittet, wollen besonders die von der „Kirche der Vergebung" nichts davon gelten lassen.

Auch wenn Latzel von seinen Gegnern immer wieder mit Worten, Drohungen oder Schmierereien eins vor den Latz geknallt bekommt, geht er treu seinen Weg. Er gräbt sich in die Bibel ein, fördert Schätze zu Tage und liefert Schwarzbrot von der Kanzel, auf der schon der Liederdichter Joachim Neander (*1650 – †1680) stand. Eine Zeile aus dem Neander-Lied „Lobe den Herren, den mächtigen König" kann der heutige Martini-Pastor vermutlich aus vollem Herzen singen: „In wieviel Not hat nicht der gnädige Gott über dir Flügel gebreitet!"

Lutz Scheufler

Hinweise zum Buch

Die Predigten von Pastor Olaf Latzel wurden - bis auf wenige stilistische Änderungen - so übernommen und zu Papier gebracht, wie sie von ihm an den jeweiligen Sonntagen im Kirchenjahr gehalten und tontechnisch gespeichert wurden.

Wer schon einmal in der Bremer St. Martini-Gemeinde, über einen Livestream oder eine YouTube-Aufzeichnung im Internet die Wortverkündigung von Pastor Latzel miterleben konnte, der hört ihn ganz sicher beim Lesen der gedruckten Predigten erneut klar und deutlich reden.

Vor Ihnen liegt der erste Predigtband zu alttestamentlichen Bibelstellen. Weitere Bände zum Alten Testament und zum Neuen Testament folgen.

Wir danken Bruder Latzel für die Freigabe zur gedruckten Veröffentlichung und grüßen unsere Leser mit dem wunderbaren Zuspruch aus 2. Mose 15,18:

Der HERR wird König sein immer und ewig.

Mögen diese Predigten zum wahren und irrtumslosen Wort Gottes für die Menschen heute und für nachfolgende Generationen zum Segen sein. Das Wort Gottes kehrt nie leer zu ihm zurück. Es bewirkt, was der HERR will. Und ER will nur Gutes!

Michael Bähr
Lichtzeichen Verlag GmbH

Thomas Schneider
Arbeitsgemeinschaft
Weltanschauungsfragen e.V.

Du bist Erde und sollst zu Erde werden!

1.Mose 3,19

Gnade sei mit euch und Friede von dem, der da war und der da ist und der da sein wird in alle Ewigkeit - unser HERR, Jesus Christus, Amen.

Was bin ich? Wenn ich diese Frage stelle, so denke ich, dann kommt bei einigen von Ihnen als erste Assoziation die Rate-Sendung von Robert Lemke aus den 1960er und 1970er Jahren. Einschaltquoten von 75 Prozent. Maximaler Gewinn in dieser Rate-Sendung: 50 D-Mark. Das waren noch Zeiten. „Was bin ich?" Ich möchte mich aber nicht mit dieser Sendung, die dienstagabends im ARD lief, beschäftigen, sondern ich möchte wirklich dieser Frage nachgehen: Was bin ich als Mensch? Nicht, was ist mein Beruf, wieviel verdiene ich, in welchem Haus lebe ich, sondern: Was bin ich als Mensch?

Auf diese Frage gibt es eine uralte Antwort. Eine Antwort, die viel älter ist als diese alte Rate-Sendung dieses mittlerweile verstorbenen Moderators. Eine Antwort, die uralt ist. Aber während Fernsehen, Systeme und Module vergehen und wirklich veralten, ist diese alte Antwort immer noch topaktuell. Weil es die Antwort der Bibel ist. Und es ist der für den heutigen Sonntag vorgesehene Predigttext. Wir wollen hören auf nur einen Vers aus dem Ersten Buch Mose, aus dem dritten Kapitel, Vers 19. Gott ruft dir zu:

„Du bist Erde und sollst zu Erde werden." - Amen.

Wir wollen beten: Lieber HERR und Heiland, wir wollen dir von Herzen Dank sagen dafür, dass du uns dieses Wort heute Morgen schenkst. Diese uralte und immer wieder neue Antwort auf die Frage, was wir sind. Du willst uns heute neu segnen durch dieses Wort. Wir werden diesen Segen für unser Leben nur dann erfahren können, wenn du selber die Predigt segnest durch deinen guten Heiligen Geist. Darum wollen wir dich bitten, HERR, dass du uns für diese Predigt deinen Geist schenkst, dass du selber das Reden und das Hören deines heiligen und lebendigen Wortes an uns allen segnen wollest. Amen.

Du bist Erde und sollst zu Erde werden. Drei Punkte aus diesem kurzen Bibelwort.

1. Du bist von Erde genommen.
2. Du wirst wieder zu Erde werden.
3. Du bist gerufen, Teil der neuen Erde zu werden.

Das Erste: Du bist von Erde genommen. Weil der Predigttext kurz ist, soll noch an anderen biblischen Texten deutlich gemacht werden, wie wichtig es ist, was die Bibel an diesem Punkt sagt: was wir sind, was du bist, du bist von Erde genommen.

In 1. Mose 2, Verse 6 und 7, lesen wir:

> ***Aber ein Nebel stieg auf von der Erde und feuchtete alles Land. Da machte Gott, der HERR, den Menschen aus Erde vom Acker und blies ihm den Odem des Lebens in seine Nase. Und so ward der Mensch ein lebendiges Wesen.***

Wenn wir 1. Mose 18,27 aufschlagen, da lesen wir:

> ***Abraham antwortete und sprach: Ach siehe, ich habe mich unterwunden, zu reden mit dem HERRN, wiewohl ich Erde und Asche bin.***

Was bin ich? Ich bin von Erde, du bist von Erde genommen. Das sagt die Bibel. Es hat Zeiten gegeben, wo Menschen - vermeintlich aufgeklärte Menschen - diese Wahrheit nicht glauben konnten. Sie dachten: Das stimmt nicht. Wir sind nicht Erde. Aber wenn Sie heute einen Wissenschaftler fragen, ganz gleich, ob einen Mediziner, einen Biologen, einen Physiker, egal wen, die werden Ihnen das bestätigen können. Wenn Sie fragen: „Woraus besteht denn so ein menschlicher Körper?", dann wissen wir das heute ganz genau. Wir wissen genau, welche Atome in so einem Körper sind. Es sind übrigens 10 hoch 28 Atome, eine Zahl mit 27 Nullen. So viele Atome befinden sich in meinem, wie auch in Ihrem Körper. Wie können wir das genau bestätigen? Es sind Wasserstoffatome, Sauerstoff, Stickstoff, Phosphor, Magnesium, Kalzium, Jod, Fluor. Wir sind eine Ansammlung von Atomen, nichts anderes, also was in der Erde ist. Wir sind Erde! Unser Körper, diese Atome befinden sich - auch das wissen wir mittlerweile - in einem ständigen Austausch. In jedem Moment werden Millionen über Millionen Atome aus meinem Körper ausgeschieden und ich nehme neue auf. Das ist ein riesiger Stoffwechselvorgang. Unsere Haut erneuert sich alle vier Wochen, unsere Leber alle sechs Wochen. Wir sind in einem ständigen Austausch. Wir sind von Erde genommen und tauschen uns mit der Erde aus. Das ist die Wahrheit unseres Lebens. Wir sind von Erde genommen. Übrigens, wenn man den Materialwert von uns mal nimmt, was diese Atome, was dieses Material wert ist, so liegt der Materialwert eines ganz normalen erwachsenen Menschen unter 10 Euro. Also das Handy, das Sie besitzen, hat einen viel höheren Materialwert, weil die Atome darin wertvoller sind als die Atome, die Erde, aus der Sie bestehen.

Wir sind von Erde genommen. Du bist von Erde genommen. Aber diese Erde kommt nicht irgendwo her, diese Erde selber hat auch unser HERR und Gott gemacht. Unser HERR und Gott hat die Erde gemacht. Damit geht die Bibel los. Der allererste Satz im ersten Buch Mose: ***Am Anfang schuf Gott Himmel und Erde***. Auch das ist wichtig, wenn wir von Erde genommen sind! Der erste Satz der Bibel: ***Am Anfang schuf Gott Himmel und Erde***. Und als die Erde einige Zeit besteht, da nimmt Gott von der Erde, die er gemacht hat, ein Teil der Erde und haucht diesem Klumpen Erde seinen Odem ein. Wir sind ja nicht nur ein Zellhaufen, also mehrere Milliarden über Milliarden von Atomen, sondern da ist ja ein Nochmehr an Leben in uns, nämlich der Odem Gottes.

Die Mediziner und Wissenschaftler können sehr viel schreiben über die Funktionen, die biologischen, die chemischen, die physikalischen, in unserem Körper. Aber was das Leben als solches ausmacht - zur Frage „Was bin ich?" - da kann uns kein Wissenschaftler weiterhelfen. Da hilft uns nur die Schrift.

Wir sind Erde, von der Erde genommen, und diese Erde ist von Gott gemacht worden. Übrigens ist das das Tolle an der Bibel, wenn ich den ersten Satz lese, den ersten Vers: Entweder glaube ich dem, oder ich glaube dem nicht. Wenn ich diesem Satz nicht glaube, brauche ich gar nicht mehr weiterzulesen. Weil alles andere, was dann kommt, das würde ich gar nicht annehmen können. Das muss ich glauben! Und wenn ich das glaube, dann erschließt sich auch die ganze Wahrheit des Lebens dieser Welt, auch meine Existenz. Und wenn ich das nicht glaube, dass das so ist, dann kann ich es direkt lassen.

Deshalb beten wir im Glaubensbekenntnis ja auch immer als Allererstes: „Ich glaube an Gott, den Vater, den Allmächtigen, Schöpfer Himmels und der Erde." Das sprechen wir ja immer so ein bisschen zwangsläufig mit. Man denkt ja häufig nicht über Dinge nach, die man immer wiederholt. Aber das ist das Entscheidende. Gott hat Himmel und Erde gemacht. Und ER hat dich und mich aus Erde gemacht. Wir gehören uns nicht selber! Das Material, was diesen Menschen Olaf Latzel ausmacht, ist zu einhundert Prozent Eigentum des allmächtigen Gottes in Jesus Christus. ER hat mich von dieser Erde, die ER zuvor geschaffen hat, genommen. ER hält mich auch am Leben und ich bin mit Haut und Haaren Sein Eigentum, Sein Geschöpf. Und nicht nur ich, auch du! Gott hat dich genommen von der Erde und hat dich geformt zu einem Menschen, hat dir den Odem eingehaucht. Du bist Sein Geschöpf - Sein Geschöpf! -, das er von der Erde genommen hat. Das Erste: Du bist von Erde genommen.

Das Zweite: Du bist nicht nur von Erde genommen, sondern **du wirst auch wieder Erde werden**. Du bist Erde und sollst zu

Erde werden. Du wirst wieder zu Erde werden. Auch da möchte ich noch zwei Texte lesen. Prediger 3, Verse 19 und 20:

> ***Denn es geht den Menschen wie dem Vieh. Wie dies stirbt, so stirbt auch er. Und sie haben alle einen Odem und der Mensch hat nichts voraus vor dem Vieh. Denn es ist alles eitel, es fährt alles an einen Ort. Es ist alles aus Staub geworden und wird wieder zu Staub.***

Und daran anschließend ein Wort aus dem Neuen Testament: 1. Timotheus 6, Verse 7 bis 9:

> ***Wir haben nichts in die Welt gebracht. Darum werden wir auch nichts hinausbringen. Wenn wir aber Nahrung und Kleider haben, so wollen wir uns daran genügen lassen, denn die reich werden wollen, die fallen in Versuchungen und Verstrickungen und in viele törichte und schändliche Begierden, welche die Menschen versinken lassen in Verderben und Verdammnis.***

Wir sind von Erde genommen und werden wieder zu Erde werden. Da bleibt nichts von uns. Wir kommen in diese Welt, ohne dass wir etwas dafür getan haben. Wir gehen von dieser Welt, ohne dass wir etwas dagegen tun können. Wir werden ganz brutal wieder zu Erde.

Es hat einen Moment gegeben, in dem mir das noch einmal ganz praktisch deutlich wurde. Diese Wahrheit kannte ich natürlich als Christ, als Theologe. Aber vor zehn Jahren ist mir diese Wahrheit ganz neu eingemeißelt worden: dass wir nichts anderes sind als ein Erdhaufen, der wieder zu Erdhaufen wird. In meiner früheren Gemeinde, wo ich zehn Jahre war, habe ich ein Nebenamt betraut. Ich war Fachberater, Seelsorger bei der Feuerwehr und habe Einsatzkräfte bei der Berufsfeuerwehr in Siegen betreut, wenn die in schweren Einsätzen waren. Und wir hatten in Siegen einen Großschaden nach einem mehrtägigen Regenfall. Ein Friedhof war abgerutscht, das waren mehrere tausend Kubikmeter Erde. Siegen ist ja sehr hügelig, anders als hier in Bremen. Da war die Erde einfach weggeschwemmt worden. Nun waren zwar aktuell auf dem Friedhof keine Menschen zu Tode gekommen, aber in diesen mehreren tausend Kubikmeter Erde waren Särge. Und diese Särge lagen, weil das eine riesige Erdbewegung war, zum Teil alle offen. Es waren apokalyptische Bilder. Wir haben über drei Tage gebraucht, um alle Leichenteile, alle geborstenen Särge wieder zu sammeln. Die wurden dann aufgebahrt und von Pathologen aus Bonn untersucht. Und glauben Sie mir, das waren Bilder, die waren sehr erschreckend. Wir hatten eine provisorische Halle aufgebaut und dann brachten die Einsatzkräfte immer die Leichenteile. Manche Särge waren auch noch zu und die stellten sie vor uns hin. Die wurden geöffnet und die Pathologen untersuchten dann die Menschen, damit die auch zugeordnet und nachher wieder bestattet werden konnten. Und es war eben immer ein Geistlicher dabei, der sich auch um die Angehörigen kümmerte, die dann da waren, und auch um die Einsatzkräfte, die diese Leichenteile trugen. Jetzt war es so, dass einige dieser Särge ein halbes Jahr in der Erde waren, einige schon zehn Jahre. Dann wurden die Särge geöffnet. Bei denen, die ein halbes Jahr drin waren, da konnte man die Gesichtszüge erkennen. Da dachte man, die haben sich gerade so wie zum Schlafen hingelegt. Aber bei denen, die schon zehn Jahre in der Erde waren, da war kaum mehr zu erkennen, dass das überhaupt ein menschlicher Torso, ein Körper war. Die waren schon total zerfallen. Manche Teile waren schon wirklich richtig zu Erde geworden.

Da habe ich nun gestanden und habe mir das angeguckt, so den Verwesungsprozess eines jungen Leichnams bis hin zu älteren. Da wurde mir die Bedeutung dieses Wortes - ***Du bist Erde und sollst wieder zu Erde werden*** - für mein Leben bewusst. Und nicht nur mir, sondern eben auch Menschen, die da mithalfen. Wir hatten eine Hundertschaft Polizisten aus Bochum, die hatten alles abgesperrt, mussten die Särge transportieren, und bewachten alles. Da sagte ein Kommissar zu mir: „Das ist ja ganz furchtbar, was man hier sieht. Das ist ja ganz furchtbar, dass wir auch so enden werden, dass alles verfällt!“ Da habe ich zu ihm gesagt: „Ich finde das gar nicht furchtbar. Ich finde, das ist entlastend!“ Da hat er mich ganz groß angeguckt und gesagt: „Wieso ist das entlassend, dass man so endet?“ - „Nun“, habe ich gesagt, „wenn Sie jetzt rein auf das Ende gucken, dieses biologische, dann ist das erstmal eine traurige Sache. Aber das entlastet mich doch für mein ganzes Leben hier. Wenn ich eh weiß, dass es so endet, dann brauche ich mich doch nicht mehr darüber aufzuregen, wenn mein Garten momentan noch nicht gemäht ist und in dem Zustand ist wie bei meinem Nachbarn. Dann brauche ich mich doch gar nicht aufzuregen, wenn meine Aktienkurse jetzt abstürzen, weil in Japan dieses furchtbare Unglück gewesen ist. Dann brauche ich mich doch nicht mehr so in die Konflikte in meiner Familie, in meiner Nachbarschaft reinzugeben. Da bin ich doch unglaublich entlastet. Dann habe ich doch eine Ruhe. Im Psalm 90 heißt es: ***Die Menschen machen sich so viel vergebliche Mühe***. Das hat damit zu tun, dass es, wie es in Timotheus 6 heißt, dass sie immer wieder nur gucken auf das Irdische und nicht merken, dass das eh ganz schnell vorbei ist und nicht schauen auf das Geistliche und Ewige. Wir sind nur Erde und werden wieder zu Erde werden. Auch all das, mit dem wir zu tun haben: unsere Autos, unsere Häuser, auch all die Menschen, mit denen wir zu tun haben. Wir sollen deshalb die Zeit auskaufen, die wir mit den Menschen haben. Aber wir machen uns viel zu viele Gedanken um nichtige Dinge, die es nicht wert sind, die in zehn Jahren genauso Erde sind wie vieles andere.“ - Das habe ich diesem Polizisten gesagt, dass das entlastend ist und dann habe ich ihm noch gesagt: „Das Zweite, was entlastend ist: Mein Körper, der wird wohl so enden wie diese Körper hier auch. Aber ich werde weiterleben!“ - Dieser Mann hatte von Jesus Christus keine Ahnung. Da habe ich ihm erzählt, dass es eine Perspektive über den Tod hinaus gibt. Das ist eine Neuschöpfung. „Wissen Sie was?“, sagte ich zu ihm, „ich will gar nicht weiterleben in diesem Körper. Schön und gut, was der HERR mir hier gegeben hat. Aber das, was kommen wird im himmlischen Jerusalem, das ist ja um so viele Milliarden Mal besser als das, was hier auf Erden ist. Deshalb freue ich mich auf das, was wird und muss nicht kleben an diesem Erdhaufen und all diesen irdischen Dingen, die hier sind. - Deshalb kann ich nicht nur entspannt schauen auf das, was hier und endlich ist. Ich darf mich auch freuen, dass das bisschen Leben irgendwann vergeht, weil: das richtige Leben kommt erst." Und davon möchte ich im dritten Punkt sprechen.

Das Dritte: Du bist gerufen, Teil der neuen Erde zu sein. Denn dieses Wort aus dem Alten Testament, dieses uralte Wort, das höre ich als Christ und Nachfolger Jesu Christi. Das höre ich nicht nur als anthropologische Beschreibung meines Daseins, der auch kein Arzt, kein Physiker, kein Chemiker widerspricht. Denn die sagen alle: „Erde und wird wieder zur Erde werden."

Das, was jetzt kommt: das ist Evangelium! Denn du bist gerufen, Teil der neuen Erde zu werden. Ich bin jetzt Erde, aber ich werde dereinst Teil einer ganz neuen Erde werden. Im Psalm 104.29, da heißt es schon im Alten Testament:

> ***HERR, du nimmst weg Ihren Odem, so vergehen sie und werden wieder zu Staub. Du sendest aus deinen Odem, so werden sie geschaffen, und du machst neu die Gestalt der Erde.***

Offenbarung 21, die Verse 1 und 2:

> ***Und ich sah einen neuen Himmel und eine neue Erde. Denn der erste Himmel und die erste Erde sind vergangen, und das Meer ist nicht mehr. Und ich sah die heilige Stadt, das neue Jerusalem, von Gott aus dem Himmel herab kommen.***

Liebe Gemeinde, das ist die Neuschöpfung, auf die wir zugehen. Wir müssen uns nicht festhalten an all dem Irdischen, was hier ist. Wenn wir es auch versuchen, wir können es nicht! In hundert Jahren ist von uns keiner mehr da. Dann sind wir alle weg, dann sind wir alle wieder zu Erde geworden. Aber die, die in Jesus Christus leben und sterben, die brauchen davor keine Angst zu haben. Da dürfen wir uns drüber freuen. Halleluja! Es wird einen neuen Himmel und eine neue Erde geben, und wir werden Teil dieser neuen Erde werden. Eine Erde, auf der es kein Leid, kein Geschrei, keine Alterungsprozesse, keinen Tod mehr geben wird, sondern Zusammensein mit dem allmächtigen Gott für alle Ewigkeit.

Das ist natürlich etwas, das kann kein Wissenschaftler, der Atheist oder Agnostiker ist, sagen. Die können nur sagen: Mit dem Tod ist alles aus. Aber ich als Christ weiß: Es gibt eine neue Erde. Es gibt einen Neuanfang für mich und das darf ich dir neu zusprechen für dein erdenes, für dein irdisches Dasein. Du bist zwar von Erde genommen, und du wirst auch in aller Kürze wieder zu Erde werden, sei es in zehn Jahren, in fünfzig oder siebzig Jahren. Aber es gibt eine Perspektive über all diese Endlichkeit hinaus. In Jesus Christus gibt es eine neue Erde für all diejenigen, die an IHN glauben. Das müssen wir ganz deutlich sagen. Das ist kein Automatismus. Während das erste Leben, das wir bekommen haben, ein Geschenk Gottes an alle Geschöpfe ist, entscheiden wir in diesem Leben hier und jetzt, ob wir Teil an dieser zweiten Herrlichkeit werden oder nicht, Teil an dieser zweiten Erde.

Wer hier „Ja" sagt zum Angebot Jesu Christi, wer das Angebot Jesu in der Taufe annimmt und glaubt, der wird selig werden. Er wird Teil der neuen Erde werden. Aber, so haben wir es heute im Evangelium gehört: ***Wer nicht glaubt, der wird verdammt werden***. Ich weiß, dass heute Morgen Menschen unter uns sitzen, die sind noch nicht gläubig, die sind noch nicht beim HERRN. Und für die ist das, was ich jetzt vielleicht auch sage, schwer zu ertragen. Ich möchte euch aufrufen: Seht es nicht als Menschenwort, sondern als Gottes Wort. Und sieh es als ein Anruf des liebenden Gottes, der mit dir die Ewigkeit verbringen will. Gott ruft dich in deiner Sterblichkeit und Endlichkeit heute Morgen auf: Komm zu mir, nimm Zuflucht im Glauben an mich, auf dass du dereinst dabei bist, wenn die Erde neu geschaffen wird und du Teil der neuen Erde bist.

Da kommen immer wieder Menschen, die nicht gläubig sind und sagen: „Ja, das ist ja eine billige Hoffnung, die Sie da verkündigen! Die können Sie mir ja gar nicht beweisen. Da gibt's doch nichts zum Anfassen, da gibt's ja nichts, wo ich wirklich sagen kann, da kann ich mich drauf gründen wie auf mein Girokonto oder meine Lebensversicherung!" Da sage ich: „Richtig, das kann ich nicht beweisen, ich kann es nur bezeugen. So wie ich weiß, dass ich meine Tochter liebe; so wie ich weiß, dass ich meine Frau liebe; so wie ich weiß, dass das stimmt. Das kann ich nur bezeugen." Aber, da frage ich dann zurück: „Was hast du denn für eine Hoffnung angesichts deines Erdendaseins, wenn du wieder zu Erde wirst? Sag mir doch mal, was du dann hast. Was bist du denn?" Ich bin von Erde genommen, ich werde zur Erde werden, aber ich, Olaf Latzel, werde nicht in der Erde bleiben, weil ich an Jesus Christus glaube. Das bin ich! Aber was sind denn die armen Menschen ohne Jesus Christus?" Und wenn man sie dann fragt, dann kommt nämlich die Null-Linie. Die haben dann nämlich nichts anderes mehr zu sagen, als: „Ja, ich werde bleiben in der Erde und werde vergehen mit der alten Erde." Aber das ist etwas, was wir als Christen nicht fürchten müssen. Wir dürfen uns freuen darüber, dass wir lebendige Hoffnung haben in Jesus Christus. Deshalb darfst du auf diese Frage „Was bin ich?" antworten: Ich bin von Erde. Ich werde auch wieder zu Erde werden. Aber ich bin gerettet durch Jesus Christus. Deshalb werde ich Teil der neuen Erde sein. Möge unser HERR und Gott in Jesus Christus diese Worte an dir und deinem Leben segnen. Amen.

Und der Friede unseres allmächtigen Gottes, der sehr viel höher ist als alle unsere menschliche Vernunft, ER bewahre unsere Herzen und Sinne in Christus Jesus, unserem auferstandenen und lebendigen HERRN. Amen.

Das Bekleiden mit Fellen - eine Abschattung des Kreuzes

1.Mose 3,21

> Gnade sei mit euch und Friede von dem, der da war und der da ist und der da sein wird in alle Ewigkeit - unser HERR, Jesus Christus, Amen.

In unserer Gemeinde - aber auch in E-Mails, die ich von Christen bekomme - erlebe ich immer wieder ein tiefgreifendes hermeneutisches Missverständnis. Hermeneutik, das ist die Lehre des Verstehens von der Bibel. Ich erlebe immer wieder ein tiefgreifendes Missverständnis, wo auch gestandene Christen eine grundlegende Wahrheit der Bibel nicht verstanden haben und deshalb immer wieder an Grenzen kommen bzw. ganz vieles nicht entdeckt haben. Dieses Missverständnis besteht darin, dass die Leute sagen: „Ja, Jesus kommt ja erst im Neuen Testament vor. Im Alten gibt's so zwei, drei Hinweise, bei Sacharja und Jesaja. Aber mit Jesus geht's erst los mit der Geburtsgeschichte." Das ist ein Missverständnis, was Weihnachten so ein bisschen intendiert, so nach dem Motto: Erst ab Lukas 2 gibt es Jesus Christus. Das ist ein grundlegendes Missverständnis! Mit Jesus geht's schon im ersten Kapitel der Bibel los. Das ganze Alte Testament ist voll - voll von Jesus! Jesus ist der HERR! Und überall, wo in der Bibel, auch im Alten Testament, vom HERRN die Rede ist, da ist Jesus gemeint. Das ist ganz wichtig und nicht etwa eine Auslegung von mir. Da könnte man denken: „Der Latzel ist so, der hat Jesus ganz besonders lieb. Er möchte den immer und überall reinpacken." Nicht ich, sondern Jesus selber sagt das! ER sagt: Sucht mich in der Schrift. Sie ist es, die von mir zeugt. Die Schrift zeugt davon. Das sagt Jesus im Johannesevangelium und meint die 39 Schriften und Bücher des Alten Testaments. Und die ersten Gemeinden hatten keine Evangelisten. Sie hatten keine Briefe des Apostel Paulus. Sie hatten nur die Schriften des Alten Testaments und haben an jeder Stelle Jesus Christus gefunden. Das ist vielen Geschwistern heute abhanden gekommen. Und deshalb haben sie häufig eine sehr brüchige Theologie und verstehen viele Dinge nicht. Und das habe ich in den letzten Wochen vermehrt immer wieder erkennen dürfen, auch bei gestandenen Leuten, die schon lange mit dem HERRN Jesus gehen.

Da habe ich mir vorgenommen, ein stückweit dagegen anzugehen, auch mit Lehrpredigten, die das noch einmal deutlich machen, dass uns Jesus Christus immer wieder auch im Alten Testament begegnet und wir uns deshalb auch heute in diesem Gottesdienst um dieses Thema kümmern. Das ist ganz wichtig: Jesus begegnet uns im Alten Testament! Wenn man das nicht weiß, dann ist das etwa so - um das mal in einem Vergleich zu bringen - als wenn man sagt: Deutschland bestünde nur aus Bremen, Hamburg und Niedersachsen. Da hat man zwar ein Großteil erkannt, gar kein Thema, aber es fehlen beispielsweise das Rheinland und Bayern. Das wäre dann alles nicht mit dabei. Da würde Großes fehlen: Und genauso ist es, wenn man das so beschränkt sieht und sagt: Jesus nur im Neuen Testament. Nein, Jesus natürlich auch im Alten Testament! Und da habe ich uns einen Vers mitgebracht, an dem möchte ich das deutlich machen, aus 1. Mose 3, Vers 21. Wir hören auf dieses kurze Predigtverslein. Da heißt es:

> ***Und Gott, der HERR, machte Adam und seinem Weibe Röcke von Fellen und zog sie ihnen an.*** Amen.

> **Wir wollen stille werden und beten:** Lieber Heiland, wir wollen dir Dank sagen für diesen Vers aus der Schöpfungsgeschichte, den du uns schenkst. Dieses ernste Wort, das wir nun hören wollen als Predigttext. Wir wollen lernen daraus, was das heißt, was du für uns getan hast auf Golgatha. Damit wir das verstehen, den Sinn dieses Predigtverses, aber auch den Sinn dieser Predigt, dafür brauchen wir deinen guten Geist, und dafür wollen wir dich bitten. Darum wollen wir dich bitten für diese Predigt, HERR, dass du selber zu Wort kommst, dass du wirkst und redest durch diese

Predigt. Und das wird nur dann gelingen können, wenn du selber dieser Predigt deinen Segen schenkst, dem Reden und dem Hören. Und darum wollen wir dich alle miteinander bitten, HERR, Amen.

Ich möchte noch einige Dinge sagen, dass Sie noch einmal diesen Vers richtig einordnen können. Denn dieser Predigtvers nimmt uns mit an den Anfang der Bibel, an den Anfang der Menschheit. Gott hatte die Erde gemacht, die Sonne, die Sterne, die Berge, die Flüsse, die Tiere und zum Schluss die Menschen. Und alles, was er gemacht hatte, das war perfekt. Es war perfekt! Wenn wir die ersten beiden Kapitel der Bibel lesen, da liegt ein wunderbarer Glanz auf dieser Schöpfungsgeschichte, der da einmündet in diesen Satz:

Und Gott sah an, alles was er gemacht hat, und siehe, es war sehr gut.

Es war sehr gut! Und im Mittelpunkt dieser Weltschönheit, die Gott da geschaffen hat, da wandelt das erste Menschenpaar, Adam und Eva. Übrigens Adam, das wissen wir, heißt hebräisch übersetzt: der Mensch. Adam heißt: der Mensch. Und diese Menschen, Adam und Eva, sie gehen nackt durch das Paradies, durch diese perfekte Schöpfung. Und sie schämen sich nicht. Sie waren nackt und schämten sich nicht. - Wie wunderbar diese ersten beiden Kapitel der Bibel! Aber dann kommt der abrupte Absturz, nämlich dadurch, dass der Mensch, Adam, sündigt. Er stellt sich gegen das Wort Gottes, gegen den ausdrücklichen Befehl Gottes, gegen das Gebot, er ignoriert es. Und von dieser Stunde an ist aller Glanz der herrlichen Schöpfung ausgelöscht. Danach ist alles nicht mehr, wie es vorher war.

Das ist auch ganz wichtig für Menschen, die immer fragen: „Warum lässt Gott denn Leid zu?“ Ich sage: „Na, dann müsst ihr die Bibel lesen! Gott hatte alles perfekt geschaffen, aber hier in dieser Welt, in der wir leben, ist nichts perfekt. Hier kriegen wir auch nichts hin durch irgendwelche Klimaeinsparungen und irgendwelche Dinge, die wir tun mit unserer Gutmensch-Theologie. Diese Welt ist knitterkaputt, in der wir leben. Es ist eine verdorbene Welt, in der der Teufel regiert. Das ist nicht die Schöpfung, die Gott wollte. Dieser Glanz der ehemaligen Schöpfung ist ausgelöscht. Den kriegen wir eines Tages erst wieder, wenn wir im himmlischen Jerusalem sind, wenn wir wieder im Paradies sind."

Aber zurück zu dieser Geschichte hier, zu unserem Predigtvers. Jetzt hat der Mensch gesündigt, hat sich von Gott abgewandt und erkennt dann - das ist das Tolle - seine Nacktheit. Zunächst ist es so im Paradies, da heißt es: Adam und Eva, sie sind nackt und schämten sich nicht. Dann wenden sie sich von Gott ab, ignorieren sein Gebot und dann erkennen sie, dass sie nackt und hilflos sind. Sie versuchen, sich zu gürten und zu schürzen mit so einem Feigenblatt, aber das gelingt kaum. Und dann muss sich der Mensch vor Gott verstecken. Das ist übrigens auch ein Bild für den Menschen heute. Wer sich von Gott abwendet, sein Gebot ignoriert, der ist nackt in dieser Welt, schutz- und hilflos. Der kann versuchen, sich ein bisschen zu bedecken mit den Feigenblättern dieser Welt, mit der Rentenversorgung oder mit dem Arzt. Dabei bleibt er aber letztlich ein furchtsamer Mensch, der sich vor Gott versteckt.

Aber Gott sucht den Menschen, er geht ihm nach. Er ruft: ***Adam, wo bist du?*** Er holt ihn aus seinem Versteck und dann werden Adam und Eva ausgewiesen aus dem Paradies, aus der perfekten Schöpfung. Denn das, was wir jetzt erleben, ist eine gefallene, sündige und kaputte Welt. Doch ehe das geschieht, ehe Adam und Eva final rausgeworfen werden, passiert etwas ganz Ergreifendes. Gott geht hin und bekleidet sie mit Fellen. Diese beiden Menschen, die da schamvoll vor ihm stehen, die bekleidet ER mit dem, was er von Tieren genommen hat, die ER zuvor getötet hat. Das ist genau das, was wir als Predigttext haben:

> ***Und Gott, der HERR, machte Adam und seinem Weib Röcke von Fellen und zog sie ihnen an.***

Ich möchte die Predigt überschreiben: **Das Bekleiden mit Fellen, eine Abschattung des Kreuzes.** Ich hatte ja schon gesagt, dass ich den Text bewusst rausgesucht habe, um deutlich zu machen, wie wir Jesus Christus im Alten Testament finden, wenn wir es nur geistlich sehen. Drei Punkte:

1. Die Notwendigkeit des Bekleidens.
2. Das Herstellen der Bekleidung.
3. Der Vollzug des Bekleidens.

Das Erste: Die Notwendigkeit des Bekleidens. Der Mensch ist nackt. Und als nackter Mensch kann er in dieser Welt nicht überleben. Dass wir nackt sind, davon spricht die Bibel immer wieder. In Hiob 1,21 heißt es: ***Ich bin nackt von meiner Mutterleib gekommen, und nackt werde ich wieder da hinfahren.*** In 1. Timotheus 6,7 heißt es: ***Denn wir haben nichts in die Welt gebracht; darum können wir auch nichts hinausbringen.*** Wir sind ***nackt*** und alles, was um uns rummelt, unsere Häuser, unsere Klamotten, die wir anhaben, die Dinge, mit denen wir uns umgeben, die uns Schutz und Halt geben, die gehören eigentlich gar nicht zu uns. Das alles ist nur für eine kurze Zeit. Wir sind ***nackt*** in dieser Welt.

Wir sind nackt, aber nackt können wir in dieser Welt nicht bestehen. Deshalb brauchen wir all das: die Kleidung, die Autos, die Häuser, damit sie uns Schutz geben. Ohne Kleidung kann der Menschen in dieser Welt nicht bestehen. Das gilt für die Wüsten, das gilt für die Arktis. So ein Tuareg-Krieger in der Wüste, wo den ganzen Tag die Sonne brennt, den müssen Sie sich mal angucken. Der ist komplett angezogen, da gucken gerade mal die Augen raus. Oder so ein Eskimo oder Inuit in Grönland, die müssen sich dick einpacken. Sie brauchen Kleidung, sonst würden sie erfrieren. Die Menschheit ist nackt. Wir sind in dieser gefallenen Welt schutzlos. Übrigens ist das nicht nur die Erkenntnis der Bibel. Selbst tiefenpsychologisch und anthropologisch beschäftigt man sich von einem ganz anderen Standpunkt aus damit, was die Nacktheit des Menschen bedeutet. Also wenn beispielsweise jemandem die Waffe fehlt, dann ist er nackt als Krieger. Was das für ein Symbol ist, wenn Menschen davon träumen, dass sie irgendwo im Kampf stehen und keine Waffe haben. Oder wenn man irgendwo nackt ist und ist nicht angezogen, aber alle anderen Menschen um einen herum sind angezogen. Dann ist sie spürbar: die Verletzlichkeit, das Angegriffensein, das Ausgesetztsein gegenüber den Gewalten in dieser Welt. Wir sind nackt in dieser Welt. Du und ich, wir sind in letzter Konsequenz nackt. Wir sind nackt! Wir denken immer, wir wären so gut angezogen, gekleidet und gerüstet. In Wirklichkeit aber haben wir nichts. Wir sind nackt in dieser Welt und es notwendig, dass wir gekleidet sind. Einmal in dieser irdischen, in dieser gefallenen Welt; aber es ist noch viel, viel notwendiger, dass Gott uns kleidet. Wir sind nackt in dieser Welt. Und wäre Gott nicht da, der uns mit Seinem Schutz umgibt, so könnten wir nicht bestehen in dieser brutalen Welt. So wie er Adam gekleidet hat, so kleidet er uns auch immer wieder als seine Geschöpfe.

Es gibt einen Unterschied zwischen Kinder Gottes und Geschöpfe Gottes. Geschöpfe Gottes sind alle Menschen. Kinder Gottes sind nur die, die Jesus Christus angenommen haben, durch den Heiligen Geist. Er schützt alle Geschöpfe Gottes bis zu einem gewissen Grad. Aber den ultimativen Schutz, den gibt er nur seinen Kindern. Und jetzt kommen wir zu dem, was ich gesagt habe. Hier ist eine **Abschattung des Kreuzes**. Nicht nur, dass wir in dieser Welt gegen Kälte und gegen Feinde Kleidung und Rüstung brauchen. Wir brauchen auch vor Gott Kleidung, denn wir sind vor ihm nackt. Vor Gott können wir, im Geistlichen gesprochen, nicht bestehen. Wir sind nackt vor diesem Gott. Wenn du eines Tages vor den Allmächtigen trittst - das tun wir alle, auch ich werde eines Tages vor dem lebendigen Gott stehen - da haben wir nichts hinzubringen. Da ist gar nichts, was du vor diesen lebendigen Gott zu bringen hast. Da stehst du da wie Adam und Eva. Da kommst du mit deiner ganzen Sünden- und Schuldlast an und mit nichts anderem. Nicht mit irgendwelchen Verdiensten. Da kommst du mit deiner Schuld. Und da ist es nötig, dass Gott dich bekleidet, und zwar bekleidet - so spricht die Bibel - mit dem Blute Jesu. Das musst du angezogen haben, das Blut Jesu Christi. Dann kannst du vor dem lebendigen Gott bestehen. Hast du das Blut Jesu Christi nicht über dir, so bist du verloren für Zeit und Ewigkeit. Das ist es, wozu die Bibel immer wieder aufruft. Wir sollen, so heißt es in Epheser 4, ***den neuen Menschen*** anziehen. Den ***neuen Menschen*** anziehen! Oder in 1. Korinther 15 heißt es: ***Das Verwesliche muss das Unverwesliche anziehen.*** Das sind Bilder dafür. Nicht, dass wir jetzt irgendwie einen Talar anziehen würden oder ein besonders liturgisch gefärbtes Gewand, was uns dann heilig machen würde. Nein, das ist das Blut des Heilandes Jesus Christus, das wir anziehen müssen. Früher war das in der Taufe üblich, da kamen die Kinder immer in weißen Kleidern. Und ganz früher, als fast nur Erwachsene getauft wurden, da wurden die Täuflinge zu Aschermittwoch mit einem Büßergewand rausgeschickt aus der Kirche und sie durften sechs Wochen, während der Passionszeit, nicht an einem Gottesdienst teilnehmen und am Ostersonntag wurden sie dann getauft. Sie kamen in weißen Gewändern. Das war ein Symbol dafür: Es ist etwas Wunderbares geschehen, ihnen ist etwas angetan worden, sie haben das Blut Jesu Christi angezogen. Das hat sie reingemacht, denn das ist nötig für den Menschen. Sie haben das Büßergewand getragen. Das war dreckig. Das war ein Bild für die Sünde. Sie haben ein weißes Gewand zur Taufe angehabt, das war ein Zeichen für die Reinheit, die durch das Blut Jesu Christi geschieht. Und diese Notwendigkeit des Bekleidens besteht für uns alle, dass wir das Blut Jesu Christi anziehen und im Gewand des Heilandes gehüllt sind. Für Adam und Eva war es wichtig, als sie rausgingen in diese gefallene Welt, dass sie die Felle anhatten. Und für dich ist es nötig, dass du eingehüllt bist in das Blut Jesu Christi.

Ich kann euch jetzt alle angucken und sehe, was ihr tragt. Einige haben einen Anzug an, manche einen Mantel. Was aber wichtig ist, dass ihr alle angezogen seid mit dem Kleid Jesu Christi, mit dem Blut des Heilandes bedeckt. Das kann ich nicht sehen, das könnt nur ihr wissen! Aber meine Aufgabe heute hier ist, euch zu fragen: Seid ihr angezogen mit dem Blut Jesu Christi? Hat der Heiland euch reingemacht? Oder müsst ihr eines Tages nackt vor dem allmächtigen Gott stehen und habt auf tausendundeinemillion Dinge, die er euch sagt, nicht eins zu sagen, und müsst dann in das ewige Fegefeuer?!

Die Notwendigkeit des Bekleidens war wichtig für Adam und Eva, weil sie sonst in dieser Welt kaputt gegangen wären. Aber sie besteht auch für jeden Menschen, der vor Gott sich eines Tages verantworten muss, damit er nicht herausgetrieben wird, was dann ewig sein wird, sondern dass er bleiben kann in der Stadt Gottes, im himmlischen Jerusalem, für Zeit und Ewigkeit. - Die Notwendigkeit des Bekleidens. Bist du bekleidet mit dem Blut Jesu Christi?

Ein Zweites: Das Herstellen der Bekleidung. Im ersten Punkt wurde gesagt: Es war notwendig: Der Mensch kann ohne die Bekleidung nicht bestehen. Dazu muss dann Bekleidung hergestellt werden. Und da passiert hier etwas ganz Besonderes. Gott stellt Kleider her! Er macht aus Fellen Kleider für Adam und Eva. Gott muss etwas tun, um das Nackt-Sein der Menschen zu bedecken. Er nahm Felle von Tieren. Tiere mussten sterben, weil Adam und Eva gesündigt hatten. Ich stelle mir vor, welches tiefe Erschrecken wohl Adam und Eva erfasst hatte, als sie das gesehen und erlebt haben, dass um ihretwillen Tiere getötet wurden. Es war das erste Sterben. Nicht, als Kain den Abel totschlägt. Das erste Sterben ist hier, als Gott Tiere tötet, um der Schuld willen, die Adam und Eva getan hatten. Adam und Eva kannten die Welt noch vor dem Sündenfall, wie alles perfekt war, wie alles - so wie es auch in der Schrift heißt - eines Tages wieder werden wird, wenn die Bären mit den Rindern und die Löwen mit den jungen Schafen zusammenleben. Absolute Friedfertigkeit. Kein Tod, kein Leid, kein Geschrei. Aber jetzt kommen das Geschrei und das Seufzen und der Tod in diese Welt hinein. Ob ihrer Sünde! Das ist das, was die Bibel sagt: ***der Sünde Sold ist der Tod.*** Nicht immer unser eigener Tod. Wir tun Sünde und die ist uns ganz häufig gar nicht zum Schaden. Ganz im Gegenteil: Wir haben so viel Spaß an der Sünde. Aber andere müssen leiden, müssen den Tod erleiden. Das ist so! Der Widersacher macht dann seine Rechnungen auf. Und so funktioniert die Welt. Manchmal erleben wir das dann so: Wir leiden und wissen gar nicht warum. Da hat einer das Gebot Gottes gebrochen, weil er bei uns eingebrochen und den Schmuck der Oma gestohlen hat. Das ist zwar schlimm, aber nicht ganz so dramatisch, oder? Ein anderer sagt: Ich muss nicht bei meiner Ehefrau bleiben, ich breche die Ehe eben. Ich habe eine neue gefunden, die ist viel besser, ich orientiere mich neu, mir geht es doch so gut. Ob alle anderen verrecken und kaputt gehen, ist ihm vollkommen egal. Genauso wie hier: Adam und Eva haben Mist gebaut, haben gesündigt und leiden dafür müssen die Tiere. Was für ein Augenblick, als diese Tiere den Tod erlitten haben. Da ging erstmalig ein Stöhnen durch die Schöpfung. Das ist das, was die Schöpfung bis zum heutigen Tag tut, wegen der Schuld und Sünde der Menschen: Die Schöpfung seufzt! in Römer 8,22 heißt es:

> ***Denn wir wissen, dass die ganze Schöpfung bis zu diesem Augenblick mit uns seufzt und sich ängstigt.***

Das ist das Produkt der Sünde um uns herum. Die Schöpfung leidet und wir leiden auch mit in dieser Schöpfung, weil eben der Mensch sündigt. Aber das ist das, was Adam sicherlich hier verstanden hat: Diese Tiere haben nichts Böses getan. Aber sie sterben für mich.

Konfirmanden fragen immer wieder: „Ja, was ist denn eigentlich mit den Tieren? Müssen die Tiere auch erlöst werden?" Ganz spannende und gute Frage. Die Bibel sagt zwar nichts direkt darüber. Aber meine feste Überzeugung ist die, dass Tiere nichterlösungsbedürftige Kreaturen sind. Sie sind nicht der Erlösung bedürftig. Denn sie wissen nicht, wie wir Menschen, was gut und böse ist. Deshalb müssen sie auch nicht gesondert erlöst werden. Aber sie leiden. Sie leiden unter der Schuld und der Sünde der Menschen. Das erkennt Adam sicherlich: Ich habe gesündigt, und das ist der Grund, dass sie gestorben sind. Es geht übrigens weiter: Damit seine Nacktheit bedeckt wird, müssen Tiere sterben. Der ganze Opferkult des Alten Testaments besteht darin, dass Menschen Schuld tun und für ihre Schuld Opfer bringen; die Schafe, die Widder, die Tauben, die dann im Tempel geopfert wurden; bis zu dem Zeitpunkt, als Gott dem ein Ende gemacht und sich in seinem Sohn Jesus Christus als Opfer dargebracht hat. Das ist etwas, worauf das Neue Testament dann ausdrücklich Bezug nimmt. Wenn man das Alte Testament nicht kennt, kann man das nicht verstehen, was Johannes der Täufer sagt, als er am Jordan ist und Jesus kommt: ***Siehe, da ist das Lamm Gottes***. Das heißt: Da ist das Opfertier, das Opfertier Gottes, das Lamm Gottes. Und so, wie bei Adam und Eva Tiere sterben mussten, geschlachtet wurden, damit sie Kleidung und Schutz hatten, so auch für uns. Ich habe ja gesagt, diese Geschichte ist **eine Abschattung des Kreuzes**. Genauso geht es uns. Wir müssen bekleidet werden, damit wir vor Gott bestehen. Dafür musste auch jemand sterben, nämlich das Lamm Gottes. Da musste auch jemand geschlachtet werden, nämlich auf Golgatha: Gott selber. Und das ist das ganz Wichtige: dass wir erkennen, dass das für mich geschehen ist. Es ist ein Unterschied zu sagen: Christus ist **ein** Retter oder Christus ist **mein** Retter. Es ist ein Unterschied zu sagen: Christus ist das Lamm Gottes oder Christus ist mein Lamm Gottes. ER ist für mich geschlachtet worden auf Golgatha. Und das ist genau geschehen, was auch bei der Vertreibung aus dem Paradies geschehen ist: wo Gott hingegangen ist und hat Kleidung hergestellt, die Menschen schützt im Alten Bund. So hat ER für uns den ultimativen Schutz hergestellt, im Kleid Jesu Christi, in Seinem Blut.

Wir haben eben dieses etwas schwierige Lied gesungen „Stern auf den ich schaue". Ein ganz tolles Lied von Zinzendorf, diesem alten Pietisten-General: „Christi Blut und Gerechtigkeit, das ist mein Schmuck und Ehrenkleid." Das ist das Kleid, das

Gott für uns hergestellt hat. Das können wir uns nicht selber herstellen. Aber auch dazu musste ein Opfer gebracht werden, so wie bei Adam und Eva. In seinem Sohn Jesus Christus hat Gott sich selber hingebracht. Und so, wie im Alten Bund Versöhnung geschafft worden ist durch die Opferung der Tiere, so ist die Versöhnung im Neuen Bund gebracht worden, durch das Opfertier Jesu Christi, durch das Lamm Gottes. Sein Blut bedeckt unsere Sünden. Und dieses Blutkleid, das wir anziehen dürfen - ich spreche in einem Bild - das hat Gott für uns gemacht. Die Herstellung übernimmt Gott, wunderbar! Es ist notwendig, dass wir gekleidet sind. Aber diese Bekleidung, die stellt Gott her, bei Adam und Eva und eben auch für uns, dass wir unter dem Blutkleid Jesu Christi stehen.

Ein Drittes: Der Vollzug des Bekleidens. Das Erste war die Notwendigkeit des Bekleidens. Das Zweite war die Herstellung der Bekleidung. Das Dritte: Der Vollzug des Bekleidens. Es ist ein unglaublich anrührendes Bild, was wir hier in der Bibel haben: Gott zieht Adam und Eva an. Überlegen Sie mal, wer Sie schon alles angezogen hat in Ihrem Leben. Es war vor allen Dingen Ihre Mutter, vermutlich als sie klein und hilflos waren. Wenn Sie die Windeln wieder voll hatten, wie sie Sie dann sauber gemacht und Sie wieder angezogen hat. Da war jemand, der war Ihnen unglaublich in Liebe zugetan. Oder wenn Sie vielleicht krank gewesen sind, waren im Krankenhaus, konnten sich nicht bewegen, da kam eine Krankenschwester um ihnen zu helfen, Ihnen Gutes zu tun, sie hat sie angezogen. Oder wenn Menschen älter werden, dann sind es die Kinder, die sich um ihre Eltern kümmern, die sie dann anziehen, wenn sie sich morgens nicht mehr alleine ankleiden können. Das ist das Bild, was hier passiert. Hier steht nicht nur Gott, schmeißt so die Felle hin und sagt: Nehmt mal! Sondern hier steht: Gott zieht sie an, er zieht ihnen die Felle an. Das ist für mich ein unglaublich starkes Bild für unseren wunderbaren Gott, den wir haben. Er kümmert sich um die Menschen, die es nicht verdient haben. Die waren ungehorsam, sind weggelaufen, haben ihren eigenen Dreck versucht mit den Feigenblättern.

Doch Gott geht ihnen nach und zieht sie an mit den Fellen. Dieses Bild ist so stark, ein Sich-um-uns-kümmern. Gott kümmert sich, dass wir das annehmen dürfen. So ist Gott! Er geht Seinen Geschöpfen, Seinen Menschen nach, kümmert sich um sie und zieht sie an wie eine liebevolle Mutter.

Wir gehen ja auf 2016 zu. Die Jahreslosung für nächstes Jahr: *„Ich will euch trösten, wie einen seine Mutter tröstet."* Auch hier wieder so ein ganz starkes Bild aus der Mutter-Kind-Beziehung, zu sagen: So will ich für dich da sein, wenn du eine richtig, richtig, richtig gute Mutter gehabt hast. Noch viel, viel mehr ist unser HERR und Heiland Jesus Christus. ER ist für dich da wie eine Mutter, die dich tröstet. Und auch dieses Bild hier, in diesem Vollzug des Bekleidens. Gott nimmt die ersten Menschen und zieht sie an. So kümmert sich Gott um seine Geschöpfe. Das finden wir auch immer wieder in der Bibel, dass Gott wirklich gerade dieses Motiv des Ankleidens hat.

Ich denke an eine ganz tolle Geschichte aus Apostelgeschichte 12. Da ist Petrus im Gefängnis, weil er Jesus verkündigt hat. Er wird bewacht und dann schickt Gott einen Engel, der holt ihn raus. Die Ketten fallen ab. Da könnte man sagen: So, dann ist er ganz schnell wieder raus und wird wieder zur Gemeinde geführt. Nein! Da kommt ein ganz besonderer und toller Satz in Vers 8. Da sagt der Engel zu Petrus, dem Gemeindeleiter, also einem ganz gestandenen Mann: ***Gürte dich, zieh deine Schuhe an!*** Der Engel ist ja ein Werkzeug Gottes. Da sieht man dieses liebevolle Handeln. Nicht nur, dass er den Petrus rausholt aus dem Knast, nein, der musste ihn auch noch mit den ganz kleinen Alltäglichkeiten versorgen. ***Gürte dich und zieh deine Schuhe an!*** So, wie man mit einem Dreijährigen spricht, so muss Gott mit Petrus, diesem gestandenen Mann reden. Tolles Bild! Wenn der Gemeindeleiter - der Fels, auf dem die Gemeinde steht - so von Gott umsorgt wird, sich so um ihn kümmert, dann dürfen wir das auch wissen: So ist Gott für uns auch da, so ist Gott für dich da. ER steht dir zur Seite und kümmert sich um dich und kleidet dich. Das vergisst man ganz schnell, dass sich Gott um unsere Kleidung kümmert, weil wir uns über die Sorgen krumm machen. In der Bergpredigt sagt Jesus:

Sorgt euch nicht um euer Leben, was ihr essen und trinken werdet; auch nicht um euren Leib, was ihr anziehen werdet. Ist nicht das Leben mehr als die Nahrung und der Leib mehr als die Kleidung? Seht die Vögel unter dem Himmel an: Sie säen nicht, sie ernten nicht, sie sammeln nicht in die Scheunen; und euer himmlischer Vater ernährt sie doch. Seid ihr denn nicht viel kostbarer als sie? Wer ist aber unter euch, der seiner Länge eine Elle zusetzen könnte, wie sehr er sich auch darum sorgt? Und warum sorgt ihr euch um die Kleidung? Schaut die Lilien auf dem Feld an, wie sie wachsen: Sie arbeiten nicht, auch spinnen sie nicht. Ich sage euch, dass auch Salomo in aller seiner Herrlichkeit nicht gekleidet gewesen ist wie eine von ihnen.

Damit sagt dir Gott, dass ER dich auch anzieht, dass ER dich kleidet und dass du dir gar keine Sorgen zu machen brauchst. Du hast einen liebevollen Vater im Himmel und er kümmert sich um dich. ER ist für dich da. Er hat sich um Adam und Eva gekümmert und hat sie angezogen, ER hat sich um den Petrus gekümmert und hat ihm in die Klamotten geholfen und er hilft auch dir. Du bist nackt in dieser Welt, du bist hilfsbedürftig, ja! Aber Gott ist da und ER kleidet dich an. Und in diesem Motiv des Bekleidens dürfen wir die tiefe Liebe Gottes sehen. Diese Liebe wird natürlich final deutlich in dem ultimativen Bekleiden durch das Blut unseres HERRN und Heilandes Jesus Christus. Johannes 3,16:

Also hat Gott die Welt geliebt, dass er seinen eingeborenen Sohn gab, damit alle, die an ihn glauben, nicht verloren werden, sondern das ewige Leben haben.

Und wenn wir in das ewige Leben einziehen werden, da, woraus Adam und Eva vertrieben worden sind, dann wird folgendes geschehen: Wir werden angezogen werden, so sagt die Bibel in Offenbarung 15.6, ***mit reinem, hellem Leinen***. Wir werden dort ein neues Kleid angezogen bekommen. In Offenbarung 19 heißt es dann:

> ***Lasst uns freuen und fröhlich sein und ihm die Ehre geben. Denn die Hochzeit des Lammes ist gekommen, und seine Braut hat sich bereitet*** - also die Gemeinde, die Christen, die wiedergeboren sind - ***und es wurde ihnen gegeben sich anzutun mit schönem und reinem Leinen. Das Leinen aber ist die Gerechtigkeit der Heiligen.***

Die Gerechtigkeit der Heiligen, das wissen wir, ist das Blut Jesu Christi. Damit sind wir angetan und das zieht Gott uns an, wenn wir an IHN glauben. Das Einzige, was wir machen müssen, damit wir angezogen werden, das ist: glauben an Jesus Christus. Dieses Kleid Jesu Christi, Sein Blut, können wir uns nirgendwo kaufen. Das können wir auch nirgendwo ausleihen. Da können wir uns nicht darauf verlassen, dabei zu sein, weil vielleicht unsere Großmutter gläubig war, sondern: Wir müssen an Jesus glauben! Dann zieht uns Gott an. Mehr müssen wir gar nicht tun. So wie Adam und Eva angezogen worden sind vom lebendigen Gott und geschützt wurden in dieser Welt mit all ihren Angriffen und Gefahren; genauso sind wir angezogen, wenn wir an Jesus Christus glauben, mit dem Blut unseres Heilandes Jesus Christus. Und dann können wir bestehen. Wenn wir damit angezogen sind, so wie Adam und Eva bestehen konnten in dieser Welt mit ihrer Kleidung, so können wir bestehen für die Ewigkeit und zwar für alle Zeit, weil Jesus uns gekleidet hat mit seinem Blut. **Das Bekleiden mit Fellen - eine Abschattung des Kreuzes.**

Man kann das einfach als eine Geschichte verstehen, die nur einen Vorgeschmack auf das gibt, was das Neue Testament ist. Aber ich sehe in diesen Geschichten immer wieder unseren HERRN Jesus Christus. Und ich sehe in diesem Akt, den Gott an Adam und Eva getan hat, nicht nur das, was er damals getan hat zur Grundlegung der Zeiten, sondern eben auch **eine Abschattung des Kreuzes**. Das sagt mir, dass es erstens notwendig ist, dass ich bekleidet werde; zweitens, dass der HERR diese Bekleidung herstellt; und drittens, dass er auch das Bekleiden selber wahrnimmt. Möge unser HERR und Heiland diese Predigt an deinem Glauben und deinem Leben segnen. Amen.

Und der Friede unseres allmächtigen Gottes, der sehr viel höher ist als alle unsere menschliche Vernunft, ER bewahre unsere Herzen und Sinne in Christus Jesus, unserem auferstandenen und lebendigen HERRN. Amen.

Eine seltsame Geschichte erklärt die Bibel!

1. Mose 6,1-4

Gnade sei mit euch und Friede von dem, der da war und der da ist und der da sein wird in alle Ewigkeit - unser HERR, Jesus Christus, Amen.

Liebe Gemeinde, wenn Sie schon einen Blick auf den Predigtzettel geworfen haben, dann werden Sie sich vielleicht gefragt haben: „Wie kommt es denn zu diesem Text, heute am 3. Advent? Das ist doch eine sehr seltsame Geschichte." Und in der Tat, das ist sie. Allerdings bin ich so im letzten halben Jahr von mehreren Geschwistern aus der Gemeinde angesprochen worden. Zwei Geschwister sind dann auch gekommen und haben gesagt: „Kannst du nicht darüber mal eine Predigt halten." Und da nun jedes Wort der Bibel Gottes Wort ist, Botschaft für unser Leben, habe ich mich dem gerne gestellt.

Und da ja Advent so ein bisschen engelschwanger ist - auch wenn es jetzt hier um ganz furchtbare Engel geht, nämlich gefallene Engel - habe ich heute diesen Text mitgebracht, also eine Auftragsarbeit auf Bitten aus der Gemeinde. Wir wollen hören auf diese seltsame Geschichte aus dem Beginn der Bibel, aus der Urgeschichte, 1. Mose 6, die Verse 1 bis 4.

Als aber die Menschen sich zu mehren begannen auf Erden und ihnen Töchter geboren wurden, da sahen die Gottessöhne, wie schön die Töchter der Menschen waren, und nahmen sich zu Frauen, welche sie wollten. Da sprach der HERR: Mein Geist soll nicht immerdar im Menschen walten, denn auch der Mensch ist Fleisch. Ich will ihm als Lebenszeit geben hundertundzwanzig Jahre. Zu der Zeit und auch später noch, als die Gottessöhne zu den Töchtern der Menschen eingingen und sie ihnen Kinder gebaren, wurden daraus die Riesen auf Erden. Das sind die Helden der Vorzeit, die hochberühmten.

Wir wollen stille werden und beten: Lieber HERR und Heiland, du schenkst uns jetzt diesen fremden Text aus deinem Wort und du willst aus diesem Wort zu uns sprechen in unser Leben hinein. Dass das gelingt, dass wir deine Stimme vernehmen aus dieser Predigt, dazu brauchen wir dein Geleit und deine Führung. Und so wollen wir dich alle miteinander bitten, HERR: Segne du selber das Reden und das Hören deines heiligen und lebendigen Wortes an uns allen. Amen.

Ich habe diese Geschichte, diesen Predigttext, überschrieben: **Eine seltsame Geschichte erklärt die Bibel!**

1. Die Unerforschlichkeit der Bibel!
2. Die Andersartigkeit der Bibel!
3. Die Zuverlässigkeit der Bibel!

Das Erste: Die Unerforschlichkeit der Bibel! Dass die Geschwister in den letzten sechs Monaten an mich herangetreten sind, das freut mich, dass sie mir theologisch etwas zutrauen, dass ich ihnen etwas erklären kann und könnte. Das will ich jetzt auch gleich versuchen. Allerdings vorweg: Ganz vieles kann ich ihnen zu dieser Geschichte nicht sagen. Denn sie ist ein stückweit Unerforschlichkeit. Hier werden uns Dinge erzählt von der Bibel, die unseren Horizont übersteigen. Hier wird von Bereichen gesprochen, von Ebenen, von Dimensionen, die wir nicht kennen und von denen wir ganz wenig Kunde bekommen.

Ich möchte das einmal vergleichen. Wenn Sie im Regenwald in Brasilien unterwegs wären und würden dort auf ein bisher unerreichtes Indianervolk treffen und diese Indianer wüssten noch nichts von Elektrizität, von Strom und all den Dingen und Sie würden diesen Menschen - so Sie sich mit ihnen verständlich machen könnten - vom Internet erzählen, die könnten das wahrnehmen, aber was es damit auf sich hat, könnten die überhaupt gar nicht verstehen.

Und so ist das ein stückweit auch hier. Hier ist eine Dimension, von der wir gar keine Ahnung haben, weil wir bisher keine Berührung damit hatten. Hier ist die Rede von dem, was im Umfeld Gottes passiert, was aber schon auch in diese Welt hineingewirkt hat, allerdings zu einer ganz besonderen Zeit auf dieser Erde. Da ist die Bibel ganz genau. Bis zum 11. Kapitel im Ersten Buch Mose sprechen wir von der Urgeschichte. Da sind Zeitabläufe, da sind Dinge auch noch anders als sie später sind. Also vor der Sintflut und nach der Sintflut, da ist eine tiefe, tiefe Zäsur in der Menschheitsgeschichte. Und hier sehen wir etwas, was für uns ein ganz Fremdes und Unerforschliches ist: nämlich, dass Wesen aus dem Bereich Gottes in besonderer Weise in diese Welt gekommen sind. Hier ist von den ***Gottessöhnen*** die Rede. Die ***Gottessöhne***, die darf man jetzt nicht als Sohn Gottes verstehen. Im arabischen, im semitischen Kontext, bezeichnet man schon einen Freund als Sohn. Jemand, der in seinem Umfeld lebt. Wir sehen das auch in der Bibel, etwa wenn Paulus seinen Freund Timotheus oder Titus, die seine Schüler sind, als seine Söhne anspricht. ***Mein geliebter Sohn***, so spricht er sie in der Bibel an. Und so sind das hier auch nicht irgendwelche Geschwister von Jesus (wie man meinen könnte und wenn man da nur oberflächlich drüberliest), sondern es sind Engel gemeint. Die ***Gottessöhne*** sind Engel, die in seiner Umgebung leben. Da muss man wissen, dass in dieser Dimension nicht nur Engel sind, die wirklich Gott dienen und treue Werkzeuge sind, sondern es gibt eben auch gefallene Engel. Die Bibel spricht immer wieder davon. Das können Sie im 2. Petrusbrief nachlesen. Da heißt es, dass die Engel, die gesündigt haben, in die Ketten der Hölle geworfen und dort gefangen gehalten werden. Das ist für uns unausforschlich. Fragen sie mich nicht, wie ein Engel der gefallen ist, in eine Kette gebunden wird. Das kann ich Ihnen nicht erklären. Ich kann es Ihnen nur so bezeugen. Aber von diesen Engeln ist hier die Rede, von Engeln die gefallen sind.

In den Vorzeiten ist es so gewesen, dass diese Engel Zugang hatten in diese Welt, dass sie sogar in die geschlechtliche Vereinigung mit den Menschenkindern, also mit den ***schönen Töchtern*** dieser Welt kamen. Das ist etwas, dass ganz furchtbar und schlimm ist, weil es dem Engelwesen widerspricht. Jesus sagt einmal, dass die Engel nicht heiraten. Aber es sind eben die gefallenen Engel, von denen hier die Rede ist, die sich über Gottes gute Schöpfungsordnung hinwegsetzen. Das tut nicht nur der Mensch, sondern das tun auch die gefallenen Engel. Die Unerforschlichkeit dieser Dimension, die werden Sie in der Bibel immer wieder erleben.

Ich lese momentan das Daniel-Buch, das ist meine Bibellese. Daniel 10 ist eine wahnsinnige Geschichte, wo der Prophet Daniel um Hilfe betet. Er fastet und das Fasten dauert einundzwanzig Tage. Auf einmal steht ein gewaltiger Engel vor ihm und dieser Engel sagt ihm dann: ***Dein Gebet ist sofort erhört worden und ich habe mich sofort auf den Weg zu dir gemacht. Aber der gefallene Engelfürst stand mir im Weg und ich musste mit ihm kämpfen. Dieser Kampf hat einundzwanzig Tage gedauert und dann musste der Erzengel Michael kommen, den Kampf übernehmen, damit ich jetzt zu dir kommen kann.*** Und dann erzählt er auch, als er fertig ist: ***Jetzt gehe ich wieder zurück und kämpfe dort weiter.*** Es ist ein Kampf, der dort stattfindet, diese für uns verborgene Dimension.

Ich habe das eben, wie ich das jeden Sonntag tue beim Glaubensbekenntnis, gesagt: „Wir bekennen unseren Glauben vor der sichtbaren und vor der unsichtbaren Welt." Wir haben hier die sichtbare Welt, also das, was wir anfassen, schmecken, vermessen, bezahlen können. Aber um uns herum da ist ein ganz anderes kosmisches Geschehen. Ich sage das immer wieder: Wenn wir einen Blick dafür hätten, nur für eine Minute, was hier um diese Kirche herum jetzt passiert. Wie die Engel des HERRN mit den Dämonen des gefallenen Herrschers dieser Welt, des Teufels, letztlich kämpfen. Das ist ein Wahnsinn! Das ist eine Dimension! Dagegen ist alles lächerlich, was wir hier haben. Nur leider kann ich Ihnen das letztlich nicht näher erklären. Ich kann Ihnen das nur so bezeugen, wie die

Bibel das hier erzählt, dass eben diese gefallenen Engel auch zu einem gewissen Zeitpunkt so tiefen Zugang hatten, dass sie selbst zu geschlechtlichen Vereinigungen mit den Töchtern der Menschen kamen. Und aus dieser Vereinigung sind Menschen erwachsen, die sogenannten ***Helden der Vorzeit***. Das ist eine ganz interessante Sache hier in der Bibel. Denn davon, wenn man Anthropologen fragt, berichten ganz viele Kulturen über die gesamte Welt hinaus, dass es ***Helden der Vorzeit*** gab. Ganz große, starke, gewaltige Geschlechter, die anders waren als die anderen Menschen. Und es sind tatsächlich Menschen gezeugt worden, die waren anders.

Ich habe vor einiger Zeit ein Buch über die Inuits gelesen, also die Eskimos. Selbst die wussten in ihrer Kultur davon zu berichten, dass ganz tief im Landesinneren, in Grönland, diese gewaltigen Riesen lebten. Wir können das nur anerkennen, nur wahrnehmen, aber wir können es letztlich nicht erklären. Das ist ein stückweit Unerforschlichkeit. Die Bibel geht in ihrem Wissen, in ihrer Erkenntnis, weit über die Dinge hinaus, die wir wahrnehmen können. Sie erweitert unsere Grenzen. Und ich bin immer total entsetzt, wenn Theologen und Pfarrer versuchen, diese tiefere Erkenntnis, Weisheit und Wahrheit der Bibel mit irgendwelchen naturwissenschaftlichen Gegebenheiten zu erklären. Man will es irgendwie in den Bereich der mythischen Dinge hineinbringen, weil man da vielleicht einen Menschen gesehen hat, der ein bisschen größer war. Dann erklärte man den irgendwie zu so einem Helden der Vorzeit. Oder das Schilfmeerwunder. Als das Volk Israel hindurchgeführt wird, da wird erklärt, wie Gott vermeintlich nur durch Ebbe und Flut gewirkt hätte. Einmal war das Wasser weg und dann sei es wiedergekommen durch irgendwelche Zufälligkeiten. Oder das Manna, das seien irgendwelche Sekrete von Schildläusen gewesen. Da schlage ich die Hände vorm Kopf zusammen. Also an einen Gott, der warten muss, wann Ebbe und Flut kommt; an einen Gott, der ein paar Insekten braucht, um seinem Volk zu helfen; da will ich nicht dran glauben. Also den brauche ich nicht und den werde ich auch nie verkündigen und von dem ist auch nicht in der Bibel die Rede. Der Gott, an den ich glaube, ist der unerforschliche HERR dieser Welt. Der mit einem Wort, mit einem einzigen Wort, dieses ganze Universum geschaffen hat. Das ist mein HERR und Gott. An DEN darf ich glauben. Die Bibel macht uns das immer wieder deutlich: Das kriegt ihr nicht unter die Räder, wovon hier die Rede ist. In 1. Korinther 13 heißt es:

> ***Wir sehen jetzt durch einen Spiegel ein dunkles Bild, dann aber von Angesicht zu Angesicht. Jetzt erkenne ich stückweise, dann aber werde ich erkennen, wie ich erkannt bin.***

Es wird eine Zeit kommen, in der Ewigkeit, wo wir den Heiland erkennen und wo wir auch das ganze Leben und diesen ganzen Kosmos erkennen werden. Das, was wir jetzt machen, ist ein bisschen rumpuzzeln. Wo wir von einem Puzzle, bei dem es eintausend Teile gibt, vielleicht vier Teile haben. Da verstehen wir nichts. Das ist so. Und es ist menschliche Hybris, das ist Überheblichkeit wenn wir glauben, dass wir Gott auch noch in diese vier Teile hineinpressen könnten. Das ist erbärmlich! Wir müssen wirklich anerkennen, dass Gott unerforschlich ist.

Als Gott seinen Namen offenbart, als Mose fragt: ***Wer bist du denn, was soll ich denn den Israeliten sagen, wer du bist?*** und Gott antwortet ***Sag: Ich bin Jahwe. Das heißt übersetzt: Ich werde sein, der ich sein werde. Ich werde mich als der erweisen, der ich schon längst bin -*** das ist nicht zu übersetzen dieses Wort. Die schlauesten Theologen wissen nicht genau wie das ist: ***Ich werde sein, der ich sein werde.*** Aber so ist Gott, unerforschlich. Da ist schon sein Name Programm! Und die Jünger, die mit Jesus gehen, da ist es ja genauso. Jesus ist ja der wahre Gott. Bei der Sturmstillung, wie Jesus in Markus 4 ein Wort spricht und der Sturm ist still. Da sagen sie nur: ***Wer ist dieser?*** Unerforschlich! Sie gehen schon zweieinhalb Jahre mit Jesus durch die Gegend, haben vieles mitgekriegt, aber mit einem Mal stellen sie fest: Sie haben gar keine Ahnung. Die kennen den gar nicht. Unerforschlich, Gott ist unerforschlich! Ich weiß noch, wie ich mit unserem Pastor Huntemann (den wir Anfang des Jahres beerdigt haben) zusammen gesessen habe. Er war ja Doktor der Theologie und Doktor der Philosophie und habilitiert und er hatte ja nun wirklich was auf dem Kasten. Da sage ich immer wieder: Er hat theologisch eine Liga über mir gespielt. Da haben wir uns beim Mittagessen unterhalten über das Tohuwabohu, als die Erde Irrsal und Wirrsal war. Ein ganz interessantes Thema, unerforschlich, aber ganz interessant darüber zu sprechen. Und da hat er noch gesagt: Wir sind als Theologen nur wie solche, die mit einer kleinen Taschenlampe am Mount Everest stehen und es ist stockdunkle Nacht. Und wir leuchten so einen kleinen Stein an und meinen, wir hätten diese 8800 Meter verstanden. In Wirklichkeit ist das Richtige noch dunkel, wir sehen nur einen ganz kleinen Ausblick. Das ist Unerforschlichkeit der Bibel.

Das Wichtige ist und darauf kommt es an, dass wir das nicht fassen können, aber: dass wir es glauben. Das ist das Entscheidende! Wir können die Weisheit der Bibel nicht fassen. Das sage ich mit meinem begrenzten theologischen Wissen: Wir können die Tiefe der Weisheit der Bibel nicht fassen. Wir können sie nur glauben. Wie die kleinen Kinder, die verstehen auch keine Zusammenhänge der Welt, aber vertrauen ihren Eltern. Und so dürfen wir Gott gegenüber sein, den wir nicht erforschen können, der unerforschlich ist wie sein Wort, das wir auch nicht erfassen können, aber IHM vertrauen dürfen. Das ist das Erste: die Unerforschlichkeit der Bibel.

Das Zweite, was mir dieser Text sagt, ist **die Andersartigkeit der Bibel.** Ich bin immer wieder überrascht, wenn ich Leuten begegne und über Jesus spreche (wir haben gestern eine evangelistische Aktion gemacht, da ist mir das auch einmal begegnet im Gespräch) und mir die Leute sagen: „Ja, ich habe die Bibel auch schon gelesen. Ich kenne mich aus. Ich bin da zu Hause." Da bin ich sehr überrascht und ich weiß dann, dass derjenige, der das sagt, letztlich gelogen hat. Also ich gehe seit über 30 Jahren mit der Bibel und beschäftige mich hauptberuflich damit. Aber eines kann ich Ihnen sagen: Das haut mir immer wieder die Beine weg, wenn ich die Andersartigkeit der Bibel erkenne. Die ist ganz anders, als ich es mir vorstelle. Ich habe auch so meine Gottesvorstellung. Ich habe auch so meine Dinge, die ich vermeintlich verstanden habe, aber ich darf mich immer wieder von der Andersartigkeit des heiligen und lebendigen Wortes überraschen lassen. Sie ist ganz anders, weil die Bibel ganz andere Ebenen der Erkenntnis hat und so ist auch dieser Text hier. Der ist ganz anders, als man das erwartet. Und wenn man gerade anfängt mit dem Bibellesen, dann wird man immer wieder auf Texte stoßen, die einem die Andersartigkeit der Bibel zeigt.

Nochmal: Es gibt Dimensionen, die sind unserem Auge verborgen. Bei Gott ticken die Uhren im wahrsten Sinne des Wortes anders als in unserem Leben. Die ticken wirklich anders! Bei Gott gibt es keine Zeit. ER ist der Ewige. Wir denken immer in zeitlichen Kategorien. Wir sind ja auch in der Adventszeit, so einer Vorbereitungszeit. Und Sie alle haben so ein zeitliches Raster, nicht nur für den heutigen Tag, sondern vor allem auch für die Festtage, die da kommen, für den 24., 25. und 26., da taktet man schön durch. Bei Gott gibt es das nicht. Und manchmal erleben wir diese Andersartigkeit auch in der Bibel. Es gibt eine tolle Geschichte in Josua 10. Da kämpfen die Israeliten gegen die fünf Könige der Amoriter. Die greifen sie an und haben die stückweit im Griff. Aber dann droht es dunkel zu werden und die Schlacht wäre zu Ende. Da macht Gott ein Wunder. Da sagt Gott zur Sonne: ***Sonne steh still zu Gibeon, und Mond, im Tal Ajalon!*** Und für vierundzwanzig Stunden bewegen sich die Sonne und der Mond nicht. Es bleibt alles so, wie es ist. Und da können die Israeliten weiter kämpfen und machen diese Amoriter platt. Das hat Gott getan, um seinem Volk zu helfen. Die Sonne steht still zu Gibeon und dann geht es wieder weiter. Das ist ganz anders, als wir uns das vorstellen. Und da sind viele Menschen schnell dazu geneigt zu sagen: „Das kann ich nicht glauben. Das ist ja nur Mythologie. Da war vielleicht nur eine Sonnenverdunklung oder eine glückliche Schlachtenwendung. Aber so ist das nicht passiert." Doch! Das ist so passiert! So ist das gewesen: Die Sonne hat stillgestanden. So hat unser Gott gewirkt. Bei dem ist es ganz anders, der hat die Sonne geschaffen und es ist ihm ein Kleines, zu schnippen, und dann bleibt die Sonne stehen.

Die Bibel ist ganz anders. Auch dieser Text, den wir heute als Predigttext haben, der ist uns fremd, weil er die unsichtbare Ebene anspricht. Er spricht das an, wo die Engel und wo die Dämonen sind. Davon spricht die Bibel immer wieder. Es gibt zwei Arten des Blickes für den Menschen: einmal den weltlichen Blick und zum anderen den geistlichen Blick. In 2.Korinther 4 heißt es:

> ***Wir sehen*** (und da spricht Paulus für die, die den geistlichen Blick haben, also den Heiligen Geist) ***nicht auf das Sichtbare sondern auf das Unsichtbare. Denn was sichtbar ist, das ist zeitlich, was aber unsichtbar ist, das ist ewig.***

Und das ist wichtig, dass wir diesen anderen Blick der Bibel auch bekommen. Den schenkt uns der Heilige Geist. Wenn ich die Bibel ohne Heiligen Geist lese, dann bleibt sie ein Buch, wo ich vieles nicht verstehe, wo ich vieles nicht annehmen möchte, wo ich irgendwann auch sage, das hat keine Bedeutung für mein Leben. Aber wenn ich die Bibel mit und im Heiligen Geist lese und das annehme, auch wenn ich nicht alles verstehe, dann kriege ich auch diesen anderen Blick. Die Bibel ist anders und schenkt denen, die in ihr zu Hause sind, auch diesen anderen Blick aufs Leben. Wenn du das nicht hast - und davon haben wir am Ersten Advent gesprochen - dann bleibst du fleischlich. Dann gibt's für dich eben dein Leben, deine Gesundheit, dein Geld, deine Familie und irgendwann dein Sterben, vor dem du letztlich Angst hast. Wenn du aber in der Bibel zu Hause bist und wenn der Heilige Geist dir Glauben daran schenkt, was Gott dir darin offenbart, dann wirst du anders.

Ist jemand in Christus, so ist er eine neue Kreatur. Das Alte ist vergangen, siehe, es ist alles neu geworden.
(1. Korinther 5,17)

Dann hast du vor allem den anderen Blick auf die Dinge. Dann ist es anders. Die Bibel ist ganz anders in ihrem Blick, übrigens auch im zentralen Ereignis unseres Glaubens. Nicht nur hier an so einer Geschichte, die sehr interessant ist aber eher eine Nebengeschichte, die jetzt nicht so viel für unser Leben heute auszusagen hat. Auch im zentralen Ereignis unseres Glaubens ist die Bibel ganz anders als erwartet. Das gibt es in keiner Religion dieser Welt, dass Gott Mensch wird, sich selber hinrichten, von den buckligen, sündigen Menschen quälen, foltern und umbringen lässt, damit diese sündigen Menschen Gottes Kinder werden. Die Menschwerdung Gottes und die Erlösung des Menschen durch Gott gibt es nirgendwo anders. Das ist ganz anders, als die Religionen dieser Welt ticken. Deshalb ist das Christentum auch keine Religion! Religion heißt immer: der Mensch tut etwas. Das Christentum, richtig verstanden im Heiligen Geist, ist keine Religion! Hier tut Gott alles und das ist ganz anders. Und wenn ihr Bibel lest, dann wisst ihr das, dass die Bibel ganz anders ist und das ist auch für den Glauben so, sie ist letztlich immer wieder überraschend, weil dieser Gott ganz anders ist. Den können wir nicht in die Westentasche packen. Und hüten Sie sich vor denen, die meinen, Ihnen absolut alle Erkenntnisse weitergeben zu können.

Ich sage Ihnen das ganz ehrlich: Zu Anfang meines Theologiestudiums habe ich geglaubt: Wenn du mit dem Studium fertig bist, so zwölf Semester Theologie studiert hast, dann kannst du alles über diesen Gott sagen. Da habe ich ein Riesenplakat gemacht und alles aufgeschrieben, was da an Erkenntnissen war. Da wollte ich den gesamten Heilsweg zusammenbringen und alles zusammenstückeln, sodass man alles hat. Zum Ende des Studiums habe ich das Ding genommen und weggeschmissen, weil ich verstanden habe: Gott ist ganz anders, trotz all der Erkenntnis, die man geschenkt bekommt in der

Bibel. ER ist anders, IHN können wir nicht packen. Das ist die Andersartigkeit. Das müssen wir anerkennen, so ist das halt. Ein Gott, der Mensch wird. Ein ewiger Gott, der wirklich alles geschaffen hat und sich in seinem Sohn selber dahingibt, das können wir nicht packen. Das ist völlig anders, als wir uns das vorstellen können. Dieser Text zeigt mir die Andersartigkeit der Bibel.

Jetzt habe ich aus diesem Text heraus, der uns so fremd ist, darüber gesprochen, was unerforschlich und was andersartig ist. Jetzt möchte ich aus diesem Text herausstellen, wie zuverlässig die Bibel ist. **Ein Drittes: die Zuverlässigkeit der Bibel.** Das, was die Bibel dir sagt, ist immer zu einhundert Prozent wahr. Immer! Auch wenn du es für den Moment noch nicht verstehen und anerkennen kannst. Auch wenn die Theologen oder selbst dein Pastor dir nicht weiterhelfen können. Die Bibel hat immer Recht, immer! Hier ist von einer Sache die Rede in diesem Text, dass auf Grund dieser Vorkommnisse - und das ist das Interessante - Gott das Leben der Menschen begrenzt auf 120 Jahre. Wenn ich jetzt wieder Anthropologen und auch Historiker bemühe, die erklären uns, dass die Menschen (je weiter wir in der Geschichte zurückgehen) ganz jung gestorben sind. Nicht so wie heute, dass manche von uns 80 oder 90 werden, sondern damals war die durchschnittliche Lebenserwartung bei unter 20 Jahren. Die ging dann so langsam hoch. Noch vor 150 Jahren hatten wir hier in Deutschland eine Lebenserwartung, die war unter 40 Jahre. Heute haben wir eine Lebenserwartung, die liegt etwa bei 80 Jahren. Und jetzt hat dieser Text, der etwa dreitausend Jahre alt ist (weil er mündlich überliefert ist, ist er vielleicht noch viel älter) eine Kunde, dass Menschen 120 werden. Unvorstellbar für die Menschen damals, die das gehört haben. Denn damals ist keiner 120 geworden. Da warst du mit 60 schon ein Greis. Und da sagt die Bibel: mit 120 Jahren ist Schluss. Und das sagen uns heute auch die Mediziner: Das ist die Grenze. Da sehe ich nun wieder die Zuverlässigkeit der Bibel. Wenn sie Menschenwort wäre, wo wollten denn die Menschen vor drei- oder dreieinhalbtausend Jahren diese Erkenntnis hernehmen? Die hätten vielleicht gesagt: 60 oder 70, vielleicht 80. Aber bis 120, so genau wie uns das die Wissenschaft heute sagt, konnten die gar nicht denken. Und so ist das bei ganz vielen Dingen. Wenn man die Bibel liest, die ist zuverlässig!

Vor einiger Zeit habe ich eine Stelle in Chronik gelesen. Da war von Pelek die Rede, einem Nachkommen von Sem. Da heißt es: ***Und er hieß Pelek, weil zu seiner Zeit*** (Pelek heißt Trennung) ***die Erde getrennt wurde.*** Da ist von der Kontinentalverschiebung im 1. Chronikbuch die Rede, als die Erde getrennt wurde. Da frage ich mich: Woher haben die Leute vor dreitausend Jahren gewusst, dass die Erde getrennt wurde, wo doch Alfred Wegner das erst Anfang des letzten Jahrhunderts in Marburg entdeckt hat? Aber die Bibel weiß das natürlich. Es gab eine Zeit, da ist da die Erde getrennt worden. Die Bibel ist zuverlässig. Auch Dinge, die wir nicht verstehen oder wo wir denken, das ist falsch. Die Bibel ist zuverlässig!

Ganz furchtbare Menschen, Lehrer an der Universität, ordinierte Leute im kirchlichen Dienst, die dort gar nicht hingehört haben, weil sie nicht christusgläubig waren und der Bibel nicht vertraut haben, die haben erzählt: „Wir wollen ihnen was beibringen, woran man sehen kann, dass die Bibel nicht wahr sein kann.“ Sie wissen ja, 3. Mose 11,6, da heißt es: ***Der Hase ist ein Wiederkäuer.*** Das ist natürlich biologisch nicht richtig. Wenn Sie heute nachlesen, rein zoologisch und biologisch gesehen, ist der Hase kein Wiederkäuer. Da hatten diese theologischen Lehrer einen Punkt gefunden und deshalb sei die Bibel nicht wahr. Sie glaubten, die Wahrheit der Bibel mit ihrem Wissen ausgehebelt zu haben. Nun bin ich nicht nur Pastor, sondern auch Jäger. Ich erinnere mich noch ganz genau daran. In meiner Jägerprüfung da war ein Professor Doktor der Betriebswirtschaft. Der schien gläubig zu sein und der fragte mich auch danach: „Was ist denn der Hase? Ist der Hase ein Wiederkäuer?“ Die Jäger sagen: Ja, der Hase ist ein Wiederkäuer. Warum? Er hat zwar nicht einen Magen, einen Pansen, so wie die wiederkäuenden Tiere, so wie die Rehe oder Kühe beispielsweise, aber der Hase hat eine Besonderheit. Wenn der Hase am Feld ist und seine Losung lässt, also wenn er ausscheidet, dann geht er hin und frisst seinen Kot wieder, weil da Bakterien drin sind, die wichtig für ihn sind. Und diese Beobachtung des Fressens, das ist das Wiederkäuen. Die Jäger, die sich wirklich auskennen (nicht die Theologen, denn die haben keine Ahnung von Wildbiologie), die sagen auch: Hasen sind Wiederkäuer. Da zählt der Hase wirklich zu den Wiederkäuern. Zoologisch bestimmt nicht, aber von seinem Verhalten her. Und auch das ist wieder ein Punkt zu sagen: das genau meint die Bibel. Deshalb sollte der Hase nicht gegessen werden, weil er eben unrein ist, weil er seinen eigenen Kot frisst. Das meint die Bibel an der Stelle. Aber das haben diese Uni-Theologen gar nicht begriffen, weil sie nicht tiefer reingeschaut haben.

Und so können Sie jeden Punkt in der Bibel durchgehen. Manches verstehen Sie nicht und manches kann auch ich Ihnen nicht erklären. Aber eines möchte ich Ihnen sagen: Die Bibel ist zuverlässig, in allem was sie sagt! Also dieser Punkt hier, wie der in der Geschichte mit den 120 Jahren - volle Zuverlässigkeit! Genau so ist es. Vor dreitausend Jahren war es nicht so, aber heute können wir das erkennen. Ist so! Und wenn wir im Advent sind und wenn Sie Bibel lesen, die ganzen Prophezeiungen, die auf Jesus gemacht worden sind. Lesen Sie das! Ob Psalm 22 oder Jesaja 53, die vielen Verheißungen, die erfüllt worden sind! Das ist handgreiflich. Ich frage mich manchmal: Wie kann man nicht daran glauben, wenn man solche Prophezeiungen hat, die in Jesus wahr geworden sind? Das ist ein Wahnsinn!

Der bekannte Missionar Hudson Taylor, der Begründer der China-Inlandmission, der ist einmal von einem liberalen Theologiestudenten gefragt worden: „Wie können Sie nur an jedes Wort der Bibel glauben?“ Da antwortet Hudson Taylor etwa sinngemäß: „Junger Mann, wenn Sie in den Zug einsteigen, in die Eisenbahn, dann richten Sie sich doch auch nach dem

Kursbuch, dem Fahrplan; und Sie wissen immer, was in dem Kursbuch steht, wo die nächste Station ist und Sie hinterfragen das nicht. Sie stellen vermutlich keine weiteren Untersuchungen darüber an, ob man dem Kursbuch vertrauen sollte oder nicht." „Und", sagte Hudson Taylor dann, „so mache ich das seit über 50 Jahren mit der Bibel. Ich hinterfrage nichts, sondern ich glaube und vertraue allen Geboten und Zusagen und Weisungen die dort gegeben sind, in Todesgefahren und in allen anderen Bereichen des Lebens und ich habe mich immer danach gerichtet und bin in allen Lebenslagen nie enttäuscht worden." Und dann empfiehlt er diesem jungen Mann: „Handeln Sie ebenso und Sie werden dieselbe Erfahrung machen."

Und genau so ist es. Ich kann Ihnen natürlich hier erzählen, das könnte ich wirklich machen bis heute Nachmittag, von Dingen, die in der Bibel zeugen, wo man wirklich staunen kann, wie zuverlässig biblische Überlieferung ist. Und dann können Sie das annehmen, dann können Sie das ein bisschen in Frage stellen oder für irgendwelche Zufälligkeiten halten. Sie werden die Zuverlässigkeit der Bibel nur dann wirklich feststellen können, wenn Sie sich darauf einlassen. Wenn Sie auch das glauben, was über unseren Horizont hinausgeht. Dazu möchte ich Sie und Euch aufrufen: Glaubt der Bibel! Glaubt der Bibel, weil sie Gottes Wort ist! Nein, weil sie sogar Gott selber ist!

Als unser HERR Jesus in die Welt kommt, da heißt es (Johannes 1,1): ***Im Anfang war das Wort und das Wort war bei Gott und Gott selber ist das Wort.*** Wenn ihr der Bibel traut, den Worten, die da drin sind, den Zusagen, den Weisungen, den Tröstungen, dann traut ihr letztlich Jesus. Und dazu möchte ich euch aufrufen, denn die Bibel ist zuverlässig und sie sagt das auch immer wieder. Wer der Bibel traut, so sagt das Jesus, der ist wie ein Mann, der sein Haus baut auf festen Fels. Wenn da die Stürme kommen, da fällt nichts ein. Wer das aber in Frage stellt und meint, ich kann auf meinem eigenen Fundament bauen, der hat auf Sand gebaut. Da fällt das Haus früher oder später ein.

Vertraut dem Wort Gottes, vertraut der Zuverlässigkeit des Wortes Gottes. Himmel und Erde, all das Sichtbare, was wir anpacken können, was wir bezahlen können, was wir vermessen können, das vergeht. Himmel und Erde vergehen, aber meine Worte, sagt der HERR Jesus, vergehen nicht. Die sind zuverlässig, darauf könnt ihr bauen. Und dazu möchte ich euch aufrufen: Vertraut dem HERRN, auch angesichts solcher Texte, die uns vielleicht etwas fremd sind. Auch wenn wir etwas nicht verstehen. Nehmt es an, glaubt es wie die kleinen Kinder, so werdet ihr selig werden.

Eine seltsame Geschichte erklärt die Bibel. Erstens: Die Unerforschlichkeit der Bibel. Zweitens: Die Andersartigkeit der Bibel. Und drittens: Die Zuverlässigkeit der Bibel. Möge unser HERR und Gott diese Predigt an deinem Leben und deinem Verhältnis zum Wort Gottes segnen. Amen.

Und der Friede unseres allmächtigen Gottes, der sehr viel höher ist als alle unsere menschliche Vernunft, ER bewahre unsere Herzen und Sinne in Christus Jesus, unserem auferstandenen und lebendigen HERRN. Amen.

Das Zuschließen des HERRN!

1. Mose 7,16

Gnade sei mit euch und Friede von dem, der da war und der da ist und der da sein wird in alle Ewigkeit - unser HERR, Jesus Christus, Amen.

Liebe Gemeinde, in der letzten Woche habe ich eine sehr interessante Bibelarbeit gelesen über Noah: 1. Mose 7. Als ich so die Bibelarbeit in Händen hielt und mich damit beschäftigte, da habe ich erst mal so bisschen überheblich gedacht: „Naja, was soll's denn werden? Die Geschichte kennst du ja in- und auswendig." Aber das geschieht mir sehr häufig. Wenn ich so denke, dass sind die alten Kamellen, die kennst du ja so gut aus der Bibel. Es ist immer wieder so, dass der HERR mich dann überrascht und mir zeigt, was da drinsteckt, was ich vorher nie so gesehen, nie so wahrgenommen habe. Und so ist es mir auch in dieser Woche gegangen und zwar mit einem einzigen Vers, den ich nie bis dahin so beachtet habe, aber der mich dann quasi so richtig angesprungen hat, über den ich sehr lange nachgedacht habe und aus dem sich heraus dann auch diese Predigt entwickelt hat. Wir wollen hören als Predigtvers auf dieses kurze Wort: 1. Mose 7,16:

Und der HERR schloss hinter ihm zu.

Wir wollen stille werden und beten: Lieber HERR und Heiland, du schenkst uns jetzt dieses Wort von deinem Zuschließen für diesen Gottesdienst, für unser Leben. Ich möchte dich bitten, HERR, dass du zu uns allen sprichst, aus diesem Vers heraus, in dieser Predigt. Wir wollen dich bitten, dass dieses dein Zuschließen uns neu verständlich wird. Das wird nur dann gelingen können, HERR, wenn du selber dieser Predigt deinen Segen und deinen Geist schenkst. Und so wollen wir dich genau darum bitten, HERR: Segne du selber das Reden und das Hören deines heiligen und lebendigen Wortes an uns allen. Amen.

Und der HERR schloss hinter ihm zu. Das, was mich so erstaunt und mich dann stehen gelassen hat bei diesem Vers, ist die Tatsache, dass der HERR die Arche zuschließt. Das hätte ja auch anders funktionieren können. Die sind in der Arche drin und Noah oder einer seiner drei Söhne - Sem, Ham oder Jafet - hätten sie von innen verriegelt, da wäre die Arche ja auch zu gewesen. Oder, wenn es tatsächlich von außen hätte geschehen müssen, dass tatsächlich dann der HERR einen seiner Engel geschickt hätte, einen Seraphim oder einen Cherubim, einen Engel des HERRN. Aber nein, hier steht in diesem Text: Gott selber kommt und macht die Arche zu, schließt sie ab. Der HERR selber. Das ist ein gewaltiger Vorgang. Ich kann ihnen nicht erklären, weil es die Bibel eben nicht sagt, wie dieser Vorgang geschieht, was da passiert ist, wie ER die Arche angerührt hat. Es steht nur drin, dass der HERR selber, Gott selber, nachdem der von ihm auserwählte Mann mit seiner Familie im Gehorsam in die Arche gegangen ist, diese Arche zumacht. ER verschließt sie. Und über dieses Zuschließen des HERRN, da ist mir dieser Text ganz neu groß geworden. Da habe ich vieles neu sehen dürfen und da möchte ich Sie in der Predigt mit hineinnehmen.

Das Zuschließen des HERRN. So ist diese Predigt überschrieben und ich habe drei Punkte:

1. Das Zuschließen als Errettung!
2. Das Zuschließen als Aussperrung!
3. Das Zuschließen als Entscheidung des HERRN!

Das Erste: Das Zuschließen als Errettung. Und damit sind wir beim Thema dieses Sonntages: Jubilate, Freuet euch! Hier rettet Gott, indem ER die Arche zumacht. Er verschließt sie. Danach kommt das große, große Unheil, die Wassermassen. Und ich denke mal, dass bei aller Zimmermannskunst, die Noah und seine Söhne besessen haben - und vielleicht noch die Gehilfen, die sie hatten, es notwendig war, dass der HERR selber nochmal alles zumacht. Damit den acht Leuten, die dort in der

Arche waren, nichts passieren konnte. Er segnet dieses Holz, das dann diese Acht trägt, damit sie durch den Tod, durch das Gericht hindurchkommen. So ist es übrigens auch im Neuen Bund. Es ist nur ein bisschen Holz, das den Unterschied macht: vom Verlorensein zum Gerettetwerden. Im Alten Bund ist es die Arche und wir wissen, was das Holz, was die Rettung für uns ist. Wo der HERR selber auch daran tätig ist, so wie an der Arche, nämlich durch das Holz von Golgatha. Der HERR selber schließt zu, um eben Noah und seine Familie zu retten. ER selber schließt zu, um zu retten. Und das ist kein singuläres Ereignis im Handeln Gottes, in der Bibel, sondern das tritt immer wieder auf. Ich möchte ihnen einige Dinge schildern.

Das elementare Ereignis der Geschichte des Volkes Israel ist ja der Durchzug durch das Schilfmeer. Und da geht es ja auch um das Zuschließen, das Abschließen. Da wird nämlich getrennt zwischen dem Volk Gottes und dem Heer des Pharao. Die einen gehen durch das abgeschlossene Wasser hindurch, da steht das Wasser wie eine Mauer, und die anderen werden schließlich abgeschlossen in diesem Wasser. Das ist auch ein abschließender, zuschließender Prozess, wenn nämlich die Ägypter eingeschlossen werden im Wasser, aber die Israeliten trockenen Fußes hindurchgehen.

Oder ein anderes Mal in der Bibel, im Alten Testament, wo der HERR zuschließt. Als Daniel in die Löwengrube geworfen wird und eine ganze Nacht mit den Bestien zu tun hat. Und als am anderen Tag dann der König ruft: „Wie geht`s dir denn?“ und er sagt: „Alles in bester Ordnung.“ Der HERR hat seinen Engel gesandt, der hat dem Löwen das Maul verschlossen. Er hat ihm das Maul zugehalten, zugeschlossen. Auch wieder so ein Zuschlussakt an Daniel, in dem er gerettet wird. Das lässt Gott nicht zu, dass die ihre Zähne in das Fleisch des Daniel hauen. Der HERR schließt den Löwen in wundersamer Weise das Maul. Im Neuen Testament wird von der Gemeinde, also von denjenigen, die den Heiligen Geist haben, immer wieder im Epheserbrief oder in 1. Petrus so gesprochen, dass sie versiegelt sind. Wir sind die Versiegelten. So werden wir dort genannt. Auch in der Offenbarung: Da werden die 144 000, also diejenigen, die wirklich zu Jesus gehören, als die Versiegelten bezeichnet. Und zwar sind wir versiegelt für den Tag des Gerichts. Jeder, der den Heiligen Geist hat, ist versiegelt. So, wie die Arche versiegelt war, geschlossen war, durch Gott den HERRN, so sind wir, die wir zu Jesus Christus gehören und den Heiligen Geist haben, versiegelt für das Gericht. Gott hat uns verschlossen für Sein Gerichtshandeln, was kommen wird. Damit sind wir gerettet. Das Zuschließen als Errettung.

Sie wissen ja, wie das ist mit dem Versiegeln. Wenn man einen Brief hat und da ein Siegel aufdrückt, dann ist der zu, dann ist der geschlossen. Und so ist das auch für uns. Für uns ist die Prozessakte geschlossen. Das Gericht wird über unser Leben nicht drüber kommen, weil wir an Jesus Christus glauben. Auch so ist das ein zuschließendes Handeln, unsere Errettung. Unsere Gerichtsakte, so möchte ich das bildlich sagen, sie ist geschlossen von unserem HERRN und Gott. Gott schließt zu, um Menschen zu retten. Nicht nur an der Arche, sondern an mehreren Stellen in der Bibel sehen wir das. Und das ist natürlich etwas ganz Wunderbares: Wenn man das merkt, wie der HERR so eingreift und einen so rettet von dem was das Leben bedroht, was einen kaputt machen will.

Übrigens geschieht das nicht nur in der Bibel. Auch Christen erzählen es immer wieder, wie sie dieses wundersame Erleben und Eingreifen Gottes erfahren haben, wie ER wirklich Dinge verschlossen hat. Ich habe vor einigen Monaten erzählt, von diesem Missionar, der vor 150 Jahren auf der Inselgruppe „Neue Hebriden" war und versucht hatte bei so einem Stamm zu missionieren. Er kam überhaupt nicht mit dem Wort durch. Ganz im Gegenteil: Der Stamm war ihm sehr feindselig gesinnt. Und dieser Missionar, er hieß John Paton, der wurde eines Nachts von diesen Indianern angegriffen. Sie haben sein ganzes Haus, wo er mit seiner Frau wohnte, umrundet und wollten beide umbringen. Sie hatten Fackeln dabei und wollten alles niederbrennen. Stunde um Stunde sind diese Leute um das Haus herumgelaufen und dieser Missionar hat mit seiner Frau gebetet, die ganze Nacht durch. Und wie der Morgen kommt, da sind diese Eingeborenen, ohne dass sie etwas getan hatten, abgezogen. Ein halbes Jahr später kommt es zu einer großen Erweckung. Dieser Stamm wird erreicht vom Evangelium und kommt zum lebendigen Glauben. Und irgendwann nach der Bekehrung dieser Menschen kommt der Häuptling des Stammes, der nun Christ geworden war, mit dem Missionar ins Gespräch. Da spricht dieser Missionar diese Nacht an, wo sie angegriffen werden sollten und fragt: „Warum seid ihr denn da nicht gekommen, warum habt ihr uns denn nichts getan, warum habt ihr uns verschont?" Da sagt dieser Häuptling: „Ja, es waren zu viele Leute da, dieser Ring, der um euer Haus stand, da haben wir uns nicht getraut." Der Missionar sagt: „Wir waren alleine, meine Frau und ich. Es war ja niemand bei uns." Und da wird ihm im Nachhinein bewusst, wie der HERR sein Haus verschlossen hat. So wie es in der Bibel heißt (Psalm 34,8): ***Der Engel des HERRN lagert sich um die herum, die IHN fürchten.*** Da hatte der HERR seine Engel gesandt und dieses Haus verschlossen für die Angriffe dieser Menschen, die da Böses tun wollten.

Der HERR schließt zu, um zu erretten. Er versiegelt und bewahrt die Seinen, so ein stückweit wie in so einem Panic Room. Wer heute ein bisschen was auf sich hält, mehr Geld hat, der hat nicht nur eine Jacht und ein dickes Auto, sondern auch ein Haus, in dem es einen sogenannten Panic Room gibt. Wenn man viel Geld hat, vermögend ist, da hat man natürlich Angst, dass man bestohlen wird, dass eingebrochen wird. Und da haben kluge Leute eine Erfindung gemacht, die sagt: Man baut ein Raum im Haus, den man einbruchsicher macht, meistens das Schlafzimmer. Da ist eine einbruchhemmende Tür drin. Da sind Fenster, durch die man nicht reinkommt. Da ist ein Notruf. Und wenn jetzt ein Einbrecher tatsächlich im Haus ist, dann kann man sich in diesen Raum flüchten und den verriegeln. Dann kommt von außen keiner ran. Da ist man geschützt. Zum Beispiel der Mann in Dänemark, der die Mohammed-Karikaturen gezeichnet hat, als der überfallen wurde von einem Terroristen, da ist er in diesen Raum geflüchtet und war bewahrt. Oder hier drüben bei Luga Shipping, da ist so ein Panic Room mittlerweile auch bei den Schiffen eingebaut. Wenn dann die Piraten kommen, da geht die ganze Mannschaft in diesen Raum, der ist dann verschlossen, und die Schiffsleute können nicht als Geisel genommen werden.

Und so ist es bei Gott auch. ER ist unser Panic Room, aber nicht in Beton, nicht in Stahl, sondern: Wenn wir Gott fürchten, wenn wir von IHM die Hilfe erwarten, dann haben wir einen Panic Room hier auf Erden für alles, was uns bedroht. Aber erst recht, wenn eines Tages der Tod an unserem Leben zieht. Gott hat uns verschlossen, versiegelt mit dem Heiligen Geist.

Und das tut ER an all denjenigen Menschen (das können wir an Noah lernen), die drei Dinge tun, das ist der Dreiklang des Lebens bei Noah: Er hat geglaubt, gehorcht und dadurch Gott geehrt. Das habe ich dann gemerkt, als ich die Geschichte noch einmal ganz intensiv gelesen habe. Noah hat geglaubt, das wird im Neuen Testament noch einmal aufgegriffen in Hebräer 11, wie groß sein Glaube war. Er hat also erstens geglaubt, er hat zweitens gehorcht. Er hat also nicht nur geglaubt, was Gott sagt ist die Wahrheit, sondern hat sich auch davon in Bewegung setzen lassen. Also hat er nicht nur gehört, dass eine Sintflut kommt, sondern auch den Befehl zum Archenbau. Er hat gehorcht und das so gemacht, so schwachsinnig das damals vielleicht auch für ihn geklungen hat. Und er hat drittens Gott geehrt. Das ist dieser Dreiklang, den finden wir. Noah hat geglaubt, er hat gehorcht, er tut alles und hat Gott dadurch geehrt. Indem man Gott glaubt, indem man Gott gehorcht, ehrt man Gott und das ist ein Dreiklang. Wer so lebt, wer glaubt, wer gehorcht, wer Gott ehrt, der wird von Gott gerettet, indem ER ihn zuschließt, vor all den Dingen, die kommen. Viele Menschen nehmen - und da nehme ich einige von Ihnen auch ausdrücklich nicht aus - das ernst, was in der Bibel steht und nicken dazu und glauben das, aber die gehorchen nicht. Die setzen das nicht um. Da komme ich gleich noch später dazu. Das wollen wir uns merken für den dritten Punkt. Das wollen wir uns merken: Wer von Gott versiegelt werden will, zur Rettung, der muss diesen Dreiklang in seinem Leben immer wieder haben, das Glauben, das Gehorchen und das Ehren Gottes. Das hat Noah getan und dadurch wurde er durch das Zuschließen errettet.

Ein Zweites: Das Zuschließen als Aussperrung. Das Erste ist etwas, worüber wir uns freuen dürfen. Das Zweite ist etwas, was vielleicht unangenehm ist, aber was eben auch Teil dieser Wahrheit ist. Denn wenn Gott rettet von dem Unheil, dann muss es eben auch Unheil geben, dann muss es auch etwas geben, was schlimm und furchtbar ist. Und da kommen wir zu diesem zweiten Punkt der Predigt: das Zuschließen als Aussperrung. Denn Noah wird gerettet von dem großen Gericht. Das Zuschließen der Arche war nicht nur etwas, mit dem die Acht gerettet wurden, sondern es wurden auch alle anderen Menschen ausgesperrt. Ich habe mir das ausgemalt, wie das damals vielleicht gewesen ist. Der Noah, der hat diese Arche gebaut. Das hat ja lange gedauert, das ist ja ein riesiger Kasten gewesen. Die Bibel nennt die Maße: 150 Meter lang, 25 Meter breit, 15 Meter hoch und das Ganze aus Tannenholz. Ohne Kreissägen, ohne Kräne. Da können Sie sich vorstellen, wie viele Jahre, Jahrzehnte der gebraucht hat und wie viel Spott der sich vermutlich auch angehört hat von den Leuten, die da bei ihm vorbeigegangen sind: „Hast du kein besseres Hobby?" Und dann hat er ihnen vielleicht erzählt vom Strafgericht. Da haben die auch wieder gelacht und gedacht: „Der hat sie doch nicht alle." Irgendwann ist Noah hineingegangen, dann ist die Arche versiegelt worden (da hat man auch noch nichts Großartiges darüber gedacht) und dann hat es angefangen zu regnen. Ich denke mal, am ersten Tag werden die Leute gedacht haben: „Na, endlich mal wieder Regen, da müssen wir nicht aus dem Brunnen das Wasser holen, um die Felder zu bewässern, wie gut!" Am zweiten Tag haben die vielleicht gesagt: „Ja, aber so einen Regen haben wir noch nie gehabt, das ist ja Wahnsinn, was da runter kommt, was da aufbricht." Am dritten Tag haben die gemerkt: „Oh, oh, hier ist was anderes, das gibt jetzt ´ne richtige Katastrophe." Und irgendwann ist es ihnen eingefallen, was sie gehört haben von Noah. Und ich frage mich, ob die dann hingelaufen sind zur Arche, angeklopft oder zumindest den Wunsch gehabt haben: „Hätten wir nur mal den Worten Noahs geglaubt" und wären dann mit auf die Arche gegangen. Aber da war es zu spät! Da ist niemand mehr reingekommen. Acht waren drin, das ist übrigens die Zahl für den Neuanfang. Wer nicht in der Arche ist, der ist ausgesperrt und gehört nicht mehr dazu. Da ist Gott knallhart!

Gott ist ein Gott, der nicht nur rettet durch das Zuschließen, sondern der auch vernichtet durch das Zuschließen, der ganz bewusst Leute aussperrt, die sich gegen IHN stellen. Die eben nicht geglaubt haben, die nicht gehorsam sind und IHN nicht geehrt haben. Das muss in aller Deutlichkeit gesagt werden. Diese Menschen, die kommen nicht irgendwann vor einen so alten Tattergreis im Himmel, so wie sich das viele Leute vorstellen: den „lieben Gott". Wenn ich dieses Wort schon höre, dann weiß ich, dass einer keine Ahnung davon hat, was in der Bibel steht. Das gibt es nicht! Sondern Gott ist ein strafender, richtender Gott und nur demjenigen, der unter dem Blut Jesu Christi steht, gibt ER Gnade. Alle anderen vernichtet ER. So wie hier: ER sperrt sie aus. Und nicht nur hier in dieser Geschichte. Glauben sie mir, Gott ist immer wieder so.

Die Vertreibung aus dem Paradies: auch wieder Zuschließen. Da schließt ER das Paradies zu. Gott ist auch ein zuschließender Gott. Da haben die Menschen gelebt, hatten ewiges Leben, aber dann haben sie SEINE Gebote überschritten, waren nicht gehorsam und da werden sie rausgeschmissen, da werden sie ausgesperrt. Im Schilfmeer genau dasselbe: die einen werden gerettet, die anderen werden ausgesperrt von der Rettung, die werden vernichtet. Da sagen manche Leute in der

Unkenntnis der Bibel: „Ja, im Alten Testament!" In Lukas 13, 25-27, sagt der HERR Jesus Christus:

> ***Sobald der Hausherr aufgestanden ist und die Tür verschlossen hat und ihr anfangt, draußen zu stehen und an die Tür zu klopfen und zu sagen: HERR, tu uns auf!, dann wird er antworten und zu euch sagen: Ich weiß nicht, wo ihr her seid. Dann werdet ihr anfangen zu sagen: Wir haben vor dir gegessen und getrunken, und auf unsern Straßen hast du gelehrt. Und er wird zu euch sagen: Ich weiß nicht, wo ihr her seid. Weicht alle von mir, ihr Übeltäter!***

Oder das Gleichnis von den törichten Jungfrauen, die da eingeladen sind zur Hochzeit. Fünf, die haben Glauben, also Öl auf ihren Lampen und fünf haben keinen Glauben. Die haben nur die Lampen, aber keinen Glauben dabei. Und als der Hausherr kommt, sind die einen dabei und die anderen nicht. Und da laufen sie umher, schließlich haben sie Öl und da klopfen sie an und da lässt ER sie nicht mehr rein. Fünf sind dabei, fünf sind verloren. Wir haben das eben auch im Evangelium gehört: Wenn der Tag des Gerichtes kommt, dann wird die eine Frau angenommen, die auf dem Feld ist, die andere wird verworfen.

Oder wenn Sie Offenbarung lesen, auch da immer wieder Abschließen. Der Widersacher beim Tausendjährigen Friedensreich, der wird verworfen und da wird abgeschlossen. Das lässt der HERR nicht zu. Für die Zeit hat der keine Möglichkeit. Gott schließt immer wieder ab, verschließt auch Dinge. Und eine Theologie, die das nicht berücksichtigt, ein Pastor, der das nicht verkündigt, die werden schuldig an der Schrift. Nochmal: Wir dürfen froh sein! Wir, die wir zu Jesus gehören, wir sind gerettet! Aber wir müssen es auch in aller Ernsthaftigkeit wissen, dass ER diejenigen, die nicht an IHN glauben, die IHM nicht gehorsam sind, die IHN nicht ehren, dass ER die aussperrt. Und es wird eine Zeit geben, wo es zu spät ist, selbst wenn die Leute dann Buße tun wollen. Es gibt ein ganz knallhartes Wort in

Hebräer 12, wo ganz klar gesagt wird, dass ab einem gewissen Punkt auch der Weg zur Buße zu spät ist, selbst wenn die Leute dann Erkenntnis haben. Es ist zu spät! Da heißt es:

Seht zu, dass niemand die Gnade Gottes versäume und ein Abtrünniger und Gottloser würde wie Esau, der keinen Raum zur Buße fand, obwohl er sie mit Tränen suchte.

Esau hatte irgendwann erkannt, dass er den Segen verspielt hat. Das erkennt er noch zu Lebzeiten. Aber zu diesem Zeitpunkt ist es zu spät. Und dann sucht er, so die Schrift, die Buße mit Tränen und er findet sie nicht mehr, weil es ein Zuspät gibt!

Genau so ist es mit dem Wort Gottes. Die Ignoranz der Welt gegenüber dem Wort Gottes, dem Heiligsten und Wichtigsten, das Einzige was bleibt in dieser Welt, ist haarsträubend! Wissen sie, ich freue mich, wenn Menschen zu mir kommen und sagen: „Sie sind ein Wort-Gottes-Fanatiker!", denn dann habe ich nicht alles falsch gemacht. Ein Pastor muss immer und immer und immer wieder zum Wort hin rufen! Das Wort Gottes ist das Heiligste und Beste, was wir haben. Es wird eine Zeit kommen, wo wir das Wort Gottes nicht mehr haben, wo die Menschen, die danach gieren, es nicht finden werden. In Amos 8,11-12 heißt es:

Siehe, es kommt die Zeit, spricht Gott der HERR, dass ich einen Hunger ins Land schicken werde, nicht einen Hunger nach Brot oder Durst nach Wasser, sondern nach dem Wort des HERRN, es zu hören; dass sie hin und her von einem Meer zum andern, von Norden nach Osten laufen und des HERRN Wort suchen und doch nicht finden werden.

Der HERR wird den Weg zum Wort versperren und ER wird den Weg zur Buße versperren. Es gibt ein Zuspät! Ein wahres Gotteskind, das den Heiligen Geist hat, das nimmt diese Botschaft an. Es kann damit leben, weil es Wort Gottes ist. Wenn du ein Problem mit dieser Botschaft hast und sagst, das ist wieder zu hart, der Latzel ist nur ein Provinzheini, der kommt eben nicht aus Bremen, der hat nicht die senatorische Attitüde, die notwendig ist, um auf dieser Kanzel zu stehen. Dann kann ich dir eines sagen: Mach es nicht am Pastor Latzel fest. Ich habe nicht die senatorische Attitüde, das ist richtig, die will ich auch gar nicht haben. Aber, das, was ich sage, ist richtig, weil es in der Schrift steht. Wenn du ein Problem mit dieser Botschaft hast, dass unser HERR und Gott aussperrt und du dich dagegen wehrst und sagst: „In den Gottesdienst gehe ich nicht mehr!", das sei dir vollkommen freigestellt. Aber dann will ich dir das eine sagen: Dann hast du nicht den Heiligen Geist, weil du nicht das Wort unseres allmächtigen Gottes akzeptierst. Und dann gehst du in die Irre. Lest in der Schrift! Ich lese es nochmal, das Evangelium von heute:

> ***Es wird sein wie in den Tagen Noahs. Sie aßen, sie tranken, sie heirateten, ließen sich heiraten bis an den Tag, an dem Noah in die Arche ging und sie beachteten es nicht, bis die Sintflut kam und raffte sie alle dahin. So wird es auch sein beim Kommen des Menschensohnes.***

Noah wird damals gesagt haben: „Es kommt die Sintflut." So kann ich das nur in aller Deutlichkeit sagen: Halleluja, wenn du Jesus Christus und sein Blut hast, dann bist du gerettet. Aber wehe dir, wenn du nicht wiedergeboren bist, wenn du den Geist Gottes nicht hast und wenn du nicht unter dem Kreuz Christi und seinem Blut bist, dann bist du verloren, dann hast du keine Möglichkeit vor diesem Gott zu bestehen. Glaube nicht irgendwelchen dämlichen Gottesbildern, die hier irgendwo in anderen Kirchen zum Teil erzählt werden. So nach dem Motto: „Gott wird alle retten am Ende der Zeit. Es spielt keine Rolle, was du getan hast, es spielt keine Rolle ob du Moslem oder Buddhist oder Atheist bist, alle werden gerettet." Oder andere Kirchen erzählen: „Es gibt gar keine Ewigkeit, alles ist nur hier und jetzt und Gott löst sich auf in die Liebe." - Nein!

Gott verschließt! Und Gott möchte nicht, dass du verloren gehst. Und wenn du jemand bist, der das bisher nicht glaubt, dann ruft Gott dich in diesem Gottesdienst dazu auf, an Bord der Arche zu gehen. Das ist im Bild gesprochen. Übertragen heißt das: unters Kreuz zu gehen und dich von diesem Holz segnen zu lassen, auf dass du gerettet wirst.

Ein Drittes: Das Zuschließen als Entscheidung des HERRN. Ich habe eben im ersten Punkt gesagt, warum Gott den Noah gerettet hat: weil er an IHN geglaubt hat, weil er gehorsam war und weil er Gott geehrt hat. Und im zweiten Punkt: Wer nicht an Gott glaubt, wer nicht an Jesus glaubt, wer nicht Jesus ehrt, wer nicht Gott ehrt, wer nicht gehorsam ist, der wird eben ausgesperrt. Diese Frage ist geklärt.

Die Frage ist nur: Wann wird es denn bei uns passieren, dass die Arche final zugemacht wird? Wann wird es denn bei uns sein, dass der Menschensohn wiederkommen wird? Das ist eine ganz wichtige Frage. Das ist die Frage aller Fragen: Wann wird der HERR Jesus Christus wiederkommen? Alle anderen Fragen - wo fahrt ihr nächstes Jahr in den Urlaub hin, was passiert mit unseren Geldanlagen, wie ist das mit der Renovierung unserer Kirche - das ist alles Kindergeburtstag, das spielt alles keine Rolle. Wir sollen uns darauf einstellen, dass der HERR Jesus Christus wiederkommt. Damals hat ER den Menschen einen großen Kasten vor Augen gestellt, um zu zeigen, es kommt ein großes Gericht und die Menschen haben es nicht beachtet. Heute hat ER uns einen kleineren Kasten gegeben: die Bibel, die uns vor Augen gestellt wird.

Damals wie heute haben die Menschen den Kasten, der das ankündigt, nicht beachtet - bis es zu spät war! Und ich möchte dieses Zuspät noch einmal erklären. Gott selber entscheidet, wann dieser Tag ist. Wir haben es eben im Evangelium gehört: Wir wissen es alle nicht. Selbst der Menschensohn weiß das nicht. Aber wir haben uns darauf einzustellen, dass dieser Tag kommt. Das ist wichtig! Und da möchte ich es als Erstes noch einmal den Nichtwiedergeborenen sagen unter uns, also denen, die nicht zu Jesus Christus gehören. Ich möchte dich im Namen Jesu Christi auffordern: Lasse dich retten von Gott. Geh unters Kreuz. Lasse das Blut Jesu über deinem Leben sein. Ich weiß, dass das einige von euch schon hundertmal gehört haben. Aber vielleicht ist einer heute Morgen hier, der das noch nicht gehört oder auch schon mehrfach gehört hat. Gott ruft ihn. Und uns, die wir wiedergeboren sind, denen möchte ich sagen: Bitte geht hin und erzählt das anderen weiter.

Ich habe vor einiger Zeit mit einem guten Bekannten, ein gläubiger Christ, über Mission gesprochen. Er hat eine führende Stellung in einer großen Firma und hat viele Menschen, die ihm untergeben sind. Und da haben wir darüber gesprochen, ob er das Evangelium auch am Arbeitsplatz bezeugt. Da hat er gesagt: „Das kann ich nicht, das ist hier nicht gewünscht von meinem Chef." Da habe ich ihn gefragt: „Damit gibst du ja deinem Chef die Ehre, aber wie sieht das mit dem lebendigen Gott aus?" Und danach haben wir ein sehr intensives Gespräch geführt. - Ja, diese Botschaft, dass Menschen verloren werden und ohne das Blut Jesu Christi keine Möglichkeit haben, will die Welt nicht hören. Und ja, ich habe es da einfach als Pastor, dass ich das von der Kanzel runter sagen kann und dass man das sogar ein stückweit von mir erwartet. Und ich weiß, dass ihr das in der Nachbarschaft, an eurem Arbeitspatz und in eurer Familie schwerer habt, als ich es vielleicht habe. Aber trotzdem ist es auch eure Aufgabe, das Evangelium den Menschen weiterzusagen. Vielleicht seid ihr ja der einzige Mensch in eurer Nachbarschaft, in eurer Familie, der euren Familienangehörigen, euren Nachbarn und Arbeitskollegen das rettende Evangelium sagen kann. Ich möchte euch Mut machen, hinzugehen und davon zu berichten. Damit werdet ihr vielleicht nicht nur dazu beitragen, dass Menschen gerettet werden, sondern ihr werdet vor allen Dingen eines tun: Ihr werdet Gott die Ehre geben. Die Voraussetzung ist, dass ihr sagen könnt: „Ja, das stimmt: Jesus Christus wird wiederkommen, es wird ein Gericht geben und ohne das Blut Jesu sind alle verloren." Also wenn ihr dem zustimmen könnt, wenn ihr das glaubt, dann habt ihr den ersten Schritt getan. Aber das Zweite ist eben auch der Gehorsam, das weiterzusagen, es nicht nur für euch zu behalten. Das ist der nächste Schritt. Und wenn ihr den tut, dann tut ihr wiederum auch den dritten Schritt, dass ihr Gott ehrt. Wenn ihr davon schweigt, dann schämt ihr euch für irgendetwas, wofür man sich nicht schämen kann und nicht schämen muss. Aber das ist etwas, das der Widersacher in uns tut, bei den Wiedergeborenen, dass wir uns ganz häufig für diese klaren Botschaften schämen und dass wir uns nicht trauen diese Dinge weiterzugeben. Ich möchte mich da auch nicht ausnehmen. Nochmal: Es ist ganz einfach, hier oben auf der Kanzel zu stehen. Ich weiß aber auch, wie es ist in den ganz normalen zwischenmenschlichen Beziehungen.

Ich möchte euch von einer Geschichte erzählen. Nicht weil mir da etwas gelungen ist, ich bin ein sündiger Mensch und vieles gelingt mir nicht in meinem Leben. Aber da war ich an einem Punkt, wo mir das gelungen ist. Und ich möchte auch zeigen, wie wichtig dieser Punkt war: Ich bin mit einem guten und gläubigen Freund in Ungarn zur Bockjagd gewesen. Wir haben da Rehböcke gejagt und hatten viel zu tun mit ungarischen Jägern. Das war ein gutes Miteinander. Wir beide hatten natürlich jeden Tag unsere Andacht. Aber wenn man dann so geschäftlich auf der Jagd mit den anderen zu tun hat, da spricht man nicht unbedingt vom Glauben. Aber das ist ein Fehler! Und diese Erkenntnis hat mir Gott in dieser Zeit geschenkt. Da kam der Chef von dieser Jagdorganisation, ein Mann, der sehr gut Deutsch konnte. Und als wir über alles Organisatorische gesprochen hatten, da habe ich richtig gemerkt, wie der HERR an mir gezogen hat. Da habe ich mir gesagt: „Ist jetzt egal, auch wenn das gar nicht so vom Gespräch her passt...", und habe angefangen von Jesus Christus zu erzählen und den Mann auch knallhart gefragt: „Wie sieht das bei Ihnen aus. Sind Sie beim HERRN, ja oder nein?" Wir haben über Tod und Leben gesprochen und dann sagte er: „Wissen sie was, jetzt sprechen sie was an. Ich bin schwer an Krebs erkrankt." Dann kommt es zum Gespräch. Da hat man richtig gemerkt: Diese Situation hat wirklich Gott gegeben. Keine drei Monate später ist dieser Mann gestorben. Der hat vorher einen ganz vitalen Eindruck gemacht. Der Hirntumor war dem nicht anzusehen und er ist abberufen worden. Ich bin Gott dankbar, dass diese Gelegenheit da war, dass ich diesem ungarischen Jäger das Evangelium bezeugen konnte. Ich weiß, das war meine Aufgabe! Ich weiß aber auch, an wie vielen Stellen ich die Klappe gehalten habe, wo ich gedacht habe: „Na, passt nicht so ganz, ist jetzt nicht so ganz richtig. Vielleicht trittst du dem jetzt doch zu nahe." Oder so nach dem Motto, als wollte ich jetzt was verkaufen, was ich zu Hause gehäkelt habe und was es nicht wert ist und ich das für fünf Euro verkaufe. So denken wir ja manchmal übers Evangelium. Aber das ist falsch! Es gibt eine ganz ernsthafte Sache, nämlich, dass der HERR Jesus Christus wiederkommen wird, so wie wir es im Glaubensbekenntnis bezeugen. Und deshalb ist es wichtig hinzugehen. Und ich möchte euch Mut machen! Ihr, die ihr zu Jesus gehört, wirklich hinzugehen und von Jesus zu sprechen. Sagt es den Menschen in aller Deutlichkeit, in aller Liebe, aber auch in aller Klarheit, dass, wenn sie Jesus nicht haben, wirklich verloren sind für Zeit und Ewigkeit. Wir, die wir zu Jesus Christus gehören, wir dürfen uns freuen und wir dürfen mit ans Werk gehen zu dieser Zeit, weil Gnadenzeit ist.

Ich habe eben gefragt, wann wird das passieren? Ich weiß nicht, wann der HERR Jesus wiederkommt. Vielleicht heute Abend, vielleicht erst in zwanzig Jahren, vielleicht erst in zweihundert Jahren. Aber jetzt, heute und morgen, da ist noch Gnadenzeit. Solange der HERR Jesus noch nicht da ist, da möchte ER von uns, dass wir SEIN Wort weitergeben. Damit immer mehr hinzukommen zu seinem Rettungswerk, damit ER dich retten kann und abschließen kann von dem Gericht, das kommen wird. ***Der HERR schloss hinter ihm zu.*** Das Zuschließen des HERRN: als Errettung, das Zuschließen als Aussperrung und das Zuschließen als Entscheidung des HERRN. Möge der HERR dieses Wort an deinem Leben segnen. Amen.

Und der Friede unseres allmächtigen Gottes, der sehr viel höher ist als alle unsere menschliche Vernunft, ER bewahre unsere Herzen und Sinne in Christus Jesus, unserem auferstandenen und lebendigen HERRN. Amen.

Vom Segen Gottes

1. Mose 12,2

Gnade sei mit euch und Friede von dem, der da war und der da ist und der da sein wird in alle Ewigkeit - unser HERR, Jesus Christus, Amen.

Liebe Glaubensgeschwister, ich habe das zum Beginn des Gottesdienstes schon gesagt: Das Losungswort für den heutigen Tag ist ein ganz besonderes und tolles Wort vom Segen. Dieses Losungswort aus 1. Mose 12, Vers 2, soll auch der Predigtvers für die Konfirmationspredigt sein. Wir wollen hören auf dieses wunderbare Wort aus dem Beginn der Bibel.

So spricht der HERR: Ich will dich segnen und dir einen großen Namen machen und du sollst ein Segen sein." Amen.

Wir wollen stille werden und beten: Lieber HERR und Heiland, von ganzem Herzen wollen wir dir Dank sagen für dieses Wort des Segens, das du dem Abraham zugesprochen hast, damals vor über 3 000 Jahren und das du uns heute zurufst. Danke, dass du uns segnen willst, dass du uns einen großen Namen machen möchtest, HERR, und dass du uns zum Segen setzen möchtest in dieser Welt. Wir wollen uns jetzt Gedanken machen in dieser Predigt über die Bedeutung dieses Segenswortes und wir wollen dich bitten, dass du diese Predigt segnest, HERR. Wir werden nur dann verstehen können, was du uns zu sagen hast für unser Leben, was dran ist, was wichtig ist, wenn du dieser Predigt deinen guten Heiligen Geist schenkst. Und darum wollen wir dich alle miteinander bitten: Segne du selber, HERR, das Reden und das Hören deines heiligen und lebendigen Wortes an uns allen. Amen.

Ich habe diese Predigt überschrieben, ganz banal: **Vom Segen Gottes.** Ich habe drei Punkte:

1. Die Verheißung des Segens!
2. Der Empfang des Segens!
3. Die Weitergabe des Segens!

Das Erste: Die Verheißung des Segens! Da ist ein Mann, im Zweistromland, Abraham mit Namen, der kriegt eine Berufung Gottes. ER sagt ihm:

> ***Brich auf, aus diesem Land, in ein Land, das ich dir zeigen werde, in dem du leben sollst.***

Er soll alles hinter sich lassen: seine Freunde, seine berufliche Existenz, seine Sicherheit. Und er soll gehen, auf den Befehl Gottes, in ein Land, das er gar nicht kennt, nicht einmal vom Namen her. Aber Gott sagt ihm nicht nur: Du sollst gehen. Er verheißt ihm auch etwas. Er sagt: Ich will dich segnen und ich will dir einen großen Namen machen und du sollst zum Segen werden. Gott verheißt das dem Abraham. Das ist in dem Moment, wo er das gesagt kriegt, noch nicht wahr. Das ist die Zukunft, in die er hineingeht. Aber das darf dann Abraham erleben: wie er gesegnet wird, wie er unglaublich reich wird, sehr viel Geld hat, wie er Macht bekommt, militärische Stärke, wie er Gesundheit erlebt. Er stirbt als einer der wenigen Männer der Bibel alt und lebenssatt. Er hat Einfluss und führt ein glückliches Familienleben. Der kann quasi den Segen Gottes spüren, wie er reintropft der Segen Gottes in sein Leben - dieser verheißene Segen.

Und das ist etwas, was Menschen sich wünschen. Genau das, was Abraham hier verheißen bekommen hat und was in seinem Leben zur Erfüllung kam. Das wollen die Leute auch haben, diesen Segen Gottes: Gesundheit, glückliches Leben, Geld, beruflicher Erfolg. Da ist man sogar mal wieder bereit dazu in die Kirche zu gehen. Segen steht momentan ganz oben an. Also von der Kirche will die Gesellschaft ja immer weniger wissen, zum Teil auch mit Recht, aber der Segen ist das ganz große Programm. Da können wir richtig punkten in dieser Gesellschaft. Momentan sind ja überall diese Biker-Gottesdienste. Zu Beginn der Motorradzeit, da wissen die Biker: „Oh, das kann gefährlich werden." Auch wenn die sonst nichts vom Glauben halten, keine Beziehung zu Jesus haben. Aber Segen, das, was man davon erwartet, das was der verheißt! Da fährt man dann hin, das sind meist riesengroße Gottesdienste mit fünf-, sechs, siebentausend Leuten, die da kommen. Denen ist es nicht so wichtig, was der Pastor sagt in der Predigt; wichtig ist, dass es den Segen gibt für die neue Motorrad-Saison.

Wir erleben das immer wieder als Pastoren, dass die Leute anrufen und sagen: „Ja, Herr Pastor, so und so, ich würde gern mein Kind taufen lassen" und dann kommt häufig der Satz hinterher: „Aber mein Mann und ich sind nicht mehr in der Kirche. Aber für die Taufe treten wir wieder ein." Das tun die dann nicht, weil die etwa vom Glauben überzeugt sind, sondern die wissen: Das, was da ist mit dem Leben des Kindes, das haben die nicht in der Hand. Die wünschen sich das Allerbeste und da ist Segen etwas Wichtiges. Ich will das jetzt nicht schlecht und klein reden, aber das zeigt wirklich das anthropologische Bedürfnis nach Segen. Und wie gesagt: Gott hat diesen Segen ja verheißen.

Als ich mein Studium beendet hatte, da habe ich noch zwei Jahre in Marburg gelebt und beim Jugendamt gearbeitet. Da hatte ich einige Freunde, Juristen, mit denen habe ich Sport gemacht. Die glaubten alle nicht an Gott. Und einer, der war gerade im ersten Examen (das Jura-Examen ist ja eine ziemlich harte Geschichte), der hatte das Schriftliche, die Hausarbeit und die Klausuren ziemlich verbockt und das Mündliche stand ziemlich auf der Kippe. Und da ist der irgendwann zu mir gekommen und hat gesagt: „Olli, kannst du für mich beten und mich segnen?" Der glaubte gar nicht! Und da habe ich gesagt: „Klar!" Ich habe ihm dann noch einmal alles genau erklärt, für ihn gebetet und ihn gesegnet. Und wie durch ein Wunder, das hat der dann auch allen erzählt, ist er durch die Prüfung gekommen. Ich brauch wohl nicht zu erzählen, was dann in den nächsten Monaten los war. Da hatte ich so einen eigenen Dienst - das ist kein Witz! - an den Juristen der Fakultät. Das hatte sich rumgesprochen. Glauben taten die wenigsten, aber ausstrecken nach diesem Segnen, nach dem, was das verheißt, das wollen die Leute gerne haben. Mehr als man sich erarbeiten und erdenken kann. Dass es da etwas gibt, da spricht ja die Bibel davon. Das gibt es ja auch! Gott verheißt den Segen. Gott hält das für die Menschen bereit. Aber, und das ist das Tolle, dieser Segen Gottes ist viel größer als das, was wir dann häufig so irdisch denken: das Geld, die Macht, gelingende Ehe. Dieser Segen ist viel größer. Hier ist davon die Rede in unserem Losungsvers:

Ich will dir einen großen Namen machen.

Und dann sagt man ja vielleicht: „Ja klar, wenn ich schon eine glückliche Ehe habe, wenn ich viel Kohle habe, wenn ich viel Einfluss habe, dann habe ich doch schon einen großen Namen." Nein! Dadurch habe ich keinen großen Namen. Einen großen Namen kriege ich nicht dadurch, dass ich viele Nachkommen habe, dass ich, wie Bill Gates, Unmengen Geld habe oder unendlich viele akademische Titel vor meinem Namen führen kann. Einen großen Namen habe ich nur durch eine einzige Sache: dass mein Name in dem Buch des Lebens eingeschrieben steht. Das ist der große Segen! Also, ich darf das behaupten von meinem Leben: Ich bin ein von Gott gesegneter Mensch. Mir geht es wirklich gut. Ich habe einen tollen Beruf, eine tolle Familie, mir geht es finanziell gut, ich bin leidlich gesund, wenn ich nicht gerade von irgendwelchen Hochsitzen runterfalle. Mir geht es wirklich gut und ich kann sagen: Ich bin gesegnet. Aber, das ganz Große meines Lebens, das ganz Große meines Namens ist nicht, dass ich hier Hauptpastor in St. Martini bin, sondern dass der Heiland mit Seinem Blut meinen Namen in das Buch des Lebens eingetragen hat. Halleluja! Das ist ein Segen, wenn ich die Augen hier zu mache, dass ich dann direkt in der Ewigkeit beim HERRN Jesus bin. Und zwar nicht in so einem popligen Haus, wie ich jetzt wohne, so schön das auch ist, sondern dass ich im himmlischen Jerusalem Wohnstätte habe, wo der Heiland für mich Wohnstätte bereit hält. Halleluja! Das ist Verheißung des Segens! Das ist auch der Segen, den Abraham bekommen hat. Ja, dieser Mann hat ganz viel in seinem Leben gehabt, hat das Leben auskosten dürfen und ist alt und lebenssatt geworden als er starb. Aber das Große seines Lebens war, dass er eingetragen war ins Buch des Lebens und dass er jetzt in der Ewigkeit ist. Und das wünsche ich euch auch, meinen Konfirmanden. Ich wünsche euch natürlich ganz viel irdischen Segen in dieser Welt hier. Das wünsche ich euch von ganzem Herzen. Dafür werde ich beten, so lange ich lebe. Das ist meine Aufgabe, die ich als Pastor habe an meinen Konfirmanden. Aber sehr viel mehr wünsche ich euch, dass ihr bei diesem „Ja" bleibt, das ihr heute gesprochen habt gläubigen Herzens. Dass euer Name immer im Buch des Lebens steht und dass wir uns eines Tages wiedersehen in der Ewigkeit. Denn das ist uns verheißen, das ist der große Segen, dass die, die an Jesus Christus glauben wenn sie hier sterben, in der Ewigkeit sind. Wir kommen von Ostern her, da haben wir am Wochenende darüber gesprochen, Jesus Christus spricht:

> ***Ich bin die Auferstehung und das Leben. Wer an mich glaubt, wird leben, auch wenn er stirbt und wer da lebt und glaubt, der wird nimmermehr sterben.***

Und jetzt kann man ergänzen: ...weil sein Name im Buch des Lebens steht. Und das ist der große Segen, dass der Tod keine Macht mehr hat. Das können wir jetzt noch nicht sehen. Das ist uns verheißen, ganz wie dem Abraham. Wir gehen auf eine Zukunft zu, dafür haben wir nicht mehr als das Wort. Aber das reicht, von diesem treuen Gott. Und ihr dürft euch sicher sein: So wie Abraham, der das erleben durfte, was Gott ihm verheißen hat, so werdet ihr das auch bekommen, wenn ihr im Glauben bei unserem HERRN und Heiland bleibt. Gott verheißt uns Segen und nicht nur den Konfirmanden, uns allen! Und diesen Segen bekommen wir, wenn wir im Glauben an Jesus Christus bleiben.

Und damit kommen wir **zum Zweiten**: **Der Empfang des Segens!** Ja, wenn Gott einen segnet, dann geht es einem im Leben besser. Und da fragen Leute danach: „Ja, ich möchte diesen Segen haben. Ja, und wie kriege ich den denn? Wie empfange ich den Segen? Ist es da wichtig, dass ich jeden Sonntag mindestens kurz vorm Gottesdienstende da bin, wenn der Pastor den aaronitischen Segen spricht?"

Ich hatte einen österreichischen Jagdkameraden, ein Katholik, ein ganz lieber Mann, der ging immer zum Frühshoppen. Aber eins war ihm wichtig (die hatten auch immer von 10 bis 11 Gottesdienst), 10 Minuten vor 11 Uhr sprang der auf, egal wie gut das Schafskopfblatt war und dann ging er in die Kirche um den Segen mitzunehmen. Das wollte er haben und er dachte sich so: „Wenn ich das empfangen habe, dann ist alles in Ordnung, dann kann ich getrost durch die nächste Woche gehen." Da ging der regelmäßig hin, jeden Sonntag, sowohl zum Frühshoppen, aber auch um den Segen mitzunehmen. Da kann man jetzt viele Anfragen stellen. Ich habe ihm dann auch gesagt, dass es das alleine nicht macht. Klar, da passiert schon was, keine Frage, wenn ein Pastor die Hände auflegt. Da passiert schon was, wenn der Pastor den aaronitischen Segen spricht. Aber das muss auch beim Empfänger stimmen. Das ist wie beim Auto. Man kann den tollsten Wachs haben, aber wenn ich ein Auto habe, das dreckig ist, da kann ich da Wachs darüber schütten wie ich möchte; der Wachs funktioniert schon, aber da bringt dieses Wachsen gar nichts. Das Auto ist dann hinterher ein verschmierter Dreckhaufen. Ich muss, bevor ich ein Auto wachse, das Auto schön sauber machen. Das muss gereinigt sein von allem Dreck, von allem Staub. Erst dann kann ich das Wachs auftragen. Und dann kann ich „die Segnungen", das Wachs, auf das Blech bringen. Und genau so ist es mit dem Segen Gottes. Den Segen Gottes empfange ich dann, wenn ich auch bereit bin, wenn ich bereitet bin! Ich kann zwanzig Mal in der Woche zum Pastor laufen und sagen: „Lege mir mal die Hände auf und segne mich" und mache sonst welchen Kokolores an mir rum. Wenn ich nicht bereit bin zwei Dinge zu tun, dem Wort Gottes gehorsam zu sein und unters Kreuz Jesu Christi zu kommen. Wenn ich dazu nicht bereit bin, dann wird mir das alles nichts helfen. Das ist wichtig für den Empfang des Segens. Dazu muss ich bereit sein: Erstens gehorsam sein dem Wort Gottes gegenüber und zweitens unters Kreuz zu kommen. Da merkt ihr wieder die beiden Dinge von den drei B: Buße und Bibel. Am Wort bleiben. So leben, wie der HERR das sagt im Wort. (Das Beten ist das dritte B.) Das ist wichtig für Abraham. Das ist das, wenn wir die Abraham-Geschichte kennen und ich hoffe, Sie kennen sie, wenn nicht, dann lesen Sie diese noch einmal nach in 1. Mose, die Kapitel 12 bis 25. Wenn Sie diese dreizehn Kapitel lesen, werden Sie immer wieder sehen: Abraham war gehorsam gegenüber Gott und deshalb wurde er umso mehr gesegnet. Abraham brach auf aus Ur in Chaldäa, obwohl er gar nicht wusste wo es hingeht. Gott gibt einen Befehl, der war aberwitzig, und da marschiert Abraham einfach los.

Da gibt es eine ganz furchtbare Geschichte in der Bibel in 1. Mose 22. Da gibt Gott einen Befehl und sagt: ***Geh hin und opfere deinen einzigen Sohn***. Nach langem Warten bekommen ja er und seine Frau Sara den lang ersehnten Sohn Isaak geschenkt. Da ist er so froh und glücklich und irgendwann kommt der Wahnsinnsbefehl: Geh hin, opfere deinen Sohn für mich! Und wisst ihr, was Abraham tut? Der marschiert los, packt den Esel voll mit Brennholz, nimmt ein Messer, geht los und ist bereit seinen Sohn zu opfern, weil Gott es gesagt hat. Der versteht´s nicht, aber er tut es. Und er geht hin! Dann kommt diese wunderbare Stelle und ich lese das vor, wie es gewesen ist, als er gerade das Messer hebt:

> ***Und der Engel des HERRN rief Abraham abermals und sprach: Ich habe bei mir selbst geschworen, spricht der HERR, weil du solches getan hast und hast deines einzigen Sohnes nicht verschont, will ich dein Geschlecht segnen und mehren wie die Sterne am Himmel und wie den Sand am Ufer des Meeres und deine Nachkommen***

sollen die Tore deiner Feinde besitzen und durch dein Geschlecht sollen alle Völker der Erde gesegnet sein, - und jetzt kommt es: ***weil du meiner Stimme gehorcht hast.***

Das ist ganz wichtig: Gehorchen wir der Stimme Gottes nicht, kriegen wir keinen Segen. Das ist die ganze Geschichte des Alten Testamentes. Wann immer die Israeliten nicht mehr auf Gott horchten, wurde der Segen weggezogen. Da wurden sie in die Hände der fremden Völker gegeben. Gehorchten sie Gott, horchten sie auf seine Stimme und taten das, was er sagte, da wurden sie gesegnet. So einfach ist das! Das haben wir gelernt, Psalm 1: Der Weg des Frommen, der Weg des Gottlosen. Der eine fragt nicht nach dem Wort Gottes, der ist wie Spreu, die der Wind verstreut, da bleib nichts. Aber der, der das Wort Gottes hört und ihm gehorcht, der ist ***wie ein Baum, gepflanzt an Wasserbächen, dass er Frucht bringt zu seiner Zeit.*** Davon spricht die Bibel immer wieder. Die Männer und Frauen, die gehorsam sind dem Wort Gottes, die werden gesegnet. Und wenn du Segen in deinem Leben haben möchtest, wenn du dich vielleicht fragst, warum geht bei mir so vieles schief? Du hörst nicht auf das Wort Gottes! Und hörst du auf das Wort Gottes, dann wirst du gesegnet werden. Das ist so!

Der Fischzug des Petrus in Lukas 5. Das ist auch wieder so ein Irrsinn, das Paradoxon des Glaubens, dieser Widerspruch des Glaubens. Die kommen vom Fischzug zurück, haben die ganze Nacht gefischt, nichts gefangen und da steht Jesus am See Genezareth und sagt: Fahrt noch mal raus, werft die Netze raus. Bringt doch gar nichts, tagsüber kann man da gar nicht fischen. ***Aber***, sagt dann Petrus, ***auf dein Wort will ich noch einmal die Netze auswerfen.*** Und er wirft die Netze aus und macht einen Fischfang, der alles sprengt, was bisher dagewesen ist. Das ist Segen! Auf einmal war wirtschaftlich bei Petrus alles in Ordnung. Eben waren noch die Netze leer. Aber dann spricht Jesus, gibt einen aberwitzigen Befehl und auf einmal sind die Netze voll. Man wird gesegnet, wenn man das Wort Gottes tut, auch wenn man das für den Moment für widersinnig hält. Das ist noch einmal das Paradoxon des Glaubens, dieser Widerspruch. Und wehe denen, die sagen: „Naja, es steht ja im Wort Gottes so, aber ich mache es mal anders, weil die Welt braucht das ja ...“ Die Gesetze der Welt schreien nach anderen Dingen!

Der erste König Israels, der Saul, das war so einer. Das war so ein ganz netter, so ein Humanist, würden wir heute sagen. Gott sagt: „Die Amalekiter müsst ihr ausrotten, alle Mann, den Bann vollstrecken.“ Und dann sagt sich Saul: „Nein, das tun wir nicht. Das ist ja unmenschlich. Das ist ja nicht richtig, die alle umzubringen.“ Und weil er das tut, weil er nicht der Stimme Gottes gehorcht hat, heißt es ganz eindeutig: ***Weil du des HERRN Wort verworfen hast, hat Er dich auch verworfen, dass du nicht mehr König seist.*** Saul ist nicht gehorsam und deshalb wird ihm die Königswürde genommen. Das ist ganz wichtig: Seid immer gehorsam dem Wort Gottes! Was immer das Wort Gottes euch sagt, ihr werdet gesegnet werden! Und wenn ihr gegen das Wort Gottes handelt (das mag für den Moment so schlau und so finanziell richtig sein und humanistisch so vernünftig), aber glaubt mir, das bringt immer, immer, immer den Zorn Gottes über euer Leben! Aber nicht nur, dass ihr dem Wort Gottes gegenüber gehorsam seid, sondern auch das andere: Geht immer wieder unter das Kreuz. Um Segen zu bekommen, muss man immer wieder unter‘s Kreuz, dass man sich die Schuld abwaschen lässt.

Das deutsche Wort „segnen“, kommt von dem lateinischen Wort „signare“. Das kennen wir vom Signal. Das heißt, wenn man es übersetzen möchte, soviel wie „das Zeichen schlagen, das Zeichen des Kreuzes schlagen.“ Da kommt diese Wortbedeutung „segnen“ her. Wenn ihr gesegnet werdet, dann steht ihr unterm Kreuz. Das war bei euch eben auch so, da habe ich euch nicht nur den Segen zugesprochen, sondern das Zeichen des Kreuzes über euch geschlagen. Das war zwar nur eine menschliche Handlung, aber damit wird gesagt, den Segen bekommst du unterm Kreuz. Und wenn der aaronitische Segen am Ende des Gottesdienst gesprochen wird - nicht nur heute, sondern immer -, da wird zum Schluss vom Pastor das Kreuz geschlagen, damit ihr noch einmal vor Augen habt: Da ist der Ort, wo wir den Segen bekommen. Da können wir uns abwaschen lassen von unserer Schuld. Um bei dem Beispiel vom Auto zu bleiben: da wird von uns der Dreck abgewaschen, damit das, was Gott uns gibt, haften bleiben kann, damit es uns gut tun kann.

Wie empfange ich den Segen Gottes? Indem ich Sein Wort tue und bildlich gesprochen immer wieder unters Kreuz gehe. Das heißt, immer wieder dem HERRN meine Schuld zu bekennen und ihn zu bitten: „HERR vergib mir, reinige mich und segne mich." Ohne Vergebung der Schuld kann der Segen Gottes, so stark der auch ist, nicht an dir dran bleiben, weil Gott keine Gemeinschaft mit der Sünde hat. Wenn erkannte Sünde in deinem Leben ist, die du nicht abgibst, dann naht sich Gott dir nicht, dann bleibt er ferne. Aber wenn du treu bist und wenn du deine Schuld bekennst, dann kann der Segen richtig Gutes tun in deinem Leben. Das war das Zweite: Vom Empfang des Segens! Und wenn du den Segen empfangen hast, so wie Abraham, dann bist du dazu gerufen, diesen Segen auch weiterzugeben.

Das Dritte: Die Weitergabe des Segens! Du sollst zum Segen werden. Abraham ist zum Segen gesetzt, auch seine Nachkommen, bis zum heutigen Tag, das Volk Israel. Wer Israel segnet, ist gesegnet. Wer Israel flucht, wird verflucht. So einfach ist das. Das können wir in unserer deutschen Geschichte sehen. Denken wir jetzt darüber nach: im nächsten Monat 70 Jahre Ende des Krieges, gestern noch Befreiung Buchenwald. Gott sagt: Wer mein Volk anpackt, das zahle ich denen zurück. Die Leute, die ich gesegnet habe, die sind mein Augapfel. Unsere Kirche hat in Schutt und Asche gelegen 1944, warum? Da wurde das Volk Gottes angefasst, wo der Segen drauf liegt und da gibt es Ärger. Das ist etwas, das geht nicht. Wer Israel segnet, der wird gesegnet und wer Israel hasst, der wird von Gott gehasst. Das ist ganz einfach so. Das ist bis zum heutigen

Tag so, das bleibt bis zum Ende der Zeit! Das ist Weitergabe des Segens. Aber Abraham selber, der gesegnet ist, gibt das auch aktiv weiter. In seinem Umfeld wird Abraham zum Segen. Wenn du von Gott gesegnet bist, wenn du so richtig merkst, so wie bei Abraham der Segen nur so tropft, mein Name ist im Buch des Lebens eingetragen, da gibst du Segen weiter an die Menschen um dich herum.

Abraham hat so einen schwachen Kandidaten an seiner Seite, sein Neffe Lot, um den hat er sich immer wieder zu kümmern und an dem kann man sehen, wie der Segen weitergegeben wird. Ein Kapitel später ist es so. Die haben so viele Schafe und wissen gar nicht wohin mit ihrem Geld. Sie müssen sich trennen, weil sie sich kloppen, die Hirten. Und eigentlich ist Abraham der Stärkere, der sagen könnte: „Pass mal auf, du kriegst das schlechte Land, ich nehm das gute Land." Aber Abraham hängt nicht am Geld, er hängt nicht am materiellen Besitz, er sagt: „Lot, pass mal auf, wir teilen uns jetzt hier auf, aber du entscheidest, was du nimmst. Mir ist es egal, mach du." Oder als dann zwei Kapitel später Lot entführt wird von einigen fremden Königen, da sagt Abraham nicht: „Naja, ist mir egal", sondern bricht auf mit seinen Leuten, mit seinen Knechten über dreihundert Mann und führt Krieg. Da sterben einige Leute, das kostet ihn etwas, aber Lot ist in Not. Abraham ist ein Zeichen für die Hilfe. Da wird er zum Segen für Lot, dass er ihn rausholt. Und auch das ist so ein ganz starkes Bild: Als Lot, der ja in Sodom und Gomorra lebt und als dann die Städte untergehen sollen, da tritt Abraham (ein ganz starkes Kapitel in 1. Mose 18) fürbittend vor den HERRN für die Menschen, die dort gerecht sind, für seinen Neffen. Abraham wird hier zum Segen für andere.

Wenn du gesegnet bist, wenn du den verheißenen Segen Gottes empfangen hast, dann wirst du für andere Menschen zum Segen. Das ist bei Abraham passiert und das hoffe ich auch für euer Leben; dass der Segen, den ihr empfangen habt und weiter empfangen werdet, wenn ihr bei IHM bleibt, dass ihr den weitergebt an andere Menschen; dass ihr zum Segen werdet in dieser Welt für andere; dass ihr Jesu Münder, Jesu Füße seid in dieser Welt. Wenn da Menschen Hilfe brauchen und in Not sind, dass ihr wirklich hingeht und nicht auf euer Geld achtet, sondern wirklich für andere da seid. Dass ihr vor allen Dingen, so wie auch Abraham, immer wieder die Hände für andere faltet. Das ist ein ganz großer Segen, dass man Menschen hat, die für einen die Hände falten und dass man selber, wenn man älter wird, dann hoffentlich dahin kommt, dass man für andere betet. Das ist etwas Großes, dass so ein Leben zum Segen wird.

Ich habe mal so ein altes Mütterchen in meiner alten Gemeinde beerdigt. Das war so eine kleine, gebeugte Frau von fast neunzig Jahren, unscheinbar, die hat ihr ganzes Leben nur gearbeitet. Die hatte größere Hände als ich, alles abgearbeitet, gerade die Volksschule gemacht, nichts gelernt, mehrere Kinder gehabt, Enkelkinder. Und diese Frau haben wir beerdigt. Und obwohl die eine Baltendeutsche war und dort keine Angehörigen hatte, war der Friedhof so voll, wie bei niemand anderem in der Gemeinde. Eine riesige Beerdigung! Und da waren gestandene Männer an dem Grab, die haben geflennt um so ein altes Mütterchen, Wahnsinn! Und dann bin ich mit einem ins Gespräch gekommen, es war ihr jüngster Sohn. Und da hat er davon erzählt, was diese Frau für ihn alles getan hat. Was das für ein Segen war, dass die da war. Sie wäre immer da gewesen. Sie war zwar auch streng in der Erziehung, aber sie hätte ihm so viel Liebe gegeben und sie hat so für ihn gebetet. Er war so richtig traurig und hat geheult. Und da habe ich mir gedacht: Hoffentlich ist das bei meinem Leben eines Tages auch einmal so, dass wirklich an meinem Grab Menschen stehen, die wirklich traurig sind um den Verlust dieses Lebens und sagen: „Mann, dieses Leben ist für mein Leben ein Segen gewesen." Wisst ihr, es kommt nicht darauf an, was am Ende eurer Tage auf eurem Bankkonto steht. Es kommt nicht darauf an, wie viele akademische Titel ihr gemacht habt - das soll euch alles gegönnt sein, aber wichtig für euer Leben auf Erden hier ist eins: dass ihr zum Segen für andere Menschen werdet, den empfangenen Segen von Jesus Christus weitergebt an die, mit denen ihr leben dürft. Und wenn ihr eines Tages vom Heiland abberufen werdet von dieser Welt, dass dann Menschen über euer Leben sagen können: „Mann, dieses Leben ist ein Segen für mich geworden." Ich finde, das ist ein sehr lohnendes Lebensprinzip. Das ist immer so etwas, dass man bei der Konfirmation auch etwas mitbekommt für's ganze Leben. Neben dem ganzen Geistlichen, was ihr hoffentlich alle behalten habt, möchte ich euch das wünschen, als Lebensprinzip: Trachtet immer danach, dass euer Leben zum Segen für andere Menschen wird. Denn dann werdet ihr auch, das ist auch so ein Grundgesetz, ganz viel an Segen zurückbekommen durch Gott über die Menschen, für die ihr zum Segen werdet. Aber Segen, und das ist auch ganz wichtig, kann man nur dann weitergeben, wenn man ihn zuerst empfangen hat. Das ist, wie wenn ihr jemanden zum Kaffee einladet. Wenn ihr Kaffee ausschenken wollt, dann müsst ihr erst einmal die Kanne voll machen. Ansonsten könnt ihr nur rumlaufen, da kommt nichts heraus.

Und genau so ist es beim Menschen: der muss erst gefüllt sein mit Segen, um anderen Menschen Segen weitergeben zu können. Wer keinen Segen von Gott hat, der ist immer wieder erfüllt mit Hass und Neid und vielen anderen Dingen. So begegnet der Mensch dann auch anderen Menschen. Aber wenn ich den Allmächtigen erlebt habe und gespürt habe, wie er mich gesegnet hat, dann werde ich auch anderen den Segen weitergeben können. Und das wünsche ich nicht nur den Konfirmanden, sondern das wünsche ich auch euch, dass ihr das auch zum Lebensprinzip erheben könnt, dass ihr sagt: „Ich möchte mit meinem Leben zum Segen für andere werden." Und nicht nur ganz groß, so im Allgemeinen, sondern in der nächsten Woche. Dass ihr genau schaut: „Mensch, ich bin so gesegnet von Gott, ER hat mich erlöst auf Golgatha, ER gibt mir so viel, ER tut so vieles für mich. Mensch, da will ich in den nächsten Tagen mal gucken, wo kann ich denn zum Segen für andere werden. Und das wünsche ich euch, dass Gott euch da die Augen öffnet und zeigt, wo ihr für IHN hingehen dürft und sein Mund, seine Hände, seine Füße sein könnt.

Drei Punkte. Erstens: Die Verheißung des Segens! Zweitens: Der Empfang des Segens! Drittens: Die Weitergabe des Segens! Wir wollen noch einmal den Predigtvers hören: So spricht der HERR:

> ***Ich will dich segnen und dir einen großen Namen machen und du sollst ein Segen sein.*** Amen.
>
> Und der Friede unseres allmächtigen Gottes, der sehr viel höher ist als alle unsere menschliche Vernunft, ER bewahre unsere Herzen und Sinne in Christus Jesus, unserem auferstandenen und lebendigen HERRN. Amen.

Wie Gott an seinen Leuten handelt

1.Mose 15,5-6

Gnade sei mit euch und Friede von dem, der da war und der da ist und der da sein wird in alle Ewigkeit - unser HERR, Jesus Christus, Amen.

Im Monatsspruch, liebe Gemeinde, heißt es:

Wer im Dunkel lebt und wem kein Licht leuchtet, der vertraue auf den Namen des HERRN und verlasse sich auf seinen Gott.

Ich möchte heute von einem Mann erzählen, dem kein Licht mehr geleuchtet hat. Der Mann hat ein Riesenproblem. Es ist ein Mann, der eigentlich alles hat. Er ist mächtig. Er hat viel Geld. Er hat viele Menschen, die zu ihm aufsehen. Er ist alt und hochbetagt. Aber eines hat dieser Mann nicht: Dieser Mann hat keinen Sohn. Und das ist sein Problem. Er hat keine Nachkommen.

Der Mann, von dem ich spreche, ist Abram. Abram hat keinen Sohn. Abram, der alles hat, dem alles gegeben ist, der eine besondere Nähe zu Gott hat, erfährt eine besondere Gottesoffenbarung. Der Allmächtige kommt zu ihm und sagt (1.Mose 15,1): ***Abram, fürchte dich nicht, ich bin dein Schild und dein sehr großer Lohn.*** Was für eine Begegnung. Was für eine Zusage. Gigantisch! Aber statt sich über diese Zusage zu freuen, geht Abram in den Diskurs mit Gott. Er sagt: Gott, du hast mir keinen Nachkommen gegeben und alles, was ich habe, alles was ich besitze, wird mein Knecht erben, mein Knecht Eliëser von Damaskus. Er wird mein Haus besitzen. Abram freut sich nicht über diese besondere Nähe des lebendigen Gottes, über diesen gigantischen Zuspruch. Er ist nur gefangen in seinem Problem: Ich habe kein Kind. Mit mir wird es aus sein. Keine Nachkommen! Und er kann sich nicht über den irdischen Reichtum und alles Materielle freuen, auch nicht mehr über das, was der lebendige Gott ihm zuspricht. Abram ist wirklich jemand, der im Finstern, im Dunkeln wandelt. Dann wendet sich Gott ihm noch einmal zu. Eigentlich hätte er sich von ihm abkehren müssen. Unverschämtheit! Gott sagt ihm aber zu: Ich bin bei dir. ***Fürchte dich nicht. Ich bin dein Schild, dein sehr großer Lohn.*** Und dann kommt so eine unzufriedene und trotzige Antwort, wie bei einem Kind zu Heiligabend, das sich nicht so richtig über die Geschenke freut. Aber Gott wendet sich nicht ab, sondern wendet sich Abram erneut zu. Und diese Zuwendung sind die beiden Predigtverse, die ich mitgebracht habe aus 1. Mose 15, Verse 5 und 6. Da heißt es:

> ***Der HERR hieß Abram hinausgehen und sprach: Sieh gen Himmel und zähle die Sterne; kannst du sie zählen? Und sprach zu ihm: So zahlreich sollen deine Nachkommen sein! Abram glaubte dem HERRN, und das rechnete er ihm zur Gerechtigkeit.*** Amen.
>
> **Wir wollen beten:** Lieber HERR und Heiland, wir wollen dir Dank sagen, dass du uns an diesem ersten Adventssonntag diese beiden Verse aus dem Ersten Buch Mose schenkst, als Predigttext. Wir wollen dich bitten, wenn wir jetzt auf die Bedeutung dieser Verse schauen, dass du uns erklären wollest in dieser Predigt, was das mit unserem Leben, unserem Glauben und unserer Nachfolge zu tun hat. Dass wir das verstehen können und erkennen können, worin die Bedeutung deines Handelns an Abram für uns besteht. Dafür brauchen wir deine Hilfe, dein Geleit für diese Predigt. Darum wollen wir dich jetzt bitten, HERR: Segne du selber das Reden und das Hören deines heiligen und lebendigen Wortes an uns allen. Amen.

Liebe Gemeinde, diese Geschichte aus 1. Mose 15 ist ein Paradebeispiel dafür, wie Gott an seinen Leuten handelt. Abram ist ja Sein Mann. Und wie Gott an ihm handelt, darum soll es in dieser Predigt gehen. Aber es geht nicht nur darum, wie Gott an Abram gehandelt hat. Weil wir, die wir wiedergeboren sind und zu Jesus Christus gehören, eben Nachfolger von Abram sind, dürfen wir wissen: Genauso handelt Gott an uns. So habe ich diese Predigt überschrieben: **Wie Gott an seinen Leuten handelt**, an Abram vor 4000 Jahren und an uns heute. Vier Punkte habe ich aus diesen beiden Predigtversen mitgebracht.

1. Das Hinausführen aus der Engführung.
2. Das Aufzeigen der Allmacht Gottes.
3. Das Verheißen neuen Lebens.
4. Das Zurechnen der Gerechtigkeit.

Erstens: Das Hinausführen aus der Engführung. Da heißt es im Vers 5: ***Der HERR hieß Abram hinausgehen...*** Wenn man die Verse zuvor liest, dann weiß man, dass die Situation, aus der Abram hinausgeführt wird, die Situation seines Zeltes ist. Abram sitzt im Zelt, als Gott zu ihm kommt und ihm sagt: ***Fürchte dich nicht, ich bin dein Schild und dein sehr großer Lohn.*** Und Abram antwortet. Aus dieser Situation des Zeltes führt Gott Abram hinaus. So ein Zelt ist ja erst einmal eine Begrenzung, ein kleiner Raum, selbst wenn es ein großes Zelt ist. Dann sieht man nur die Enge. Und das ist etwas, was hier in diesem Text für mich bildlich ist. Natürlich führt Gott den Abram auch tatsächlich aus dem Zelt hinaus. Aber es ist ein Bild für das, was häufig so unsere Lebensmöglichkeiten nach unserer Einschätzung ausmacht. Wir sehen häufig nur die kleinen Begrenzungen, eben unser Zelt! Und da sind dann die Wände: unsere finanziellen Möglichkeiten, unsere gesundheitliche Stärke, unser Ansehen in der Gesellschaft, und und und. Aus diesem Zelt, aus diesen Begrenzungen, führt Gott Abram hinaus. Aber er führt nicht nur aus der Begrenzung des Zeltes heraus, er führt auch aus dem Dunkel des Zeltes.

Ich versuche mir immer wieder vorzustellen, wie der Sitz im Leben eines solchen Predigttextes war, also wie der entstanden ist, wie die historische Situation war. Wir wissen: Damals gab es noch kein elektrisches Licht. Die konnten auch in so einem Zelt schwerlich ein Feuer anmachen, ohne dass dann alle darin erstickt wären. In so einem Zelt war es dunkel. Auch das ist symbolisch. Wenn wir häufig nachdenken über unsere begrenzten Möglichkeiten, dann wird es ganz schnell dunkel, so wie es auch im Monatsspruch heißt. Da wandeln wir ***in der Finsternis***. Und da geht Gott hin und nimmt Abram und führt ihn nach draußen unter den Sternenhimmel. Das ist ein Bild für das Licht, was da leuchtet. Auch das ist eine Hinausführung aus dem Dunkel des Zeltes. Aber noch mehr als die Begrenzung des Zeltes und das Dunkel des Zeltes, das ist die Wahrheit des Zeltes.

Abram sitzt da, mit seiner Frau und seinen Knechten. Und vermutlich hat die Frau wieder nur ein Thema: wie furchtbar das alles ist. Sie ist jetzt alt, zu diesem Zeitpunkt 90 Jahre. Die Bibel sagt das ganz offen: Sie bekommt ihre Tage nicht mehr. Also Kinder sind nicht mehr zu erwarten in dem hohen Alter. Alles ist vorbei und vermutlich ist das das Thema in diesem Zelt. Die Frau bringt das immer und immer wieder, das Problem. Sie kann gar nicht loslassen. Das ist häufig so in unserem Leben, dass wir uns an Problemen dann so festhalten. Wie in einem Hamsterkäfig, dreht sich nur noch alles um dieses eine Problem. Nichts anderes läuft mehr. Da muss man dann raus! So nimmt Gott den Abram raus aus der Wahrheit des Zeltes. Das Zelt hat eine Wahrheit, das ist gar kein Thema! Die Frau ist alt, sie kann kein Kind mehr kriegen. Das ist alles richtig. Aber was Gott immer wieder tut: Er führt heraus aus der menschlichen Wahrheit, also nicht nur aus der Dunkelheit und aus den Begrenzungen des Zeltes. Das ist nicht nur zu Beginn des Weges Gottes mit seinen Menschen und hier in der Abram-Geschichte so. Gott zeigt das später immer und immer wieder, dass er aus den Begrenzungen herausführt, aus der Dunkelheit und aus den vermeintlichen Wahrheiten dieses Lebens. Die große Geschichte Gottes im Alten Testament ist die Herausführung, die Hinausführung des Volkes aus der Gefangenschaft. Denn in Ägypten war ebenfalls Begrenzung, da kannte man nur den Sklavendienst. Auch da war Dunkelheit, da war Unterjochung, Elend und wenig Essen. Da gab es auch nur eine Wahrheit: Wir haben hier keine Perspektive! Und da kommt dieser lebendige Gott und führt das Volk hinaus. In seiner Selbstvorstellung, im ersten Gebot, erinnert Gott daran: ***Ich bin dein Gott, der ich dich aus Ägyptenland geführt habe...*** Das ist Gott wichtig bei seiner Vorstellung im ersten und wichtigsten Gebot, wie er an seinen Leuten handelt. Er führt hinaus aus den Engführungen. Ich habe vorhin in der zweiten Lesung vorgelesen aus Markus 8, wo Jesus den Blinden geheilt hat. Als Jesus gebeten wird diesen Mann zu heilen, da heißt es: ***Und er nahm den Blinden bei der Hand und führte ihn hinaus vor das Dorf...*** Jesus führte ihn hinaus. Und als er ihn dann sehend gemacht hat, da heißt es: Gehe ja nicht zurück in dieses Dorf! Das ist genau dieses Hinausführen aus der Engführung. Das ist etwas, was Gott nicht nur an Abram, nicht nur an dem Blinden und nicht nur im Volk Israel getan hat (an den Juden, als sie aus Ägypten kamen), sondern das tut Gott auch an uns. Er führt uns immer wieder aus unseren Engführungen. Wenn wir (und ich erinnere noch einmal an unseren Monatsspruch) in Finsternis gehen und wenn uns kein Licht leuchtet, dann dürfen wir auf den Namen des HERRN vertrauen und uns stützen auf Gott.

Es ist so, dass neben allen Wahrheiten dieser Welt, neben allen Dunkelheiten dieser Welt und neben allen Begrenzungen dieser Welt, also unseres Zeltes, immer wieder Gott seine Realität stellt. Und die ist viel größer als die Wahrheiten dieser Welt. Aber das ist eben das, was das Leben mit Gott ausmacht, dass wir nicht wie die Welt leben müssen, die eben nur diese Richtigkeiten haben: diese Begrenztheiten und Dunkelheiten. Sondern wir haben eine Realität, die über die Wirklichkeit dieser Welt hinausgeht: den lebendigen Gott. Meine Aufgabe als Pfarrer ist es ja nicht nur zu verkündigen. Ein anderer wichtiger Teil meines Dienstes ist die Seelsorge. Ich erlebe immer wieder in der Seelsorge, wie mir Menschen begegnen. Und wenn man mit ihnen über ihre Probleme spricht, dann sind die nur bei ihren Begrenzungen, nur bei ihren Dunkelheiten und bei den Wahrheiten dieser Welt. Und obwohl sie gläubig sind, sehen sie überhaupt gar nicht den großen Gott. Das ist ein großes Problem! Der häufigste Satz, den ich in der Seelsorge gebrauche, ist ein Wort aus Psalm 31, Vers 9, wo Gott zusagt: ***Du stellst meine Füße auf weiten Raum.*** Was wir nicht nur Nichtchristen, sondern vor allem auch Christen immer wieder sagen müssen: Das, was du erzählst, von deiner furchtbaren Ehe, von deiner gesundheitlichen Bedrohung, das ist ja alles richtig. Das sind Wahrheiten dieses Zeltes, deiner Welt. Und da ist es dunkel. Aber es gibt noch eine andere Realität bei Gott. Und dieser Gott, ER stellt deine Füße auf weiten Raum, du darfst dich von ihm hinausführen lassen aus dem Hamsterrad deiner Probleme, in dem du dich befindest. Gott reißt uns immer wieder neue Horizonte auf. Aber wir Menschen neigen dazu, uns immer wieder einzubuddeln.

Ich habe das schon mal erzählt. Vor einigen Jahren ist ja die Käfighaltung mit Legehennen in Deutschland, Gott sei Dank, verboten worden. Früher war das erlaubt, da konnte man in einem Käfig, der war kaum größer als ein Kanarienvogelkäfig, Hühner halten, die mussten dann Eier legen. Wenn dann irgendwelche Leute Hühner aus solchen Käfigen freigekauft haben, dann sind die Hühner, sobald sie aus den Käfigen raus kamen, sofort wieder in ihre Käfige zurück. Sie hatten die Freiheit, liefen aber wieder in die Käfige zurück. Ich habe dann gedacht: Was sind das für blöde Viecher! Die haben jetzt die Freiheit und statt sich zu freuen und sie zu genießen, da gehen die wieder zurück in das, was sie kennen, in ihren Käfig. Bei dummen Tieren, Hühner sind nicht besonders schlau, da kann man das ja noch verstehen. Aber bei uns Christen ist es häufig nicht anders.

Gott stellt unsere Füße auf weiten Raum. Er sagt uns in seinem Wort so herrliche Dinge. Er sagt: Es gibt eine Perspektive für dein Leben. Aber wir laufen immer wieder in die Käfige dieser Welt, in die Zelte dieser Welt mit ihren Begrenzungen, mit ihren Dunkelheiten und mit ihren vermeintlichen Wahrheiten. Und dann wundern wir uns, dass der Teufel uns durchdekliniert hat und wir keine Freude, keinen Spaß mehr am Leben haben. Ja, es gibt Leid und Elend in dieser Welt. Das ist unstrittig. Diese Wahrheiten im Leben gibt es halt genauso, wie Sara eine alte Frau gewesen ist. Das ist die Wahrheit dieser Welt.

Aber es gibt noch eine andere Realität, die Wahrheit in dem lebendigen Gott. Wer in der Finsternis geht und kein Licht leuchtet, der vertraue auf den Namen des HERRN und stütze sich auf seinen Gott. Und das dürfen wir wissen: So wie Gott an Abram gehandelt hat, dass er ihn hinausgeführt hat, so handelt er auch an uns. Und das möchte ich dir zusagen für deine finstere Situation momentan, für deine Begrenzung, die du erlebst und für deine Wahrheit, um die du dich momentan drehst wie ein Hamster im Käfig: Es gibt noch eine andere Realität, den lebendigen Gott in Jesus Christus. Er ist da und er will dich hinausführen. Er stellt deine Füße auf weiten Raum. Das ist das Erste: Wie Gott an seinen Leuten handelt. Das Hinausführen aus der Engführung.

Ein Zweites: das Aufzeigen der Allmacht Gottes. Gott stellt Abram vor das Zelt und da heißt es im Vers 5: ***Sieh gen Himmel und zähl die Sterne; kannst du sie zählen?*** Die Bibel hat viele, viele, viele tolle Momente und Geschichten. Aber das ist so ein Vers, da freue ich mich dran und denke mich in diese Situation hinein. Wir müssen uns vorstellen: Der Schöpfer selber präsentiert einen Teil seiner Schöpfung einem seiner Geschöpfe. Das kennen wir doch alle. Wenn irgendeiner ein tolles neues Haus hat und wenn dann Gäste kommen. Da muss die Frau noch mal die ganze Bude wischen. Wenn dann die Gäste kommen, dann geht der Hausherr durch und zeigt alles, das Badezimmer und so weiter. Und wenn die Leute sagen: „Guck mal, so schön!“, da freut man sich, wenn man sowas sieht.

Aber hier ist eine ganz andere Hausführung, hier ist eine Universums-Führung. Ich stelle mir vor: Da waren sicherlich zu dem Zeitpunkt keine Wolken am Himmel. Und wenn Gott seine Sterne und die Galaxie dem Abram präsentiert, dann haben die sicher ganz besonders geleuchtet. Ich stelle mir diesen Moment vor. Oh, was ist dem Abram da gegeben, dass er das sehen kann. Gott, der Schöpfer, zeigt seinem Geschöpf die Schöpfung. Und er sagt: „Guck dir das an! Schau dir die Sterne an!“ Ich weiß nicht, ob Sie schon mal in so einer wirklich wolkenlosen Nacht den Sternenhimmel angeschaut haben. Das ist gigantisch. Wahnsinn! Das kriegt eben hier Abram präsentiert. Er sitzt in seinem Zelt mit seiner Frau, sie diskutieren wieder über ihr Problem und kennen nichts anderes: „Ooch, kein Kind, kein Kind, gar nix, es ist nichts mehr möglich, alles vorbei!“ Und auf einmal sagt Gott: „Guck dir mal das an. Habe ich alles mit einem Wort gemacht.“ Gott sagt das ja nicht umsonst. In unserem Sonnensystem, wo wir um die Sonne kreisen, sind wir nur ein kleines Sonnensystem neben vielen, vielen anderen Millionen. Unsere Galaxie, also die Milchstraße, hat einen Durchmesser von 120000 Lichtjahren. Heißt: Wenn Sie von einem Ende der Galaxie mit einem Raumschiff, wenn es Lichtgeschwindigkeit fliegen könnte, zum anderen kommen wollen, müssten sie 120000 Jahre fliegen. Und Lichtgeschwindigkeit sind 300000 Kilometer pro Sekunde! Wir können uns das nicht vorstellen, wir denken ja immer in Kilometer pro Stunde, vom Blitzen 50, 80, 100. Wie viele Kilometer pro Stunde sind eigentlich Lichtgeschwindigkeit? Lichtgeschwindigkeit sind 1,1 Milliarden Kilometer pro Stunde. Mit dieser affenartigen Geschwindigkeit müssten wir uns 320000 Jahre bewegen, um von einem zum anderen Ende unserer Galaxie zu kommen. Da sind wir dann einmal die Milchstraße durch. Wir sprechen derzeit davon, dass es etwa weitere 50 Milliarden Galaxien gibt. Wir sind nicht die einzige Galaxie. Wenn das schon das Einzige wäre, was hier vermutlich Abram sehen kann, doch es gibt noch viel, viel, viel, viel, viel, viel mehr! Der Weltraum ist unendlich! Das ist das, was Gott tut. Er zeigt seine Allmacht auf. Wer das kann, wer das drauf hat, mit einem einzigen Wort unfassbar Riesiges mit diesen Abermilliarden Sternen und Galaxien zu schaffen, der wird auch mit dem Problem von Abram und Sara fertig. Wenn du das glaubst, dann weißt du, dass du letztlich keine Probleme mehr im Leben hast. Wenn man sich auf diesen Gott stützen kann, weiß man, dass es keine Dunkelheiten mehr im Leben gibt. Damit beginnt ja die Bibel: mit der Schöpfung der Welt. Gigantisch!

Das erste Kapitel in der Bibel ist also schon mal ganz wichtig. Das hat Gott nicht umsonst gemacht. Da kann sich jeder schon mal prüfen: Stimmt das oder stimmt das nicht? Hast du ein Problem damit, dass Gott der Schöpfer Himmels und der Erde ist, dann brauchst du die Bibel gar nicht mehr weiterzulesen. Klapp zu und dann versuche noch ein paar Jahre gut zu leben, denn das war es dann nämlich. Wer nicht glaubt, dass Gott Schöpfer Himmels und der Erden ist, der wird auch all die anderen Dinge nicht glauben. Auch im Glaubensbekenntnis ist es so, dass wir damit anfangen: „Ich glaube an Gott ... Schöpfer Himmels und der Erde.“ Das ist das Erste und Wichtigste! Wenn du das verstanden hast, wenn das in deinem Herzen ist, dann sind all die anderen Dinge selbstverständlich, nämlich dass Gott dir helfen kann in deiner Situation, in deiner finanziellen Schwierigkeit, in deiner gesundheitlichen Problematik. Was immer auch kommt. Und das kriegt Abram hier genauso gezeigt. Deshalb spreche ich heute nochmal über die Schöpfung. Gott sagt: Pass mal auf, das habe ich drauf lieber Abram. Und jetzt denk noch mal ganz genau nach über dein Problem. Du musst mir nur vertrauen, das ist das Entscheidende.

Gottes Macht ist unvorstellbar. Der kann alles, weiß alles, vermag alles und er bedarf niemanden. So ist der lebendige Gott. Gottes Allmacht kennt keine Grenzen. Wir, wir haben Begrenzungen, wir können uns manche Dinge gar nicht vorstellen und die Allmacht Gottes schon gar nicht, auch nicht nur im Ansatz! Wir können, egal wie schlau wir sind, egal was der Geist Gottes uns gibt, nicht mal ein Mikrogramm oder ein Promille dessen erfassen, was die Allmacht des lebendigen Gottes ist. Das übersteigt alles. Gott, ist alles möglich! Das ist übrigens Thema der ganzen Abram-Geschichte. Drei Kapitel weiter kommt dann die Verheißung an Sara. Da fängt Sara an zu lachen, als ihr ein Sohn verheißen wird. Gott fragt: ***Warum lacht Sara und spricht: Sollte ich wirklich noch gebären, nun, da ich alt bin?***

Und Gott fragt: ***Sollte dem HERRN etwas unmöglich sein?*** Da muss Abram an der Stelle seines Lebens immer noch ein bisschen nachdenken. Am Ende seines Lebens (Genesis 22), wo es um die Opferung Isaaks geht, da weiß er: Gott ist nichts unmöglich. Für Abram ist klar: Wenn Gott befiehlt, dann muss ich meinen Sohn schlachten. Da marschiert er los. Die Bibel sagt uns, warum er losgeht: ***Durch den Glauben hat Abram den Isaak dargebracht...*** (Hebräer 11,17). Abram glaubte: Gott kann auch von den Toten erwecken. Deshalb bekam er ihn auch als Gleichnis dafür wieder. Schon im Alten Bund checkt Abram: Für diesen Gott ist alles möglich. Er hat mir verheißen: Ich werde viel mehr Nachkommen bekommen als Sterne unter dem Himmel, als Sand am Meer. Ich kann Isaak trotzdem schlachten. Dann habe ich zwar keinen Sohn mehr, aber Gott kann ihn von den Toten erwecken. Gott ist nichts unmöglich. Das ist letztlich das, was hier passiert. Das ist die zweite Botschaft in dieser Predigt: Das, was Gott Abram zeigt, das zeigt er auch dir. So handelt Gott an seinen Leuten. Er verweist immer wieder darauf: Mir ist nichts unmöglich. Du hast Begrenzungen, für dich gibt es Endlichkeiten, für dich gibt es auch eine Endgültigkeitserfahrung und du denkst dir vielleicht das Finale aus: Alles zu Ende. Für Gott nicht! Gott ist nichts unmöglich! Das darf Abram hören und das darfst du heute Morgen neu hören: Gott ist nichts unmöglich.

Vor Jahren habe ich mich im Siegerland mit meinem Auto im Wald festgefahren. Gemeinsam mit einem Jagdkollegen haben wir versucht, das Auto rauszukriegen. Ging nicht. Wir haben alles versucht. Damals hatten wir noch keine Handys und da hätten wir ins nächste Dorf laufen sollen. Auf einmal hören wir so ein Trecker-Geräusch. Und da kommt wirklich einer mit so einem Amby-Truck um die Ecke gefahren, also so ein schwerer Holzrücke-Trecker. Der fährt vor, der Fahrer macht die Tür auf und fragt: „Kann ich vielleicht helfen?“ Die Betonung lag auf „ich“. Denn er wusste genau, dass er helfen konnte. Der hat einmal gezogen, da war das Ding draußen. Wir haben eine halbe Stunde mit Fußmatten rumgemacht, da ging gar nichts.

Wir hätten es nicht gekonnt, mit unserer Kraft hätten wir den Wagen nicht rausgebracht. Der Typ kam und hat geholfen. Das ist jetzt ein kleines, dämliches Beispiel. Aber so ist es mit Gott. Wir denken häufig nur: Wir! Wir müssen! Wir müssen! Es gibt einen ganz anderen, der uns hilft. Einen, dem nichts unmöglich ist, der nicht nur ein Auto aus dem Schlamm bringen kann, der alles kann, der das ganze Universum mit einem Wort geschaffen hat. Gott ist nichts unmöglich!

Ein Drittes: Das Verheißen neuen Lebens. Da heißt es in unserem Bibeltext: ***Und Gott sprach zu Abram: So zahlreich sollen deine Nachkommen sein.*** Dazu muss man wissen, dass damals im alten Israel galt: Wenn man Nachkommen hat, wird man weiterleben. Dann wird neues Leben sein. Ich lebe in meinem Sohn, in meiner Tochter, in meinen Kindern weiter. Dieses Nachkommenschaffen hieß: dass man Leben hat. Wenn wir jetzt gucken, aus knapp viertausend Jahren Distanz, so ist diese Verheißung neuen Lebens, diese Verheißung von Nachkommenschaft, wahr. Also, wenn wir zählen: Wie viele Juden gibt es derzeit auf der Welt? Etwa 14 Millionen. Wenn wir die viertausend Jahre nehmen, da sind schon einige zusammengekommen. Da wird der eine oder andere Kritiker vielleicht sagen: „Ja, aber so wie die vielen Sterne unter dem Himmel sind sie dann noch nicht ganz." Da muss man sagen: Es sind nicht nur die Juden, die die Nachkommen Abrams sind. Auch wir Christen. In Galater 3,29 heißt es:

> ***Gehört ihr aber Christus an, so seid ihr ja Abrams Nachkommen und nach der Verheißung Erben.***

Das heißt: Da gehören wir auch dazu, da muss man schon die Christen mit dazu nehmen. Und da sind wir zumindest nominell 1,5 Milliarden in dieser Welt. Und wenn man dann weiß, dass Abram nicht nur ein Kind von der Freien hat, von Sara, sondern auch von der Unfreien, also auch über Ismael (daher kommen ja die Muslime, die sich darauf berufen), dann wissen wir, was Abram für Nachkommen geschaffen hat. Und da sind wir auf einmal tatsächlich im hohen Milliardenbereich, die Abram als Nachkommen gegeben hat. Nicht alles Kinder Gottes! Aber alles Nachkommen Abrams. Das ist wichtig und heißt für uns: Dieses Wort der Verheißung ist wahr. Das können wir sehen. Abram hat dieses Wort bekommen, der konnte es damals nicht sehen. Der hatte dann eben nur den einen Sohn von Sara, den anderen von der Hagar, der Unfreien, also zwei, aber daraus so zahlreich? Wir wissen heute, dass es so passiert ist. Die Verheißungen des lebendigen Gottes sind wahr und er verheißt Abram neues Leben. Du wirst weiterleben, dein Same wird nicht ersterben.

Es ist wichtig, dass man den Verheißungen des lebendigen Gottes und den Verheißungen der Bibel traut. Ganz viele haben sich schon erfüllt. Wir haben Jesaja 9 als erste Lesung gehört. Da wird uns der ***Wunder-Rat*** verheißen. Gott wird Mensch werden, heißt es dort. Der ***Friede-Fürst***, er ist gekommen vor zweitausend Jahren. Diese Verheißungen sind wahr geworden. Hunderte von Verheißungen des Alten Bundes sind wahr geworden. Gott steht zu seinem Wort, und weil er zu seinem Wort steht, dürfen wir auch den Verheißungen trauen, die ER zum Neuen Bund schenkt, wenn er in Jesus Christus sagt:

> ***Ich bin die Auferstehung und das Leben. Wer an mich glaubt, der wird leben, auch wenn er stirbt. Und wer da lebt und glaubt mich, der nimmermehr sterben.***

Glaubst du das?, fragt dann Jesus. Und das ist die Entscheidung: Glauben wir diesen Verheißungen, die doch alle in Erfüllung gegangen sind für die Männer, die sehen durften. Es stehen noch einige aus, aber die werden für uns in Erfüllung gehen. Wir müssen dem glauben, das ist entscheidend. Gott ist ein Gott, der neues Leben verheißt. Und wir dürfen und müssen diesen Lebensverheißungen, diesen Wahrworten unseres HERRN Glauben schenken. Nicht den Wahrheiten dieser Welt, nicht den Realitäten all dessen, was um uns herum passiert, sondern dem, der allein Wahrheit ist: Jesus Christus.

Der bekannte Missionar Hudson Taylor, Begründer der China-Inland-Mission, wurde einmal von einem liberalen Theologiestudenten auf einer Verkündigungsreise gefragt: „Herr Taylor, wie können Sie nur jedes Wort der Bibel so glauben?" - „Nun, junger Mann" hat Taylor zurückgefragt, „Sie haben doch sicher ein Kursbuch. (Früher wurden alle Zugverbindungen, die es von einem Land gab, so auch von der Deutschen Bahn, in ein Buch reingeschrieben. Da konnte man nachschlagen, von wo bis wo die Züge fuhren und wo die Halt machten. Das war ein ganz dicker Schinken. Das Kursbuch gibt es heute nicht mehr.) Und so fragt Taylor diesen Studenten weiter: „Wenn sie mit der Eisenbahn fahren, stellen Sie dann das Kursbuch in Frage oder verlassen Sie sich darauf, dass das, was da drin steht, auch stimmt?" - „Ja natürlich, das habe ich erfahren, da fahre ich ja immer damit!" - „Ja, ganz genau. Sie haben es erfahren und deshalb vertrauen Sie darauf. Sie vertrauen einem Kursbuch." Dann sagt Hudson Taylor: „Ich lebe jetzt 50 Jahre mit Gott und ich habe immer alles genauso gemacht, wie es in seinem Wort steht. Und ich habe erfahren: Alles stimmt. Also werde ich das auch weiter machen, mich daran halten und IHM vertrauen. Alles, was ich geprüft habe, ist wahr. Also werde ich auch zukünftig diesem Wort vertrauen."

Und genau das dürfen wir auch tun. Wenn wir festgestellt hätten, irgendwie ein Wort der Bibel sei nicht wahr, dann wäre die ganze Bibel hinfällig. Aber keiner von uns, der heute hier ist, könnte das behaupten. Wir verstehen vielleicht nicht alle Worte der Bibel, aber alle Worte der Bibel sind wahr. Und wenn ich jetzt mit dem Mikrofon rumlaufen würde und würde euch fragen: Erzählt mal von der Wahrheit der Bibel, wo ihr das ganz persönlich erlebt habt. Da könnten wir Wochen, Monate füllen, wo ihr die Wahrheit der Bibel bezeugen könntet. Die Bibel ist wahr. Und darauf wollen wir uns verlassen: auf die Wahrheit der Bibel, auf das Wort, die Verheißungen, die dort gegeben sind. Und vor allem auf die Zentralverheißung unseres HERRN und Heilandes Jesus Christus, der uns ewiges Leben verheißt, wenn wir an IHN glauben. So wie Abram ewiges Leben verheißen worden ist in seinem Sohn, so ist uns ewiges Leben verheißen im Sohn des HERRN, wenn wir an IHN glauben. So wie Gott an Abram gehandelt hat, so handelt er an uns. Er verheißt uns neues Leben. Das Einzige, was wir noch tun müssen: daran glauben.

Damit kommen wir zum **vierten und letzten Punkt der Predigt: das Zurechnen der Gerechtigkeit.** Wenn Gott uns etwas sagt und wir daran glauben, wird uns das zur Gerechtigkeit gereichen. Da heißt es im Vers 6: ***Abram glaubte dem HERRN, und das rechnete er ihm zur Gerechtigkeit.*** Gott, der Gerechte, ist derjenige, der die Gerechtigkeit aufstellt. Gerecht ist jemand, wenn er eine Norm, ein Recht erfüllt. Gott schafft das Recht. Er sagt, was Recht ist. Er hat uns ein Gesetz gegeben: sein Wort. Da steht alles drin. Und er schafft nicht nur das Recht. Er verlangt auch von uns, dass wir dieses Recht einhalten. Im Psalm 9 heißt es:

> ***Der HERR aber thront ewiglich; er hat seinen Thron bereitet zum Gericht, er wird den Erdkreis richten mit Gerechtigkeit und die Völker regieren, wie es recht ist.***

Das heißt, er schafft nicht nur den Maßstab Seines Gesetzes in Seinem Wort, sondern er fordert diesen Maßstab auch ein, diese Gerechtigkeit.

Und wir wissen: Wir alle können nicht vor dem Gesetz gerecht werden. Jeder von uns weiß, wo wir gegen diese Norm, gegen das Wort Gottes verstoßen und die Gesetze nicht erfüllt haben. Das Wunderbare ist, dass Gott nicht nur das Recht schafft und das Recht einfordert. Er ist auch derjenige, der uns die Gerechtigkeit vor dem Recht zu wendet in seinem Sohn Jesus Christus. In 1. Korinther 1,30 heißt es:

> ***Durch ihn aber seid ihr in Christus Jesus, der für uns zur Weisheit wurde durch Gott und zur Gerechtigkeit und zur Heiligung und zur Erlösung...***

Das ist das Entscheidende: Wenn wir an diesen Jesus glauben, wendet uns Gott die Gerechtigkeit zu. Wenn nicht, werden der Zorn Gottes, die Strafe Gottes und die Rache Gottes über uns bleiben. Gott vollzieht das Recht, er vollzieht das Recht in Jesus Christus. Es gibt nur zwei Möglichkeiten: Entweder begegnest du diesem Jesus Christus als deinen Anwalt, dann wird er für dich Gerechtigkeit vor dem Vater erwirken. Oder du begegnet diesem Jesus Christus als Richter am Ende aller Zeiten, wenn er wiederkommen wird, wie wir es auch im Glaubensbekenntnis bezeugt haben. Und dann wird er dein Richter sein, ein brutaler und harter Richter, wie es keinen härteren und brutaleren in dieser Welt gibt, der auch härter und brutaler in seinem Urteil ist, als wir es uns vorstellen können. So wie Gott unvorstellbar in seiner Liebe und Barmherzigkeit ist, so ist er genauso auch in seinem Richten über seine Feinde unbarmherzig und brutaler, als wir es uns vorstellen können. Aber Gott sei Dank haben wir dieses Problem nicht, weil wir Jesus Christus haben, der uns zur Gerechtigkeit gemacht ist. Und so wie Abram an die Verheißungen des HERRN geglaubt hat, dürfen wir an Jesus Christus glauben, an die Verheißung, die er uns gegeben hat. Und das rechnet uns Gott zur Gerechtigkeit zu. Nicht das, was wir in unserem Leben leisten: nicht die Spenden, die wir geben; nicht die guten Werke, die wir machen; nicht die vermeintlich bibeltreuen Predigten, die wir halten; nicht die guten Verkündigungen, die wir machen. Nein! All das spielt gar keine Rolle vor dem lebendigen Gott, sondern nur eines: Jesus Christus. Er, der Sohn Gottes, der uns gemacht ist zur Gerechtigkeit. In 2. Korinther 5 heißt es:

> ***Denn er hat den, der von keiner Sünde wusste, für uns zur Sünde gemacht, auf dass wir in ihm die Gerechtigkeit würden, die vor Gott gilt.***

So wie an Abram Gott gehandelt hat und schenkt ihm Gerechtigkeit ob des Glaubens, so schenkt er uns die Gerechtigkeit, wenn wir an Jesus Christus glauben. Ich habe die Predigt begonnen und gesagt: Ein Mann hat ein Problem Er hat keinen

Sohn. Ich möchte die Predigt schließen mit den Worten: Ein Mann hat kein Problem, denn er hat einen allmächtigen Gott, der ihm in seinem Sohn alles schenkt. Dieser Satz gilt für Abram. Das darf er erleben, obwohl seine Frau unfruchtbar ist. Er hat einen allmächtigen Gott, der ihn in seinem Sohn - hier natürlich Isaak - alles schenkt. Aber dieser Satz gilt eben auch für uns. Wir haben ein Problem: Wir sind Männer und Frauen und wir haben Probleme. Aber in Wirklichkeit haben wir kein Problem, denn wir haben einen allmächtigen Gott, der uns in seinem Sohn alles schenkt. Alle Ehre, Lob und Preis diesem unserem HERRN und Heiland Jesus Christus.

Wie Gott an seinen Leuten handelt: Das Hinausführen aus der Engführung, das Aufzeigen der Allmacht Gottes, das Verheißen neuen Lebens, das Zurechnen der Gerechtigkeit. Möge unser Heiland diese Predigt an deinem Leben und an deinem Glauben segnen. Amen.

Und der Friede unseres allmächtigen Gottes, der sehr viel höher ist als alle unsere menschliche Vernunft, ER bewahre unsere Herzen und Sinne in Christus Jesus, unserem auferstandenen und lebendigen HERRN. Amen.

Drei wundervolle Offenbarungen Gottes!

1.Mose 18,1-14

Gnade sei mit euch und Friede von dem, der da war und der da ist und der da sein wird in alle Ewigkeit - unser HERR, Jesus Christus, Amen.

Liebe Gemeinde, das Wort, das ich uns mitgebracht habe für diesen Trinitatissonntag, als Predigttext, steht im Alten Testament, im 1. Buch Mose, im 18. Kapitel. Wir wollen hören auf die Verse 1-14.

Und der HERR erschien ihm im Hain Mamre, während er an der Tür seines Zeltes saß, als der Tag am heißesten war. Und als er seine Augen aufhob und sah, siehe, da standen drei Männer vor ihm. Und als er sie sah, lief er ihnen entgegen von der Tür seines Zeltes und neigte sich zur Erde und sprach: HERR, hab ich Gnade gefunden vor deinen Augen, so geh nicht an deinem Knecht vorüber. Man soll euch ein wenig Wasser bringen, eure Füße zu waschen, und lasst euch nieder unter dem Baum. Und ich will euch einen Bissen Brot bringen, dass ihr euer Herz labt; danach mögt ihr weiterziehen. Denn darum seid ihr bei eurem Knecht vorübergekommen. Sie sprachen: Tu, wie du gesagt hast. Abraham eilte in das Zelt zu Sara und sprach: Eile und menge drei Maß feinstes Mehl, knete und backe Kuchen. Er aber lief zu den Rindern und holte ein zartes, gutes Kalb und gab's dem Knechte; der eilte und bereitete es zu. Und er trug Butter und Milch auf und von dem Kalbe, das er zubereitet hatte, und setzte es ihnen vor und blieb stehen vor ihnen unter dem Baum und sie aßen. Da sprachen sie zu ihm: Wo ist Sara, deine Frau? Er antwortete: Drinnen im Zelt. Da sprach er: Ich will wieder zu dir kommen übers Jahr; siehe, dann soll Sara, deine Frau, einen Sohn haben. Das hörte Sara hinter ihm, hinter der Tür des Zeltes. Und sie waren beide, Abraham und Sara, alt und hochbetagt, sodass es Sara nicht mehr

ging nach der Frauen Weise. Darum lachte sie bei sich selbst und sprach: Nun ich alt bin, soll ich noch der Liebe pflegen, und mein Herr ist auch alt! Da sprach der HERR zu Abraham: Warum lacht Sara und spricht: Meinst du, dass es wahr sei, dass ich noch gebären werde, die ich doch alt bin? Sollte dem HERRN etwas unmöglich sein? Um diese Zeit will ich wieder zu dir kommen übers Jahr; dann soll Sara einen Sohn haben. Amen.

Wir wollen beten: Lieber HERR und Heiland, wir wollen dir Dank sagen für diese Verse aus dem Alten Testament, aus dem 1. Buch Mose, die du uns heute Morgen schenkst für unser Leben. Wir wollen den Offenbarungen nachgehen, die in diesem Text stecken. Wir wollen schauen, was dieser Text uns zu sagen hat, für unser Leben. Wir wollen das annehmen und uns danach ausrichten, was du uns zu sagen hast. Dass wir das aber erkennen können, dass wir sehen und verstehen können, was du uns zu offenbaren hast, dazu brauchen wir deinen guten Geist jetzt für diese Predigt. Und darum wollen wir dich alle miteinander bitten: Segne du selber, HERR, das Reden und das Hören deines heiligen und lebendigen Wortes an uns allen. Amen.

Liebe Gemeinde, das ist ein ganz starker Text. Über diesen Text können sie eine ganze Predigtreihe halten. Darüber werde ich demnächst (das möchte ich jetzt schon ankündigen) noch einmal predigen: über die Ehrerbietungen, die der Abraham dem HERRN entgegenbringt. Wie er da nur sagt so nebenbei: Ich bring` dir ein bisschen was; und wie er dann alles auffährt, was es gibt, um dem HERRN die Ehre zu geben. Und als der HERR da speist, dass er sich nicht einmal hinsetzt. Das ist großartig, wie er da hinfällt, das ist etwas ganz Tolles, diese Ehrerbietung Abrahams. Aber darum soll es heute nicht gehen. In dieser Predigt wollen wir nicht über Abraham nachdenken, zumindest nicht direkt, sondern über Gott. Über Gott ganz direkt. Wie sich Gott uns offenbart, hier in diesem Text. Und ich habe die Predigt überschrieben: Drei wundervolle Offenbarungen

Gottes! Ich möchte als Erstes über die Dreieinigkeit Gottes predigen, die uns hier offenbart wird, zweitens über die Allmächtigkeit Gottes, die uns hier offenbart wird und drittens über die Unbegreiflichkeit Gottes, die wir hier gezeigt bekommen.

1. Die Dreieinigkeit Gottes.
2. Die Allmächtigkeit Gottes.
3. Die Unbegreiflichkeit Gottes.

Als Erstes: Die Dreieinigkeit Gottes. Heute ist ja Sonntag Trinitatis, da passt dieser Punkt sehr gut und wir wollen noch einmal die ersten beiden Verse lesen. Da heißt es:

> ***Und der HERR*** - also Gott selber - ***erschien ihm im Hain Mamre, während Abraham an der Tür seines Zeltes saß, als der Tag am heißesten war. Und als er seine Augen aufhob und sah, siehe, da standen drei Männer vor ihm.***

Also da macht es die Bibel noch einmal ganz deutlich: ***sah*** und ***siehe***. Guck genau hin: der HERR ist da. Aber es stehen ***drei Männer*** da. Gott kommt und offenbart sich in drei Männern. Wenn man den Text dann weiter liest, sowohl im Deutschen, aber erst recht im Hebräischen, da denkt man manchmal: Irgendwie stimmt doch hier was nicht bei demjenigen, der den Text geschrieben hat. War der besoffen? Denn da stehen ganz viele grammatikalische Falschheiten drin. Da ist immer wieder die Vermischung von Plural und Singular. ***Der Mann*** - ***sie sprachen***. Das ist ganz seltsam, immer wieder. Es sind drei, aber nur einer spricht. Dann ist es wieder nur einer und sie alle sprechen zusammen. Das ist ganz durcheinander. Seien Sie versichert, der Mensch, der im Heiligen Geist diesen Text niedergeschrieben hat durch die Weissagung Gottes, der war nicht betrunken, sondern der hatte den Heiligen Geist. Er musste das ganz genau so niederlegen, damit wir einen Hinweis bekommen auf die Dreieinigkeit Gottes. Die wird uns hier schon offenbar. Da kriegen wir hier schon einen Hinweis: im

Alten Testament. Das ist etwas ganz Wichtiges, dass Gott sich so uns offenbart, als dreieiniger Gott.

Meine Konfirmanden, heute sind einige da, die wir jetzt im Mai konfirmiert haben, die werden jetzt sagen: „Meine Güte, über Dreieinigkeit muss man doch in St. Martini nicht predigen. Das ist doch so selbstverständlich, das hätte er doch unter den Tisch fallen lassen können." Das können wir leider nicht unter den Tisch fallen lassen, weil dieses Ureigenste, Tiefste, was uns die Bibel über Gott sagt, nicht für alle Menschen klar ist, auch nicht hier in Martini. Ich weiß noch, wie ich nach Martini gekommen bin. Im Wahlkonvent, da steht jemand aus dem Vorstand auf und fragt allen Ernstes vor der Gemeinde: „Ja, Pastor Latzel, warum beten Sie denn einen dreieinigen Gott an, Vater, Sohn und Heiligen Geist? Das dürfen wir nicht!" Ich habe gedacht, mir fällt alles aus dem Gesicht. In meiner alten Gemeinde war das genau dasselbe, in dieser frommen Gemeinde im Siegerland. Da habe ich einen Vortrag gehalten im Männerkreis (da war ich ganz jung nach dem Vikariat und erst ein halbes Jahr in der Gemeinde, gerade von der Uni gesprungen), und habe dann erzählt vom dreieinigen Gott. Auf einmal steht der ehemalige Presbyteriumsvorsitzende auf (zudem war der noch Vorsitzender Richter am Landgericht in Siegen, das war ein ganz angesehener Bruder in unserer Gemeinde) und sagt: „Hier irrt der junge Bruder. Der Heilige Geist ist nicht wahrer Gott." Da habe ich auch gedacht: Das kann doch nicht wahr sein, dass es in gläubigen Gemeinden nicht klar ist, dass wir einen dreieinigen Gott haben, Vater, Sohn und Heiliger Geist und dass alle drei wahrer Gott sind! Also bei Jesus, da hat keiner ein Problem in den gläubigen Gemeinden. Klar ist Jesus wahrer Gott. Aber beim Heiligen Geist haben ganz viele, auch in frommen Gemeinden, die Handbremse fest angezogen. Das ist ein Problem, nicht nur von der dogmatischen Richtigkeit her, nein, auch für unseren Glaubensvollzug. Weil wir das nicht wissen, sind wir auch in vielen Bereichen so gehemmt. Deshalb passiert so wenig, weil wir nicht glauben, dass der Heilige Geist wirklich wahrer Gott ist, dass wir einen dreieinigen Gott haben. Und das ist nicht nur in Martini so, das ist nicht nur in meiner alten Gemeinde Trupbach-Seelbach so gewesen, das ist in der Christenheit immer wieder so gewesen. Und deshalb sind die Väter und Mütter des Glaubens hingekommen und haben gesagt: Wir brauchen einen extra Feiertag, wo das die Gemeinde noch einmal bedenken soll - die Dreieinigkeit.

Vor einiger Zeit ist jemand zu mir gekommen, der auch so eher unitarisch glaubt, das heißt: Wir haben nur einen Gott und Jesus ist nur so ein bisschen, na ja, so sein Sohn. Der ist schon wichtig, aber eben nicht wie Gott selber. Und der Heilige Geist, das kann ich gar nicht erklären, aber das hat mit Gott gar nichts zu tun. Da kam der zu mir und sagt mir knallhart ins Gesicht: „Das sagen Sie ja nur, weil die Kirche Sie dazu zwingt." Also, so nach dem Motto: Drüben in der Bremischen Kirche, oder früher im Landeskirchenamt in Bielefeld, die schreiben mir als Pastor vor, was ich zu verkündigen hätte. Und eine Sache, die ich verkündigen müsste, obwohl die gar nicht biblisch sei, das sei die Dreieinigkeit. Also das war natürlich eine Sternstunde für mich und ich habe dem ganz klar erklärt: „Also glauben Sie mir eins: Das Letzte, was ich tue, ist mich danach auszurichten, was mir irgendwelche Kirchenräte oder irgendwelche Präsides oder Schriftführer theologisch vorschreiben wollten. Also, wenn die irgendetwas machen, mich zu irgendwas zwingen würden, in meinem Pfarramt, was nicht bibelkonform ist, dann höre ich heute auf den Tag auf, Beamter dieser Landeskirche zu sein." Das sage ich ganz deutlich: Wenn irgendwann dieser Blödsinn kommen sollte, dass Pfarrer genötigt würden, dass sie z.B. Homosexuelle trauen müssten, das ist der Tag, wo ich sofort kündige, dann mache ich da nicht mehr weiter. Das ist die Grenze, die ich nicht überschreite. Und erst recht würde ich nichts verkündigen, wovon ich nicht hundertprozentig überzeugt bin, dass es in der Bibel steht. Aber das mit der Dreieinigkeit steht in der Bibel und die Landeskirchen tun es zurecht, wenn sie darauf ganz viel Wert legen, dass der Pfarrer ein Problem kriegt, der das nicht verkündigt. Es steht so in der Bibel. Es wird uns so bezeugt, dass wir einen dreieinigen Gott haben. Hier an dieser Stelle noch einmal ganz deutlich: ***siehe***, schau hin. Der HERR kommt und offenbart sich in drei Personen. Aber nicht nur hier, die ganze Bibel ist voller dreieiniger Bezeugungen. Ja, es stimmt: Es gibt nicht ein Kapitel wo jetzt die Überschrift steht „Trinität“, und dort alles erklärt würde. Das gibt es aber auch nicht für das Thema Abendmahl, das gibt es auch nicht für das Thema Taufe. Das gibt es für keinen dogmatischen Topos. Sondern da muss man die Bibel als Ganzes kennen. Und das dürfen Sie mir glauben, wirklich: die Bibel bezeugt Gott als Dreieinigen. Schon bei der Schöpfung, da sagt Gott: ***Lasset uns Menschen machen***, im ersten Kapitel. Ja, mit wem spricht denn Gott da? Das ist ein innertrinitarisches Geschehen. Oder, wir haben es heute in der Lesung gehört, bei Jesaja 3, diese trinitarische Bezeugung: ***Heilig, heilig, heilig ist der HERR Zebaot.*** Dreimal heilig. Das wird in der Offenbarung aufgenommen, auch die vier Gestalten: ***heilig, heilig, heilig***. Oder die Taufe, auf die wir getauft sind: ***Taufet sie auf den Namen des Vaters, des Sohnes und des Heiligen Geistes.*** Das sagt Jesus Christus, da sind wir alle darauf getauft. Den Gottesdienst beginnen wir immer trinitarisch. Glauben Sie mir, wenn der Heilige Geist und Jesus nicht auf einer Ebene wären wie der Vater, dann würden wir so nicht taufen, dann hätte Jesus das so nicht eingesetzt. Aber nicht nur in den verschiedenen trinitarischen Bezeugungen, da könnte ich Ihnen jetzt noch eine ganze Liste aufzählen, wichtiger ist vor allen Dingen, dass die Bibel klar sagt: Jesus ist wahrer Gott. In Johannes 10,30 heißt es: ***Ich und der Vater sind eins.*** Das ist nicht zu trennen. Oder Johannes 14,9: ***Wer mich sieht, sieht den Vater.*** Und trotzdem heißt es in 1. Korinther 8:

> ***Wir haben doch nur einen Gott, den Vater, von dem alle Dinge sind und wir zu ihm, und einen HERRN, Jesus Christus, durch den alle Dinge sind.***

Ja, was denn, haben wir einen Vater oder einen HERRN? Das geht eben nur, wenn wir diese Dreieinigkeit denken, diese Gottheit Jesu Christi. Und genauso ist die Gottheit des Heiligen Geistes in der Bibel immer wieder bezeugt. Also, wenn Jesus wahrer Gott ist und da können alle Frommen meistens mitziehen, das ist nicht das Problem, aber die Gottheit des Heiligen Geistes ist in evangelikalen Gemeinden manchmal ein Problem. Dann sag ich immer wieder, überlegt mal eins: Durch wen ist denn Jesus, der wahrer Gott ist, in diese Welt gekommen? Da heißt es, dass die Maria den Geist Gottes, den Heiligen Geist empfangen wird. Da legt die Bibel viel Wert drauf. Der Engel kommt und sagt dem Josef: ***Was deine Frau empfangen wird, das ist vom Heiligen Geist.*** Das heißt: Jesus selber ist durch den Heiligen Geist in diese Welt gekommen.

Schon bei der Schöpfung ist der Heilige Geist dabei und nicht erst seit Pfingsten. Wir haben ja letzte Woche Pfingsten gefeiert. Manche Leute denken immer so, der Heilige Geist sei erst Pfingsten gekommen. In 1. Mose 1,2, also direkt zum Beginn der Bibel, da heißt es: ***Der Geist Gottes schwebte auf dem Wasser.*** Und Jesus selber sagt: ***Wenn ihr etwas redet gegen mich, also den Menschensohn, das wird euch vergeben werden. Wenn ihr aber die Sünde gegen den Heiligen Geist tut, wenn ihr redet gegen den Heiligen Geist, das wird nicht vergeben, nicht in dieser und auch nicht in der zukünftigen Welt*** (Markus 3,28-29). Da ist sogar fast eine Unterordnung, die Jesus unter dem Heiligen Geist anstrebt, aber die besteht nicht! Sondern da ist eine Gleichheit, eine Gleichheit in Vater, Sohn und Heiliger Geist. Alles ist wahrer Gott und wir bekennen das auch, jeden Sonntag im Glaubensbekenntnis: „Ich glaube an Gott den Vater und an Gott Jesus Christus und an Gott den Heiligen Geist". Und nicht nur im Apostolikum finden wir das, was wir sprechen, sondern auch in den anderen beiden altkirchlichen Bekenntnissen: im Nizänum und im Anastasium. Ich lese Ihnen das noch einmal vor, was wir letzte Woche bekannt haben, am Pfingstfest, im 3. Artikel: „Wir glauben an den Heiligen Geist, der HERR ist und lebendig macht, der aus dem Vater und dem Sohn hervorgeht, der mit dem Vater und dem Sohn angebetet und verherrlicht wird." Oder im Anastasium heißt es: „Dies aber ist der rechte christliche Glaube, dass wir einen Gott in drei Personen und drei Personen in einer Gottheit ehren und nicht die Personen ineinander mengen, noch das göttliche Wesen zertrennen." Eine andere Person ist der Vater, eine andere Person ist der Sohn, eine andere Person der Heilige Geist, aber alle drei zusammen sind der wahre Gott. Im Heidelberger Katechismus steht: „Was glaubst du vom Heiligen Geist?" Da heißt es: „Der Heilige Geist ist mit dem Vater und dem Sohn der eine, wirkliche ewige Gott." Und glauben Sie mir, ich könnte jetzt hier weiter machen. Ich könnte jetzt zitieren aus den lutherischen Bekenntnisschriften. Ich könnte Ihnen jetzt Kirchenlieder aufzählen. Wir haben es ja eben zu Beginn gesungen, dieses Lied von Johannes Niedling: „O Heiliger Geist, o heiliger Gott". Ich könnte ihnen von Martin Luther - Liedern erzählen, z. B. „Nun bitten wir den Heiligen Geist". Immer wieder wird die Gottheit bezeugt von unseren Glaubensvätern, auch von Paul Gerhard. Nicht, dass diese Kirchenlieder wichtiger wären als die Bibel, beileibe nicht, aber sie bezeugen in Richtigkeit die Wahrheit der biblischen Offenbarung.

Und das tritt uns auch in diesem Text hier entgegen. Wir haben einen dreieinigen Gott: Vater, Sohn und Heiliger Geist. Das sind drei unterschiedliche Personen, aber es ist eine Gottheit, ein Wesen. Und wenn Sie jetzt sagen: „Wissen Sie was, Pastor Latzel, ich habe das so häufig schon gehört, aber verstehen tu ich das nicht." Halleluja! Dann sind Sie im Glauben schon ganz weit gekommen. Denn das können wir nicht begreifen, da kommen wir gleich noch im letzten Punkt dazu: die Unbegreiflichkeit Gottes. Wir können Gott nicht begreifen. Wir können IHN nicht verstehen. Diesen heiligen und ewigen Gott können wir nicht verstehen. Auch das, wie ER sich uns offenbart, das sprengt unser dreidimensionales Denken. Das kriegen wir dreidimensional nicht unter die Füße, was es heißt, drei und einer zugleich zu sein. Aber so ist eben Gott. Wir wollen das als Offenbarung so annehmen, wie es uns hier gegeben und geschenkt ist. Wir haben einen dreieinigen Gott. Und lasst euch nicht irre machen, wenn da Leute kommen - und die kommen immer wieder, die sind vom Teufel, wenn sie mit der Irrlehre anderes bezeugen. Das sind zum Teil Leute, die meinen es ganz gut. Angefangen bei den Zeugen Jehovas, die die Gottheit Jesu leugnen, die die Gottheit des Heiligen Geistes leugnen; bis hin zu den Unitariern und den Erzketzern in der alten Kirche, wie ein Arius und andere Leute. Das ist immer wieder so, dass die Gottheit Jesu und die Gottheit des Heiligen Geistes in Frage gestellt werden. Wenn wir das in Frage stellen lassen, verlieren wir alle Vollmacht! Weil der Gott, den wir dann anbeten, das ist irgendwie ein Luftgebilde, irgendwie ein Götze, aber das ist nicht der Gott, den die Bibel bezeugt. Es ist nicht der Gott, der uns hier entgegentritt, auch in dieser Geschichte. Darin wird doch ganz klar bezeugt: die Dreieinigkeit unseres Gottes. Das ist die erste Offenbarung, die wir aus diesem wunderbaren Text mitnehmen dürfen: die Dreieinigkeit unseres allmächtigen Gottes.

Das Zweite, das uns hier offenbart wird an Abraham und Sara, ist **die Allmächtigkeit Gottes**, ein allmächtiger Gott. Da lesen wir in den Versen 13 und 14 noch einmal:

> ***Da sprach der HERR zu Abraham: Warum lacht Sara und spricht: Meinst du, dass es wahr sei, dass ich noch gebären werde, die ich doch alt bin? Sollte dem HERRN etwas unmöglich sein?***

Und wenn wir jetzt so ein bisschen denken: Naja, die Sara, die ist die etwas glaubensschwächere, der Abraham als Mann sei der ganz Starke. Ein Kapitel zuvor, im Kapitel 17, kriegt Abraham schon einmal verheißen: Du wirst einen Sohn haben und du wirst viele, viele Nachkommen haben. Und da fällt er auf die Erde und da heißt es auch, da lacht auch er bei sich, in sich drin. Und dann denkt er so bei sich: Hoffentlich lebt der Ismael ganz lange, den er mit seiner Magd gezeugt hat. Und Gott muss ihn auch da korrigieren. Wir müssen uns vor Augen führen: Abraham ist hundert Jahre alt, Sara neunzig. Und da denkt man natürlich: Das kann ja nicht sein. Er mit hundert, vielleicht noch zeugungsfähig. Da müsste man sich mal mit einem Urologen unterhalten, aber der würde auch sagen: „Das wird schon ganz schön eng. Aber eine Frau mit neunzig, ausgeschlossen!" Und sie selber sagt das ja, sie reflektiert das ja. Die Bibel ist hier ganz offen: Sollte es mir nach der Liebesweise noch einmal gehen. Die Bibel spricht das ganz deutlich an: Geht nicht, menschlich unmöglich! Unmöglich! Aber, dieses Wort - UNMÖGLICH - gibt es bei Gott nicht. Das Kapitel 17, das ist ein ganz wichtiges Kapitel des Bundesschlusses. Lesen Sie Kapitel 17 und 18 als Hausaufgabe noch einmal nach. Übrigens gibt es ja drei Bundesschlüsse im Alten Bund, nämlich den Noah-Bund, den Abraham-Bund und den Sinai-Bund. Auch da wird wieder trinitarisch bezeugt, wie Gott sich den Menschen offenbart.

Beim Abraham-Bund stellt Gott sich dem Abraham vor. Und da sagt er: Ich bin, so heißt es im Hebräischen, El Shaddai. Ich bin El Shaddai. Das ist der Gottesname, der bedeutet nichts anderes als El für Gott und El Shaddai heißt: Ich bin Gott, der Allmächtige. So stellt Gott sich vor: Ich bin Gott, der Allmächtige. Und für den Allmächtigen spielt es überhaupt gar keine Rolle, ob diese Frau 19, 39 oder 90 ist. Wenn El Shaddai, der Allmächtige entscheidet, diese Frau bekommt ein Kind und aus ihr wird ein riesiges Volk werden, dann ist das so. Und Gott wählt sich gerade diese uralte Frau aus, diese Neunzigjährige, damit ER an ihr seine Allmacht bezeuge. Damit wir es auch über dreieinhalbtausend Jahre später verstehen, wie allmächtig Gott ist. Dass es IHM kein Problem ist, einer Neunzigjährigen noch ein Kind zu schenken. Und wir bekennen das ja auch. Wir haben eben das Glaubensbekenntnis gesprochen. Ich hoffe, Sie haben es mit gläubigem Herzen mitgesprochen. „Ich glaube an Gott den Vater, den Allmächtigen", damit geht es los. Nicht umsonst steht diese Offenbarung Gottes ganz zu Beginn der Bibel, wie ER sich den Menschen offenbart hat als Allmächtiger. Da kommen viele Offenbarungen nach, bis schließlich die endgültige Offenbarung auf Golgatha geschieht. Aber diese, eine mit der ersten Offenbarung als der Allmächtige, ist etwas ganz Wichtiges. Wir haben einen allmächtigen Gott. Das sagt die Bibel immer wieder, auch in der Geschichte, die wir eben aus der Offenbarung (4,8) gehört haben:

> ***Heilig, heilig, heilig ist Gott der HERR, der Allmächtige, der da war und der da ist und der da kommt.***

Und manchmal wird Gott auch nur der ***Allmächtige*** genannt. Das ist so ein Substantiv für IHN. So ist unser Gott: allmächtig! Ich möchte das noch einmal klar machen, was das bedeutet, weil wir das auch nicht fassen können. Nicht nur die Trinität können wir nicht fassen. Auch Allmächtigkeit, liebe Brüder und Schwestern, können wir nicht fassen.

Mich fasziniert das Weltall. Nicht erst, seitdem ich „Raumschiff Enterprise" gesehen hatte, sondern auch, seitdem ich angefangen hatte, mich so ein bisschen mit Mathematik zu beschäftigen und zu wissen, welche Entfernungen im Weltall sind. Ich habe da schon mal drüber gesprochen. Wir leben hier ja in unserer Galaxie, in der Milchstraße. In der Michstraße gibt es in etwa 300 Milliarden Sterne. Nur in unserer Galaxie! Und unsere Galaxie hat einen Durchmesser von 100 000 Lichtjahren. 100 000 Jahre würde das Licht sich bewegen, dann ist es die gesamte Entfernung durchgegangen. Das ist unsere Galaxie. Als ich angefangen habe, mich mit Astronomie und den Sternen zu beschäftigen, da wurde gesagt: Es gibt neben unserer noch etwa 50 Milliarden weitere Galaxien. Jetzt sind die Forscher mittlerweile bei 150 Milliarden Galaxien, die sie meinen zu schätzen, die es neben unserer Galaxie noch gäbe. Nochmal: Unsere Galaxie hat alleine 300 Milliarden Sterne und daneben gibt es noch 100, 150 Milliarden weitere Sterne, keine Ahnung. Und dann ist es ja so, das Weltall dehnt sich ja aus, das ist nicht geschlossen. Was gibt es denn danach? Und jetzt weiß ich eins, dass diese ganzen Milliarden und Milliarden Sterne und Galaxien, die es gibt, von unserem HERRN und Gott durch ein Wort geschaffen wurden. Gott hat gesprochen und dann waren die Sterne da. Das ist Allmacht. So geht es los in der Bibel. Wenn ich das glaube und wenn ich darauf vertraue, dass dieser Gott so Himmel und Erde gemacht hat, mit einem Wort, dann habe ich überhaupt kein Problem mehr, darauf zu vertrauen und zu glauben, dass es IHM auch möglich ist, einer Neunzigjährigen ein Kind zu geben. Es ist Gott nichts unmöglich. Das ist ja die Frage: Sollte Gott etwas unmöglich sein? Nichts ist diesem Gott unmöglich! Und so offenbart sich Gott dir ganz neu, dass du weißt: Der Gott und HERR in Jesus Christus, der dich lieb hat, DEM ist nichts unmöglich. Und es ist ganz wichtig, dass wir diese Offenbarung Gottes, dass ER alle Möglichkeiten hat, alles was wir denken können übersteigend, dass wir das wirklich glauben.

In Markus 9 gibt es eine Geschichte, wo jemand zu den Jüngern kommt und sie bittet den Sohn heil zu machen. Die schaffen es wieder nicht, müssen zu Jesus gehen und dann setzt sich dieser Mann, dieser Vater, mit Jesus auseinander und dann sagt der: ***Wenn du etwas kannst - Jesus - so erbarme dich unser und hilf uns.*** Wenn du etwas kannst... Und dann antwortet Jesus und sagt: ***Du sagst, wenn du kannst!*** *- Und dann kommt es:* ***Alle Dinge sind möglich dem, der da glaubt.*** Sogleich schrie der Vater des Kindes: ***Ich glaube; hilf meinem Unglauben.*** Nicht nur, dass unser Gott und HERR allmächtig ist; ER gibt uns Anteil an dieser, seiner Allmächtigkeit, wenn wir daran nur glauben und ganz, ganz, ganz fest vertrauen!

Wisst ihr, wir haben keine Probleme, ganz gleich, was euch angeht: eure Krankheit, eure finanziellen Probleme, eure Schwierigkeiten in der Ehe, die beruflichen Sorgen. Das ist alles hart, gar kein Thema. Aber es gibt Einen, der euch in seinen liebenden Händen hält. Das ist der allmächtige Gott. Und wenn ihr IHM glaubt, IHM vertraut, dann wird final alles gut. Ich sage nicht, dass deine Krankheit dann morgen geheilt ist, dass übermorgen die dicken Überweisungen von irgendwoher kommen und in einer Woche deine Ehe wieder wunderbar floriert, das sage ich nicht! Aber ich sage: Du hast einen HERRN auf deiner Seite, für den diese deine Probleme nichts sind. So schnippt ER die weg, und das sehen wir nicht! Wir lassen uns immer wieder von den Problemen gefangen nehmen und sehen nicht, was unser Gott kann. Und Gott möchte dir das angesichts deiner Probleme, Schwierigkeiten und Sorgen heute noch einmal sagen, dass ER da ist, dass du dich nicht zu sorgen brauchst. Ich möchte denen, die mit schweren Sorgen kommen und beladen sind, heute ein Wort mitgeben aus Psalm 91, das zu dieser Allmächtigkeit Gottes passt. Da heißt es:

> ***Wer unter dem Schirm des Höchsten sitzt und unter dem Schatten des Allmächtigen bleibt, der spricht zu dem HERRN: Meine Zuversicht und meine Burg, mein Gott, auf den ich hoffe.***

Das möchte ich dir sagen angesichts deiner Probleme, deiner Sorgen und Schwierigkeiten: Bleib unter dem Schirm des Allmächtigen. Deine irdischen Möglichkeiten sind begrenzt wie die irdischen Möglichkeiten eines jeden Menschen. Aber es gibt Einen, für DEN gibt es keine irdischen Begrenzungen, für DEN ist nichts unmöglich, unsern allmächtigen Gott, den Vater, Sohn und Heiligen Geist. Bleib unter seinem Schirm, habe Zutrauen zu IHM und final wird Gott alles für dich erledigen.

Glauben, liebe Geschwister, Glauben heißt: sich geborgen wissen in der Hand des allmächtigen Vaters. Uns kann nichts passieren, weil DER, der Himmel und Erde geschaffen hat, für uns da ist, weil ER uns hält. Selbst der Tod wird uns nichts anhaben können, weil ER für uns den Tod überwunden hat, Halleluja! Wir haben einen allmächtigen Gott!

Abrahams größte Sorge war: Wie werde ich Nachkommen haben? Und dann hat er ja all den Blödsinn gemacht, all die irdischen Dinge: Da lässt er sich mit seiner Magd ein und dann kriegt er schon einen Sohn, aber das ist nicht das Verheißene. Und all die Probleme, die wir heute im vorderen Orient haben, die haben damit zu tun. Die haben genau damit zu tun, dass Abraham nicht nur allein geschaut hat auf das, was Gott verheißen hat, sondern gedacht hat: Ich muss mal selber mein

Schicksal in die Hand nehmen, muss mal selber drehen und selber für Nachkommenschaft sorgen.

Vertraut darauf, dass unser HERR und Gott, der Allmächtige, euch in seinen gnädigen Händen hält. Ihr seid geborgen, euch kann nichts passieren. Und so wie sich Gott schon längst um die Sorge Abrahams gekümmert hat, so kümmert sich Gott auch um unsere Sorgen und ist bei uns. Und IHM ist kein Problem zu schwierig, zu groß oder zu kompliziert. ER ist der Allmächtige. ER schenkt einer Neunzigjährigen ein Kind und genau so kümmert ER sich auch um dich. Und das zeigt uns Gott heute Morgen noch einmal hier: seine Allmächtigkeit, ganz speziell für deine Situation. Nicht als etwas, was du als dogmatische Richtigkeit anerkennen und einen Haken dahinter machen sollst, sondern zu sagen: Das gilt für deine spezielle Situation. Es gibt einen allmächtigen Gott, der dich lieb hat, der für dich da ist, der mit dir geht und in seinen Händen bist du geborgen.

Das Dritte, das wir offenbart bekommen, ist **die Unbegreiflichkeit Gottes**.

> ***Das hörte Sara hinter ihm, hinter der Tür des Zeltes. Und sie waren beide, Abraham und Sara, alt und hochbetagt, sodass es Sara nicht mehr ging nach der Frauen Weise. Darum lachte sie bei sich selbst und sprach: Nun ich alt bin, soll ich noch der Liebe pflegen, und mein Herr ist auch alt!***

Sie begreift es nicht, wer da spricht. Sie sieht nur ihre eigene Situation. Und bei ihren eigenen Berechnungen, in die sie den allmächtigen und dreieinigen Gott nicht mit hineinbringt, funktioniert das nicht. Sie hat es nicht begriffen. So, wie es Abraham im Kapitel zuvor nicht begriffen hat und so, wie wir es immer wieder nicht begreifen, wie Gott ist. Jetzt könnten wir sagen: böse Sara, böser Abraham oder böse sind wir. Aber das hat damit zu tun, dass wir Gott nicht begreifen mit seiner Unbegreiflichkeit. Gott ist unbegreiflich! Wisst ihr, Trinität ist unbegreiflich. Ich habe das eben schon im ersten Punkt gesagt.

Wenn mir Leute sagen, ich verstehe es nicht, dann seid ihr in bester Gesellschaft. Martin Luther hat es auch nicht verstanden, der konnte es ein bisschen annähernd beschreiben, wie es die Bibel sagt. Karl Barth hat es letztlich auch nicht begreifen können. Es ist ein großes Geheimnis, was er so ansatzweise versteht, aber begriffen hat er es nicht. Und erst recht nicht so ein kleiner Pastor Latzel, ich habe es auch nicht begriffen. Ich kann euch das erzählen, was in der Bibel steht. Aber ich kann es nicht verstehen, wie drei einer ist, aber so offenbart ER sich. Das ist unbegreiflich! Auch Ewigkeit, dass Gott der Ewige ist, dass der keinen Anfang und kein Ende hat. Denkt mal darüber nach über die Ewigkeit. Es ist unbegreiflich und Gott ist der Ewige. Oder auch Allmacht: unbegreiflich!

Einer meiner Lehrer, den ich eigentlich gut leiden konnte, bis zu dem Moment, wo er das Allmachtsparadoxon gebracht und wo er, der war Atheist, sagte: „Ich will euch mal erklären, warum es keinen Gott gibt. Wenn es einen Gott gäbe, dann könnte er keinen Stein schaffen, den er nicht selber hochheben kann. Entweder kann er den Stein nicht schaffen oder wenn er ihn schaffen kann, dann ist er zu schwach, um ihn hochzuheben." Da war ich so entsetzt! Eigentlich war ich immer so ein treuer und braver Schüler gewesen, der immer nur genickt hat, wenn die Lehrer was sagten. Aber da habe ich widersprochen, da habe ich gesagt: „Gott kann das! Gott kann das! Auch wenn wir das nicht verstehen!"

Wisst ihr, das ist so: Gott kann alles, aber wir können es nicht begreifen. Das ist der Punkt. Wir können die Allmacht Gottes nicht begreifen. Und das ist auch das, was die Bibel immer wieder sagt. Hiob 36,26: ***Gott ist groß und unbegreiflich.*** Oder Psalm 147: ***Unser HERR ist groß und von großer Kraft.*** Es ist unbegreiflich, wie ER regiert. Also, wenn zu mir mal jemand kommen und sagen würde: „Pastor Latzel, Sie sind Theologe und Sie denken über Gott nach. Sagen Sie mal die erste Erkenntnis, die sie über Gott haben." Dann wäre das sicher eines der ersten Dinge - neben der Liebe, die Gott zu mir hat - die ich sagen würde: „Gott ist unbegreiflich, den kann ich nicht verstehen." Ich bin ja nun schon ein paar Tage dabei, in denen ich Theologie betreibe und mich hauptamtlich mit der Bibel beschäftigen darf. Glauben Sie mir bitte eins: Ich habe einiges verstehen dürfen durch die Gnade Gottes. Aber eines ist mir immer klarer geworden: die Unbegreiflichkeit dieses allmächtigen Gottes. DEN kriegen wir nicht hier in unsere Westentasche rein.

Als ich Student gewesen bin, da habe ich eine Zeit lang mit einem indischen Doktor zusammen gewohnt, der war Hindu. In seinem Zimmer hatte er alle möglichen Bildchen von allen möglichen Göttern aufgehängt. Die Hindus haben ja über 100 Millionen Götter. Und da hat er mir mit den Bildern die Götter erklärt, mit Elefantenköpfen und tausend Rüsseln, was die machen, woher die kommen und was es mit denen auf sich hat und all das. Da hat dieser Hindu seine Götter erklärt, so wie ein 12jähriger mit einem Quartett die Autos erklärt, wieviel PS die haben und anderes mehr. Das kannst du mit dem wahren Gott nicht tun. DEN kann das Geschöpf nicht erklären. Wir sind die Geschöpfe, wir können den Schöpfer nicht erkennen. Dereinst in der Ewigkeit, dann werden wir IHN erkennen. Aber hier ist das nur ein kleines Abbild. Wir können IHN nicht begreifen.

Das ist eine Sache, um die wir wissen müssen, auch wenn wir Theologie betreiben. Und Vorsicht vor den Leuten, die kommen und sagen: „Jetzt zeig ich dir mal diesen Gott. Ich habe ihn hier in der Schachtel, das ist die Sache mit ihm und hier kann ich ihn dir allumfassend darstellen." Also dann wisst ihr: dieser Mensch ist ganz weit weg von wahrer Gotteserkenntnis. Karl Barth, der große Theologe aus dem letzten Jahrhundert, hat einmal einen ganz wichtigen Aufsatz geschrieben. Ein ganz kurzes Ding, sehr knackig und vor Pfarrern gehalten. Der Aufsatz heißt: „Das Wort Gottes als Aufgabe der Theologie". In diesem Aufsatz stellt Barth drei Sätze als Thesen, Antithesen und Synthesen auf. Der erste Satz lautet: „Wir sollen als Theologen von Gott reden." Das ist die Aufgabe des Pastors. Der zweite

Satz: „Wir sind aber Menschen und können als solche nicht von Gott reden." Wir können von diesem Gott gar nicht reden, weil ER - und das macht Barth dann deutlich, so heilig, so groß, so allmächtig ist und alles übersteigt. Dann sagt Barth im dritten Satz: „Wir sollen beides, unser Sollen und unser Nicht-Können, wissen und eben damit Gott die Ehre geben. Das ist unsere Bedrängnis. Alles andere ist daneben ein Kinderspiel." Da hat er ganz genau Recht. So ist es. Gott ist so groß, DEN können wir gar nicht fassen. Es ist unbegreiflich, aber Gott lässt sich nicht begreifen. ER lässt sich nicht begreifen, wie er das Weltall gemacht hat. Denken Sie nur mal über das Weltall nach. Wenn Sie sich damit beschäftigen, über seine Schöpfung, das können Sie alles nicht begreifen. Denken Sie über die Ewigkeit nach, die können Sie nicht begreifen. Denken Sie über die Trinität nach, die können Sie letztlich nicht begreifen. Denken Sie über die Allmächtigkeit nach, die können Sie nicht begreifen. Aber wissen Sie, was das Unbegreiflichste ist an diesem Gott? Das absolut Unbegreiflichste an diesem Gott ist, dass ER, der Heilige und Ewige Mensch wird und für mich elenden Sünder auf Golgatha stirbt. Alles andere vorher, das kriege ich noch irgendwie gebacken. Aber diese grenzenlose Liebe, dass ER uns seinen Sohn schenkt in Christus Jesus und in seinem Sohn selber stirbt, das kriegt man nicht auf die Reihe. Das kann man sich nur durch den Heiligen Geist schenken lassen.

Wisst ihr, nicht nur Sara und Abraham bekommen hier einen Sohn verheißen und kriegen IHN geschenkt. Nein! Halleluja! Wir alle haben einen Sohn geschenkt bekommen, nämlich den Sohn Gottes. ER ist für uns Mensch geworden und ist für unsere Schuld gestorben. Das kann ich nicht begreifen. Dieses Riesengeschenk der Liebe kann ich nur dankbar annehmen und mich immer wieder neu davon auferbauen lassen. Und wenn wir nachher Abendmahl haben, dann dürfen wir zusammen über dieses Geschenk, über dieses unbegreifliche Geschenk nachdenken, was Gott uns auf Golgatha getan hat. Was ER mir getan hat und was ER dir getan hat, das ist einfach unbegreiflich. So unbegreiflich wie es ist, dass ER Abraham und Sara, in diesem hohen Alter, noch ein irdisches Kind schenkt. Drei wundervolle Offenbarungen in diesem Text. Erstens: Die Dreieinigkeit Gottes wurde uns offenbart. Zweitens: Die Allmächtigkeit Gottes wurde uns offenbart. Und drittens: Die Unbegreiflichkeit Gottes wurde uns in diesem Text offenbart.

Ich wünsche dir und ich wünsche Ihnen für Ihr Leben, dass das, was Sie gehört und verstanden haben, was Gott Ihnen offenbart hat, dass Sie das annehmen können für Ihr Leben und dass Sie sich danach ausrichten. Möge der HERR diese Predigt an Ihrem und an deinem Leben segnen. Amen.

Und der Friede unseres allmächtigen Gottes, der sehr viel höher ist als alle unsere menschliche Vernunft, ER bewahre unsere Herzen und Sinne in Christus Jesus, unserem auferstandenen und lebendigen HERRN. Amen.

Das Gericht, die Gerechtigkeit und die Gnade Gottes

1.Mose 18,22-33

Gnade sei mit euch und Friede von dem, der da war und der da ist und der da sein wird in alle Ewigkeit - unser HERR, Jesus Christus, Amen.

Liebe Gemeinde, der für diesen Sonntag vorgesehene Predigttext steht im ersten Buch Mose im 18. Kapitel. Ich lese die Verse 22 bis 33:

Und die Männer wandten ihr Angesicht und gingen gen Sodom; aber Abraham blieb stehen vor dem HERRN und trat zu ihm und sprach: Willst du denn den Gerechten mit dem Gottlosen umbringen? Es mögen vielleicht fünfzig Gerechte in der Stadt sein; wolltest du die umbringen und dem Ort nicht vergeben um fünfzig Gerechter willen, die darin wären? Das sei ferne von dir, dass du das tust und tötest den Gerechten mit dem Gottlosen, dass der Gerechte sei gleich wie der Gottlose! Das sei ferne von dir, der du aller Welt Richter bist! Du wirst so nicht richten. Der HERR sprach: Finde ich fünfzig Gerechte zu Sodom in der Stadt, so will ich um ihrer willen dem ganzen Ort vergeben. Abraham antwortete und sprach: Ach siehe, ich habe mich unterwunden zu reden mit dem HERRN, wie wohl ich Erde und Asche bin. Es möchten vielleicht fünf weniger den fünfzig Gerechte darin sein; wolltest du denn die ganze Stadt verderben um der fünf willen? Er sprach: Finde ich darin fünfundvierzig, so will ich sie nicht verderben. Und er fuhr fort mit ihm zu reden und sprach: Man möchte vielleicht vierzig darin finden. Er aber sprach: Ich will ihnen nichts tun um der vierzig willen. Abraham sprach: Zürne nicht, HERR, dass ich noch mehr rede. Man möchte vielleicht dreißig darin finden. Er aber sprach: Finde ich dreißig darin, so will ich ihnen nichts tun. Und er sprach: Ach siehe, ich habe mich unter-

wunden mit dem HERRN zu reden. Man möchte vielleicht zwanzig darin finden. Er antwortete: Ich will sie nicht verderben um der zwanzig willen. Und er sprach: Ach zürne nicht, HERR, dass ich nur noch einmal rede. Man möchte vielleicht zehn darin finden. Er aber sprach: Ich will sie nicht verderben um der zehn willen. Und der HERR ging hin, da er mit Abraham ausgeredet hatte; und Abraham kehrte wieder um an seinen Ort. Amen.

Wir wollen beten: Lieber himmlischer Vater in Jesus Christus, du schenkst uns dieses Wort des fürbittenden und feilschenden Abrahams vor dir um Sodom. Lass dieses Wort zu uns sprechen. Aber dass wir das recht verstehen können für unser Leben, was du uns zu sagen hast, dazu brauchen wir deine Gnade. So schenke du deine Gnade, schenke du deinen guten Heiligen Geist für diese Predigt. Segne du selber Reden und Hören deines heiligen und lebendigen Wortes an uns allen. Lass uns nicht nur Hörer, sondern auch Täter deines Wortes sein. Amen.

Liebe Gemeinde, nicht nur Südafrika hat klare biblische Lehre nötig. Nein, auch Norddeutschland, auch Bremen und auch St. Martini hat die klare biblische Lehre nötig. Darum soll es aus diesem Text heute Morgen gehen, um die ganz klare und wichtige biblische Lehre über Grundlagen christlichen Glaubens. Und so soll es um drei Punkte heute Morgen gehen aus diesem Predigttext:

1. Das Gericht Gottes.
2. Die Gerechtigkeit Gottes.
3. Die Gnade Gottes.

Das Erste, worum es geht in dieser Predigt und in diesem Predigttext, das ist **das Gericht Gottes**. Gott kommt vom Himmel herab und geht nach Sodom. Und er kündigt an, dort Gericht zu vollstrecken. Abraham, der darum weiß, tritt mit ihm deshalb in dieses Gespräch ein, weil er ein Stückweit Fürbitte tut für die Menschen dort in Sodom. Es geht um das Gericht Gottes in diesem Predigttext, so wie wir es immer wieder mit einem Gott zu tun haben, der mit uns ins Gericht geht.

Wir leben ja in dem Wahn heutzutage, dass wir Gott so auf Augenhöhe begegnen könnten. So der Partner, zu dem wir ein Ja finden oder ein Nein finden, der mal ein bisschen was zu sagen hat in meinem Leben, also wenn es um die Worte der Hilfe und des Zuspruchs geht, aber wenn es um Sünde und Buße geht, dann wollen wir den nicht haben. Das ist ein Wahn, als sei Gott ein freiwilliger Partner, über den wir bestimmen können, ob er mit dem etwas zu tun haben wollen oder nicht. Das ist ein lebensgefährlicher Irrtum! Denn der Gott der Bibel, der allmächtige Gott, der Vater, der Sohn und der Heilige Geist ist eben der HERR über unser Leben und über Leben und Tod. Und es ist der HERR, der über unser Leben richtet. ER ist der Richter!

In der Bibel wird das immer wieder deutlich, schon zur Zeit Noahs. Da richtet der HERR die ganze Welt. Bis auf acht Menschen rottet er die ganze Welt aus. Da spricht ER ein Gerichtsurteil. Über Israel richtet er, als sich die Menschen immer wieder von ihm abwenden. Dann lässt ER seinen eigenen Tempel zerstören. Das Volk Israel muss ins Exil, muss viel Schlimmes erleiden, weil sie sich von ihm abgekehrt haben in Sodom und Gomorra. Oder der reiche Mann und der arme Lazarus. Damit ist es keineswegs im Neuen Testament vorbei. Auch wir alle, wie wir hier sind, wir laufen auf das Gericht Gottes zu. Da wollen wir uns nichts vormachen. Die Einen unter uns, die heute Morgen hier sind, die laufen auf das Gericht Gottes zu und zwar auf das Totengericht am Ende der Zeiten. Das können Sie nachlesen in Offenbarung 20, was da passieren wird, wenn die Gräber aufgetan werden. Das, was wir eben auch im Johannesevangelium gehört haben. Da werden alle Menschen gerichtet, ob sie nun zu Jesus gefunden haben oder ihn abgelehnt haben. Egal. Da werden alle gerichtet! Es müssen nur diejenigen nicht in dieses Totengericht hinein, die Jesus angenommen haben. Aber auch die müssen in ein Gericht und zwar ins Preisgericht; nicht ins Totengericht am Ende aller Zeiten, sondern die kommen in ein Preisgericht. So haben die Väter des Glaubens das genannt. Das ist das Gericht, von dem die Rede ist in der Bibel, dass alle Werke offenbar werden vor Gott in der Ewigkeit und dass wir Rechenschaft geben müssen. Auch die Wiedergeborenen, die zu Jesus gehören. Über jedes nichtsnutzige Wort, das gesprochen worden ist. Da wollen wir uns nichts vormachen. Jeder von uns, der hier ist, muss für sein Leben Rechenschaft geben. Nur, wohl denjenigen, die das nicht im Totengericht machen müssen am Ende der Zeiten, sondern im Preisgericht, wo sie nicht befürchten müssen zum ewigen Tod verurteilt zu werden. Das Totengericht gilt nur denen, die ohne Jesus leben. Aber auch wir, die wir zu Jesus gehören, müssen Rechenschaft geben über alles, was wir gesagt haben oder was wir nicht gesagt und nicht bekannt haben. Wir müssen Rechenschaft geben über unser Bankkonto, über unsere Zeit, über unseren Jähzorn, über all die Dinge, die wir getan haben. Da werden wir nur beschämt nach unten gucken müssen. Ich an allererster Stelle. Da kommen wir gleich noch zu, wie das sein wird im Preisgericht, wenn wir nichts zu bringen haben; wenn wir auf einmal merken, alles, was doch gut war in unserem Leben, hat ja eh nur der HERR durch seine Gnade und seinen Geist gewirkt. Das mag uns immer wieder auch eine Mahnung sein für unser Leben. Wir alle gehen auf das Gericht Gottes zu, denen es ganz schlecht geht aufs Totengericht und wir auf das Preisgericht, wo wir uns verantworten müssen für alles, was wir getan haben.

Das ist eine Botschaft, die die ganze Bibel durchzieht. Wir haben es eben im Evangelium auch gehört. Da ist uns das nochmal ganz deutlich gesagt worden, dass Jesus dieses Gericht übergeben ist und dass ER kommen wird. Wir haben es eben auch im Glaubensbekenntnis bekannt: *„von dort wird er kommen, zu richten die Lebendigen und die Toten.“* Wir laufen alle auf das Gericht Gottes zu. Das ist allerdings etwas, was in der Evangelischen Kirche von Deutschland nicht mehr so gerne gehört wird. Das möchte man am liebsten herausstreichen aus der Bibel, auch in diesem Lied, in der es in der letzten Strophe heißt: *„HERR, deinen Ruf verachten, das wäre unser Tod, drum hilf, dass wir beachten dein großes Angebot."* Da geht es genau darum, sagt der Lieddichter. Aber denjenigen, die das Gesangbuch zusammengestellt haben, war das ein bisschen zu düster. Da kann man ja den Leuten mit Angst machen. Da lässt man es einfach mal rausfallen. Das gibt's reihenweise leider in der Kirche, dass nur noch über die Liebe Gottes gesprochen wird. Das ist das Primäre bei Gott. Da haben wir am letzten Sonntag drüber gehört. Aber es gibt auch das Gericht Gottes! Und nur, wenn ich das Gericht Gottes wirklich klar vor Augen habe, dann verstehe ich erst mal die Liebe Gottes für mein Leben.

So erlebt, bei der Einführung meiner Schwester in Ihr Pfarramt. Da war der Superintendent des Kirchenkreises da und hat die Predigt gehalten. In der Predigt hat dieser Superintendent (den ich von früher kannte, eigentlich ein frommer und klar stehender Mann) etwas gesagt, was mich furchtbar aufgewühlt hat. Er hat gesagt, er wird nie wieder über das Gericht und den Zorn Gottes predigen, nur noch über die Liebe bis zum Ende aller Zeiten. Das hätte sich erledigt, das Gericht Gottes. Und ich habe gedacht: Was tut dieser Mann als Superintendent im Kirchenkreis der versammelten Gemeinde damit an?! Ich hatte aber vor dieser Einführung meinen Eltern versprechen müssen, dass ich nichts Negatives sagen werde, weil die wissen, dass ich schon manchmal ein bisschen dagegen halte, wenn da Dinge kommen. Jetzt saß ich in diesem Gottesdienst und da hat es in mir gewühlt. Ich sagte: Das kannst du nicht unwidersprochen lassen. Aber dann saßen die Eltern daneben und dann denkt man: „Naja..." Nach diesem Gottesdienst war dann so die Veranstaltung mit Grußworten, mit alldem was so dazugehört bei einer Einführung. Ich habe auch ein Grußwort für meine Schwester gesprochen. Ich habe das dann umgeändert, ein bisschen kürzer, weil ich gar keine Lust mehr hatte, habe aber nichts Negatives gesagt. Dann bin ich von dieser Bühne runtergegangen, wo dieses Podium aufgebaut war. Und der Superintendent, der diese ganze Veranstaltung leitete, sagte dann: *„Olli, das ist es gewesen, mehr hast du nichts zu sagen?"* Da habe ich mich umgedreht. Da wusste ich nämlich, dass er mich quasi selber durch Gott gerufen hat. Dann habe ich das ganz deutlich gesagt, dass das nicht geht, was er in der Predigt gesagt hat; dass das ein großer Blödsinn ist, auch wenn ich mich hier gegen einen Superintendenten stelle. Da war natürlich die Stimmung auf dieser Einführung erst mal dahin und alle hatten so den bösen Zeigefinger.

Wisst ihr, das Nachdenken über das Gericht Gottes, das ist für mich so, wie wenn ich über die A1 fahre und weiß: hier vorne ist ein Blitzer. Hinter diesem großen Hinweisschild, da ist ein Blitzer verborgen. Und wenn ich weiß, dass das Ding scharf geschaltet ist, dann weiß ich: es ist gut, mein Tempo zu drosseln, sonst gibt's irgendwann später dieses Schreiben mit den Punkten und dem vielen Geld was man bezahlen muss. Das kennen die meisten von uns. Da stellen wir uns drauf ein, bei den Verkehrsregelungen. Aber es gibt am Ende unserer Tage eine Ewigkeit, auch für uns Wiedergeborene, einen Tag wo wir vor den HERRN treten. Da werden wir auch zur Verantwortung gezogen, genauso wie für die 40 Stundenkilometer, die wir zu schnell auf der A1 gefahren sind. Wir werden dann zwar nicht mehr verurteilt, wenn wir wiedergeboren sind, aber wir müssen uns für alles verantworten vor diesem allmächtigen Richter.

Deshalb ist es wichtig, auch für die Gemeinde, über dieses Gericht Gottes zu predigen und immer wieder darüber nachzudenken. Für euch, für mich ist es wichtig das Bewusstsein zu haben, dass wir zwar als wiedergeborene Menschen nicht in das Totengericht am Ende der Zeiten müssen, da werden wir sogar, so heißt es, mit Jesus zu Gericht sitzen, weil wir dann ja eins mit ihm sind. Aber wir alle müssen in das Preisgericht. Das ist das Erste: das Gericht Gottes.

Das Zweite, worum es geht in diesem Predigttext, das ist **die Gerechtigkeit Gottes**. Abraham appelliert hier an die Gerechtigkeit Gottes. Ein Wahnsinn, was dieser Abraham sich da rausnimmt. Je länger ich über diesen Text nachgedacht habe, desto saurer wurde ich über den. Abraham ist eigentlich jemand, den ich ja sehr schätze, den ich lieb habe, der so treu und gehorsam ist. Aber an dieser Stelle, da bin ich schon ein bisschen wütend auf den geworden, was der sich rausnimmt. Was für eine Unverschämtheit! Das merkt der übrigens auch selber. Immer wieder, wenn er Gott an seine Gerechtigkeit erinnert, dann sagt er ja: ***ich habe mich unterwunden zu reden mit dem HERRN*** - also, ich nehme es mir heraus. Ich bin ***nur Erde und Asche***. Er ist ganz demütig. Trotzdem tut er etwas, was absolut unmöglich ist. Er, der ungerechte Mensch, erinnert den Gerechten an seine Gerechtigkeit. Und die Antworten, die er bekommt, sind ja immer gleichlautend: Wenn da irgendwas wäre in Sodom, selbst bei 50, bei 45, bei 40, ich würde sie nicht vernichten. Abraham versucht, mit diesem Gott zu rechten, zu feilschen. Diese Geschichte ist ja überschrieben: Fürbitte Abrahams für Sodom. Das ist ein Feilschen, was der tut. Aber mit Gott kann man nicht feilschen. Weil Gott in seinem Urteil treu und gerecht ist.

Im Alten Testament, wenn man das im Hebräischen liest, ist immer JAHWE ZADIK, JAHWE der Gerechte, Gott der Gerechte. Das ist das, was Gott zugesprochen wird. Gott ist gerecht in all seinem Tun und Handeln. Und dass er Sodom und Gomorra vernichtet hat, das war gerecht! Gott ist gerecht! Gott macht keine Fehler! Gott macht keine Fehler, auch wenn wir Menschen das manches Mal nicht verstehen. Und wenn das auch manchmal schwer und krumm ist. Die Hiob-Geschichte erzählt davon, wie ein Mensch daran fast verzweifelt, weil er die ganze Familie verloren hat, weil so viel Elend über ihn hereinbricht. Aber das Ende des Hiob-Buches bringt dann diese Antwort, dass Hiob tatsächlich zu dieser großen Erkenntnis kommt: Gott macht keine Fehler! ER ist gerecht!

Das zeigt sich auch hier in diesem Nachdenken. Abraham geht ja runter bis zu dieser Zahl zehn. Er fängt an bei 50, 45, geht dann runter, bei den Zehn hört er auf. Da denken wir so als Westeuropäer, als Deutsche: Jetzt müsste er doch eigentlich auch von Fünfen und von Einem sprechen. Aber bei Zehn hört er auf. Zehn ist die Zahl, die im jüdischen Kontext als Zahl der kleinsten Einheit gilt. Ein Synagogen-Gottesdienst kann nur dann stattfinden, wenn zehn religionsmündige Männer da sind. Abraham hat also bis zur kleinsten Einheit runterdeklipiert nach seinem Verständnis und Gott hat ihm zugesprochen: Jawohl, für zehn, die kleinste Einheit, würde ich die ganze Stadt verschonen. Und dann geht Abraham weg. Aber Gott macht noch mehr in seiner Gerechtigkeit. Nicht nur die kleinste Einheit von zehn Männern. Er geht hin und holt einen Mann raus, nämlich Lot, den er verschont. Das ist dann das Kapitel 19. Den Einen holt er raus. Gott denkt noch viel kleiner, als Abraham sich das vorstellt. Obwohl, jetzt kommt es, dieser Lot auch nicht gerecht ist. Und seine Frau und die beiden Töchter, die er herausholt, ebenfalls nicht. Bitte nachlesen: 1. Mose 19. Seine Frau dreht sich um, obwohl der Befehl Gottes anders ist. Sie erstarrt zur Salzsäule, sie missachtet das Gebot Gottes. Und die beiden Töchter, das ist eine ganz furchtbare Geschichte, die gehen dann hin und haben Geschlechtsverkehr mit ihrem Vater Lot. Das erzählt die Bibel ganz breit: Inzest, ein todeswürdiges Verbrechen. Auch da: keine gerechten Menschen. Aber, bei denen so noch ein bisschen was war, das sieht Gott schon, und die holt er raus.

Aber eins wird klar hier in diesem Text: Wir ungerechten und fehlenden Menschen, wir können nicht mit Gott rechten. Das funktioniert nicht. ER ist der Gerechte, der absolut unfehlbar Gerechte. Und es ist eine Unverschämtheit, wenn Menschen es sich anmaßen, Gott für irgendwas ins Gericht zu nehmen. Theologen nennen das die Theodizeefrage: Warum lässt Gott das zu? Warum hat Gott das zugelassen in Auschwitz? Das hat doch Gott nicht gemacht, dass sein Volk dort verbrannt wurde! Das waren Menschen. So wie alles was schiefläuft auf Erden, menschliches Handeln und Tun ist. Gott hat für diese Straftat dort in Auschwitz, sein Strafgericht über unser Volk geschickt. Und unsere Kirche ist Zeichen dieses Strafgerichts gewesen. Auch wieder so ein richtender Gott. Er sagt in Jesaja: Wer mein Volk anrührt, der rührt meinen Augapfel an und den lasse ich nicht ungestraft. Und das hat das deutsche Volk erleben müssen, alle, die sein Volk angefasst haben und wie es hier Schwefel vom Himmel geregnet hat, wie es die Bibel sagt. Wie auch diese Kirche zerstört war und in Schutt und Asche lag. Weil, ja weil wir das Gebot Gottes übertreten haben.

Und Gott richtet eben nicht nur am Ende der Zeiten, der greift auch hier in dieses Weltgeschehen ein. Aber in diesem Weltgeschehen, diesen Gott, der gerecht und richtig handelt, für irgendwas verantwortlich zu machen, ist eine Unverschämtheit, die uns Menschen nicht zusteht. Das gilt für alle Dinge. Das gilt, und ich sage das ganz deutlich, auch für das dreijährige Kind, das an Krebs stirbt. Das ist nicht die Schuld Gottes. Das ist die Schuld der Menschen. Denn wenn die all ihre Möglichkeiten, die sie hätten, reinstecken würden in Gottes gute Schöpfung und ihre Gaben für das Gute verwenden würden und nicht für ihr eigenes Weiterkommen, ihr eigenes Bankkonto, ihren eigenen Stolz, dann würde es in dieser Welt anders aussehen. Aber weil Menschen ungerecht sind, weil Menschen fehlerhaft sind, passieren alle furchtbaren Dinge: die Erdbeben, die Hungerkatastrophen, alles! Gott ist dafür nicht in die Verantwortung zu ziehen, weil Gott der Gerechte ist.

Jemand, der darum wusste, war Martin Luther. Nächste Woche haben wir ja Reformationsfest. Luther wusste, dass Gott gerecht ist. Und er hatte nicht das Problem, dass er meinte, irgendwas diesem Gott erklären zu müssen oder von diesem Gott eine Erklärung zu bekommen. Luther hat nur eine Angst gehabt, dass er vor diesem gerechten Gott nicht bestehen kann. Und da hat er immer wieder gerungen drum, um die Gerechtigkeit Gottes, die irgendwie stattfinden kann. Und er hat sich bemüht. Als Mensch da war der wirklich ein Vorbild, als Mönch, der immer alles gebracht hat, alle Bußregeln eingehalten, alle Gelübde gehalten. Aber je mehr er es getan hat, desto verzweifelter wurde er, bis er eines verstanden hatte: Ich als ungerechter Mensch kann vor dem gerechten Gott nur bestehen, wenn er mir seine Gerechtigkeit schenkt. Das kriegt Luther mit bei der Übersetzung von Römer 1,16 und 17. Diesen Text habe ich euch mit abgedruckt. Dass die Gerechtigkeit Gottes nicht nur etwas ist, was Gott zu eigen ist, sondern etwas ist, was er uns schenkt in Jesus Christus. Gott, der Gerechte schenkt uns Ungerechten die Gerechtigkeit in seinem Sohn. Das ist Gnadenhandeln, das ist ein Gnadenakt!

Damit kommen wir zum **dritten Punkt** der Predigt: **Die Gnade Gottes**. Denn auch in diesem Text hier geht es um die Gnade Gottes. Dass der Abraham so unverschämt mit Gott sprechen darf, das ist nur Gnade. Glaubt mir, Abraham, der jetzt eine Ewigkeit bei unserem HERRN ist, der weiß das, dass das unverschämt gewesen ist. Er merkt, wir merken das ja auch in diesem Text, wenn er immer wieder ansetzt, so demütig. Doch das ist nur Gnade, dass er das tun darf. Diese Geschichte handelt von der Gnade Gottes. Auch ein Kapitel später, als Lot dann rausgeholt wird von den Engeln aus Sodom. Da bekennt das Lot, dass das gnädiges Handeln Gottes ist und nichts, was er verdient hätte. Das ist nur Gnade.

Angesichts des Gerichtes Gottes, der erste Punkt, und der Gerechtigkeit Gottes mit uns Menschen, der zweite Punkt, wird immer wieder deutlich, dass das das Wichtigste ist, worauf es ankommt: auf die Gnade Gottes in Jesus Christus. Ich habe diese Predigt damit begonnen: *„die Gnade unseres HERRN Jesus Christus sei mit uns allen, der da war, der da ist und der da sein wird“*. Damit beginne ich jedes Mal: *„Gnade sei mit euch und Friede...“* Jede Predigt beginne ich damit. Weil die Gnade das Wichtigste ist, auch für meine Predigt. Dass eine Predigt gelingt, liegt nicht an meinem rhetorischen Vermögen oder meinem Intellekt. Das ist reines Gnadenhandeln. Die Gnade Gottes ist das Wichtigste, was der Pfarrer braucht, was der Kirchenvorstand braucht, was die Gemeinde braucht, was jeder Mensch braucht. Paulus schreibt in 1.Korinther 15:

Ich bin der geringste unter den Aposteln, der ich es nicht wert bin, dass ich Apostel heiße, weil ich die Gemeinde Gottes verfolgt habe. Aber durch Gottes Gnade bin ich, was ich bin, und seine Gnade an mir ist nicht vergeblich gewesen. Ich habe viel mehr gearbeitet als alle anderen. Aber nicht ich, sondern Gottes Gnade, die in mir ist.

Paulus war jemand, der wusste genau, dass das Wichtigste die Gnade Gottes ist. Die Gnade, aus der allein auch Abraham weiter bestehen kann. Und deshalb ist es bei Paulus auch so, dass jeder Brief den Paulus beendet, endet er mit, ***die Gnade unseres HERRN Jesus Christus sei mit euch*** oder ***die Gnade Gottes sei mit euch***. Jeden Brief endet er so, weil das das Wichtigste ist. Es kommt auf die Gnade an! Ihr müsst mal eine Konkordanz nehmen und nachlesen, wo überall im Neuen Testament das Wort Gnade erwähnt wird. Übrigens: auch die ganze Bibel hört so auf. - Mein alter Deutschlehrer hat mir gesagt: *„Wenn man ein Buch verstehen will, dann kann man den ersten Satz lesen und den letzten Satz lesen. Und da hat man schon mal 33 Prozent im Sack."* Bei der Bibel ist das ganz ähnlich. Das Erste Buch Mose geht los: ***Der HERR schuf Himmel und Erde.*** Ganz wichtig der erste Satz. Es gibt nur wichtige Sätze der Bibel, aber das ist ein ganz wichtiger Satz: ***Der HERR schuf Himmel und Erde.*** Aber der letzte Satz der Bibel ist auch so ein ganz, ganz wichtiger Satz: ***Die Gnade unseres HERRN Jesus Christus sei mit euch allen! Amen.***

Liebe Brüder und Schwestern, mit wem die Gnade des HERRN Jesus nicht ist, der ist verloren, in diesem Leben und in Ewigkeit. Alles, was wir sind und haben, so wie Paulus das eben geschrieben hat, ist allein die Gnade Gottes. Dass ich hier auf dieser Kanzel stehen darf, das ist Gnade Gottes. Dass du heute Morgen in diesen Gottesdienst kommen durftest, dass du lebst, dass du diesen Tag bekommen hast, das ist Gnade Gottes. Dein Auto, das du fährst, die Frau, mit der du verheiratet bist, dein Bankkonto, deine Gesundheit, dein Beruf. Das ist Gottes Gnadenhandeln. Das ist etwas Wunderbares. Aber es ist nichts gegen sein Gericht aus seiner Gnade, die durch die Erlösung durch Jesus Christus geschehen ist. Dadurch sind wir gerecht gesprochen. Nichts habe ich dazu getan. Und du hast auch nichts dazu getan. Gar nichts! Das ist nur das Werk Jesu Christi: dass ich lebe, alles was ich hier habe und vor allen Dingen das, was mich erwartet in der Ewigkeit. Wenn ich meine Augen hier zumache, wenn der HERR mich abruft im nächsten Jahr, in zehn Jahren, in 50 Jahren, dann ist das für mich, der ich keinen Verdienst habe, allein nur Gottes Gnade.

Da heißt es im dritten und letzten Vers des Liedes *„Stern, auf den ich schaue"*: *„Dann mit neuem Klingen jauchz ich froh dir zu: nichts hab ich zu bringen, alles, HERR, bist du!"* Wisst ihr, das ist das, was mir in dieser Woche in der Vorbereitung für diese Predigt neu deutlich geworden ist: Dieser in seiner absoluten und vollkommenen Gerechtigkeit zu Gericht sitzende Gott schenkt mir seine Gerechtigkeit aus Gnaden. Darüber bin ich ganz froh geworden, und das wünsche ich euch auch, dieses Erleben, dass euch das klar wird, wenn ihr diesen Predigttext noch einmal durchdenkt: dass wir einen Gott haben, der erstens zu Gericht sitzt, auch über unser Leben und vor dem wir uns zu verantworten haben, dass wir zweitens einen Gott haben, vor dem wir niemals gerecht sein können, weil er vollkommen und absolut gerecht ist, aber dass wir drittens einen Gott haben, der uns in Jesus Christus gnädig ist und der uns in Gnaden annimmt, wenn wir IHM nachfolgen. Möge der HERR uns allen das schenken, dass wir seine Gnade in Jesus Christus stets im Herzen tragen. Amen.

> Und der Friede unseres allmächtigen Gottes, der sehr viel höher ist als alle unsere menschliche Vernunft, ER bewahre unsere Herzen und Sinne in Christus Jesus, unserem auferstandenen und lebendigen HERRN. Amen.

Lebendiges Wasser

1.Mose 26,18-22

Gnade sei mit euch und Friede von dem, der da war und der da ist und der da sein wird in alle Ewigkeit - unser HERR, Jesus Christus, Amen.

Liebe Gemeinde, als Predigt wollen wir heute hören aus dem ersten Buch Mose, aus dem Kapitel 26, die Verse 18 bis 22:

Und Isaak ließ die Wasserbrunnen wieder aufgraben, die sie zur Zeit Abrahams, seines Vaters, gegraben hatten und die die Philister verstopft hatten nach Abrahams Tod, und nannten sie mit denselben Namen, mit denen sein Vater sie genannt hatte. Auch gruben Isaaks Knechte im Grunde und fanden dort eine Quelle lebendigen Wassers. Aber die Hirten von Gerar zankten mit den Hirten Isaaks und sprachen: Das Wasser ist unser. Da nannte er den Brunnen „Zank", weil sie mit ihm da gezankt hatten. Da gruben sie einen anderen Brunnen. Darüber stritten sie auch, darum nannte er ihn „Streit". Da zog er weiter und grub noch einen anderen Brunnen. Darüber zankten sie sich nicht, darum nannte er ihn „Weiter Raum" und sprach: Nun hat uns der HERR Raum gemacht, und wir können wachsen im Lande.

Wir wollen stille werden und beten: Lieber HERR und Heiland, von ganzem Herzen wollen wir dir Dank sagen, dass wir jetzt auf dein Wort hören dürfen. Danke für dieses Wort aus dem ersten Buch deiner Bibel. Danke für diese Geschichte, diese Erzählung vom Graben der Brunnen, HERR. Und wir wollen jetzt hören, was diese alte Geschichte von diesem Leben in der Wüste und dem Graben der Brunnen mit unserem Leben zu tun hat. Wir wollen dich bitten, dass du es uns selber zeigst, dass du uns dein Wort öffnest und dass du zu uns sprichst in dieser Predigt. Das wird nur dann geschehen können, wenn du selber, HERR, diese Predigt segnest. Und darum wollen wir dich alle miteinander bitten, HERR: Segne du selber das Reden und das Hören deines heiligen und lebendigen Wortes an uns allen, HERR. Amen.

Liebe Gemeinde, nicht nur heute darf ich viele wunderbare Menschen, viele wunderbare Geschwister im Glauben treffen und kennenlernen. Auch in der letzten Woche ist mir das geschenkt gewesen. Ich bin eingeladen gewesen von holländischen Glaubensgeschwistern, ganz strengen reformierten Calvinisten, die eine große Gemeinde haben. Ich bin dort drei Tage gewesen. Es war eine wunderbare Zeit dort. Die haben sich sehr intensiv um mich bemüht und ich war jeden Tag mit fünf, mit sechs, mit sieben Pastoren unterwegs. Ich war immer sehr leger gekleidet, diese immer im schwarzen Anzug mit weißem Hemd und schwarzem Schlips. Das war ein besonderes Erleben mit diesen ganz tiefgläubigen Brüdern, diesen Pastoren. Ich habe mehrere Kirchen besuchen dürfen und auch in mehreren sprechen können. Und in jeder dieser reformierten Kirchen (die nicht so geschmückt waren wie unsere, da müssen wir noch einmal drüber sprechen, was wir noch machen müssen, damit wir ein bisschen reformierter und bibeltreuer werden mit unserem Kirchbau), da hingen in der Sakristei, also nicht im Gottesdienstraum, die Bilder der Pastoren, die Dienst getan hatten in diesen Kirchen. Auf meiner letzten Station in Driebergen, das ist eine Stadt bei Utrecht, da waren wir auch in der Sakristei und dort gab es eine Galerie von Pastoren. Von den sechs Pastoren, die mich begleiteten, kamen drei zu mir und zeigten, unabhängig voneinander, jeweils auf einen in der Mitte und sagten in einem etwas gebrochenen Deutsch: „Das war ein vollmächtiger Mann, der konnte Typologie; ein vollmächtiger Mann, er konnte Allegorie." Sie wollten damit sagen: es war ein großer Bibelausleger. Es war jemand, der es verstand, Jesus Christus im Alten Testament zu finden; der es verstand, die Bilder dessen, was bei den Propheten, im Gesetz und in den Geschichtsbüchern geschrieben ist, immer auch von Jesus zu sagen. Und obwohl dieser Pastor schon viele Jahrzehnte tot war, waren diese wirklich gläubigen und ernsten Brüder geprägt davon. Da blickte dieser Mann auf dem Bild ganz streng auf mich runter, er war auch im schwarzen Anzug und mit schwarzem Schlips, und man sah die ganze Würde. Das Interessante war, dass ich da schon mitten in der Vorbereitung für diesen Gottesdienst war und überlegt habe: Was bringe ich euch mit? Der HERR hat mich dann auf diesen Text geführt und ich habe mir auch vorgenommen, durch das Gebet, ich möchte diesen Text allegorisch auslegen. Das heißt, ich möchte euch zeigen, was in diesem Text drinsteckt, dass wir hier schon Jesus finden, dass wir es hier mit dem Heiligen Geist zu tun haben, aber, dass das eben verborgen ist. Ihr wisst, dass es einen mehrfachen Sinn der Schrift gibt. Natürlich ist das, was hier steht, auch so historisch geschehen; natürlich hat Isaak da mit seinen Knechten Brunnen gegraben; natürlich haben die dort die Probleme mit den Philistern gehabt. Das alles ist historisch geschehen vor 1900 Jahren vor Christus. Aber Jesus selber sagt uns ja: ***Sucht in den Schriften. Sie sind es, die von mir zeugen.*** Und wir dürfen nie vergessen, die ersten Gemeinden in Jerusalem (Apostelgeschichte) hatten nicht das Neue Testament. Sie hatten nur die 39 Bücher des Alten Testamentes und die fanden da zuhauf Jesus Christus drin. Und es ist ganz lohnenswert, immer wieder genau zu schauen: Wo finden wir Jesus? Manchmal finden wir ihn ganz direkt, aber manches Mal muss man eben genau hingucken und dann ist da ein Bild, eine Typologie vorgebildet, was man darin findet. Jesus macht das selber, als er zum Beispiel sagt: Die drei Tage Jonas im Wal, sie sind ein Zeichen für meine Zeit, wenn ich tot sein werde. Wir haben neulich in der Bibelstunde darüber gesprochen, als die Hure Rahab in Jericho das rote Band aus ihrem Haus hängt, dieses rote Seil. Und alle, die in ihrem Haus sind werden gerettet, weil sie unter dem Schutz des roten Seils sind, als Jericho erobert wird. Das ist ein Bild für das Blut Jesu Christi, dass alle gerettet sind, die unter dem Blut Jesu Christi stehen. Und das ist eben Typologie, zu schauen, was ist im Alten Testament schon vorgebildet für das, was Jesus Christus ist. Denn überall im Alten Testament, in jedem Vers, begegnet uns der HERR, so auch hier in dieser Geschichte. Dazu muss man allerdings wissen, dass das lebendige Wasser, von dem hier die Rede ist, der Heilige Geist ist, der Glauben wirkt. Nochmal: Natürlich ist damals 1900 vor Christus auch dieses Historische geschehen. Aber wir dürfen es eben auch im Bild verstehen, dass hier auch noch etwas anderes ausgesagt wird. Ansonsten wäre ja die Frage: Warum beschäftigen wir uns heute im Gottesdienst mit so einem Text? Was interessiert uns das aus 4000 Jahren Differenz, dass sie damals ein paar Probleme mit der Bewässerung hatten und mit dem Tränken ihrer Tiere. Nein! Hier steckt viel mehr drin, viel mehr Botschaft. Und die erschließt sich uns, wenn wir verstehen, dass das lebendige Wasser, von dem hier die Rede ist, der Heilige Geist ist. Und das möchte ich euch ausführen an fünf Punkten:

1. Das lebendige Wasser des Brunnens!
2. Das Verstopfen des lebendigen Wassers des Brunnens!
3. Das Graben nach dem lebendigen Wasser des Brunnens!
4. Das Streiten um das lebendige Wasser des Brunnens!
5. Das Wachsen durch das lebendige Wasser des Brunnens!

Das Erste: Das lebendige Wasser des Brunnens! Das habe ich obendrüber geschrieben und das müssen wir bei den nächsten vier Punkten immer wieder mitdenken: Das lebendige Wasser ist ein Bild für den Heiligen Geist, der Glauben wirkt. Das erschließt sich dann, wenn man die Schrift mit der Schrift auslegt. Wenn ich jetzt nur diesen Text hätte und den als Historiker betrachte, also nicht gläubig bin, dann würde ich nie auf so eine Auslegung kommen. Da würde ich sagen, das ist nicht zulässig. So sprechen die Leute an den Universitäten hier bei uns. Aber wenn man in die Schrift als Ganzes sieht und die Schrift mit der Schrift auslegt, dann weiß man, dass das lebendige Wasser ein Bild für den Heiligen Geist ist.

Wir haben eben die Evangeliumslesung gehört, wo Jesus Christus mit der Frau an dem Brunnen spricht, mit der Samaritanerin. Und da sagt er zu ihr: ***Wenn du wüsstest, wer hier ist, du bätest ihn um lebendiges Wasser.*** Um lebendiges Wasser!

Hier geht es ja nicht um H_2O. Das denkt die Frau erst. Wenn sie wüsste, wer hier vor ihr steht, so würde sie Jesus um den Heiligen Geist bitten. Und dann sagt Jesus:

> ***Wer von diesem Wasser hier trinkt*** (also von dem H_2O in dem Brunnen Jakobs)***, den wird wieder dürsten, wer aber von dem Wasser trinken wird, das ich ihm gebe, den wird in Ewigkeit nicht dürsten. Sondern das Wasser, das ich ihm geben werde, das wird ihm eine Quelle des Wassers werden, das in das ewige Leben quillt.***

Versteht ihr, da weiß man genau, das ist der Heilige Geist. Oder in Johannes 7, da spricht Jesus auch vom lebendigen Wasser. Da sagt er: ***Wer an mich glaubt, wie die Schrift sagt, von dessen Leib werden Ströme des lebendigen Wassers kommen.*** Also, wenn du ganz tief im Glauben stehst, dann ist es ja nicht so, dass du dann Wasser ausschüttest, also H_2O, sondern: Wenn du im Glauben stehst, wenn du voll des Heiligen Geistes bist und Vollmacht hast Jesus zu verkündigen, dann geht eben auch der Geist von dir aus, das ist lebendiges Wasser. Oder, wenn wir an Hesekiel 47 denken, die Vision: Hesekiel sieht den neuen Tempel. Da heißt es:

> ***Und ich sah, und er führte mich zur Tür des Tempels. Und siehe da floss ein Wasser unter der Schwelle des Tempels gegen Morgen und die vordere Seite des Tempels war gegen Morgen. Des Tempels Wasser lief an der rechten Seite des Tempels neben dem Altar hin gegen Mittag.***

Oder bei Sacharja 14:

> ***Zu der Zeit werden lebendige Wasser aus Jerusalem fließen, die Hälfte zum Meer gegen Morgen und die andere Hälfte zum Meer des Abend und so wird es sein im Sommer und im Winter.***

Das sind immer wieder Bilder, wo aus Jerusalem, aus dem Tempel lebendiges Wasser kommt. Aber wir wissen ja, dass aus Jerusalem - seit Jesus gekreuzigt und auferstanden ist - nicht irgendwelche Wassermassen fließen, das H_2O, sondern dass der Heilige Geist seitdem ausgegossen ist. Und das ist das, was hier angesprochen ist. Das ist das, was in der Bibel ist. Übrigens auch, wenn Sie mal Jesaja 40 lesen und die folgenden Kapitel. Wenn davon die Rede ist, wie der HERR das Volk auferbauen wird, wenn es da heißt: ***Ich will in der Wüste Wasser geben und in der Einöde Ströme.*** Oder: ***Ich will Wasser gießen auf die Durstigen.*** Dann ist immer wieder die Rede vom Heiligen Geist. Das sind Prophetien auf den Heiligen Geist. Und so eben auch hier, in dieser Stelle, in 1. Mose 26. Hier ist die Rede für uns, die wir heute diesen Text lesen, vom Heiligen Geist, der Glauben wirkt. Das ist das Erste: Das lebendige Wasser des Brunnens. Und der Brunnen ist natürlich Jesus. Und es ist der Heilige Geist, der eben aus Jesus fließt. Wenn wir das verstanden haben von der Schrift her, dann können wir auch diesen Text neu verstehen und damit kommen wir zum zweiten Punkt.

Das Zweite: Das Verstopfen des lebendigen Wassers des Brunnens! Diese Quelle, wo lebendiges Wasser ist, wird verstopft. Das erzählt diese Geschichte. Die Philister, damals übrigens noch keine Feinde von Israel (das sind sie erst, als sie wiederum aus Ägypten rauskommen), die waren zusammen mit Abraham, mit Isaak im Gelobten Land. Die lebten zusammen und zwar friedlich. Wir lesen hier einige Verse zuvor: Als eine Hungersnot ist, da geht Isaak zu Abimelech, dem König der Philister. Und auch nach dieser Geschichte treffen sich die beiden, essen zusammen und Abimelech, der König der Philister, bezeugt: ***Und wir sehen, dass Gott dich segnet.*** Die haben sogar einiges von Gott erkannt. Aber es ist die Welt, die Philister stehen in dieser Zeit für die Welt. Und die Welt, die verstopft immer wieder die Brunnen, wo wir lebendiges Wasser schöpfen können. Die Welt und das weltliche Denken, so sagt die Schrift im Neuen Testament, dämpft den Heiligen Geist.
Die Philister hier sind hingegangen und haben die Brunnen verstopft, was ja Wahnsinn ist. Die leben in der Wüste, die

leben in einem Gebiet, wo Wasser überlebensnotwendig ist. Und trotzdem gehen die hin und verstopfen das, was es zum Leben braucht. Aber das ist ein Bild für heute auch. Heute wird auch die Quelle lebendigen Wassers immer wieder verstopft, obwohl es doch lebensnotwendig ist für das ewige Leben. Und wir erleben es immer wieder, wie die Philister der heutigen Zeit die Quellen verstopfen.

Ich habe vor zwei Wochen den Gemeindebrief der Bremer St. Remberti-Gemeinde gelesen. Auf der Titelseite ist ein Bild drauf, da sind vier Männeken gemalt: ein Buddhist, ein Muslim, ein Jude und ein Christ. Alle nehmen sich an die Hände und ihnen erklärt der Pastor: über jeden dieser Glauben kannst du zu Gott finden. Gar kein Problem. Wir sind einer, der eben Angebote macht neben vielen anderen. Deshalb haben die in der Remberti-Gemeinde Trauungen im Namen Allahs durchgeführt, um zu zeigen: es ist alles dasselbe.

Das ist nichts anderes als das Verstopfen der Quelle. Und das geht manchmal ganz schrittweise so: Erst erzählt ein Professor so einen Blödsinn an der Uni, dann erzählt ein Pastor auf der Kanzel sowas oder schreibt so etwas im Gemeindebrief, dann glauben die Leute das und werden abgeschnitten von der Quelle. Dann sind die Brunnen auf einmal verstopft. Auf einmal gibt es kein lebendiges Wasser mehr in der Stadt. Das ist ein großes Problem. Und dann wird das Wort Gottes, so heißt es an anderer Stelle bei Lukas 8, erstickt unter den Freuden, Sorgen und Reichtümern und eben auch unter den Irrlehren, die entsprechend dort laufen. Es passiert immer wieder, dass Brunnen verstopft werden. Da müssen wir sorgsam sein, gerade auch in der Kirche. Die Philister lebten mit Isaak und seinen Leuten im selben Gelobten Land, lebten von denselben Ressourcen. Die halfen sich sogar zeitweise. Aber die einen gruben nach dem lebendigen Wasser und die anderen haben die Quellen verstopft. So ist es in der Kirche Jesu Christi immer gewesen, oder was sich ebenso nannte. Es hat immer wieder Leute gegeben, die tatsächlich zu Jesus gehörten, die haben nach dem lebendigen Wasser gegraben; aber da sind viele, die haben die Talare an, waren Bischöfe oder Päpste und die haben die Quelle lebendigen Wassers verstopft. Und nicht nur, dass das in der Kirche passiert. Das passiert leider auch in unserem Leben. Der Widersacher kommt immer wieder, ich komme gleich im vierten Punkt nochmal dazu, und will, dass unser Zugang zum lebendigen Wasser verstopft wird.

Ich habe jemanden getroffen vor einiger Zeit, ein guter Freund von mir, mit dem ich in der Jugend damals den Anfang gemacht habe. Der war richtig brennend. Der hatte so einen Spaß an Jesus, der war so missionarisch. Dann ist er ins Studium gekommen, Lehrer geworden und hat da so eine tolle Frau kennengelernt. Die war also perfekt, er ist mit ihr heute noch verheiratet und schwärmt in vollsten Stücken davon. Die hatte nur einen Nachteil: sie war nicht gläubig. Und so langsam hat diese Frau ihn weggezogen, nicht bewusst! Da wurde nicht mehr regelmäßig sonntags in den Gottesdienst gegangen. Immer weiter weg. Es wurde nicht mehr in der Bibel gelesen. Diese Frau hat ihn dazu nicht gezwungen, er hätte schon noch weiter gekonnt. Aber da war es so gemütlich, mit ihr sonntagmorgens zu frühstücken. So langsam weg. Und dann hat er mir gesagt: „Das, was ich damals gelebt habe, das kann ich heute nicht mehr leben." Und ich habe ganz deutlich gemerkt, der war abgeschnitten von der Quelle des lebendigen Wassers. Da war die Quelle verstopft, der hatte keinen Zugang mehr zu Gott, der war zu!

Dessen müssen wir uns bewusst sein, dass da immer wieder versucht wird, diesen Brunnen, diese Quelle des lebendigen Wassers zu verstopfen. Da müssen wir aufmerksam sein, dass der Zugang zum Glauben, zum Heiligen Geist, immer wieder durch den Teufel versucht wird, auch in unserem Leben, verstopft zu werden. Und deshalb haben wir den Auftrag, immer wieder zu graben.

Und das ist der dritte Punkt dieser Predigt: Das Graben nach dem lebendigen Wasser des Brunnens! Man muss ja immer überlegen: Warum bringt Gott so eine Geschichte in die Bibel hinein, wo erzählt wird, wie Isaak Brunnen gräbt. Sie wissen ja, so lernen das die Theologen: Abraham, Isaak, Jakob. Vier, vier, vier. Abraham baut vier Altäre, Jakob richtet vier Steine auf und Isaak gräbt vier Brunnen. Vier, vier, vier - die Erzväter. Warum erzählt Gott das, dass Brunnen gegraben werden? Da muss doch ein Sinn dahinter stecken. Der Sinn erschließt sich tatsächlich nicht aus dem historischen Kontext: dass wir etwas erfahren sollen, was damals vor knapp 2000 Jahren vor Christus war. Sondern dass wir lernen: Wir müssen immer wieder die Brunnen offen halten, die uns den Zugang zum Heiligen Geist geben, zum lebendigen Wasser. Das ist wichtig! Wir müssen immer wieder graben, jede Generation neu. Es hat nicht gereicht, dass Abraham die Brunnen gegraben hat. Das war gut. Seit Abraham war Zugang zum lebendigen Wasser. Aber mit der Zeit waren sie verstopft und da musste die nächste Generation, Isaak, neu buddeln. Die mussten neu wieder hin. Und das ist so, liebe Brüder und Schwestern: Im Reich Gottes, da gibt es keine Enkelkinder. Glaube wird nicht vererbt und ich weiß, dass das für manche von euch ein Problem ist. Man selber hat den HERRN Jesus so lieb und weiß darum, was er getan hat. Aber die Kinder, die Enkelkinder, sind leider nicht im Glauben. Da sind die Brunnen verstopft und da kann man für sie beten. Ja, das müssen wir tun und das sollt ihr immer wieder tun! Betet, betet, betet für die Generationen, die jetzt schon da sind und nicht im Glauben stehen und für die, die noch nicht geboren sind. Betet immer wieder, es gibt vorlaufende Gnade. Aber jede Generation muss immer wieder neu buddeln, muss immer wieder neu graben nach dem lebendigen Wasser. So, wie Isaak das getan hat, muss jede Generation neu danach fragen und kommen, selber, ganz persönlich, zu Jesus Christus im Heiligen Geist.

Wir lesen das und haben das eben gehört aus Johannes 4, aus der Geschichte mit der Samaritanerin. Da sagt diese Frau: ***Gib mir von diesem Wasser.*** Jesus erzählt etwas von dem lebendigen Wasser, von dem, was ist, wenn der Heilige Geist ist.

Das checkt die auch und sagt: ***Wunderbar, das will ich haben, gib mir davon.*** Und was macht der HERR? Da sagt der HERR: ***Ruf mal deinen Mann.*** Was ist da in dieser Geschichte an Sinn drin? Aber das ist der Knackpunkt bei dieser Frau, warum sie nicht zum lebendigen Wasser kommt: die hat an Sünde festgehalten. Dann sagt sie: ***Ich habe gar keinen Mann.*** Und dann zeigt Jesus ihr auf: Fünf Männer hat sie gehabt, hat Ehebruch betrieben. Und er macht ihr deutlich, dass diese Schuld sie daran hindert, zum lebendigen Wasser zu kommen.

Und so buddeln wir uns auch zum lebendigen Wasser. Wir müssen ja keinen Spaten in die Hand nehmen und dann bei uns im Garten ein fünf Meter tiefes Loch machen. Wenn wir zum lebendigen Wasser, zum Heiligen Geist kommen wollen, da gibt es nur einen Weg: Buße tun. Die Buße öffnet das, was verstopft ist und dass wir zum lebendigen Gott in Jesus Christus finden, zum lebendigen Wasser durchdringen. Und das ist so wichtig, dass Gott uns das deutlich macht, hier in diesem Bild. Isaak hat immer wieder gegraben, immer wieder gegraben. Wenn es Schwierigkeiten gab, weiter gegraben. Damit er ja den Zugang zum lebendigen Wasser hat.

Und so möchte ich es auch für dein Glaubensleben sagen. Wenn da Schwierigkeiten sind: nicht abschrecken lassen! Wenn da eine Quelle mal versiegt ist: weitergraben, damit du immer wieder Zugang zum Heiligen Geist hast, der Glauben in dir wirkt. Das ist unsere Aufgabe, immer wieder zu graben, jede Generation neu. Jede Generation neu muss die Fackel in der Hand tragen, in der das Evangelium leuchtet. Und wenn wir da nicht bemüht sind zu graben, erlischt die Fackel. Oder im Bild zu bleiben mit dem Brunnen, dann versiegt die Quelle. Und wenn wir das tun, wenn wir graben, dann ist das Gott wohlgefällig. Isaak, dieser hebräische Name, das ist ein ganz toller Name. Isaak heißt „lächeln" und eigentlich müsste dort stehen „Isaak El" „Gott lächelt". Sie wissen von Sara, bei der Verheißung der Geburt: da fängt sie an zu lachen. Aber Gott ist im Hintergrund und weiß, ich kann auch das tun und der achtzig Jahre alten Frau ein Kind geben. Und „Isaak El" heißt so viel wie „Gott lächelt" oder „Gott schaut freundlich an". Wenn einer hingeht (und das ist, was man an Isaak lernen kann) und immer wieder gräbt nach dem Brunnen (und jetzt das Bild wieder übertragen: wenn einer immer wieder hingeht und sagt: „Ich möchte immer wieder Zugang zum lebendigen Wasser, Zugang zum Heiligen Geist haben") den lächelt Gott an, dem ist Gott wohlgefällig. Und dazu möchte ich euch aufrufen: Grabt immer wieder nach dem lebendigen Wasser! Schaut immer wieder, dass ihr Zugang zum Heiligen Geist habt! Und wenn ihr merkt, da seid ihr gedämpft oder da sind Verstopfungen, dann geht in die Buße, so wie die Samaritanerin, damit der Zugang da ist und damit Gott euch segnet durch das lebendige Wasser des Brunnens, dass er euch segnet durch den Heiligen Geist, der euch Glauben schenkt.

Ein Viertes: Das Streiten um das lebendige Wasser des Brunnens! Da kommt es zum Streit. Isaak und seine Leute haben den Brunnen gegraben. Dann kommt es erst zum Zank, darüber könnten wir auch sprechen, aber das wäre so ein Punkt für ein Pastoralkolleg. Wenn gezankt wird um den Zugang zum lebendigen Wasser, wenn zwischen den gläubigen Kirchengemeinden gezankt wird, wem denn jetzt die wichtige Erkenntnis gehört.

Aber ich spreche über den Streit, der ist nämlich wichtiger an diesem Punkt. Der Streit, so richtig Streit, und dazu muss man wissen, das hebräische Wort, das hier für „Streit" steht, heißt „sitna" und das sagt die Bibel ja auch: ***Sie nannten diesen Brunnen Sitna.*** „Sitna" ist dieselbe Wurzel wie „Satan". „Sitna" heißt „feindlich gesinnt sein". Und der Satan ist der, der uns feindlich gesinnt ist. Und das passiert immer wieder, dass, wenn wir graben, nach dem lebendigen Wasser, wenn wir Zugang gefunden haben, dass der Heilige Geist in uns und bei uns ist, kommt der Satan und streitet mit uns. Das sagt dieses Bild. Und da müssen wir aufpassen! Es ist nicht nur das, ich habe das im zweiten Punkt schon gesagt, was irgendwie ein

Mensch macht. Es ist eine größere Gewalt, die dahinter steht. Es ist der Satan, der uns, die wir den Heiligen Geist haben, die wir den Zugang haben, immer wieder wegziehen will.

Ich erlebe es immer wieder. Wenn ich darüber spreche, dass der Widersacher uns angreift, dass da Leute sagen: „Aber uns kann doch nichts passieren. Einmal Heiliger Geist, immer Heiliger Geist. Es ist doch alles in Ordnung." Das stimmt nicht! Ja, es ist so, wenn wir bei Jesus bleiben, dann ja, da steht Johannes 10,27:

> ***Meine Schafe hören meine Stimme. Ich kenne sie und sie folgen mir und sie werden nimmer mehr umkommen und niemand wird sie aus meiner Hand reißen.***

Das steht, das ist gar keine Frage! Dass uns niemand Externes rausreißen kann, das ist das Eine. Aber wir können uns durch unseren eigenen Entschluss lösen von Jesus Christus. Wir können abfallen. Auch davon spricht die Bibel. Das muss man beides sehen. Das heißt, aktiv kann uns niemand wegreißen. Aber der Widersacher kann uns verführen, dass wir passiv irgendwann loslassen, so wie der verlorene Sohn in Lukas 15, der weggeht. Oder Hebräer 6, ich lese das einfach noch einmal deutlich vor, diese Warnung:

> ***Es ist unmöglich, dass die, die einmal erleuchtet worden sind und geschmeckt haben die himmlische Gabe und Anteil bekommen haben am Heiligen Geist, geschmeckt haben das gute Wort Gottes und die Kräfte der zukünftigen Welt und dann doch abgefallen sind, dass sie wieder erneuert werden zur Buße, da sie für sich selbst den Sohn Gottes abermals kreuzigen und zum Spott gemacht haben.***

So ernst ist es, dass wir sagen: Wenn dann ein Abfall passiert, dann ist keine Möglichkeit mehr Zugang zum lebendigen Wasser, zum Heiligen Geist zu bekommen. Ich sag das immer wieder: Abfall heißt nicht Zweifeln; Abfall heißt nicht eine Schwächeperiode im Glauben haben; Abfall heißt nicht, wenn man permanent immer sündigt und in dieselbe Sünde reingezogen wird; Abfall heißt nicht die Erbärmlichkeit unserer, meiner und deiner Nachfolge; und Abfall ist auch nicht die Verleugnung, wie wir sie bei Petrus gesehen haben. Abfall ist die bewusste Trennung von der Wahrheit von Jesus Christus, nachdem ich diese Wahrheit in Jesus erkannt habe. Die bewusste Trennung, dass ich sage: „Mit dem will ich jetzt nichts mehr zu tun haben." Und alles andere, wovon ich gerade gesprochen habe: Zweifel, Schwächeperioden, Sünde und all diese Dinge, die fechten uns an, aber die gehören zum Leben mit dazu. Aber das andere kann leider auch passieren und das versucht der Widersacher immer wieder zu tun, denn er streitet gegen uns und er will uns trennen. Er will, dass wir irgendwann die Entscheidung treffen: Weg, weg vom lebendigen Wasser, so wie er Adam und Eva weggeholt hat aus dem Paradies. Nicht, dass der Widersacher sie weggezogen hat. Das hat er nicht aktiv gemacht, sondern hat sie verführt. Die Entscheidung hat dann letztendlich bei ihnen gelegen und sie haben sie dann leider getroffen. Und die Bibel warnt uns davor, dass eben der Satan kommt und uns abschneiden will von der Quelle lebendigen Wassers, dass er uns wegbringen will vom Heiligen Geist. In 1. Petrus 5 heißt es:

> ***Seid nüchtern und wacht, denn euer Widersacher, der Teufel geht umher wie ein brüllender Löwe und sucht, wen er verschlinge. Dem widersteht fest im Glauben und wisst, dass eben dieselben Leiden über eure Brüder in der Welt gehen.***

Der Widersacher geht herum wie ein brüllender Löwe. Der versucht uns wegzuziehen. Das ist ja sein Ziel: Die bei Jesus sind, wegzuziehen. Nochmal: Dir kann nichts passieren, wenn du treu beim Heiland bist. Aber wenn du dich auf die Schliche des Teufels einlässt, wenn du immer mehr in Sünde hineingehst, dann wirst du irgendwann merken, wie du durch die

Sünde immer weiter wegbleibst und irgendwann selber die Entscheidung triffst. Das merkst du gar nicht, weil die Quelle des lebendigen Wassers immer mehr versiegt und du speist dich dann aus anderen Quellen. Nicht mehr der Heilige Geist regiert dich, sondern die Geister dieser Welt. Auf einmal spielt Jesus dann keine Rolle mehr und dann erledigt man irgendwann den Glauben. Nur dann ist man eben auch erledigt für Zeit und Ewigkeit.

Und das müssen wir wissen: Wenn wir Zugang zum lebendigen Wasser haben, wenn wir den Heiligen Geist haben, dass dann eben auch gegen uns gestritten wird. Und es ist immer wieder wichtig, dass Kinder Gottes das auch auf dem Plan haben. Denn ganz vieles, was in deinem Leben passiert, an Konflikten in deiner Ehe, in deiner Familie, in deiner Nachbarschaft, an deinem Arbeitsplatz, was du an Krankheit hast, was mit deinem Geld gelingt oder misslingt, das ist nicht nur irgendwelche irdische Ungeschicklichkeit oder eine Verdorbenheit von einem Menschen, sondern hat zu tun mit dem der streitet gegen diejenigen, die Zugang zum lebendigen Wasser haben, die den Heiligen Geist haben.

Und da müssen wir immer wieder wachsam sein und immer wieder widerstehen, wenn der Teufel versucht die Quellen zu verstopfen, die Brunnen zuzumachen, wenn er uns immer wieder wegziehen will, dann müssen wir widerstehen. Dazu ist es aber ganz wichtig zu wissen, dass der Satan versucht die Brunnen zuzumachen. Dann wollen wir nicht aufgeben irgendwann, sondern wie Isaak immer wieder neu bemüht sein zu graben. Wenn wir ständig graben nach dem lebendigen Wasser, wenn wir uns immer wieder bemühen im Heiligen Geist zu sein, wenn wir ihn nicht dämpfen, dann werden wir erleben, wie final durch Jesus Christus wir siegen werden. Das erleben wir ja hier auch in diesem Predigttext. Wenn sie dann hingehen und den Brunnen, den letzten gegraben haben, dann nennen sie den ***Weiter Raum*** und wenn sich nicht mehr gezankt wird heißt es: ***Nun hat der HERR Raum gemacht und wir können wachsen im Lande.***

Und das ist das Fünfte: Das Wachsen durch das lebendige Wasser des Brunnens! Das ist möglich, wenn man den Zugang zum lebendigen Wasser hat, wenn man da wirklich drinsteht, der Heilige Geist einen segnet, dass man dann wachsen und sich entfalten kann. Und dieses Wachsen, das gilt natürlich, wenn man das überträgt auf den Heiligen Geist, als Erstes in der Nachfolge. Wenn du Zugang zum lebendigen Wasser hast, wenn der Heilige Geist wirklich stark in dir ist, du dich vom Heiligen Geist führen und lenken lässt und nicht von den Ideen und Ideologien dieser Welt, dann wirst du erleben, wie du wächst im Glauben, in der Liebe, in der Erkenntnis, in der Demut. Da passiert Wachstum, da geht es voran. Das ist übrigens etwas, wozu Paulus aufruft, wo er sagt: „Mensch, ihr wachst gar nicht im Glauben. ihr seid immer noch kleine Kinder. Ich muss euch immer noch Milch geben." Paulus ruft uns auf zu wachsen. Das müssen wir immer wieder tun: uns immer wieder anstrengen. Wir müssen keine Muttermilch haben, wir müssen das lebendige Wasser, den Heiligen Geist haben, dann wachsen wir. Und das ist etwas Großartiges, zu erleben, wenn man im Glauben wachsen darf, in der Liebe, in der Erkenntnis, in der Demut. Aber nicht nur das Wachsen im Glauben passiert, wenn man diesen Zugang zum lebendigen Wasser hat. Nein, es passiert wirklich auch ein Wachsen in diesen weiten Raum, deshalb wird dieser Brunnen auch so genannt: Jetzt haben wir weiten Raum. Auf einmal merken wir bei unserer kleinen und begrenzten Existenz, die wir hier haben: Wenn man im Glauben gewachsen ist, wie weit der Raum ist, den der HERR uns gibt.

Wenn wir auf der Klaviatur dieser Welt spielen, da gibt es unsere Urlaube - die gehen mal nach den Malediven, mal gehen sie nach Österreich, oder sonst wohin - und da kann man abzählen, wie viele Urlaube man in seinem Leben so verbracht hat. Da gibt es unsere Arbeitszeit, unsere Rente, da gibt es unsere Krankheiten. Und wenn wir das alles so zusammenziehen, selbst wenn wir ein langes Leben führen, das ist doch sehr begrenzt, nicht? Vor allem, wenn man dann über dieses

Leben nachdenkt, dieses bisschen Irdische, dann kommt man früher oder später in die Ängste. Huch, hier kommen wir ja an den Rand, hier ist ja was zu Ende. Auf einmal werde ich alt, ich kann nicht mehr in den Urlaub fliegen. Auf einmal werde ich pensioniert, ich werde nicht mehr gebraucht. Meine Körperkraft lässt nach, ich bin krank, all diese Dinge. Was passiert mit meinem Geld? Der Raum in unserem Leben wird ganz eng, nicht? Wenn du mit dem Teufel gehst, wenn du die Klaviatur dieser Welt spielst, wenn der Brunnen verstopft ist, dann hast du immer wieder ein Leben, das in letzter Konsequenz ganz begrenzt ist, von deinen Ängsten, deinen Nöten, deinen Sorgen. Das ist ganz klein, das ist ein erbärmliches Leben. Das Tolle ist, wenn ich Zugang zum lebendigen Wasser habe, wenn der Heilige Geist in mir ist und mir zeigt, was meine wirkliche Existenz ist. Nicht ein paar Rehe totschießen oder sonst wo in den Urlaub hinfahren oder eine schöne Zeit mit seiner Ehefrau zu haben, sondern zu sagen, dass deine wahre Existenz die ist, dass Gott dich lieb hat und dass du eines Tages im himmlischen Jerusalem sein wirst, du, Olaf Latzel, und auch alle die, die an Jesus Christus glauben. Das ist weiter Raum! Das ist unglaublich und dann wird auch das Leben in dieser Welt unglaublich erträglich, selbst wenn man Krebs hat, selbst wenn es mit dem Geld nicht so gut läuft oder mit der Ehe, da kriegt man einen weiten Raum. Das ist das Fantastische, das ist das Wunderbare, wenn man Zugang zum lebendigen Wasser hat, dann wächst man auch in den Dingen, die man erkennt in dieser Welt. Und dann merkt man, dass man nicht begrenzt ist durch dieses Irdische, sondern dass man eine ganz andere Existenzform hat.

Es gibt im Psalm 31 so ein wunderbares Wort, da heißt es: ***Du stellst meine Füße auf weiten Raum.*** Das ist genau dasselbe, was hier in dieser Geschichte angesprochen wird. Das ist das, was Gott tut. Wenn wir den Heiligen Geist haben, dann wissen wir, dass es für uns keine Begrenzungen gibt. Für uns gibt es kein „unmöglich". Weil Gott, der Schöpfer dieser Welt bei uns ist, dann erkennen wir, welche Möglichkeiten tatsächlich da sind und die sind für den Allmächtigen tatsächlich unbegrenzt. Und wenn wir wissen, was das heißt, eines Tages im himmlischen Jerusalem zu sein, dann wissen wir, was Raum bedeutet. Wenn das uns der Heilige Geist klar macht, dann kann man einfach nur dankbar und fröhlich sein. Und dann wächst man wirklich in so ein anderes Leben hinein. Und wenn man das hat, dann ist man so richtig glücklich, so richtig zufrieden. Das ist etwa so, wie bei den Hirten damals in der Wüste bei Isaak. Da ist es ja so richtig warm, bei 40 Grad. Wir haben das ja mal so ein bisschen erkannt vor zwei Wochen, wo die Temperaturen so ein wenig hoch gingen. Stellt euch mal vor, wir hätten nicht die Klimaanlagen und die wunderbaren Räume, sondern wir würden das permanent haben und keinen Zugang zu kühlem Wasser, zu keinem Kühlschrank und nichts. Das war ja damals so und dann kommen da noch Leute und nehmen uns das Wasser weg und du hast kein Wasser in der Wüste. Und auf einmal findest du in dieser Situation wieder einen Brunnen und den kannst du ganz alleine genießen: lebendiges Wasser, an dem du dich kühlen kannst, das dir den Durst stillt. Halleluja, was ist das für ein Leben! Da kannst du getrost in die Zukunft gucken.

Und wisst ihr, genau so ist es, wenn man den Heiligen Geist hat, wenn der einen richtig erfüllt, wenn der einem richtig begegnet ist. Wenn der den Glauben in einem richtig erzeugt, dann ist der Raum auf einmal ganz weit. Dann gibt es eine wunderbare Zukunft, auf die man sich freuen kann. Und das wünsche ich euch allen, dass der Zugang zum Brunnen, zum Brunnen des lebendigen Wassers, dass der bei euch immer offen ist. Und ich wünsche euch vor allen Dingen, dass der Heilige Geist das lebendige Wasser in euch wirklich dieses Gefühl erzeugt, das ihr wissen dürft: In allen Situationen, bei der Höhe oder bei der Tiefe, im Alter oder in der Jugend, dass Gott euch weiten Raum macht, dass er eure Füße auf weiten Raum stellt und dass ihr euch vor nichts zu fürchten braucht, weil ihr ja Zugang habt zu diesem lebendigen Wasser. Und wenn man das weiß, dann kann man wirklich fröhlich neu seinen Weg ziehen.

Ich habe begonnen und euch erzählt, dass ich in Holland liebe Geschwister, diese wirklich strengen Reformierten erleben durfte. Mich hat vieles da beeindruckt. Eine Sache hatte mich so ein bisschen gestört: Die ganzen Pastorenbilder, die da so hingen. Also das waren gläubige Leute, unstrittig, gar kein Thema. Aber die guckten so ganz ernst, so ganz böse, als hätten sie noch die Last des Kreuzes zu tragen. Das hätte ich mir gewünscht, dass die ein bisschen freundlicher geguckt hätten, weil die ja sicher allen Grund dazu hatten, weil wir ja einen Gott haben, der uns Zugang zum lebendigen Wasser gibt, dem lebendigen Wasser, das uns weiten Raum gibt. Und das wünsche ich euch. Wenn ihr heute Nachmittag wieder nach Hause fahrt, in den Norden, Süden, Osten, Westen, wo auch immer ihr hergekommen seid, dass ihr das mitnehmt: Mensch, was haben wir für einen tollen Gott, der uns Zugang zu dem lebendigen Wasser gibt, der uns Heiligen Geist schenkt, der uns weiten Raum gibt. Und egal, was euch momentan beengt, was schwierig ist, ihr dürft euch darauf verlassen: Wenn ihr bei Jesus bleibt, am lebendigen Wasser, wenn ihr seinen Heiligen Geist habt, macht Gott euch weiten Raum. Möge der HERR diese Predigt an deinem Leben und an deinem Glauben segnen! Amen.

Und der Friede unseres allmächtigen Gottes, der sehr viel höher ist als alle unsere menschliche Vernunft, ER bewahre unsere Herzen und Sinne in Christus Jesus, unserem auferstandenen und lebendigen HERRN. Amen.

Eine wunderbare Gottesbegegnung - Der Übergang vom Jakob zum Israel

1. Mose 32,23-32

> Gnade sei mit euch und Friede von dem, der da war und der da ist und der da sein wird in alle Ewigkeit - unser HERR, Jesus Christus, Amen.

Liebe Gemeinde, ich habe das in der Begrüßung eben schon anklingen lassen, um welchen Predigttext es heute geht. Es geht um die Geschichte der Begegnung Jakobs mit dem Allmächtigen am Jabbok. Bevor ich aber den Predigttext lesen möchte, will ich Sie noch einmal kurz mitnehmen in diese Geschichte. Denn es wichtig ist, die Vorgeschichte zu kennen, um den Text dann richtig verstehen zu dürfen.

Jakob und Esau wurden geboren als Söhne von Isaak und zuerst wurde Esau geboren. Er war der Erstgeborene. Die beiden kommen zur Welt, aber Jakob will schon im Mutterleib nicht der Zweite sein. Der fasst seinen Bruder schon bei der Geburt an der Ferse. Er will zuerst raus. Das ist so einer, der will alles haben. Und das zeigt sich auch, als der Jakob größer wird. Der Esau ist ein einfach gestrickter Typ. Er hat viel Spaß bei der Jagd. Aber dem Jakob, dem geht es ums Wesentliche. Er will die materiellen Dinge. Eines Tages legt er seinen Bruder rein. Er kocht ein tolles Linsengericht und dann schwatzt er ihm über diesem Linsengericht das Erstgeburtsrecht ab. Aber das half ihm noch nicht viel, er musste auch den Segen haben. Da betrügt er seinen Vater, indem er sich als sein Bruder ausgibt und der etwas blinde Isaak segnet ihn. Da erschwindelt er sich den Segen. Aber da hat er den Bogen überspannt und sein Bruder Esau, der mag zwar ein bisschen einfacher gestrickt sein, aber der ist auch ziemlich roh und gewalttätig und trachtet ihm jetzt nach dem Leben.

Da kann er nicht mehr im Gelobten Land bleiben. Da muss er das Gelobte Land verlassen. Er muss weglaufen. Da, wo Abraham hergekommen ist, da geht er zurück. Er kann nicht da bleiben, wo er eigentlich hingehört, da wo er herkommt. Er lebt in der Fremde und in der Fremde da macht er genauso weiter. Da trickst er rum. Ihm begegnen allerdings gewitztere Leuten als sein Bruder Esau. Laban, sein Onkel, haut ihn auch ganz schön übers Ohr. Aber mit dem Jakob kommen sie nicht so richtig klar und in der Fremde über die vielen Jahre und Jahrzehnte kommt er zu beträchtlichem Reichtum. Der hat alles. Er hat eine riesige Familie gegründet, ist gesegnet mit Kindern, mit Frauen und auch materiell. Das wird über mehrere Kapitel in der Bibel erzählt, wie er zu richtigem materiellen Reichtum kommt. Und jetzt kommt er als gemachter Mann zurück in das Gelobte Land, das er in der Flucht verlassen musste.

Und je näher er an das Gelobte Land kommt, desto mehr hat er die Hosen voll. Da kämpft es in ihm. Wie wird dieser brutale Esau reagieren. Und da macht er wieder, er ist ja so ein Trickser, alle möglichen Pläne. Da nimmt er zweihundert seiner besten Schafe und zweihundert seiner besten Ziegen und zwanzig Widder und zwanzig Böcke dazu und die schickt er voraus. Und die Knechte, die er vorausschickt mit diesen vielen Tieren, die sollen seinem Bruder Esau sagen, wenn sie ihn treffen und der sie fragt: „Von wem kommt denn das?", dann sollen sie sagen: „Das ist von deinem Knecht Jakob, der seinen Herrn Esau ehren will." Jetzt will er ihm materiellen Wohlstand zurückgeben und will ihm sagen: „Du bist der Herr, Esau, du bist der Chef." Er hat totalen Schiss vor diesem Esau. Von seinen Kundschaftern wird ihm angesagt: „Esau kommt dir entgegen, aber er hat vierhundert Mann dabei."

Jetzt steht er dieser Begegnung unmittelbar bevor. Er ist an den Jabbok gekommen, also an diesen Fluss, der ins Ostjordanland fließt, aber eben schon zum Gelobten Land führt. Es ist schon der Eingang zum Gelobten Land, ins verheißene Land. Und jetzt steht er da, voller Angst, voller Zweifel. Was wird der nächste Tag, was wird die Zukunft bringen? Und da steigt unser Predigttext ein. Wir wollen hören auf 1. Mose 32,23-32:

Und Jakob stand auf in der Nacht und nahm seine beiden Frauen und die beiden Mägde und seine elf Söhne und zog an die Furt des Jabbok, nahm sie und führte sie über das Wasser, sodass hinüberkam, was er hatte, und blieb allein zurück. Da rang ein Mann mit ihm, bis die Morgenröte anbrach. Und als er sah, dass er ihn nicht übermochte, schlug er ihn auf das Gelenk seiner Hüfte, und das Gelenk der Hüfte Jakobs wurde über dem Ringen mit ihm verrenkt. Und er sprach: Lass mich gehen, denn die Morgenröte bricht an. Aber Jakob antwortete: Ich lasse dich nicht, du segnest mich denn. Er sprach: Wie heißt du? Er antwortete: Jakob. Er sprach: Du sollst nicht mehr Jakob heißen, sondern Israel; denn du hast mit Gott und mit Menschen gekämpft und hast gewonnen. Und Jakob fragte ihn und sprach: Sage doch, wie heißt du? Er aber sprach: Warum fragst du, wie ich heiße? Und er segnete ihn daselbst. Und Jakob nannte die Stätte Pnuël; denn, sprach er, ich habe Gott von Angesicht gesehen, und doch wurde mein Leben gerettet. Und als er an Pnuël vorüberkam, ging ihm die Sonne auf; und er hinkte an seiner Hüfte. Amen.

Wir wollen beten: Lieber HERR und Heiland, du schenkst uns dieses Wort der Begegnung Jakobs mit dir am Jabbok für diesen Sonntag als Predigttext. Wir wollen uns Gedanken darüber machen, was es bedeutet und wollen dich bitten, dass du dieses in der Predigt segnen wollest. Das Nachdenken über das, was diese Begegnung des Übergangs auch mit unserem Leben zu tun hat. Das wird nur dann gelingen können, HERR, wenn du uns selber deinen guten Geist für diese Predigt schenkst. Und darum wollen wir dich alle miteinander bitten, dass du selber das Reden und Hören deines heiligen und lebendigen Wortes an uns allen segnen wollest. Amen.

Liebe Gemeinde, ich kann mir vorstellen, dass es dem einen oder anderen nicht so ganz leicht fällt, diese Geschichte zu verstehen. Und in der Tat haben wir hier wirklich Schwarzbrot vor uns. Wichtig, wenn man sich mit diesem Schwarzbrot beschäftigt, ist eines, dass man unter dieser Brille diesen Text auszulegen weiß: Nämlich, dass hier niemand anderes als Jesus Christus, zwar noch für Jakob verborgen, aber Jesus Christus im Jabbok dem Jakob entgegentritt. Es hat in Auslegungen alle möglichen anderen Spekulationen darüber gegeben, wer dieses Wesen sei: ein Wüstendämon und was auch immer, irgendwelche feindlichen Mächte oder das Gewissen. Das ist alles Humbug. Denn die Geschichte sagt es klar und deutlich selber. Hier heißt es, als Gott mit Jakob spricht: ***Du hast mit Menschen und mit Gott gekämpft.*** Und das wissen wir, wer Mensch und Gott zugleich ist: Jesus Christus, der wahre Mensch und der wahre Gott. Jesus Christus, der uns immer wieder sagt: ***Suchet mich in der Schrift***, also im Alten Testament, ***sie ist es, die von mir zeugt.*** Und bitte, das darf ich ihnen sagen, wenn Sie Probleme bei der Bibellektüre haben, vielleicht mit einem Text im Alten Testament gerade, dann lesen Sie ihn immer von Jesus Christus her und ER wird sich Ihnen öffnen. Und so ist es auch hier. Hier ist die Begegnung mit Jesus Christus, für Jakob noch verborgen, aber für uns deutlich geschenkt. Diese Begegnung, die einen Übergang darstellt, den Übergang von der Fremde, vom Exil, hin ins Gelobte Land. Er war weg über seine Schuld, dieser Jakob und jetzt kehrt er zurück. Er ist bereit, alles wieder gut zu machen. Aber dieser Weg ins Gelobte Land, ins Ostjordanland, der führt eben nur über den Jabbok, wo Jesus Christus auf ihn wartet.Und so ist dies eine Geschichte des Übergangs, die wir nur von Jesus her verstehen können. Und ich habe diese Predigt überschrieben: **Eine wunderbare Gottesbegegnung - Der Übergang vom Jakob zum Israel.** Es sind drei Übergänge, von der einen Seite des Ufers des Flusses zur anderen, die hier deutlich werden:

1. Der Übergang vom irdischen Segen zum göttlichen Segen!
2. Der Übergang von der Sünde zur Vergebung!
3. Der Übergang vom Dunkel zum Licht!

Und über diese drei Punkte möchte ich predigen. Es ist **erstens der Übergang vom irdischen Segen zum göttlichen Segen**. Das Gelobte Land musste Jakob verlassen, denn sein einziges Trachten war der irdische Segen. Er wollte alles haben. Er war nicht damit zufrieden, dass er die Nummer zwei war in der Familienhierarchie, sondern der wollte alles haben. Und dem waren alle Mittel recht, da ranzukommen. Lug und Betrug! Was hat ihn seine eigene Familie interessiert? Hauptsache er konnte das Erstgeburtsrecht und den Erstgeburtssegen bekommen. Und auch später bei Laban, da merkt man diese Spannung. Lesen sie das mal nach in den Kapiteln 30 und 31, was das für ein Hasardeur war, wie der kämpft um die irdischen Dinge, wie er dem Laban die Schafe abspenstig macht. Der Laban, der ist auch so ein Betrüger, denn der will die alle wieder zurück haben. Wie er ihm die Töchter abspenstig macht, ein Typ, so ein richtiger Geschäftsmann. Heute würde der, ein erfolgreicher Hedgefonds-Manager sein oder irgendein Börsenmakler, der es persönlich sehr weit bringt, aber dem die Menschen um ihn herum vollkommen egal sind. Hauptsache materieller Wohlstand, Geld und natürlich, das war damals wichtig, Familie, eine große Sippe. Und das hat er. Das hat er alles geschafft. Der hat das damals geschafft, ein gemachter Mann, der stand 100prozentig da, alles klar! Doch auf einmal spielt all das Materielle, der irdische Segen nicht mehr die erste Geige in seinem Leben. Und zwar jetzt in diesem Übergang. Und das erleben wir auch in den Übergangsmomenten unseres Lebens. Wie das, was uns bisher materiell so wichtig war, auf einmal keine Rolle mehr spielt. Die Soziologen nennen das die rite de passage, die Passageriten im Leben. Wenn da auf einmal neben einem ein lieber Mensch stirbt und man auf einmal merkt: jetzt ist man allein, weil vielleicht die Frau tot ist oder ein Kind gestorben ist. Das sind die Passageriten, wenn man eine schwere Krankheit hat, von der man sich nicht mehr erholen wird und man merkt: Alles Geld, alles, was man sich angehäuft hat, das hilft dabei nicht. Der irdische Segen bringt mich hier nicht weiter. Und wenn dann auf einmal ein ganz neues Schreien losgeht, ein Schreien nach dem Segen des Allmächtigen, nach dem Segen Gottes, nach seiner Gegenwart. Das ist ja auch hier der Fall. Jakob hat nach dem irdischen Segen getrachtet. Das war Inhalt seines Lebens. Aber als er jetzt in diesen Übergang hineintritt, zurück in das Land, wo er Angst hat vor dem was morgen kommt, da merkt er, das Materielle gibt mir keinen Halt. Ich brauche einen Größeren, ich brauche den Segen und da bittet er hier darum. ***Ich lasse dich nicht, du segnest mich denn.*** Und das ist wichtig. Die Menschen verstehen das immer so wie ein Catch-Geschehen, wie so einen Ringkampf zwischen zwei Olympiaringern. Das Wort, das hier steht im Hebräischen, wird nur einmal hier geschrieben. Dieses Ringen heißt so viel wie ein Sichhineinverstricken. Die haben sich zwar angefasst, das ist klar. Aber das, was hier gemeint ist, das ist das: Wenn Sie vor einem schweren Tag stehen, vor einer schweren Entscheidung und Sie können nachts nicht schlafen, weil morgen die wichtige Untersuchung beim Arzt ansteht und Sie mit dem HERRN Jesus ringen nachts im Gebet. Das ist hier gemeint, dieses Hineinverstricken. Und das erleben wir bei dem Übergang des Jakob. Da verstrickt er sich auf einmal in den HERRN hinein und lässt ihn nicht. Er ringt um den Segen. Und das ist gut, dass er das tut. Denn so lange wir nach dem irdischen Segen trachten, da kommen wir nicht - jetzt bildlich gesprochen - ins Gelobte Land. Ins Gelobte Land kommen wir nur, wenn wir nach dem Segen des allmächtigen Gottes in Jesus Christus trachten.

Es gibt eine tolle Stelle in den Psalmen, ein Wort aus Psalm 131, da heißt es: ***Wie ein entwöhntes Kind bei seiner Mutter, wie ein entwöhntes Kind ist meine Seele still in mir.*** Das ist das, wenn Menschen nicht mehr nach irdischem Segen fragen, sondern nach dem Segen des allmächtigen Gottes. Wie ein entwöhntes Kind schreien sie nach ihrer Mutter, sie schreien nach der Milch, die sie ihr gibt, sie schreien danach, dass die Windeln gewechselt werden, sie schreien, dass sie irgendwie gut behandelt werden. Es geht dabei immer nur um das, was die Mutter ihnen tun soll, so ist es bei nicht entwöhnten Kindern. Wenn Kinder entwöhnt sind, da suchen sie die Mutter um ihrer selbst Willen. Das Kennen die Mütter und auch die Väter. Das sind wunderbare Momente, wenn die dreijährigen Kinder dann kommen und sagen: „Ich hab dich so lieb!“ Wenn sie einfach nur die Nähe suchen. Und wisst ihr, darum geht es auch in der christlichen Existenz, dass man nicht nur Gott sucht um alles das, was er einem geben kann, nicht mehr das, was Gott uns alles schenken kann, sondern dass wir Gott um seiner selbst willen wollen. Dann wird unsere Seele ruhig. Jakob war so einer, der konnte Gott auch gut gebrauchen, für all das, was er ihm gegeben hat. Der war immer Mittel zum Zweck. Aber erst als er nur nach Gott fragt, da kann er wieder ins Gelobte Land kommen. Und da kommen wir letztlich auch erst zur Ruhe unserer Seele. Und das ist ganz wichtig, dass wir auch diesen Kampf ausfechten. Dass wir dieses Trachten nach dem irdischen Segen immer wieder bekämpfen und fragen nach dem göttlichen Segen. Damit uns der Übergang geschenkt wird, wirklich ins Reich Gottes.

Das ist der erste Punkt, wie ich diese Geschichte verstehe, dass es ein Übergang ist, wie ein Mensch sich verändert, wie er ein anderer wird, vom Jakob zum Israel, vom miesen Betrüger zum gesegneten Gottesmann, indem er den Übergang schafft vom irdischen Segen zum göttlichen Segen. Die Geschichten von Jakob, die nachher kommen, die berichten dann auch nicht mehr davon, dass er ein Trickser ist, nein, die berichten dann davon, wie er reingelegt wird von seinen Söhnen und was er alles erleiden muss. Da geht man auch anders durchs Leben. Wenn man nach göttlichem Segen fragt, ist das Leben in dieser Welt nicht mehr so einfach. Dann wird man langsamer, dann fängt man an zu hinken. Aber dafür kriegt man etwas ganz anderes geschenkt, nämlich den friedlichen Einzug ins Gelobte Land. Aber das wird nur dann geschenkt, wenn man den Übergang vom Trachten nach dem irdischen Segen zum Trachten nach göttlichem Segen schafft.

Ein zweiter Übergang, den Jakob hier tut, das ist **der Übergang von der Sünde zur Vergebung**. Der Jakob ist ein, so haben wir das eben gesagt, ein mieser Betrüger. Übrigens sagt die Bibel noch an einer anderen Stelle, in Hosea: Jakob hat schon im Mutterleib betrogen. Das ist ein Hinweis auf die Erbsünde. Wir alle sind Jakobs. Wir alle sind so miese Betrüger. Größere oder kleinere, irdisch gesehen, aber wir alle sind nur Betrüger. Jakob ist ein Sünder gewesen, ein tiefer Sünder und jetzt will er zurück ins Gelobte Land und mit seinem Bruder alles wieder gut machen. Da ist er bereit. Er bittet um Vergebung. Er will ihm das Materielle zurückgeben und letztlich auch seinen Erstgeburtssegen, weil er sagt: ***Du bist der HERR, ich bin nur der Knecht.*** Das ist ja alles schön und gut, wenn Menschen versuchen, die an anderen schuldig geworden sind, ihre Schuld da wieder in Ordnung zu bringen. Aber das reicht nicht! Das reicht nicht! Wenn du deine Frau betrogen hast und du versuchst das wieder gut zu machen, damit du für den Rest deiner Ehe ein guter Ehemann sein kannst, das ist ja alles schön und gut. Aber der Ehebruch ist nicht nur ein Problem zwischen dir und deiner Frau, das ist auch ein Problem zwischen dir und dem Allmächtigen. Und auch hier: Jakob hat ja nicht nur Esau betrogen, nicht nur Isaak betrogen, sondern zuerst immer wieder Gott. Wo immer wir gegen Menschen sündigen, sündigen wir zuerst immer wieder gegen den Allmächtigen. Und es bringt reichlich wenig, sich mit Menschen auszusöhnen, so das auch humanistisch richtig und weltlich irdisch gesehen wertvoll ist. Es bringt nichts für den Menschen, wenn er nicht im Reinen mit dem Allmächtigen ist. Und hier kommt einer ins Reine mit dem Allmächtigen. Das ist etwas ganz Wichtiges, die Frage, die hier gestellt wird: ***Wie heißt du?*** Dazu muss man wissen, dass die Namen im Hebräischen nicht nur Namen sind wie Olaf, die eigentlich keine Bedeutung haben (Olaf hat schon irgendeine Bedeutung, aber den Namen haben mir meine Eltern gegeben). Die Namen im Hebräischen drücken immer die Eigenschaft der Person aus und sie sagen das, was sie sind. Man müsste hier eigentlich vom hebräischen Kontext her übersetzen. Nicht die Frage ***Wie heißt du?***, sondern ***Wer bist du? - Wer bist du?***, fragt Gott ihn hier am Jabbok. Und dann gibt er die Antwort der Antworten. Er sagt nur ein Wort: ***Jakob***. Und das heißt: der Betrüger. Ich bin der Betrüger, das ist mehr als nur der Name. Das ist sein Dasein. Ich bin der Betrüger. Das legt er jetzt hin. Mehr bist du vor dem Allmächtigen nicht, als ein Betrüger. Seinen Namen, den er hier ablegt, ist ein Bekenntnis. Und deshalb ist er auch unser Stammvater. Das ist unser Stammvater der Jakob, wir sind Betrüger wie er. Um ins Gelobte Land zu kommen, haben wir nur eine Möglichkeit. Dass, wenn der HERR uns fragt: „Wer bist du denn?", da kannst du nicht sagen: „Ich bin Olaf Latzel, Hauptpastor St. Martini, war Pfarrer in Trupbach-Seelbach, Jungscharleiter und weiß der Kuckuck was sonst noch alles gewesen." Da kann ich nur eins sagen auf die Frage „Wer bist denn du?": „Ich bin der Betrüger, der Sünder Olaf Latzel, nichts anderes." Dann kommt der HERR und segnet mich. Und genauso ergeht es euch. Das geschieht hier in diesem Übergang bei Jakob: von der Fremde zurück ins Gelobte Land. Nur darüber erfährt er den Segen: dass er es ausspricht, wer er ist, ein Betrüger.

Es gibt eine ganz tolle Szene auf Youtube, von der Beerdigungszeremonie der Habsburger. Da sind in der Kapuzinergruft in Wien die ganzen Habsburger, die ganzen Kaiser, die Adligen, nur die ganz Hohen, begraben. Und die letzte Kaiserin von Österreich wurde 1989 dort beerdigt und das ist gefilmt worden. Und es gibt ein Ritual, das dort in dieser gläubigen Familie vorherrscht, dass der ganze Beerdigungstross mit all den großen Größen, mit den Politikern, mit den ganzen Adeligen aus ganz Europa vor die Kapuzinergruft, also vor die Kirche tritt, vor die verschlossene Tür. Und dann kommt einer, der Herold, der tritt vom Sarg hervor und klopft gegen die Tür. Auf der anderen Seite der Tür steht ein ganz armer Mönch und der fragt dann: „Wer begehrt Einlass?" Und das war auch bei der Beerdigung der Kaiserin Zita, die man im Video sehen kann so. Und dann ist die erste Antwort: „Die Kaiserin Zita von Österreich, gekrönte Königin von Ungarn, Königin von Kroatien und Dalmatien, Slawonien, Galizien, Königin von Jerusalem, Erzherzogin von Österreich, Großherzogin der Toskana, Herzogin von Lothringen und Krakau, Herzogin von Salzburg, Großfürstin von Siebenbürgen, Markgräfin der Oberlausitz, Infantin von Spanien, Prinzessin von Portugal..." Und das geht noch weiter, das ist nur ein Teil des Titels gewesen. Und als der fertig ist, das dauert fast eine ganze Minute, da sagt der kleine Mönch: „Kennen wir nicht." Dann klopft er noch einmal, dann fragt der Mönch wieder: „Wer begehrt Einlass?" Dann kommt die Kurzform des Titels: „Kaiserin Zita, Kaiserin von Österreich." Wieder kommt es dann von innen, von dem Mönch: „Kennen wir nicht." Und dann klopfen sie ein drittes Mal. Da fragt er wieder: „Wer begehrt Einlass?" Und dann sagt dieser Herold: „Zita, ein sterblicher, sündiger Mensch." Und dann sagt der Mönch: „So komme herein." Und dann erst werden die Tore aufgemacht, dass jemand zur ewigen Ruhe gebettet wird.

Das ist für uns als normale Bürgerliche natürlich fremd, aber in diesem Ritual macht sich etwas ganz Starkes deutlich. Das wollen die auch damit ausdrücken. Zu Jesus Christus ins Gelobte Land, zur ewigen Ruhe, ins himmlische Jerusalem, da kommen wir mit nichts von dieser Erde. Da können wir uns auf nichts was einbilden, egal wie groß und toll das in dieser Welt war. Nur mit einem, indem wir uns hinstellen und sagen: „Ich bin ein sündiger, verlorener Mensch." So wie der Jakob hier: „Ich bin ein Betrüger." Nur so können wir vor Gott Bestand haben. Und das wird uns schon hier im Alten Testament gezeigt. Diese christologische Wahrheit, dass wir vorm Allmächtigen nur bestehen können, wenn wir ihm das ganz deutlich immer wieder neu sagen: „Ich bin nichts. Ich bin nur ein Betrüger. Ich bin nur ein Sünder. Du bist alles." Und das darf man immer wieder genauso verstehen, für unser Leben, für das, was Christus im Alten Testament schon ist. Es gibt den Weg ins Gelobte Land nur über Jesus und nur über das persönliche Bekenntnis, dass man selbst ein Betrüger, ein Sünder ist, wie der Jakob. Aber wenn man das bekannt hat, dann wird man ein anderer. Dann wird man vom Jakob, vom Betrüger, zum Israel, zum Streiter mit Gott. Da werden sie sagen: „Ja, wo habe ich denn mit Gott gestritten? Wo habe ich denn mit ihm gerechtet?" Nun, das haben wir alle! Wenn wir den Heiligen Geist haben, dann haben wir mit Gott gestritten und gerechtet, auf Golgatha. Nicht wir persönlich, da hat jemand anderes für uns mit Gott gerungen und ist selber unterlegen, für uns, damit wir ins Gelobte Land kommen können. Nochmal: Wenn wir uns hinstellen wie Jakob und das bekennen, dass wir ein Betrüger sind, ein Jakob, dann werden wir zum Israel, dann wird uns die Gnade des Kreuzes zuteil und wir bekommen Einlass ins Gelobte Land.

Und **ein dritter Übergang**, der hier in dieser Geschichte erzählt wird, ist **der Übergang vom Dunkel zum Licht**. Das ist ein ganz starkes Bild der Rahmung dieser Perikope. Es beginnt im Vers 23: ***Und Jakob stand auf in der Nacht.*** Da ist es stockdunkel. Er sieht gar nichts. Es ist dunkel um ihn herum. Und das ist mehr als nur eine Zeitbeschreibung, sondern das ist die Wirklichkeit seines Lebens. Er hat so einen Schiss vor dem, was kommen wird, vor der Begegnung mit Esau, dass alles nur noch dunkel ist. Da ist kein Spaß mehr an all seinen irdischen Gütern, denn die sind ja auch mit bedroht. Da ist nichts mehr. Es ist nur noch dunkel um ihn.

Das kennen wir auch aus persönlichem Erleben. Situationen im Leben, wo vielleicht noch vieles in Ordnung ist, aber weil wir vor einer Sache Angst haben, die uns beschäftigt. Wo so ein Übergang ansteht, so eine ganz besonders angstvolle Begegnung, dass alles nur noch dunkel wird. Alles um einen herum wird dunkel. Das ist das, wovon der Psalm 23 spricht: ***Und ob ich schon wanderte im finstern Tal.*** Das gab es nicht nur im Leben des Jakob, so ein finsteres Tal, so eine Dunkelheit. Diese dunklen Täler kennen wir auch alle. Aus diesen dunklen Tälern kommen wir heraus, wenn wir uns in Gott hinein verstricken, so wie Jakob. Mit Gott ringen und ihn dann um seinen Segen anbetteln. Und wenn ER uns dann segnet, dann wird es hell. Das ist das, was hier steht im Vers 32, das ist die Rahmung. Es ist erst dunkel und dann heißt es hier (also genau an der Stelle, wo ihm der HERR begegnet ist): ***Als er an Pnuel vorüberkam, ging ihm die Sonne auf.*** Diese ganz besondere grammatikalische Konstruktion. Nicht so nach dem Motto: Naja, es war dunkel und es wird wieder hell, die Nacht ist eben zu Ende. Nein! Hier steht: ***und ihm geht die Sonne auf.*** Für Jakob wird es auf einmal wieder hell, ist hier gemeint. Das ist ein ganz starkes Wort ***ihm geht die Sonne auf.*** Eine ganz tiefe Bedeutung, die hier drin liegt. ***Ihm*** geht die Sonne auf, weil er in seinem Dunkel genau das Richtige getan hat. Er hat sich in den Allmächtigen hinein verstrickt. Er hat bei ihm alles gesucht. Er hat gerungen und hat ihn angebettelt um den Segen und den hat er bekommen. Und dann geht die Sonne auf. Und auch das ist natürlich ein ganz starkes Bild für unseren HERRN Jesus Christus. Wie die Sonne aufgeht, wie es wieder Morgen wird. Wir denken an die Auferstehung, da kommt sofort diese Assoziation. In das Dunkle des Grabes war er gelegt, der HERR Jesus, und dann ist die Auferstehung früh am Morgen. Jesus Christus, der sagt (Johannes 8,12):

> ***Ich bin das Licht der Welt, wer mir nachfolgt wird nicht in der Finsternis wandeln, sondern der wird das Licht des Lebens haben.***

Wer diesen Jesus Christus hat und wer ihm begegnet, für den wird es immer wieder hell. Für den geht immer wieder, bildlich gesprochen, die Sonne auf, egal wie dunkel das Tal ist, in das er hinein muss. Selbst, wenn er persönlich in das Tal des Todes gehen muss. Für diesen Jesus gibt es kein endgültiges Aus, ER schenkt immer wieder für die, die an IHN glauben, einen neuen Morgen. Aber dazu ist es wichtig, dass wir wirklich uns in diesen Jesus hinein verstricken, mit ihm wirklich in die Dunkelheiten gehen. Und heute Morgen sind Menschen gekommen, das weiß ich ganz sicher, sie hören uns auch zu über das Internet, die momentan in einer Dunkelheit sind, die in so einem finsteren Tal sich befinden, für die es dunkel geworden ist oder schon lange dunkel ist und die so gar kein Licht mehr sehen. Denen möchte ich sagen: Da ist Licht, da ist Perspektive, da ist Hoffnung. Du brauchst keine Angst zu haben. Er, Jesus Christus, das Licht dieser Welt ist da. Und um dieses Licht zu sehen, um aus deinem Dunkel herauszukommen, musst du es tun wie der Jakob. Verstrick dich in diesen Jesus hinein. Lass ihn nicht! Bleib bei ihm und bettel ihn, bitte ihn um seinen Segen und du wirst merken, wie dir wieder die Sonne der Gerechtigkeit, die Sonne unseres HERRN Jesus Christus aufgehen wird. Das ist das dritte dieser wunderbaren Übergangsgeschichte, wie ein Mensch vom Dunkel, von der Angst, in das Licht und in die Freiheit hineingeführt wird.

Diese ganze Jabboksgeschichte ist eine Geschichte des Übergangs. Es ist eine ganz wunderbare Gottesbegegnung, wie ein Mensch vom Jakob zum Israel wird. Es ist etwas ganz Großartiges, was dem Jakob und den Menschen vor fast 4000 Jahren geschenkt wird. Aber es ist auch das, was uns geschenkt wird. Auch uns wird ganz intensive Gottesbegegnung mit Jesus Christus geschenkt, wenn wir eben diese Übergänge auch tun, die in dieser Geschichte beschrieben sind. Wenn wir lassen von dem Trachten nach dem irdischen Segen und nach dem göttlichen Segen fragen. Wenn wir bekennen, dass wir Sünder sind und uns so vor Jesus Christus stellen, wenn wir uns in ihn hineinringen und ihn um seinen Segen bitten, dann werden wir geführt vom Dunkel zum Licht. Dann wird der HERR uns in jedem Übergang in unserem Leben segnen und behüten. Möge unser HERR und Gott in Jesus Christus diese Predigt an deinem Leben und an deinen Übergängen segnen. Amen.

Und der Friede unseres allmächtigen Gottes, der sehr viel höher ist als alle unsere menschliche Vernunft, ER bewahre unsere Herzen und Sinne in Christus Jesus, unserem auferstandenen und lebendigen HERRN. Amen.

Die Ausreden des Mose - Unsere Ausreden

2. Mose 3,10

Gnade sei mit euch und Friede von dem, der da war und der da ist und der da sein wird in alle Ewigkeit - unser HERR, Jesus Christus, Amen.

Liebe Brüder und Schwestern, der Predigttext für heute Morgen, er besteht nur aus einem einzigen Satz. Es ist der gewaltige Auftrag, den Mose erhält am brennenden Dornbusch von unserem HERRN und Gott, nämlich, dass er gehen und das Rettungswerk am Volk Israel aus der Knechtschaft aus Ägypten betreiben soll. So wollen wir hören auf 2. Mose 3, den Vers 10 als Predigttext. Spricht Gott zu Mose:

So geh nun hin, ich will dich zum Pharao senden, damit du mein Volk, die Isareliten, aus Ägypten führst. Amen.

Wir wollen beten: Lieber HERR und Heiland, wir wollen dir Dank sagen für dieses Wort, das du uns schenkst, für diesen Sonntag, für unser Leben, diesen Auftrag des Mose. Wir wollen schauen, wie Mose sich gegenüber diesem Auftrag verhält. Wie er zunächst einmal versucht, sich rauszureden. Wir wollen dich bitten, dass du uns an diesem Rausreden klar machst, dass auch wir in dieser Situation sind, weil auch wir doch im Rettungswerk stehen und den Auftrag haben, Menschen zu retten aus der Knechtschaft der Sünde. Und so wollen wir dich bitten, HERR, dass wir die Ausreden des Mose und deine Antworten darauf recht verstehen für unser Leben, für unsere Situation und dass wir durch diese Predigt gesegnet werden. Das wird nur dann gelingen können, dass dieses Wort, HERR, zum Segen für uns wird, wenn du es selber bevollmächtigst durch deinen guten Heiligen Geist. Und darum wollen wir dich alle miteinander bitten, HERR: Segne du selber das Reden und das Hören deines heiligen und lebendigen Wortes an uns allen. Amen.

Liebe Gemeinde, eine gewaltige Szene, die sich da im 3. Kapitel von 2. Mose 3 abspielt. Die Bibel berichtet in den neun Versen davor, vor unserem Predigttext: Da ist dieser Hirte Mose, der hütet die Schafe seines Schwiegervaters Jethro, des Priesters in Midian. Und wie er sie so hütet, da sieht er auf einmal eine sehr seltsame Erscheinung. Da ist ein Busch, ein Dornbusch, der brennt, aber er verbrennt nicht. Er steht in Flammen, aber der Busch wird nicht verzehrt. Mose geht näher ran, das will er sich angucken, das ist etwas ganz Besonderes in seinem sonst so tristen Alltag als Hirte. Und wie er hinkommt, da hört er aus dem Busch eine gewaltige Stimme, die spricht ihn persönlich an: „Mose! Mose! Komm nicht näher. Das ist heiliges Land, auf dem du stehst." Und hier merkt Mose sofort, er hat es mit dem Allmächtigen zu tun. Er fällt auf sein Angesicht. Denn er weiß, vor diesem Allmächtigen kann er nicht bestehen. Dann sagt dieser allmächtige Gott aus dem Busch: „Mose, ich habe das Schreien meiner Kinder Israels gehört." Und Mose kennt das Schreien, er ist ja da aufgewachsen in Ägypten. Er war zwar beim Pharao gewesen am Hof, aber er wusste, was um sein eigenes Volk geschehen war. Mose hatte ja einen der Aufseher erschlagen. Das hat ihn auch aufgewühlt. Das war so ein Sozialrevoluzer gewesen, der Mose. Aber dann musste er fliehen, weil er Angst hatte um sein eigenes Leben. Weil er dachte, ich komme hier ja eh nicht weiter. Dann hatte er in der Fremde, in Midian, eine Frau gefunden und sich neu etabliert.

Und jetzt kommt dieser Gott und HERR zu ihm, ruft ihn und sagt: "Ich habe dieses Schreien gehört und ich werde und will mein Volk herausführen aus der Knechtschaft. Und dich", so sagt er zu Mose, „dich will ich senden." Und dann kommt dieser Predigtvers:

> ***So geh nun hin, ich will dich zum Pharao senden, damit du mein Volk, die Isareliten, aus Ägypten führst.***

Wenn man diese Geschichte im Kindergottesdienst vorträgt und an dieser Stelle einen Punkt macht und die Kinder fragen würde, die den weiteren Verlauf nicht kennen: Was passiert denn dann? Da sagen die alle unisono, also einstimmig: „Ja, dann ist der Mose losgelaufen und hat natürlich den Befehl ausgeführt." Wenn man die fragt: „Und warum hat er das gemacht?", kommt als Antwort: „Weil er doch einen klaren Auftrag hatte. Das geht doch gar nicht anders." So sprechen kleine Kinder und wohl dem, der einen Glauben und einen Gehorsam gegenüber Gott hat wie ein kleines Kind. Aber leider sind wir ja keine kleinen Kinder mehr, sondern wir sind Erwachsene, wie der Mose. Der Mose geht nicht los. Nein, der Mose versucht sich rauszureden. Nicht einmal, nicht zweimal, nicht dreimal, nicht viermal. Fünfmal setzt er an. Unverschämt, wie der sich dem HERRN gegenüber gibt. Das werden wir nachher noch sehen. Wir wollen uns mit diesen **fünf Ausreden** beschäftigen und sehen, dass die alle keinen Bestand haben vor Gott, auf dass wir neu lernen bei unserem Auftrag im Rettungswerk Jesu und dass es da keinen Grund gibt, sich rauszureden.

Gott sagt Mose den klaren Auftrag. Der geht nicht los, sondern er geht los mit einer ersten, auf den ersten Blick sehr charmanten Ausrede, mit der persönlichen Minderwertigkeit als Ausrede, nach dem Motto: Wer bin ich denn? Also **das Erste: Die persönliche Minderwertigkeit als Ausrede.** Wir lesen die Verse 11 und 12:

> ***Mose sprach zu Gott: Wer bin ich, dass ich zum Pharao gehe und führe die Israeliten aus Ägypten? Und er sprach: Ich werde mit dir sein!***

Diese erste Ausrede, dieses Statement, das hat ja noch einen gewissen Charme. Nach dem Motto: „Wenn man sich selber klein macht... Also, ich bin doch nichts..." Natürlich ist dieser Mose nichts! Der kann doch nicht zum Pharao gehen. Der alte Pharao ist zwar gestorben, aber Mose ist sicherlich am Hof noch bekannt, er ist hier aufgewachsen. Wir wissen, dass er einen von den ihren erschlagen hat. Also ist er ein Verbrecher, ein Mörder!? Zudem, was war er schon vom Stand? Hirte! Lebt im Ausland, ist jetzt wirklich nichts. Ausländer, Israelit von Geburt her. Der soll zum Pharao gehen? Der ist wirklich nichts!

Aber da braucht man gar nicht erst anzufangen darüber nachzudenken. Wir sind ja alle nichts! Übrigens das sagt Mose in einem Psalm, den er schreibt. Der Psalm 90 ist ja der Psalm des Mose. Da heißt es, dass die Menschen alle sind wie Gras; ***ein Gras, das gerade noch sprosst, das welkt und verdorrt und gleich weg ist.*** So sind alle Menschen. Wir sind in Wirklichkeit nichts. Das ist unsere menschliche Existenz hier auf Erden. In hundert Jahren lebt keiner mehr von uns, da sind wir alle weg. Aber das hat nichts zu tun mit dem Auftrag, den Gott uns für das Jetzt und Hier gibt. Und das lässt Gott auch nicht gelten für den Moment, damals vor über 3000 Jahren. Der Mose geht ja nicht dahin, weil er sich selber was ausdenkt, sondern er geht als Befehlsempfänger. Er darf Werkzeug des Allmächtigen sein. Und das sagt Gott ihm hier direkt als er anfängt, so nach dem Motto: Ich bin doch nichts wert: ***Ich werde mit dir sein***. Ich werde mit dir sein, sagt Gott. Und dann ist man einfach gerufen zu gehen.

Das gilt für den Mose wie für uns, für unsere Arbeiten, die wir im Reich Gottes zu tun haben. Wir sind nichts. Und wenn es auf unsere Kraft, Intelligenz oder Geschicklichkeit ankommt, dann ist das alles nichts. Aber wir sind wer, weil Gott uns gerufen und berufen hat. In Jesaja 43 heißt es:

> ***Fürchte dich nicht, ich habe dich bei deinem Namen gerufen. Du bist mein!***

Das möchte ich dir zusagen. Wenn du manchmal denkst wie der Mose: Ich bin ja nichts, ich bin zu klein, zu unwürdig, zu falsch, habe die falsche Herkunft, die Ehe ist gescheitert. Weiß der Kuckuck alles, was mich hindern würde im Reich Gottes tätig zu werden. Wenn Gott dir einen Auftrag gibt, dann ist nur eines entscheidend: dass ER bei dir ist. Da gilt keine Ausrede, wenn die auch noch so charmant vom Understatement daherkommt. Gott ist auf deiner Seite und das ist was Großartiges! Dann darfst du überall hingehen, egal wo es hingeht und wenn es zur Königin von England ist, zum Präsidenten von Russland oder von Amerika. Dann bist du berufen da hinzugehen. Du bist wer, weil Gott mit dir ist.

Ich denke da immer an eine Geschichte. Da habe ich einen guten Freund von mir besucht. Der hat es richtig weit gebracht in der deutschen Wirtschaft, der hatte mehrere große Firmen. Da habe ich ihn in einer seiner Firmen besucht, wo er gerade war. Ich komme da in die eine Halle rein, wo eigentlich das Betreten verboten war, da kommt mir direkt der Vorarbeiter entgegen und raunzt mich an: „Was woll'n Sie denn hier!" Nach dem Motto: Ich hätte da eigentlich keine Legitimation zu sein. Denn ich gehörte da nicht hin. Da durfte ich nicht sein. Dann habe ich gesagt, dass ich zum Chef wollte. Da guckte der ein bisschen freundlicher, aber immer noch ein bisschen griesgrämig und hatte mich ins Büro zum Chef gebracht. Und als ich ins Büro komme, steht er auf und nimmt mich in den Arm und sagt: „Mein Freund! Schön dich zu sehen, Olli!" Und in dem Moment war das auch für den Vorarbeiter ganz klar: Der gehört hier hin, weil ja der Chef gesagt hatte „Mein Freund", da war das ein ganz anderer Umgang.

So ist es, wenn Gott uns sendet. Mein Kumpel hat mir gesagt: „Komm und besuch mich!" Dann darf ich seine Firma betreten, auch wenn da ein paar Vorarbeiter oder Hilfsarbeiter ein bisschen Ärger machen sollten. Der Chef hat mir gesagt, ich soll kommen. Und so ist es bei Gott. Wenn Gott uns beruft, dann haben wir alle Rechte überall hinzugehen, weil ER der HERR dieser Welt ist, ganz gleich wo wir stehen. Das galt für den Mose, dass er an den Hof des Pharao gehen durfte und sollte. Und das gilt für uns, ganz gleich in welche Situation ER uns führt. Also, die erste Ausrede lässt Gott schon mal nicht gelten bei dem Mose, nach dem Motto: Wer bin ich denn schon? Das lässt Gott nicht gelten, weil ER ja der Chef dieser Welt ist. Und ER geht mit Mose.

Danach kommt **die zweite Ausrede**. Die geht schon ein bisschen tiefer und ist nicht wegzuwischen auf den ersten Blick: **Die theologische Beschränktheit als Ausrede.** Nach dem Motto: Ich habe es ja gar nicht so theologisch drauf. Ich kann es ja gar nicht sagen. Ich kann ja gar keine richtige Auskunft über dich geben, das lesen wir in den Versen 13 und 14:

> ***Mose sprach zu Gott: Siehe, wenn ich zu den Israeliten komme und spreche zu ihnen: Der Gott eurer Väter hat mich zu euch gesandt!, und sie mir sagen werden: Wie ist sein Name?, was soll ich ihnen sagen? Gott sprach zu Mose: Ich werde sein, der ich sein werde. Und sprach: So sollst du zu den Israeliten sagen: »Ich werde sein«, der hat mich zu euch gesandt.***

Bei diesem Einwand muss man wissen, dass es früher im Alten Orient so war, dass die Menschen zwei Dinge brauchten, um zu einem Gott zu beten. Entweder brauchten die irgendein Götzenbild, also irgendwas, was sie angucken und anfassen konnten und wo sie dachten: Das ist unser Gott, so wie Dagon oder andere Statuen, die wir kennen. Halt was zum Angucken, zum Anfassen. Das konnte Gott so Mose nicht bieten. Was sollte der denen denn sagen: Also den Gott, den wir sehen, das ist ein brennender Dornbusch und wo der Dornbusch brennt, aber der nicht verbrennt, da ist Gott? Das haut nicht hin, das ist nicht fassbar! Also kommt er dann direkt mit etwas anderem, das die Menschen brauchen, wenn sie schon kein Bild haben zum Angucken. Dann wenigstens einen Namen! Einen Namen, mit dem man Verfügungsgewalt hat. Das war eine ganz alte menschliche Vorstellung: Wenn ich von einem Gott den Namen kenne oder auch von einem Dämon, das ist wie in der schwarzen Magie, dann habe ich Macht darüber. Das kennen wir alle aus dem Märchen mit dem Rumpelstilzchen: „Ach, wie gut, dass niemand weiß, dass ich Rumpelstilzchen heiß!" Und als die Frau dann den Namen hat, da ist aller Bann gebrochen, weil man dann Macht hat. Und das war früher so: Wenn man den Namen Gottes ausrufen konnte, das war etwas ganz Wichtiges, dann hatte man vermeintlich die Macht über den Gott, da konnte man den anzapfen mit seiner Hilfe.

Aber von diesem Gott im brennenden Dornbusch hat Mose den Namen direkt bekommen. Was soll ich, Mose, denen denn erzählen, wenn sie fragen: Wie ist denn sein Name? Und dann kommt der Hammer. Das ist eine ganz tiefe theologische Sache. Dann offenbart Gott den Namen. Aber was ist das für ein Name: ***JAHWE***, von dem hebräischen hajah, sein? Ich werde sein, der ich sein werde? ***Ich werde sein, der ich sein werde.*** überlegen Sie sich mal: Unser Gott heißt „Ich werde sein, der ich sein werde." Ich werde mich als der erweisen, als der ich mich erweisen werde. Das ist der Name. Der ist genau so wenig fassbar, wie dieser brennende Dornbusch. Aber diesen Namen kriegt Mose gegeben. Mit diesem Namen soll er losziehen. Und mit diesem Namen zieht er dann schließlich auch los. Aber mehr braucht es nicht als diesen Namen, in dem Gott sich erweisen wird, sein Dasein; einen Namen, den wir nicht fassen können, den wir nicht erklären können.

So ist letztlich Gott. Weil er keine Götzenstatue ist und weil er kein Name ist, mit dem wir irgendwie eine Verfügungsgewalt haben. Denn das wäre alles Religion. Nein! Wir haben einen Gott, der nicht fassbar ist. Aber er gibt uns seinen Namen JAHWE und dann im Neuen Testament den Namen Jesus. Jesus heißt nichts anderes als: JAHWE rettet, Jesus hilft. Nur mit diesem Namen dürfen wir dann losziehen. Dann brauchen wir keine großartige theologische Ausbildung mehr. Wir brauchen nur diesen Namen: Jesus. Nur diesen Namen! Gott wird sich als der erweisen, als der er sich erweisen wird und der will dich retten. Nicht mehr und nicht weniger.

Vielleicht ist es schon aufgefallen. Jeden Gottesdienst beginnen wir ja gleich, in fast allen Kirchen in Deutschland: Im Namen des Vaters und des Sohnes und des Heiligen Geistes. Amen. Punkt. Alles andere, was dann passiert, geschieht in diesem Namen. Und das mache ich nicht, weil mir nichts Besseres einfällt zu Beginn des Gottesdienstes oder weil die Kirche mir das vorschreibt. Nein, sondern deshalb, weil das ganz wichtig ist, weil alles im Namen Gottes geschieht. Ich bin nur eine ganz kleine Leuchte. Obwohl ich sieben Jahre Theologie studiert und zweieinhalb Jahre Vikariat gemacht habe, habe ich vom Wesen Gottes letztlich nichts drauf. Ich kann da nur als Werkzeug fungieren. Wenn ich hier nicht im Namen Gottes auftrete, dann ist alles hier nichts. Da kommt es nicht auf rhetorische Geschliffenheit oder sonst was an; es kommt nur darauf an, dass es im Namen Gottes geschieht. Und ER wird sich dann schon erweisen, in den Lesungen, in den Gebeten, in der Predigt. Das macht ER, das kann ich nicht steuern, das kann keiner steuern, das macht der Name Gottes. Aber alles ist gesegnet, wenn es in dem und unter dem heiligen Namen unseres Gottes geschieht.

Ich denke dann immer an diese wunderbare Szene in Apostelgeschichte 3, als Petrus und Johannes aus dem Tempel kommen. Da kommen sie zu einem Bettler, der ist gelähmt und fleht sie an um Geld, um Almosen. Da sagt Petrus:

> ***Gold und Silber habe ich nicht, aber das, was ich habe, das gebe ich dir: Im Namen Jesu Christi steh auf und geh!***

Das ist das, was wir haben: den Namen unseres allmächtigen Gottes, Jesus Christus. Und Jesus heißt nichts anderes als JAHWE: Ich werde sein, der ich sein werde, Retter. Das ist das, worauf es ankommt. Mehr brauchen wir nicht. Das ist das Entscheidende. Das kriegt der Mose gesagt, und das möchte ich dir auch zusagen für deine Berufung, für deine Dienste, die du zu tun hast. Egal, wie viel Theologie du schon verstanden hast und wie viel du in der Bibel gelesen hast. Wenn Gott dir einen Auftrag gibt, dann brauchst du dich nicht herauszureden, dass du theologisch nicht stark genug und du nicht gebildet genug wärst. Das spielt überhaupt gar keine Rolle. Das ist manchmal ganz gut, wenn es jemanden gibt, der theologisch gebildet ist. Aber Gott gibt dir seinen Namen. Und wenn du in diesem Namen tätig wirst, dann darfst du eins wissen: Dann wird Gott deine Arbeit, deinen Dienst, deine Verkündigung, deine Mithilfe segnen. Das ist das Einzige was wichtig ist, dass du es IHM und für den Namen Gottes tust. Und rede dich nicht raus, dass du theologisch ein zu kleines Licht wärst. Dann dürfte ich keinen Dienst tun, da dürfte niemand einen Dienst tun. Da hätte auch Mose den Dienst nicht tun dürfen. Das war auch keine theologische Leuchte. Der kriegt erst noch den Bruder zur Seite gestellt. Das lässt Gott nicht gelten, sondern ER bevollmächtigt uns mit seinem Namen und in dem Namen dürfen wir dann losziehen.

Jetzt könnte man ja sagen: Nun ist alles ausgerüstet und jetzt könnte er losziehen. Aber da geht es weiter bei Mose, der hakt noch nochmal nach. Dann kommt die nächste Ausrede. Nämlich was? Ganz menschlich. Und **das ist das Dritte: Der prognostizierte Misserfolg als Ausrede.** Lesen wir in den Versen 1 bis 4 des vierten Kapitels:

> ***Mose antwortete und sprach: Siehe, sie werden mir nicht glauben und nicht auf mich hören, sondern werden sagen: Der HERR ist dir nicht erschienen. Der HERR sprach zu ihm: Was hast du da in deiner Hand? Er sprach: Einen Stab. Der HERR sprach: Wirf ihn auf die Erde. Und er warf ihn auf die Erde; da ward er zur Schlange und Mose floh vor ihr. Aber der HERR sprach zu ihm: Strecke deine Hand aus und erhasche sie beim Schwanz. Da streckte er seine Hand aus und ergriff sie, und sie ward zum Stab in seiner Hand.***

Eben war es noch die theologische Ausrede: „Ich habe nicht genug drauf, so theologisch. Ich weiß gar nicht, was ich denen sagen sollte, wer du bist." Jetzt wird es so ganz menschlich: „Die werden mir nicht glauben." Der kennt ja sein Volk. Jetzt kommt er dahin und hat schon den prognostizierten Misserfolg abgespeichert: „Wenn ich das jetzt tun würde, was werden denn die Menschen sagen? Die werden mir nicht glauben. Die sagen zu mir: „Mose, dir ist der HERR nicht erschienen.'"

Und so geht es uns ja häufig auch. Da sind wir im Zweifel darüber, ob unser Zeugnis, zu dem uns Gott gerufen hat, von den Menschen angenommen wird. Lächerlich! Wenn Gott uns einen Auftrag gibt, dann bevollmächtigt ER auch das, was wir sagen. Übrigens nicht dazu, dass unbedingt alles direkt immer mit einem Riesenerfolg gesegnet ist. So nach dem Motto: „Wenn ein Pastor absolut nur in Vollmacht predigt, dann müssen jeden Sonntag 10, 15, 20 Leute neu dazukommen und irgendwann nach fünf Jahren muss die Kirche angebaut werden.“ Das kann sein! Gott schenkt das vollmächtigen Predigern. Aber es kann auch genau das Gegenteil sein, dass Gott jemanden aussendet zu predigen ein Wort, das bei den Menschen ganz anderes bewirkt, als er sich das wünscht, dass es Verstockung erwirkt.

Gott schickt Jesaja zum Volk und lässt es so lange predigen, bis das Land leer ist. Es ist keine Erweckung, da ist Verstockung, das ist der Auftrag Gottes und den hat er in Treue auszuführen. Das ist so: Wenn das Wort Gottes klar verkündigt wird, dann stehen nicht alle auf und klatschen in die Hände und sagen „Super, super, super toll!“, sondern das gibt Ablehnung. Das ganze Gegenteil! Das ist ein Kennzeichen klarer Wortverkündigung: dass gejohlt und geschrien wird „Das wollen wir nicht!“ Könnt ihr in der Bibel nachlesen. Jeremia, der Prophet, der klar das Wort sagt, den haben Sie geschlagen und gefoltert, in den Block gelegt. Die haben den verfolgt und wollten ihn umbringen um seiner klaren Wortverkündigung. Paulus um seiner klaren Wortverkündigung; er erleidet das Martyrium, er wird getötet. Petrus wird getötet um der klaren Wortverkündigung. Johannes der Täufer. Jesus wird getötet um der klaren Wortverkündigung. Da soll mal einer behaupten, das seien keine vollmächtigen Leute gewesen. Natürlich gab es Menschen, die dem zugestimmt haben; aber nicht unisono, dafür leben wir in einer gefallenen Welt, wo der Widersacher tobt und wo er gegen das Wort Gottes kämpft.

Und das müssen wir wissen, wenn wir meinen hinzugehen und wir werden Misserfolg haben, das kann passieren. Das kann passieren, dass du 40, 50 Jahre in deiner Familie verkündigst und keiner will es hören. Wenn Gott das im 50. Jahr macht, dann tu es auch ihm 51. Jahr, selbst wenn nichts passiert. Gott hat in seinem Heilsplan etwas dafür mit angelegt, dass das so sein soll. Gucke nicht auf das, was in der Welt die guten Performances sind, wo man nur den Erfolg sieht, sondern schau allein auf den Auftrag Gottes. Der Welt gefällt das nicht. Denn dann brauchen wir alle nicht ans Werk zu gehen.

Ich denke an die Berufung des Spurgeon, des vollmächtigsten Predigers des 19. Jahrhunderts. Spurgeon als junger Mann, 15 Jahre alt, wollte einen Gottesdienst besuchen, wo ein Prediger hinkommen sollte, dem so eine große Aura vorausging, der große Performances machte. Da wollte er hin. Er war in dem Moment, als er auf dem Weg war, sehr angefochten. Aber da ist ein schweres Schneetreiben und er kann nicht zu diesem Gottesdienst, der einige Kilometer entfernt war, hinkommen. Und dann besuchte er in der Stadt, wo er gerade ist, einen Gottesdienst bei einer Gemeinde, wo er noch nie gewesen ist, bei Methodisten. Dort geht er in diese Gemeinde hinein. Und von denen hat er bisher nichts anderes gehört als dass die laut singen würden. Das war die einzige Information. Aber er geht in dieses Gotteshaus am Sonntag, um nicht ohne Wort Gottes zu sein. Und die erwarteten wiederum einen Prediger, der von außerhalb kam. Aber weil da dieses Schneetreiben kam, war der auch nicht da. Jetzt saßen die und kein Prediger da. Zehn Uhr, nichts läuft dort. Und das kann ja nicht sein, dass die alle umsonst gekommen sind, da steht auf einmal ein ganz alter, klappriger, schwacher Mann auf, geht auf die Kanzel - das berichtet Surgeon später - und mit ganz schwacher Stimme ruft er aus dem Stegreif heraus der Gemeinde ein Wort zu: „Blickt auf mich aller Welt Ende, so werdet ihr selig werden, spricht Jesus Christus." Und dann schreit er nur in die Gemeinde mit seiner schwachen Stimme: „Blick auf Jesus. Blick, blick, blick auf Jesus!" Und das hämmert Gott durch diesen Boten in den Spurgeon rein. Da sagt er: Alles, was später gekommen ist, hat er nur dieser Predigt zu verdanken, wo er neu aufgestellt wurde. Wo dieser alte, schwache Mann in seiner kleinen, theologisch minderbemittelten Frömmigkeit dieses herausschreit. Er weiß nichts anderes: „Blick auf Jesus!“ Und dann schaut er immer noch auf Spurgeon zu - so erzählt er später - und das führt ihn wirklich zur Bekehrung und zum Durchbruch, zum Evangelium.

Ich habe mir manches Mal gefragt: Was werden wohl die Kirchvorsteher dieser Gemeinde, dieser Methodistengemeinde, hinterher über die Performance des alten Mannes gesagt haben. Die werden vielleicht gedacht haben: „Oh weh, oh weh, das darf uns nie wieder passieren, dass uns der Prediger ausfällt. Den müssen wir demnächst mit der Kutsche abholen“, oder sonst irgendwas. Das war sicherlich nicht etwas, was der Welt gefallen hat. Und ich weiß auch nicht, was die sich hinterher von ihren Gemeindegliedern haben anhören müssen, dass das so eine Predigt war. Aber eins war diese Predigt mindestens: Sie war vollmächtiges Wort Gottes, die einen anderen zum lebendigen Glauben geführt hat und aus dem der HERR ein wertvolles Werkzeug gemacht hat.

Seht ihr, so ist das mit den Diensten in dieser Welt. Da sind manchmal die ganz schwachen Performances, die so vermeintlich zum Misserfolg dienen, aber die bevollmächtigt sind. Nicht das, was groß und stark ist gilt was im Reich Gottes, sondern was unter dem Segen Gottes steht. Schon als Gott die Stadt aussucht, in der der HERR hineinkommt, Bethlehem. Nicht, weil sie groß und stark und wunderbar ist. Er hätte da auch in einen Tempel gehen können nach Jerusalem. Aber er geht nach Bethlehem, weil die Stadt klein und schwach ist. Wichtig ist nur eins, dass Gott Dinge bevollmächtigt. Das tut Gott. Wir müssen den Auftrag nur treu ausrichten. Wir brauchen uns nicht darum zu scheren, was Menschen denken. Nur auf Gott schauen und nur das ausrichten, was ER macht. Und dann werden wir uns wundern, wie der Mose, wie Gott Worte bevollmächtigt und wie Gott Worte bestätigt. Wie mit der Schlange und dem Stab. Eine Schlange! Da erschrickt man selber! So geht es einem Prediger, der am Wort bleibt. Da merkt man manchmal gar nicht, was der heilige Gott wirklich tut an Bestätigung, weil man gar nicht übersehen kann, was das Wort ausrichtet. Das möchte ich dir auch sagen: Wenn du Angst hast davor, dass irgendwie der menschliche Misserfolg kommt; wie bei Mose, dass sie sagen: Das hat dir Gott gar nicht gesagt, das darfst du gar nicht tun, du bist kein Pfarrer, du bist das und das nicht. Wenn Gott dich beauftragt hat, dann geh den Weg. Sei Zeuge und nimm den Dienst auf, ganz gleich, wozu Gott dich gerufen hat.

Ein Viertes: Der beschränkte Intellekt als Ausrede. Jetzt kommt Mose nochmal zurück auf seinen beschränkten Intellekt. Lesen wir in Versen zehn bis zwölf:

> ***Mose aber sprach zu dem HERRN: Ach, mein HERR, ich bin von jeher nicht beredt gewesen, auch jetzt nicht, seitdem du mit deinem Knecht redest; denn ich habe eine schwere Sprache und eine schwere Zunge. Der HERR sprach zu ihm: Wer hat dem Menschen den Mund geschaffen? Oder wer hat den Stummen oder Tauben oder Sehenden oder Blinden gemacht? Habe ich's nicht getan, der HERR? So geh nun hin: Ich will mit deinem Munde sein und dich lehren, was du sagen sollst.***

Das erlebe ich auch immer wieder, dass ich mit lieben Schwestern und Brüdern zu tun habe, ganz treuen Nachfolgern. Die kommen genau mit diesem Problem. Und der Widersacher hat sie da so aufgestellt und ihnen so gesagt: „Na ja, du bist nur Volksschüler." Ich weiß noch von einer ganz treuen Schwester. Die kam so: „Ich bin doch nur Volksschülerin. Ich kann doch nicht zu meinen Kindern und Enkelkindern so sprechen." Das hat überhaupt keine Bedeutung, ob ich Professor Doktor bin oder ob ich eine Volksschülerin bin oder ob ich vielleicht gar keinen Schulabschluss habe. Zum Zeugnis des HERRN sind wir alle gerufen! Wenn wir das tun, dann wird Gott unseren Mund segnen und ER wird wirken. Ich erinnere noch mal an diese

Geschichte mit Spurgeon. Da kamen nicht die großen Prediger an diesem Sonntag zu Spurgeon, um ihn zu berufen. Da kam ein ungebildeter Laie, alt und schwach. Und der hatte nur eine ganz einfache Botschaft. Aber Gott bevollmächtigt, das dürfen wir wissen.

Das sind in der Bibel nicht immer die großen Intellektuellen gewesen. Petrus ist vermutlich Analphabet gewesen, konnte vielleicht erst später zum Ende seines Lebens lesen und schreiben. Der war Fischer von Beruf. Die konnten normalerweise nicht lesen und schreiben. Der ist von Gott berufen, das ist der Fels der Kirche. Das war eine Laienbewegung. Jesus ist nicht in den Tempel gegangen und hat gesagt: Ich nehme jetzt mal die besten Schriftgelehrten alle mit, alle, die ne Eins im Abitur hatten. Nicht mit denen will ich Reich Gottes bauen, sondern mit den ganz Einfachen, mit den Sündern, mit denen, die ganz einfach sind, mit denen baut ER sein Reich. Und anders geht es nicht. Wenn die sich nicht dem Zeugnis stellen und sich nur auf die Theologen verlassen, oh arme Kirche, das geht immer schief! Gerade die, die eine schwere Zunge haben, die nicht reden können, die sind dran. Paulus, obwohl ein Intellektueller, aber das war ein ganz schwacher Prediger. Wir lesen in der Apostelgeschichte, da predigt Paulus einmal so langweilig, da pennt einer am Fenster, fällt runter und ist tot. Aber weil Paulus vollmächtig ist, hat ihn Paulus auferwecken können. Eutychus, heißt „guter Schlaf“, ist eine ganz witzige Geschichte. An anderer Stelle, im 2. Korintherbrief, da ist aufgeschrieben, wie manche sagten im übertragenen Sinn: Paulus, du bist so eine Flasche, wir wollen dich nicht mehr als Apostel haben. Du hast gar keine Vollmacht wie die anderen. Aber Gott wirkt durch ihn. Er ist kein großer Redner und Mose eben auch nicht. Aber Gott gebraucht das, Gott ist mit unserem Mund.

Diese Lektion, dass es nicht auf den Intellekt ankommt, habe ich mal ganz hart lernen müssen von unserem Gott. Da bin ich Vikar gewesen in der Gemeinde bei Marburg. So mitten im Studium musste ich eine Probepredigt halten, die wurde von der Landeskirche vorgeschrieben. Und mein Mentor musste die Predigt beurteilen. Mein Bruder, auch Doktor der Theologie, der ist auch zu diesem Gottesdienst gekommen. Ich hatte mich richtig vorbereitet. Die Predigt, die ich da geliefert habe, das war ein intellektuelles Meisterstück. Da ging es um Markus 2, die Heilung des Gelähmten. Ich habe diese Predigt gehalten aus der Sicht des Gelähmten. Ich habe so erzählt: Ich bin gelähmt, habe keinen Bock mehr aufs Leben, da kommen die Freunde und schleppen mich zu Jesus. Ich erlebe Jesus, der macht mich wieder gehend. Dann habe ich die Geschichte so weiter erzählt, dass ich nicht nur gehend wurde, sondern auch ins ewige Leben eingehen konnte. Es war eine brillante Geschichte, so eine Ich-Erzählung. Da war ich so voll angetan, die war Spitze, und mein Vikarsvater auch Theologe, der sagte auch „Latzel, ganz brillant“ und hatte eine ganz hervorragende Beurteilung geschrieben. Mein Bruder, der sonst sehr kritisch ist, weil er theologisch ganz anders tickt, hat gesagt: „Olli, das war 1a.“ Aber! Das, was die beiden Theologen sagten, war nicht das, was die Gemeinde empfand. Als ich dann draußen stand, die Gemeinde war nicht so groß, und habe mich immer per Handschlag verabschiedet, da sagten die: „Herr Latzel, gute Woche! Schöne Lieder haben sie herausgesucht!“ Null Reaktion auf das, was ich gesagt hatte. Da war überhaupt nichts, da war ich sehr enttäuscht. Da habe ich gemerkt: Das ist nicht angekommen. Sie haben mich angehört, rhetorisch gut, aber naja... Die nächste Woche, am Samstagabend, kriege ich einen Anruf. Da ruft mich ein Vikarsvater an und sagt mit gebrochener Stimme: „Ich kann morgen nicht predigen, ich habe die Stimme verloren. Sie müssen morgen Dienst tun.“ Und wenn man ein gestandener Prediger ist, dann ist das nicht das Problem. Da hat man immer etwas, was man machen kann, da kommt man schon zurecht. Aber wenn man dann im Vikariat ist, da hat man nicht so viele Predigten und nicht so viel Erfahrung. Dann durchfährt einen auf einmal der Schock des Lebens. In acht Stunden muss ich auf die Kanzel. Letztes Wochenende noch die ganz große Geschichte. Und jetzt das? „Machen Sie irgendwas“, sagt er, „egal was Sie machen, ich kann nicht mehr..." Bums! Jetzt stand ich. Da habe ich eine Predigt gehalten über ein Wort, da wollte ich immer schon was drüber gemacht haben, das stand in dieser Kirche über so einem Seitenschiff: 1. Thessalonicher 5, Vers 18: ***Seid dankbar in allen Dingen.*** Diese Predigt war so ein Aufruf zur Dankbarkeit. Und wenn Sie ein bisschen häufiger bei mir in den Predigten sind, dann wissen Sie, manchmal neige ich dazu, wirklich die Gemeinde anzuschreien und so richtig aggressiv aufzufordern. Aber diese Predigt war so das Aggressivste und Brutalste, was ich je gehalten habe. Wo ich schon bei der Predigt auch selber merkte: „Was hast du hier für einen Weg, wo gehst du hin?" Das war ganz schwierig. Das war eine seltsame Situation. Ich merkte beim Predigen: „Oh, das geht in die falsche Richtung." Aber ich war jetzt so eingespurt, dass es überhaupt nicht mehr funktionierte, das anders herum zu drehen. Mein Bruder, der noch einmal an diesem Sonntag da war, der hat nach dem Gottesdienst die Hände überm Kopf zusammengeschlagen und gesagt: „Das war wie Tag und Nacht. Das war die ganz große Katastrophe. Finsterstes Mittelalter. Olli, das ist ne Katastrophe!" Die Beurteilung meiner ersten und zweiten Predigt, da war ich mit meinem Bruder sehr ähnlich. Aber was die Gemeinde mitgenommen hat, das war ganz anders. Auf diese zweite Predigt habe ich unglaubliche Reaktionen bekommen. Mir haben Leute Briefe geschrieben, was ich sonst nie erlebt hatte zu Predigten, wo Menschen angesprochen worden sind durch das Wort Gottes. Nicht, weil ich das geplant hatte. Die andere, die erste Predigt war geplant. Da hatte ich mir ausgemalt, wie Leute reagieren und was sie verstehen sollten. Bei der zweiten Predigt war gar nichts geplant, aus dem Stegreif dahin gehauen. Aber es passierte nichts. Aber das war das, wo ich sagen darf: Da habe ich als Prediger gemerkt und damit hat Gott mir was gezeigt. Es kommt nicht auf deinen Intellekt an. Es kommt nicht auf die rhetorische Brillanz an, die du an der einen oder anderen Stelle einbaust, sondern nur darauf, dass ich mit dem Mund bin. Das habe ich so deutlich gemerkt und das ist mir eine Demut geworden: Ich habe keine Verfügungsgewalt über das, was ich sage. Das geht mir häufig so.

Ich predige Dinge und weiß gar nicht was passiert, was Gott hier ausführt. Das Einzige, was ich weiß, ist das: Wenn ich auf die Kanzel zu gehen habe, ich mit meinem beschränkten Intellekt, dass Gott die Predigt segnen muss! Auch das ist ja wieder so eine Standardformulierung, wenn Sie häufiger kommen, dann wissen Sie das, dass ich jedes Mal predige, nachdem der Predigttext verlesen ist, „segne du selber das Reden und das Hören deines heiligen und lebendigen Wortes“. Das mache ich jedes Mal, weil ich weiß, ohne das geht es nicht! Das ist mir so wichtig. Und da möchte ich Sie auch darum bitten: Wenn Sie in den Gottesdienst kommen, beten Sie immer wieder für mich, aber nicht nur für mich, sondern für jeden Prediger, dass Gott die Predigt bevollmächtigt. Wir als Prediger, als Pastoren, als Laienprediger, wir können nur dann sprechen, wenn Gott mit unserer Zunge ist, wenn er unseren Mund lehrt und führt. Das ist ganz wichtig. Aber wenn das so ist, dann dürfen wir auch überall hingehen und sollen genau das sagen, was der HERR uns gibt. Und dann gibt es nichts herauszureden. Das dürfen wir wissen: Ganz gleich, wie schwer unsere Zunge ist, wie stark wir in der Ausbildung sind, es kommt nur auf eines an, dass der HERR unseren Mund bevollmächtigt.

Jetzt kommt es ganz dick. **Eine fünfte und letzte Ausrede: Die eigene Lustlosigkeit.** Die ersten vier, da kann man sich ja noch darüber Gedanken machen und die haben auch eine gewisse Ehrlichkeit. Da geht ja Gott auch noch drauf ein. Aber bei der fünften, da geht es ganz anders, denn hier geht es um die eigene Lustlosigkeit als Ausrede. Da heißt es zum Schluss in 2.Mose 4,13-17:

> ***Mose aber sprach: Mein HERR, sende, wen du senden willst. Da wurde der HERR sehr zornig über Mose und sprach: Weiß ich denn nicht, dass dein Bruder Aaron aus dem Stamm Levi beredt ist? Und siehe, er wird dir entgegenkommen, und wenn er dich sieht, wird er sich von Herzen freuen. Du sollst zu ihm reden und die Worte in seinen Mund legen. Und ich will mit deinem und seinem***

Munde sein und euch lehren, was ihr tun sollt. Und er soll für dich zum Volk reden; er soll dein Mund sein und du sollst für ihn Gott sein. Und diesen Stab nimm in deine Hand, mit dem du die Zeichen tun sollst.

Jetzt kommt's wirklich so ganz menschlich. Ich glaube, das ist so die Hauptausrede, die wir auch häufig gebrauchen. Alle anderen spielen auch eine Rolle. Aber so die Hauptausrede, die wir häufig haben in der Nachfolge oder wenn wir den klaren Auftrag kriegen, ist dieses: „Ich hab keinen Bock!" Das steht zwar nicht im Urtext, aber das im Prinzip hier gemeint: Sende, wen du willst, ich habe keinen Bock. Wir sagen das zwar nicht Gott genauso, aber wir ignorieren das. Ich habe einfach keinen Bock. Beim Pastor findet man andere Ausreden so nach dem Motto: „Geht nicht. An der Aktion kann ich nicht teilnehmen, weil mein Beruf ist wichtiger, meine Familie ist wichtiger, mein Garten ist wichtiger." Aber in Wirklichkeit: „Ich habe auch gar keinen Bock auf den ganzen Krempel." Wenn ich auf irgendwas Lust habe, findet jeder zu allem Zeit. Aber alle Dinge sind dann auf einmal wichtiger und haben eine höhere Priorität, weil ich in Wirklichkeit keine Lust darauf habe. - „Du gibst uns einen klaren Auftrag, Gott, aber sende wen du willst. Klar habe ich den Taufbefehl gehört für mein Leben, aber da kannst du auch andere schicken. Dafür zahle ich ja Kirchensteuer. Die können das ja machen. Sende, wen du willst!" Wir müssen uns das mal vorstellen: Hier geht es um das Rettungswerk des Volkes Israel, Befreiung aus der Knechtschaft und Mose verweigert sich, hat keinen Bock mitzumachen, bleibt lieber bei seinen buckligen Schafen und will da weiterarbeiten. „Sende, wen du willst!" Wenn man sich das klarmacht, dann sagt man: „Meine Güte, da ist das Urteil über den Mose klar mit seiner Ausrede." Aber da müssen wir uns fragen: Wie sieht es denn mit unserem Rettungswerk aus? Hier gibt's genug Ägypten um uns herum. Wir brauchen nicht bis nach Nordafrika zu fahren. Ägypten geht direkt schon vor unserer Kirchentür los, wo die Leute sind, die Jesus Christus nicht kennen und in der Knechtschaft leben. Und diese Welt schreit nach Erlösung, schreit nach Menschen, die anderen Menschen das Evangelium sagen und sie rausbringen! Und wenn man sich da verweigert, ich sage das in aller Klarheit, da wird Gott stinkend sauer. Das steht hier: „sehr zornig". Und zwar so zornig, so geht die Geschichte weiter, da kommt eine der dunklen Stellen im Alten Testament.

Professor Gerstenberg, bei dem ich im Alten Testament gehört und viele Seminare gemacht hatte, der sagte immer: „Es gibt drei dunkle Stellen, liebe Kommilitonen, die kann ich Ihnen nicht erklären: das ist Genesis 6, die Geschichte mit den Göttersöhnen; das ist Genesis 32, der Jabbokskampf und die Stelle in 2. Mose 4, die Geschichte des Blutbräutigams. - Als diese Geschichte hier fertig erzählt ist und Mose sich auf den Weg gemacht hat, dann heißt es (eine ganz furchtbare Geschichte!): ***Und Gott kommt Mose entgegen und will ihn töten.*** Gott will Mose töten, weil er diese Ausrede gebracht hat. Dann kommt seine Frau Zippora und sie wendet das ab, indem sie ihren Sohn Gerson beschneidet, Blut von ihm vergießt und sagt dann zu Gott: „Du bist mir ein Blutbräutigam". Eine sehr schwierige Geschichte und ich will Ihnen kurz sagen, was damit gemeint ist: Das ist eine Typologie, eine Vorwegnahme auf das, was Jesus Christus für uns getan hat. Der Sohn von Mose muss Blut vergießen, damit Mose nicht getötet wird. Und so ist es auch für uns, wenn wir uns Ausreden einfallen lassen, warum wir nicht mitmachen. Dann wird Gott auch zornig. Normalerweise müsste Gott seinen Zorn über uns vollstrecken, aber das tut er nicht, weil er das Blut seines Sohnes vergossen hat. Deshalb geht die Strafe an uns vorbei, und deshalb dürfen wir trotzdem neu in den Dienst, so war das auch bei dem Mose. Aber da wird Gott sauer. Da wird ER sauer, wenn wir nicht an das Rettungswerk gehen, weil wir dann mitschuldig daran werden, dass Menschen nicht gerettet werden.

Ich bin lange bei der Freiwilligen Feuerwehr als Fachberater und Notfallseelsorger viele Einsätze mitgefahren. Da haben wir häufig zusammengesessen bei der hauptamtlichen Wache in Siegen, manchmal zwei, drei Stunden Karten gespielt, und auf einmal kam die Alarmierung. Dann war klar: Irgendwo ist Not am Mann. Da ging's aber ratzfatz. Da mussten alle in die Autos und ich musste zusehen, dass ich überhaupt hinter denen herkam. Manchmal 50 jährige Männer, die waren oft doppelt so schwer wie ich. Aber die waren dann ganz schnell im Auto. Da blieb keiner sitzen. Wenn die sitzengeblieben wären, wenn's da eine Alarmierung gegeben hätte, und gesagt hätten: „Mir gefällt das Auto nicht, mit dem wir heute fahren. Ich will da nicht mitfahren. Und das Blaulichtgetöse ist mir zu laut, da will ich auch nicht mitfahren. Und der Kollege, mit dem ich da bin, mit dem will ich auch nicht mitfahren. Ich habe auch keine Lust, irgendeinen irgendwo aus einem Haus rauszuholen." Und als letzte Ausrede noch bekommen wir: „Ich habe auch gar keine Lust auf diesen Feuerwehrberuf. Da kann hinfahren, wer will!" Die wären sofort alle rausgeschmissen worden von der Feuerwehr, da hätten die keinen Platz mehr gehabt. Das wäre ganz selbstverständlich, die hätten kein Verständnis dafür gehabt.

Und genauso ist es im Reich Gottes. Da hat Gott auch kein Verständnis, wenn er Menschen beruft, in seinem Rettungswerk mitzumachen. Denn es ist genau dieselbe Ebene. Bei der Feuerwehr Siegen ging es um Leben und Tod. Und auch bei dem Rettungswerk Jesu Christi geht es um Leben und Tod. Das zu tun, wozu wir berufen sind als Christen. Das ist nicht unser frommes Hobby was wir haben, sondern hier geht es um Leben und Tod! Dass Menschen befreit werden aus der Knechtschaft der Sünde. Da gibt's nichts herauszureden, sondern da heißt es nur frisch ans Werk zu gehen.

Ich bin so froh, dass Mose nach all den Ausreden, die er gebraucht hat, dann ans Werk gegangen ist und zum vollmächtigen Werkzeug wurde und dass Gott so wunderbar durch ihn gewirkt hat. Und das wünsche ich mir für mein Leben, das wünsche ich mir auch für euer Leben: dass wir all unsere Ausreden letztlich zur Seite schieben und hingehen und sagen: „Jawoll, jetzt gehe ich frisch ans Werk. Ich gehe daran und nehme den Auftrag Gottes an, der da heißt, andere Menschen aus der Knechtschaft aus Ägypten zu führen, aus der Sünde zu befreien. Und das wird uns dann gelingen, dass wir andere Menschen aus der Knechtschaft in Ägypten führen, aus der Knechtschaft der Sünde, wenn wir den heiligen und ewigen Namen Jesus in dieser Welt ausrufen. Dazu möchte ich aufrufen: Tut das in der nächsten Zeit. Geht an euren Auftrag und gebraucht keine Ausreden, sondern ruft den Namen Jesus vor dieser Welt auf, dass Menschen gerettet werden für Zeit und Ewigkeit. Möge der HERR, unser Gott, dieses Wort an deinem Leben segnen. Amen.

Und der Friede unseres allmächtigen Gottes, der sehr viel höher ist als alle unsere menschliche Vernunft, ER bewahre unsere Herzen und Sinne in Christus, Jesus, unserem auferstandenen und lebendigen HERRN. Amen.

Von den Wegführungen des HERRN

2.Mose 13,17-22

> Gnade sei mit euch und Friede von dem, der da war und der da ist und der da sein wird in alle Ewigkeit, unser HERR, Jesus Christus, Amen.

Liebe Gemeinde, nicht alles was die neue Zeit mit sich bringt an technischen Errungenschaften, ist immer nur gut. Es gibt Dinge, die werden einem geschenkt. Die bringt die Technik mit sich. Da ist man einfach nur dankbar dafür. Ein solches Ding ist für mich das Navigationssystem. Im Jahr 2000 haben die Amerikaner ihre GPS-gestützte Navigation, das Global Positioning System freigeschaltet, auch für den allgemeinen Gebrauch. Bis dahin war das immer verschlüsselt, man konnte nur auf so hundert Meter genau orten. Jetzt war es auf einmal möglich, dass man auf den Meter genau feststellen konnte, wo die Position ist. Das haben sich dann Leute zu Eigen gemacht, vor allen Dingen Autohersteller, die dann Navigationssysteme in Autos und Handys eingebaut haben, damit wir besser navigieren können. Das ist ein großes Geschenk. Ich war am Wochenende zum Evangelisationseinsatz in Holzminden und am Freitagabend saßen wir da bei lieben Geschwistern zusammen. Und dann haben wir, die Älteren, so ein bisschen erzählt, wie das früher war, ohne Navi. Da haben wir nochmal für die Jüngeren erzählt, wie das war, wenn man früher in den Urlaub fuhr. Da hatte der Vater meistens das Lenkrad in der Hand, die Mutter saß daneben mit den riesigen Falk-Karten und da musste geguckt werden, wo denn da die nächste Abfahrt ist. Und wurde die verpasst, da wurde geschimpft und wieder geguckt und orientiert. Was die Navigationssysteme allein den Ehen gebracht haben! Wenn man in Urlaub fährt und da Ruhe ist, das wissen die zu schätzen als eine wunderbare Sache, die sich früher mit diesen Falk-Karten orientiert haben. Aber, so habe ich überlegt, als ich da am Freitag mit den Geschwistern gesprochen habe: So neu ist das ja eigentlich gar nicht. Ja, mit diesem GPS, das gibt's erst seit 15 Jahren etwa. Aber Navigationssysteme, Führung von „oben" (oben setze ich mal in Anführungszeichen), das gibt's ja schon viel länger.

Ich habe einen Text mitgebracht, wo solch ein Navigationssystem von oben, von unserem HERRN und Heiland für seine Leute eingesetzt wurde. Ein ganz wunderbarer Text aus 2. Mose 13, die Verse 17 bis 22, die wollen wir als Predigttext hören:

> ***Als nun der Pharao das Volk hatte ziehen lassen, führte sie Gott nicht den Weg durch das Land der Philister, der am nächsten war; denn Gott dachte, es könnte das Volk gereuen, wenn sie Kämpfe vor sich sähen, und sie könnten wieder nach Ägypten umkehren. Darum ließ er das Volk einen Umweg machen und führte es durch die Wüste zum Schilfmeer. Und Israel zog wohlgeordnet aus Ägyptenland. Und Mose nahm mit sich die Gebeine Josefs; denn dieser hatte den Söhnen Israels einen Eid abgenommen und gesprochen: Gott wird sich gewiss euer annehmen; dann führt meine Gebeine von hier mit euch fort. So zogen sie aus von Sukkot und lagerten sich in Etam am Rande der Wüste. Und der HERR zog vor ihnen her, am Tage in einer Wolkensäule, um sie den rechten Weg zu führen, und bei Nacht in einer Feuersäule, um ihnen zu leuchten, damit sie Tag und Nacht wandern konnten. Niemals wich die Wolkensäule von dem Volk bei Tage noch die Feuersäule bei Nacht.*** Amen.

Wir wollen beten: Lieber HERR und Heiland, wir wollen dir Dank sagen für diese gewaltigen Verse aus dem zweiten Buch Mose, in denen du uns Kunde schenkst von deiner Führung, die du deinem Volk damals geschenkt hast. Wir wollen jetzt die Predigt hören über diese Verse. Wir wollen dich bitten, dass du uns in dieser Predigt die Bedeutung dieses Geschehens, das du ein den Weg führender Gott bist, für unser Leben und unseren Glauben und dazu, dass wir das recht verstehen und annehmen können in unserer Situation. Dazu brauchen wir deine Hilfe und dein Geleit. Und darum wollen wir dich jetzt bitten, HERR: Segne du durch deinen Heiligen Geist das Reden und das Hören deines heiligen und lebendigen Wortes an uns allen. Amen.

Liebe Gemeinde, ich habe die Predigt überschrieben **Von den Wegführungen des HERRN** und habe fünf Punkte heute Morgen mitgebracht:

1. Des HERRN Plan für den Weg.
2. Des HERRN Führung auf dem Weg.
3. Des HERRN Umleitung auf dem Weg.
4. Des HERRN Mitnahme auf dem Weg.
5. Des HERRN Weichen vom Weg.

Das Erste: Des HERRN Plan für den Weg. Gott sitzt im Regiment und ER ist der HERR über Israel und ER hat einen Plan. Alles, was dort geschieht, ist planvoll. Es heißt sogar hier in dem Text, eine ganz wunderbare Stelle: ***Gott dachte...*** Als der Pharao das Volk hat ziehen lassen, führte sie Gott nicht den Weg durch das Land der Philister, das am nächsten war, denn Gott dachte, es könnte das Volk gereuen. Also der lebendige Gott überlegt ganz genau, wie ER sein Volk führen wird. Eine ganz fantastische Stelle. Gott hat einen Plan! ER steuert alles! Er hat Gedanken über sein Volk und weiß, wie ER sie am besten durch die Wüste führt. Und das hier ist nicht ein einmaliges Geschehen, sondern das passiert immer wieder, dass uns die Bibel deutlich macht: Gott hat für seine Leute einen klaren Plan, auch wenn wir manchmal diese Wegführungen nicht verstehen und die nicht kongruent sind mit unserer Lebensplanung. Also die Israeliten wären sicherlich auch lieber stracks den Weg gegangen und wären dann nicht insgesamt 40 Jahre in der Wüste geblieben. Das ist zwar eine ganz schöne Strecke von Ägypten nach Israel, aber wenn man gut zu Fuß ist, dann ist das auch so in zwei Monaten oder in sechs Wochen zu schaffen. Aber den Weg geht Gott eben nicht! ER hat einen anderen Plan. ER hat einen Plan bei seiner Führung. Das, wie gesagt, berichtet die Bibel immer wieder. Denken wir beispielsweise an das Richter-Buch, an den Richter Simson. Der verliebt sich dann in ein Philistermädchen, das darf gar nicht sein. Und sein Vater, ein frommer Mann, der regt sich furchtbar darüber auf. Das soll und darf doch gar nicht sein. Das ist doch jetzt ein Fehler. Aber dann heißt es in der Bibel, Richter 13,5:

> ***Aber sein Vater und seine Mutter wussten nicht, dass es vom HERRN kam, denn er suchte einen Anlass gegen die Philister.***

Gott lässt den Simson sich in dieses Mädchen verlieben, damit sie heiraten und damit es eben diesen Konflikt in diese Streitigkeit gibt. Es muss Krieg, es muss Streit geben. Das ist im Plan Gottes für Simson so angelegt. Das ist so. ER hat einen Plan für Simson.

Wir kommen jetzt ja von Weihnachten her. Da haben wir immer wieder in den ganzen Geschichten gehört von den Plänen, die Gott hatte mit seinem Sohn in dieser Welt, angefangen bei der Jungfrauengeburt. Das war ein Plan, wie ER, Gott, in diese Welt kommen sollte. Eben über eine Jungfrauengeburt hat ER schon diesen Plan ankündigen lassen im Alten Testament, über die Propheten. Und so ist es dann auch gekommen. Auch der Geburtsort Bethlehem: Das war genau geplant, eben von Gott, dass ER dort auf die Welt kommen sollte. Auch der furchtbare Kindesmord des Herodes: Ein Plan, den Gott damit hatte. Auch das kündigt ER an beim Propheten Hosea. Und auch, dass Joseph seinen Ziehsohn Jesus mit Maria nach Ägypten bringen musste: Alles das ist geplant und das können wir in der Bibel nachlesen.

Und wir gehen jetzt auf Ostern zu. Heute ist der letzte Sonntag nach Epiphanias. Auch in der Ostergeschichte wird uns immer und immer wieder gesagt, dass alles was da passiert, geplant ist von Gott. Bei dem Einzug nach Jerusalem sagt Jesus zu den Jüngern: Holt mal einen Esel, auf dem ich reinreiten kann; ihr werdet ihn da und dort finden und wenn euch einer fragt, sagt ihm dies und das. Der Judas-Verrat, diese furchtbare Sache, dieses ganz Schlimme: geplant! Selbst der Geldbetrag ist ganz geplant. Lesen sie nach in Sacharja 11. Alles geplant von unserem Gott!

Denken Sie an den Apostel Paulus, als der noch Saulus heißt, als der dem HERRN dann begegnet vor Damaskus. Und wie dann der Jünger Hananias gerufen wird: ...zu dem sollst du hingehen und sollst die Hände drauflegen, sollst ihn sehend machen und quasi eine Erstunterweisung im Glauben geben. Da sagt Hananias: HERR, hier liegt ein Fehler vor. So kann es nicht sein. Nicht mit dem Typen, das ist der größte Schlächter, das ist der schlimmste Typ, den wir kennen! Da sagt Gott: Lass mal bleiben, ich habe ein Plan für sein Leben: der muss viel leiden um meines Namens willen, er muss vor Könige und Große kommen und muss das alles verkündigen? Das steht ausdrücklich drin: ER hat einen Plan! König David reflektiert auf sein Leben, Psalm 139:

> ***Es war dir mein Gebein nicht verborgen, als ich im Verborgenen gemacht wurde, als ich gebildet wurde, unten in der Erde. Deine Augen sahen mich, als ich noch nicht bereitet war und alle Tage waren in dein Buch geschrieben, die noch werden sollten und von denen keiner da war.***

Da hat Gott schon einen Plan für das Leben Davids gehabt. Das sind ja nicht die Worte Davids, sondern es sind Gottes Worte, die ER David aussprechen lässt. Das ist ein Plan für sein Leben, als er überhaupt noch nicht gelebt hat. In Jesaja 65 lesen wir, das gilt dann für alle Menschen:

> ***Es soll geschehen, ehe sie rufen, will ich antworten. Wenn Sie noch reden, will ich hören, ehe sie rufen, will ich antworten.***

Auch da ist schon alles geplant. Bevor wir eine Bitte aussprechen vor dem lebendigen Gott, hat ER schon die Antwort, weil ER weiß was passiert. ER hat einen Plan für unser Leben. Und nicht nur für unser Leben, nicht nur für das Leben des Davids, die ganze Welt liegt in den Händen des lebendigen Gottes. ER steuert, auch wenn wir Dinge nicht verstehen. In Psalm 46 heißt es:

> ***Kommt her und schaut die Werke des HERRN, die er auf Erden anrichtet, der die Kriege steuert in aller Welt, der Bogen zerbricht, Spieße zerschlägt und Wagen mit Feuer verbrennt. Seid Stille und erkennet, dass ich Gott bin!***

Seid Stille und erkennet, dass ich Gott bin. Wir haben in der letzten Woche an die 75jährige Befreiung des Konzentrationslagers in Auschwitz gedacht, dieses furchtbare Menschenverbrechen, das geschehen ist in unserem Volk. Und wenn mich dann einer fragt „Wie konnte Gott das denn zulassen?" da kann ich das nicht beantworten, da kann ich nur sagen: „Seid stille und erkennet, dass ich Gott bin! Aber ich weiß, dass Gott auch da geführt hat. Ich weiß nicht, warum er das gemacht hat. Ich kann Dinge beschreiben, dass nach dem Holocaust Israel wieder möglich war, die Staatengründung Israels. Ich kann aber nicht erklären, warum Gott es so geführt hat und nicht anders. Das Einzige, was ich weiß, dass ER einen Plan mit Israel hat, dass ER einen Plan mit David hatte, einen Plan mit seinem Sohn hatte und dass ER auch einen Plan mit meinem Leben hat. Das ist etwas ganz Wichtiges, dass wir das wissen! Wir laufen nicht planlos herum. Gerade in den Niederlagen, in den schweren Dingen unseres Lebens, ist das ein großer Trost zu wissen: Gott hat einen Plan mit meinem Leben. Ich erkenne den nicht, mein Plan wäre anders für meine Wegführung. Aber Gott hat einen Plan.

Wir haben zu Beginn dieses wunderbare Lied gesungen „Weiß ich den Weg auch nicht". Dieses Lied hat Hedwig von Rädern geschrieben. Sie ist geboren worden in ein sehr reiches adliges Haus hinein. Der Vater, mit dem sie ein bomben Verhältnis hatte, alles war super; und mit zwanzig bricht die große Katastrophe hinein. Der Vater stirbt, der Gutshof brennt ab und sie verarmt völlig. Und dann, so aus der mecklenburgischen Domäne, kommt sie nach Berlin in eine kleine Mietswohnung, wo sie mit ihrer Mutter und ihrer Familie nun hausen muss. Also totaler sozialer Abstieg. Und es kommen mehrere Schicksalsschläge noch zusammen. Ein wirklich furchtbares Leben. Sie hadert mit Gott, bis sie dann auf einer Evangelisation von Elias Schrenk zu der Erkenntnis durchbricht: „Ich verstehe zwar nicht alles in meinem Leben, aber ER ist ja da. ER sitzt im Regiment. ER sitzt im Regiment und ER führt gut. ER hat einen Plan, auch wenn ich den nicht verstehe." Und dann hat sie dieses Lied als Reflex auf ihre furchtbare Situation gedichtet. Ein Lied, das dann wiederum für viele, viele, viele Menschen zum Trost wurde. Für die Balten-Deutschen ist das das Trostlied schlechthin geworden. So viele Menschen finden bis zum heutigen Tag bei Beerdigungen Trost und Halt in den Dingen, die sie ausgedrückt hat. Sie konnte ein Ja zu den Plänen Gottes finden und wusste sich am Ende ihres Lebens geborgen in den guten Händen Gottes, weil sie wusste: ER führt gut. ER hat einen Plan.

Das ist der erste Punkt das möchte ich dir und Ihnen zurufen: Gott hat ein Plan mit deinem Leben, auch wenn du meinst, mir stürzt alles übereinander, ich erkenne gar nichts mehr, es ist alles durcheinander. ER ist da, und ER hat einen Plan für dein Leben.

Ein Zweites: Des HERRN Führung auf dem Weg. Gott hat nicht nur einen Plan, sondern ihm ist auch daran gelegen, dass dieser Plan umgesetzt wird. Deshalb führt ER uns in dieser Welt. Das lesen wir hier:

> ***Und der HERR zog vor ihnen her, am Tage in einer Wolkensäule, um sie den rechten Weg zu führen, und bei Nacht in einer Feuersäule, um ihnen zu leuchten, damit sie Tag und Nacht wandern konnten.***

Na das ist mal ein Navigationssystem! Für die kleinen Dinger bei uns im Handy oder im Auto, schön und gut. Aber was ist das für eine Führung? Fantastisch! Das war nicht nur eine Führung, dass der Weg gewiesen wurde, sondern wenn es kribbelig wurde (das haben wir eben in der ersten Lesung gehört), dann hat Gott aus der Feuersäule geguckt und da wurden eben mal die Ägypter vernichtet. Das ist die Führung des lebendigen Gottes. Fantastisch! Das war, ich sagte das schon, eine spektakuläre Wegführung! Das tut Gott immer wieder, dass er spektakulär führt. So spektakuläre Wegführungen gibt es in der Bibel immer wieder, von denen berichtet wird. Denken Sie zum Beispiel an den Bileam, als der Israel verfluchen will. Der reitet auf seinem Esel daher und dann schickt Gott auch einen Engel, der sagt: Diesen Weg wirst du nicht gehen. Die Wegführung ist so spektakulär, dass der Esel sogar zu reden anfängt. Da muss der Bileam erkennen: diesen Weg darf ich nicht weitergehen; wenn ich weitergehe, werde ich sterben. Spektakuläre Wegführung.

Das erleben auch wir immer wieder, dass es diese spektakulären Wegführungen gibt. Wo man wirklich merkt: Mensch, da hat Gott einen Engel vorbeigeschickt, wodurch wir wirklich die Wegweisungen kriegen. Jetzt mal eine spektakuläre Wegführung aus meinem Leben. Anfang der 90er Jahre habe ich beim Jugendamt in Frankfurt gearbeitet. Da mussten drei unbegleitete eritreische Mädchen im Alter von 16 Jahren von Deutschland nach Seattle in die Vereinigten Staaten gebracht werden. Das ist mir übertragen worden, das sollte ich machen. Kein Problem, kriege ich alles hin, hatte die Adresse im Viertel, bin da rüber geflogen. Am Flughafen holte mich niemand dort vom Jugendamt ab. War ein bisschen schwierig, habe ich gedacht. Kein Problem, fährst du einfach mal zu der Adresse hin. Der Taxifahrer meinte schon: „That's not good idea!". Das Viertel, wo wir hinfahren wollten, war mehrheitlich von Farbigen bewohnt. Es war Freitagabend. Und ich als Weißer sollte mit drei farbigen jungen Damen dahin kommen. Das war keine gute Idee, das ist mir dann später auch klar geworden. Wir fuhren dann in dieses Viertel, das wurde immer schlechter, immer schlechter. Dann ließ er mich raus und ich dachte, die warten auf uns, es war 1 Uhr nachts. Ich gehe dann zu der Adresse, klingel da und nach einer gefühlten halben Stunde kam einer runter, der erklärte mir: „Diese Frau, diese Mutter wohnt nicht mehr da." Der Taxifahrer war weg und ich stehe da allein in so einem Ghetto, mitten in so einem Viertel in Seattle. Mir war klar: Oh, das war nicht gut. Was macht man dann? Die drei Mädels waren auch gläubig. Dann haben wir zusammen gebetet. Auf der Straße. Uns ist nichts anderes eingefallen. Ich hatte keine Ahnung, keine Orientierung, nichts. Jetzt war wirklich Not am Mann, um ein Taxi zu finden. Aber erstmal beten und Gott um Wegführung bitten. Und wir sagen das „Amen!", da kommt uns ein sehr finster aussehender Farbiger entgegen, und die Mädchen sprechen ihn auf Amharisch an. Das ist eine der Sprachen Äthiopiens. Dann antwortet dieser Mann auf Amharisch. Das ist ein Wunder, in der Stadt von 800 000 Einwohnern jemanden zu treffen, der Amharisch kann. Ich habe ihn erst mal erklärt, wie bescheuert da alles ist. Dann hat er uns sofort mitgenommen in seine Wohnung, hat telefoniert und morgens um 4 Uhr waren wir dann bei der Mutter angekommen. Das sind spektakuläre Wegführungen, wenn man Gott seinen Weg anvertraut und merkt, eigene Planungen gehen nicht mehr weiter.

Aber das sind eher die Ausnahmen. Die Regel ist, dass Gott wirklich regulär führt. Es ist nicht immer so gewesen, dass Israel durch eine Wolke und durch eine Feuersäule geführt wurde. Und bei mir muss, Gott sei Dank, auch nicht immer irgendein Mensch vorbeikommen, der mich dann irgendwie führt. Das Reguläre, was wir erleben, das ist die Bibel, das Wort Gottes, durch das uns Gott führt. Das hat er dann Israel auch ganz klar gesagt: in den Zehn Geboten, die Mose gegeben wurden; und durch die Propheten, wie der Weg auszusehen hat. So führt er uns bis zum heutigen Tag. Reguläre Führungen durch den lebendigen Gott. Er spricht durch sein Wort zu uns und dann ist es an uns, nur noch das zu tun, was sein Wort sagt. Das machen wir beim Navi ja ganz genauso. Wenn wir unser Urlaubsziel angeben und es sagt „Rechts abbiegen" oder „Links abbiegen", da fahren wir ganz stur hinterher, weil das Navi uns schon zum Ziel führen wird. Beim Wort Gottes ist es ganz genauso. Wenn das Wort Gottes uns etwas sagt, in der Predigt und in der persönlichen Bibellese, dann haben wir das auch zu tun. Das müssen wir genauso befolgen wie die spektakulären Führungen.

Auch hier möchte ich noch mal ein Beispiel von mir erzählen. Ich war Pfarrer, ganz jung, in meiner ersten Gemeinde in Trupbach-Seelbach im Siegerland. Da kriegte ich einen Anruf vom Kreisbrandmeister in Siegen, die brauchten einen Notfallseelsorger und ich sollte das machen. Ich hatte bis dahin mit Feuerwehr gar nichts zu tun. Abgelehnt! Nichts gemacht! Geht nicht! Dann haben die nochmal angerufen, diesmal der Stadtbrandmeister. Also erst hat der Kreisbrandmeister angerufen, dann der Stadtbrandmeister. Nee, das machst du nicht! Wieder abgelehnt! „Ich habe nichts mit Feuerwehr zu tun, ich habe genug anderes zu tun." Und dann weiß ich noch, wie ich eine Konfirmandenstunde vorbereitet habe. Da habe ich ein altes Manuskript aus dem Vikariat gesucht und gefunden über Lukas 10, der barmherzige Samariter. Und die Kernaussage in meinem pädagogischen Konzept, das ich für den Unterricht hatte, war: Nicht derjenige ist uns der Nächste, den wir zum Nächsten haben wollen, sondern der von uns möchte, dass wir ihm zum Nächsten werden. Das war die Kernaussage. Ich weiß noch, wie ich am Boden gesessen habe vor meinem Schrank und habe das gelesen. In dem Moment klingelt das Telefon. Da gehe ich ran und da ist wieder der Kreisbrandmeister sagt: „Das ist mir vollkommen egal, wenn du auch nochmal Nein sagst, wir brauchen dich hier!" Ich hatte das gerade gelesen, meine eigene Auslegung. Das ist ja auch so der Kern beim Gleichnis des barmherzigen Samariters. Da habe ich sofort „Ja!" gesagt, ohne die Presbyter dazu noch zu fragen. Denn es war klar: Das war ein Ruf Gottes. Er hat mir in seinem Wort etwas gesagt. Da musst du dann gehorsam sein, wenn die Führung klar ist. Ich hatte da weder Lust drauf, noch hatte ich die Zeit dafür. Aber das ist egal! Wenn Gott klar spricht und dich ruft und aus seinem Wort, da gibt's nur eins: auf diesem Weg hinterher. Der HERR führt uns den Weg. Und da ist es ganz wichtig, dass wir diesen Weg gehen. In Sprüche 16,9 heißt es:

> ***Des Menschen Herz erdenkt sich seinen Weg; aber der HERR allein lenkt seinen Schritt.***

Ich habe in meinem Manuskript das ***allein*** unterstrichen. Der HERR **allein** lenkt seinen Schritt. Und bitte glaubt mir, dann seid ihr gesegnet in eurem Leben, wenn ihr euch gegen die Führungen Gottes nicht wehrt, sondern sie annehmt, auch wenn die anders sind als ihr euch eure Wegführung erdacht habt. Des HERRN Führung auf dem Weg.

Ein Drittes: Des HERRN Umleitung auf dem Weg. In 2. Mose 13 heißt es hier:

> ***Darum ließ er das Volk einen Umweg machen und führte es durch die Wüste zum Schilfmeer.***

Gott macht einen Umweg. Dem lebendigen Gott wäre es überhaupt kein Problem gewesen zu sagen: Jetzt kriegen alle Philister Grippe und die liegen schlafend im Bett. Oder was weiß ich... Ich lasse auch alle sterben. Gar kein Thema! So könnte er auch führen. Da kann mein Volk gerade gehen, macht er aber nicht. Er lässt sie einen Umweg gehen. Das ist auch etwas ganz Interessantes, dass Männer und Frauen Gottes häufig Umwege gehen müssen.

Schon in der Bibel wird das immer wieder berichtet: von diesen Umwegen. Der Jacob hat sich da verknallt in die Rahel, die will er unbedingt haben. Und dann soll er dienen für sie sieben Jahre lang. Das macht er auch, denn dann soll er sie zur Frau bekommen. Er bekommt sie aber nicht, sondern die Lea. Nun muss er nochmal sieben Jahre warten. Was für ein Umweg!

Aber wenn man die Geschichte so betrachtet: Diese vermeintlich nicht so hübsche Lea ist gebärkräftig und kriegt sechs Kinder. Bei der Rahel reicht's nur für zwei und beim zweiten Kind stirbt sie auch noch. Also mit der Rahel wäre es nicht so gut gewesen. Es ging ja zumal um ein ganz großes Volk. Aber ich glaube nicht, dass Jakob das überblicken konnte in der Situation. Sondern er wird sich auch noch gedacht haben: Warum denn das jetzt schon wieder? Warum diesen Umweg? Er hat das nicht gesehen, aber als Ergebnis hat er hinterher zwölf Söhne, die eben das Volk Israel bilden. Oder Joseph in Ägypten, als er da verkauft wird von seinen Brüdern. Die hätten ihn doch auch nehmen können und direkt über die Sklavenhändler an den Pharao verkaufen können, der braucht ja auch immer Sklaven. Eben nicht! Erst muss er in das Haus des Potifar, dann muss er in den Knast. Im Knast, als er dann die Träume auslegt, kommt er erst nach Monaten frei und steigt dann schließlich über all seine Weisheit zum Vizekönig Ägyptens auf. Alles Umwege! Der Apostel Paulus, als er zum Glauben kommt, ist er Mitte dreißig. Er geht zur ersten Gemeinde, fängt seinen Dienst an und dann verschwindet er für zwölf Jahre in der Versenkung. Dass er schließlich Barnabas, der einen Auftrag in Antiochia hat, aus Tarsus holt. Zwölf Jahre ist er geparkt, und dann erst, als er nach den damaligen Maßstäben ein alter Mann ist, schon fast 50, geht sein großes Missionswerk los. Gott führte ihn auch einen Umweg! Das wird uns auch gesagt für die Wegführung Gottes, was das Ende dieser Welt angeht. Gott verzögert, so heißt es in 2. Petrus 3:

> ***Der HERR verzögert nicht die Verheißung, wie es einige für eine Verzögerung halten; sondern er hat Geduld mit euch und will nicht, dass jemand verloren werde, sondern dass jedermann zur Buße finde.***

Gott schiebt das Ende aller Zeiten immer weiter raus, macht nochmal eine Schleife, lässt uns nochmal einen Weg gehen als Gemeinde. Wir müssen noch länger in dieser buckligen Welt leben; weil ER eben möchte, dass noch mehr gerettet werden. Auch da geht ER einen Umweg!

Für uns ist es ja manchmal so: Wenn wir Umwege gehen, wenn es mit dem geraden Weg nicht so klappt, wie wir uns das vorstellen, da sind wir häufig frustriert und hadern mit Gott: „Warum denn so? Warum denn jetzt schon wieder dieser Stein im Weg? Warum dieses Unglück? Warum jetzt nicht geradeaus weiter so, wie ich es mir vorgestellt habe, sondern wieder einmal einen Schlenker machen und wieder mehr Zeit. Und wieder so ein Neuanfang." Aber so ist es bei Gott eben. Er geht manchmal Umwege und führt uns Umleitungen. Und wir wissen manchmal nicht, wofür es gut ist.

Es gibt diese wunderbare Geschichte und ich erzähle sie auch immer wieder in der Seelsorge, gerade wenn Leute sagen, dass es jetzt so ganz furchtbar ist, was passiert ist. Oder auch andersherum: Alles super, super! Wir klatschen in die Hände! Wir wissen das manchmal gar nicht, was für ein Segen so ein Umweg sein kann, so eine Umleitung oder so ein Stein im Weg.

Da ist diese Geschichte von einem Vater, der einen Sohn hat und die nur ein Pferd besitzen, die bettelarm sind und ein kleines Stückchen Acker bearbeiten. Eines Morgens ist dieses Pferd weggelaufen. Sie haben kein Pferd mehr und können den Acker nicht mehr bearbeiten. Und alle Leute aus dem Dorf kommen und sagen: „Was seid ihr für arme Leute! Wie furchtbar, dass das Pferd weg ist!" Und der weise Vater sagt: „Wer sagt euch denn, dass es ein Unglück ist?" Und tatsächlich, einige Tage später kommt das Pferd wieder, hat im Wald in der Freiheit viele Wildpferde gefunden, die sich dem Pferd angeschlossen haben. Und auf einmal hat der Vater ein ganzes Dutzend Pferde. Jetzt ist er der reichste Mann im Dorf. Da kommen wieder die Leute und sagen: „Oh, wie toll! Jetzt bist du der reichste Mann im Dorf! Wie du gesegnet bist!" Da sagt er: „Woher wollt ihr denn wissen, dass das ein Segen ist mit den vielen Pferden?" Und tatsächlich, als einige Tage später sein Sohn eines dieser wilden Pferde zureiten will, stürzt der furchtbar und bricht sich das Bein. Jetzt kommen die Leute wieder und sagen: „Das ist tatsächlich so schlimm, dass dein Sohn sich das Bein gebrochen hat. Wie schlimm, wie schlimm!" Auch da sagt wieder der weise Vater: Woher wisst ihr denn, dass das ein Unglück ist?" Und tatsächlich, einige Tage später bricht ein Krieg aus. Alle wehrfähigen Männer werden eingezogen. Nur der Sohn, der das Bein gebrochen hat, kann nicht mitmachen.

Und so ist das manchmal eben, dass wir denken, das ist der richtige Weg und so muss es jetzt sein und das ist alles, alles gut und richtig. Aber Gott hat einen ganz anderen Plan, ER macht es ganz anders. Und rückblickend können wir manchmal sagen: Mann! Das, was wir als große Katastrophe empfunden haben, ist ein ganz großer Segen geworden. Deshalb das Wort, was ich Ihnen zu Beginn zugerufen habe (Sprüche 3,5):

> ***Verlass dich auf den HERRN von ganzem Herzen. Verlass dich nicht auf deinen Verstand, sondern gedenke an IHN in all deinen Wegen. So wird er dich recht führen.***

Gerade wenn ihr Umwege gehen müsst, wenn es heißt: „Wieder eine Umleitung!" Da ist ein großer Stein auf dem Weg, den ihr eigentlich gehen wolltet. ER sitzt im Regiment, ER führt und ER hat einen Plan, wenn ER uns eine Umleitung führt.

Ein Viertes: Des HERRN Mitnahme auf dem Weg! Das müssen jetzt die Germanisten ein bisschen entschuldigen, denn die ***Mitnahme*** ist ein wenig reingepresst in diese Headline. Das heißt also nicht, dass die Israeliten den HERRN mitnehmen, sondern dass sie quasi für den HERRN wie so in einem Paket etwas mitnehmen. Und die Mitnahme, die hier bei den Israeliten passiert, sind eben die Gebeine Josephs. Da heißt es:

> ***Und Mose nahm mit sich die Gebeine Josefs; denn dieser hatte den Söhnen Israels einen Eid abgenommen und gesprochen: Gott wird sich gewiss euer annehmen; dann führt meine Gebeine von hier mit euch fort.***

Das ist auch so ein tolles Wechselverhältnis: Gott wird sich eurer annehmen und dann nehmt meine Gebeine mit. Da muss man sich fragen: Warum wird so etwas erzählt? Ich sage immer wieder: Es gibt keine Bemerkung in der Bibel, die keinen Sinn hätte, wo nicht eine Theologie drinsteckt. Und hier steckt eine ganze ganze ganze Menge Theologie für mich drin. Das ist ein ganz starker Vers und ich habe mir sogar überlegt, über diesen Vers alleine zu predigen und zu sagen, dass man die Gebeine Josefs mitnehmen muss. Aber ich will mich hierbei auf einen Punkt reduzieren. Als einige Wochen später sie am Sinai ankommen, kriegen sie die Zehn Gebote. Da kriegen sie etwas an die Hand gegeben die Israeliten, als Regel, eine kurze Gebrauchsanweisung für gelingendes Leben. Es gibt zwei Tafeln. Auf der ersten Tafel, die Gebote 1 bis 4, da steht, wie man sich Gott gegenüber zu verhalten hat. Auf der zweiten Tafel, die Gebote 5 bis 10, wie sich Menschen untereinander zu verhalten haben. Dazu gehört das Gebot: ***Du sollst deinen Vater und deine Mutter ehren, auf dass du lange lebest in dem Land, das die der HERR dein Gott gibt.*** Das einzige Gebot mit einer Verheißung. Und das ist eben ein Gebot, das nicht gerichtet ist an die 14jährigen, die so bisschen pubertär und aufmüpfig sind: „Hast es nicht gelesen das 5. Gebot: sollst Vater und Mutter ehren, jetzt mal schön Stille sein!“, sondern es ist ein Gebot an so Menschen in meinem Alter, die altersschwache Eltern haben und die nicht mehr können! Wo es heißt, die sollt ihr ehren. Die sollt ihr, jetzt kommen wir wieder zum Text zurück, „mitnehmen“. Ja sogar die Gebeine. Der Josef war ja nicht mehr am Leben, der war ja schon Hunderte Jahre tot. Aber selbst die mussten Sie mitschleppen und sollten sich drum kümmern. Das ist die Aufgabe für Israel. Das hat auch Israel unterschieden von allen anderen nomadischen Völkern damals, sie waren ja dann für 40 Jahre als Nomadenvolk in der Wüste. Für Israel galt und das war die Sensation, die anthropologische, soziologische Sensation: Ihr lasst eure Alten nicht zurück, sondern ihr nehmt sie mit!

Bei den Nomadenvölkern der damaligen Zeit war es ja so: Wenn Menschen alt geworden waren, dann waren sie ja für so eine Truppe, wenn da so 50, 60 Nomaden durchs Land zogen, eine Belastung. Das ist ja klar. Wenn einer dann alt geworden war und nicht mehr richtig gehen konnte, konnte vielleicht nicht mehr aufs Kamel und auch sonst nichts mehr beitragen, war nur ein Esser und brachte letztlich nichts mehr mit, dann war es ganz häufig so, dass diese Menschen eben zurückgelassen wurden. Da gibt es in der Soziologie einen Begriff für den sogenannten Senizid, also das Töten von Senioren, die rituelle Altentötung. Die hat man nicht selber umgebracht hat, aber man hat gesagt: Okay, wir können dem oder dem nichts mehr geben, weil, er ist nur ein Fresser. Er hält uns nur auf, mit ihm können wir nicht so lange Tagesmärsche machen, wir lassen ihn zurück. Da gibt's übrigens ganz viele Völker, wo man das auch noch bis ins vorletzte Jahrhundert so gemacht hat. Zum Beispiel bei den Buschmännern und bei den San, einem Volk in der südafrikanischen Kalahari-Wüste. Wenn die Altvordere hatten, die nicht mehr konnten, dann blieben die zurück und sind in der Wüste verhungert und verdurstet. Sie konnten nicht mehr jagen und wussten: Ich bin nur eine Belastung für meinen Clan. Oder bei den Inuit, bei den Eskimos, ist es ebenfalls so gewesen, dass sie sich zum Teil auf Eisschollen gesetzt haben und sind einfach von ihrer Familie weggegangen, um sie nicht weiter zu behindern. Und dieser Senizid, diese rituelle Altentötung, jemanden zurückzulassen und in seinem Schicksal zu wissen, dass dieser alte Mensch in einer Tages- oder Wochenfrist stirbt, das soll nicht in Israel sein! Die mussten die Gebeine Josefs mitschleppen und erst recht ihre lebenden Altvorderen. Dass ist etwas Sensationelles.

Du sollst deinen Vater und deine Mutter ehren, auf dass DU lange lebest...

Und das ist der Kern dieser Verheißung: auf dass ***DU*** lange Leben im Lande, das der HERR dir geben wird. So wie ***DU*** mit deinen Eltern umgehst, so werden deine Kinder auch mit dir umgehen. Und da sollen wir uns drum kümmern, dass etwas ganz Wichtiges! Jetzt können wir sagen: Die Mitnahme auf dem Weg, das war damals gewesen, zum Zeitalter wo die Nomaden waren. Und für uns? Wir wollen mal auf unsere Gesellschaft gucken, wo wir ganz häufig ähnlich so einen Senizid tun. Gucken Sie mal nach Holland, nach Belgien. Da hat man Euthanasie-Gesetze erlassen, wo eben Menschen, wenn sie alt und krank werden, dann abgespritzt werden. Da kommt der Arzt, der macht das alles. Das ist gar kein Thema, das können die da machen. Freiwillig, das kann doch jeder selber entscheiden. Aber was meinen Sie, was da für ein Druck in der Gesellschaft entsteht! Ja, wenn ich dann alt bin in meiner Familie und rechts und links die Nachbarn haben sich abspritzen lassen, um das Leben den Kindern zu erleichtern, dann ist bei den Kindern ja auch so halb die Erwartung: „Vater, wann ist‘s denn bei dir soweit? Willst du noch Weihnachten mitmachen oder geht's nicht schon vorher am ersten Advent, dass du dir die Spritze setzen lässt?!" Und wehe einer Gesellschaft, die hingeht und die Schwachen und die, die keine Stimme haben, abspritzt und tötet! Das ist teuflisch! Das ist am Ende des Lebens so, wenn sich um die Kranken und Alten nicht gekümmert wird. Das ist am Beginn des Lebens so, wenn Abtreibungen getan werden und die, die keine Stimme haben, getötet werden im Mutterleib. Und das ist auch so, wenn die Behinderten, die keine Stimme haben, getötet werden. Wenn heute entschieden wird von unserer Bundesregierung: Wir müssen jetzt Gesetze erlassen, wir müssen das ganz billig machen mit diesen Früherkennungen, wenn da jemand ein Down Syndrom hat. „Das ist nicht lebenswertes Leben", das sagt keiner. Das sagt keiner offiziell, expressis verbis. Aber implizit läuft das so. Das wird alles umsonst gemacht, weil das diagnostiziert wird. Also: Wegmachen! Das ist ja ganz wichtig, das muss man wissen: Das ist nicht gewünscht! Wir sind nämlich auch eine nomadische Gesellschaft. Wir laufen zwar nicht mehr in der Wüste rum mit unseren Zelten, aber wir laufen der Kohle hinterher! Und in dieser Gesellschaft, ohne Gott, wo der Mammon Geld regiert, da gilt nur noch derjenige was, der leistungskräftig ist, wie damals in diesen archaischen Kulturen. Da muss man eben von denen, die nur noch Geld kosten, erwarten, dass sie sich entweder töten lassen im Mutterleib oder eben sich, wenn sie alt sind, abspritzen. Das soll bei uns nicht sein, das ist ganz klar! Wir sollen unsere Alten mitnehmen! Da haben wir eine Verantwortung in der Familie, in der Gemeinde, dass ist etwas ganz Wichtiges. ***Du sollst Vater und Mutter ehren...*** Das ist etwas ganz, ganz Wichtiges, zu sagen: Wir sind nicht alleine auf unserem Weg, sondern gerade wenn wir stark sind, wenn wir im Saft stehen, dann sollen wir gucken: Wo sind denn diejenigen, denen wir Hilfe geben sollen und die wir mitnehmen sollen auf unserem Weg, Das ist der Wunsch des HERRN. Das möchte ER von uns, dass wir uns um die Altvorderen kümmern und dass wir sie mitnehmen auf unserem Weg. Abschließend lesen wir:

> ***Niemals wich die Wolkensäule von dem Volk bei Tage noch die Feuersäule bei Nacht.***

Ein fünftes und Letztes: Des HERRN weichen vom Weg. In der Seelsorge ist es häufig so, dass die tiefsten und furchtbarsten Erlebnisse von Menschen damit zu tun haben, dass Menschen von ihrer Seite gewichen sind. Wenn man dann da sitzt und der Ehemann eine andere gefunden hat, mit dem man fünfzehn Jahre gemeinsamen Lebensweg gegangen ist. Da sitzt die Frau in der Seelsorge und weiß nicht mehr, wie es weitergeht. Sie hat gemerkt: „Ich habe mich auf den Menschen verlassen, aber der ist gewichen. Alles kaputt!“ Man kann sich auf Menschen nicht verlassen! Mit eines der furchtbarsten Dinge, die ich erlebt habe (es ist hier in der Kirche gewesen), da ist nach dem Gottesdienst so ein achtjähriger Steppke zu mir gekommen und sagt zu mir, ob ich für ihn beten könnte. Da habe ich gesagt: „Na klar!“ Dann sagt er mir, warum. Und da hat er gesagt: „Pastor Latzel, meine Eltern wollen sich nächste Woche scheiden lassen. Bitte beten Sie, dass das nicht passiert und dass der Papa zurückkommt.“ Da kriegen Sie einen Stich ins Herz, weil Sie merken, was diesem kleinen Kind das Weichen des Vaters ausmacht und wie schwer das ist, was das mit ihm macht. Das sind die tiefsten Tiefen! Wenn dieses kindliche Urvertrauen gestört wird, wenn der, der sich auf Vater und

Mutter verlassen hat erleben muss, dass alles zerbricht. Ganz grausam!

Das gibt es, wenn Leute arbeitslos werden. Da hat man 30 Jahre einen bomben Job gemacht in der Firma und dann weicht die Treue des Arbeitgebers, der erklärt: „Wir müssen uns eben verändern mit all den Dingen. Du kriegst noch ein bisschen Abfindung. Aber das, was unser Arbeitsverhältnis war, das muss ich auflösen." Das Weichen von Menschen. Das geht bis hin zu Dingen, wenn ein lieber Mensch stirbt. Ich habe schon sehr häufig gehört, wenn ich dann Gespräche so sechs, acht Wochen nach der Beerdigung geführt hatte, dass dann die Ehefrau sagte: „Er hat mich alleingelassen, er hat mich verlassen." So ein Stück vorwurfsvoll. Da kann der Mann natürlich nichts zu. Er hätte vielleicht auch noch gerne gelebt. Aber dieses Weichen von Menschen, das sind mithin die tiefsten Enttäuschungen, wenn man das erleben muss. Ich habe mich auf den Menschen verlassen, mit dem habe ich meine Zukunft geplant und dann ist er nicht mehr da, weil er eben Blödsinn macht, weil er sich verführen lässt oder weil er einfach stirbt. Das sind Dinge, die Menschen erlebt haben und tief verletzen und dann oft große Probleme haben, in neue Bindungen hineinzugehen oder die Zukunft zu gestalten. Und da ist es gut, dass wir einen Gott haben, der nicht weicht! Niemals wich die Wolkensäule von dem Volk bei Tag, noch die Feuersäule bei Nacht. Niemals! Ein ganz starkes Wort steht in Josua 1, Vers 5. Da sagt Gott dem Josua:

> ***Ich will dich nicht verlassen und nicht von dir weichen.***

Ein ganz tolles Wort für Konfirmanden. Das wird in Hebräer 13 aufgegriffen:

> ***Denn der HERR hat gesagt*** (Josua 1,5)***: „Ich will dich nicht verlassen und nicht von dir weichen." So können wir getrost sagen*** (Psalm 118,6)***: „Der HERR ist mein Helfer, ich werde mich nicht fürchten; was kann mir ein Mensch tun?"***

Das ist ganz wichtig, dass wir bei unseren Wegführungen uns darauf verlassen: nicht auf Menschen, sondern auf den HERRN, auf IHN verlassen von ganzem Herzen, ganzer Seele, ganzer Kraft und dem Wissen, dann kann uns nichts passieren, weil ER nicht weicht. Jesus hat es uns zugesagt: ***Niemand kann sie aus meiner Hand reißen***, egal was da für Stürme und wie da die Angriffe sind. ***Niemand kann sie aus meiner Hand reißen!*** Und dann kann man auch so einen Losungstext verstehen, der uns heute gegeben ist: Jesaja 50, Vers 7:

> ***Aber Gott der HERR hilft mir, darum werde ich nicht zuschanden.***

Wenn mir Menschen helfen, da werden wir früher oder später immer zuschanden. Aber wenn Gott, der HERR mir hilft, der nicht weicht, dann ist alles in Ordnung. Das möchte ich dir, das möchte ich Ihnen zusprechen in Ihrer und eurer Situation, wo ihr euch momentan vielleicht auch verlassen fühlt. Wo ihr sagt: „Da sind sie von mir gewichen. Ich stehe da alleine da." Nein, ER, Jesus Christus ist da und er weicht nicht, nicht heute, nicht morgen, auch am Tag wenn du stirbst nicht. Wenn du an IHN glaubst, bist du in seiner Hand geborgen und dann kann dir nichts geschehen. Niemals, niemals weicht der HERR von den Seinen, wenn sie bei IHM bleiben. Und das ist ein Trost, mit dem wir immer wieder furchtlos nach vorne gehen können. ER, Jesus Christus ist da und er wird niemals von unserer Seite weichen.

Von den Wegführungen des HERRN: Des HERRN Plan für den Weg; des HERRN Führung auf dem Weg; des HERRN Umleitung auf dem Weg; des HERRN Mitnahme auf dem Weg und des HERRN weichen auf dem Weg. Ich habe die Predigt begonnen, indem ich von der Segnung des Navigationssystems gesprochen habe. Das ist etwas Tolles. Aber was viel, viel, viel toller ist, ist natürlich, dass wir auch Wegführung durch unseren HERRN und Heiland haben. Für uns gilt es, nur eins zu tun: uns dieser Wegführung immer bedingungslos und gehorsam anzubefehlen. Dann dürfen wir wissen, dass final alles gut werden wird. Amen.

Und der Friede unseres allmächtigen Gottes, der sehr viel höher ist als alle unsere menschliche Vernunft, ER bewahre unsere Herzen und Sinne in Christus, Jesus, unserem auferstandenen und lebendigen HERRN. Amen.

Der HERR wird König sein immer und ewig!

2.Mose 15,18

Gnade sei mit euch und Friede von dem, der da war und der da ist und der da sein wird in alle Ewigkeit. Unser HERR, Jesus Christus, Amen.

Liebe Gemeinde, der Predigttext besteht heute Morgen nur aus einem einzigen Vers, aus 2. Mose 15, Vers 18. Dort lesen wir:

Der HERR wird König sein, immer und ewig. Amen.

Wir wollen beten: Himmlischer Vater, Jesus Christus, Heiliger Geist, du bist unser König. Du bist nicht nur unser König, du bist auch der HERR und König über diese ganze Welt, über diese Erde und diese ganzen Galaxien, über alles, über Zeit und Ewigkeit. Du warst schon vor Beginn der Zeiten und du wirst immer sein, HERR. Wir wollen uns heute Morgen darüber Gedanken machen in dieser Predigt, was es heißt, dass du unser König bist und immer sein wirst. Und wir wollen dich bitten, dass du jetzt durch deinen Heiligen Geist, durch dein Wort zu uns allen sprichst; dass wir das neu für unser Leben verstehen und auch annehmen können, was es bedeutet, dass du immer und ewig König sein wirst. So segne du selber das Reden und das Hören deines heiligen und lebendigen Wortes an uns allen. Amen.

Liebe Gemeinde, diese Predigt hat einen Titel. Es ist die **PRI-Predigt**, weil sie drei Teile hat. **Der erste Teil** für das **P**, wie **Proklamation**. Im ersten Teil der Predigt geht es um eine Proklamation, um eine öffentliche Erklärung. Im **zweiten Teil** geht es um das **R**, um eine **Resolution**, ein abschließender Beschluss, der gefasst worden ist. Und im **dritten und letzten Teil** geht es um das **I**, um eine ganz klare **Instruktion**, eine konkrete Handlungsanweisung. Die PRI-Predigt zum Thema: ***Der HERR wird König sein, immer und ewig.***

Das Erste: eine Proklamation. So ein richtiger König, der hat Diener. Und wenn er etwas kundzutun hat oder wenn vom Königtum irgendwo die Rede ist, dann macht er das nicht selber. Dann kommen die Redner. In England ist es der Speaker und so etwas alles, die da sprechen und treten dann in Ornaten auf. Das ist auf Erden so, aber auch der HERR hat seine Leute, die sprechen in der Bibel, ganz große Männer. Mose, Josua, ein Paulus, ein Jeremia, ein Petrus. Immer wieder Männer und Frauen, die Dinge verkündigt haben. In der Kirchengeschichte, über zweitausend Jahre, hat der HERR immer wieder Männer und Frauen berufen, die Dinge für ihn aussprechen sollen. Unter anderem hat er auch den unwürdigen Pastor Latzel berufen, der soll auch Dinge für ihn ausrufen. Deshalb stehe ich heute Morgen hier und proklamiere das Erste und Wichtigste: Es gibt einen König dieser Welt: JESUS! Das ist eine öffentliche Erklärung, ich tue das hier öffentlich und das will ich auch überall tun: Es gibt einen König dieser Welt: JESUS! Wir leben hier zwar in einer parlamentarischen Demokratie. Wir werden demnächst, wer immer das werden wird, ein neues Staatsoberhaupt bekommen. Aber dieser Bundespräsident, das ist ja ein sterblicher Mensch wie wir. Wir haben einen König! Auch wieder nicht so einen sterblichen, wie der im Königshaus, sondern wir haben einen richtigen König, der immer und ewig ist: Jesus Christus! Aber dieser Predigtvers, das ist doch Altes Testament! Ist hier wirklich von Jesus die Rede? Natürlich ist hier von Jesus Rede! Überall, wo im Alten Testament HERR steht, ist von Jesus die Rede. Er ist der König! Und im Neuen Testament, ich habe eine Stelle mitgebracht, die habe ich euch auf den Predigtzettel geschrieben, wird das noch mal ganz deutlich gesagt, dass ER der König ist. Lukas 1, Vers 32 bis 33, die Ankündigung der Geburt Jesu. Da schickt Gott nicht irgendeinen Menschen, sondern da schickt er seinen Erzengel. Und der proklamiert dann folgendes:

Jesus wird groß sein und Sohn des Höchsten genannt werden; und Gott der HERR wird ihm den Thron seines Vaters David geben, und er wird König sein über das Haus Jakob in Ewigkeit, und sein Reich wird kein Ende haben.

Das sehen wir bei Lukas, das ist genau dasselbe, was in 2. Mose 15 ausgesagt wird, weil unser HERR, Jesus Christus, Gott selber ist. ER ist der König! Dass wir einen König haben, dazu spricht uns die Bibel immer und immer und immer wieder an. Das ist also kein Nebenthema, so in etwa: „Naja, der Latzel hat irgendwie nichts Besseres vor, keine bessere Predigtidee oder der vorgeschlagene Predigttext hat ihm nicht gepasst." Nein! Das ist Grundthema der Bibel! 2. Mose 15, das ist das Mose-Lied, der Mose-Lobgesang, als das Volk durch das Rote Meer gegangen war, eine ganz besondere Stelle in der Bibel. Dieser Mose-Lobgesang schließt ab mit diesem Wort: ***Der HERR wird König sein immer und ewig.***

Im Alten Testament, im Buch der Psalmen, da haben wir eine eigene Gattung der Psalmen. Es gibt ja Dankpsalmen, Lobpsalmen, Klagepsalmen und es gibt eine eigene Gattung, die heißt JAHWE-König-Psalmen. Da geht es nur drum, dass die Königswürde des HERRN verherrlicht wird. Der HERR ist König, heißt es da immer. Einen haben wir eben gehört: Psalm 96. Aber von Psalm 93 bis 99, all diese Psalmen sind alle JAHWE-König-Psalmen. Und diese Psalmen, die wurden gesungen von den Leviten am Tempel, zu all den Pilgern, die nach Jerusalem kamen, dass sie es immer wieder hörten. Es wurde öffentlich proklamiert in Jerusalem damals: Der HERR ist König, immer und ewig, der HERR ist König! Und auch hier im Neuen Testament bei Lukas, in der Offenbarung und immer wieder: JESUS ist der König. Und das darf ich heute Morgen noch einmal neu sagen: Es gibt einen König über uns allen, der immer und ewig sein wird: JESUS! ER ist der Höchste! ER steht über allem! Und dieser König, der ist so großartig, so fantastisch, dass wir uns das gar nicht groß genug vorstellen können. Stellt euch vor, was er im Großen und im Kleinen tut. Er hat diese ganze Welt geschaffen, uns alle, die wir hier sitzen. Diese Erde, die Milchstraße, die Milchstraße hat 300 Milliarden Planeten, 300 Milliarden! Und wir wissen heute, es gibt neben dieser einen Galaxie, dieser Milchstraße, 50 Milliarden weitere Galaxien. Aber das ist längst nicht alles. Abermilliarden von Galaxien, so viel

Großes hat ER gemacht, und das steuert und lenkt ER alles. Und das funktioniert alles. Und nicht nur im Großen, auch im Kleinen. Nicht nur das Große ist herrlich, auch so ein menschlicher Körper ist ja ein faszinierendes Gebilde. Wir bestehen ja aus Abermilliarden von Atomen. Ich habe einen Mediziner gefragt: „Wieviel Atome sind denn in mir drin?" Da sagt der: So genau kann man das nicht sagen. Aber so in etwa 10^{28} Atome, das sind in Nullen ausgesprochen 27 Nullen hinten dran. Unmöglich! Und die funktionieren alle in meinem Körper. Die alle hat unser HERR gemacht. Der Schöpfer, der König über allem! Das ist nicht so ein Mensch, der sich irgendwie, was weiß ich, mit so einem Mantel behängt und sich eine Goldkrone aufsetzt. Nein! Es ist der Schöpfer von allem, ER ist der König! Und das gilt es anzuerkennen, dass ER über allem steht und dass ER auch die absolute Macht und Befehlsgewalt in allen Bereichen hat. Es gibt keinen Bereich, wo dieser König nicht das Sagen hat. Das ureigene an einem König ist, dass er der Chef von allem ist. Und es ist wichtig, dass wir das anerkennen: Jesus Christus ist der Chef in allem! Wenn das nicht geglaubt wird, geht es immer katastrophal schief im eigenen Leben und auch im Leben eines Volkes.

Karl Barth, der große reformierte Theologe, hat einmal den Lutheranern vorgeworfen, dass sie die Zwei-Reiche-Lehre Luthers falsch verstanden hätten. Luther hatte ausgeführt, dass es neben dem geistlichen Regiment auch ein weltliches Regiment gibt. Und weil das in vielen Bereichen unseres deutschen Vaterlandes so verwurzelt war, hat Barth eine Linie gezogen von Luther über Bismarck zu Hitler. Und er sagt: „Die Königsherrschaft Jesu Christi ist nicht anerkannt worden." Aber Barth war der einzige Theologieprofessor im Deutschen Reich, der 1934 den Eid auf den Führer verweigerte. Er sagte: „Ich kann diesen Eid nicht leisten, weil ich einem Höheren gehöre. Deshalb kann ich nicht auf einen Österreicher einen Eid sprechen, der nur Gefreiter gewesen ist." Barth hat einen König gehabt. Deshalb hat er diesen Eid nicht geschworen und frühzeitig schon gesagt: „Wenn ihr weiter diesem Wahnsinnigen nachlauft und glaubt, das sei die Geschichtsoffenbarung, geht es schief."

Es gibt **nur einen** König: Jesus Christus! Das gilt für unser Leben, das gilt aber auch für den Staat. Dieser König hat mit dem, was er gesagt hat in der Bergpredigt, in den Zehn Geboten, in allem Recht und muss gehört werden. Und kein Politiker dieser Welt wird sich dereinst im Gericht herausreden können, dass er sagt: „Oh, das wusste ich nicht!" Die werden alle vor diesen König zitiert werden. Heute anerkennen viele noch nicht, dass Jesus Christus der König ist. Aber es wird die Zeit kommen, wo alle das sehen werden. Und dann werden diejenigen, die das nicht anerkannt haben, und ich sage das in aller Deutlichkeit, bestraft werden. Und diejenigen, die das anerkannt haben und diesen König bezeugt haben, die werden gesegnet werden. Deshalb möchte ich das hier noch einmal ganz deutlich ausrufen: Es gibt einen König über diese Welt, über diese Galaxie, über deinen Körper, über dein Leben, über alles. Dieser König ist Jesus Christus. Das ist das Erste. Das ist die Proklamation, die Erklärung: Es gibt einen König dieser Welt, Jesus Christus!

Das Zweite aus dieser PRI-Predigt, nach der Proklamation dieser öffentlichen Erklärung: **eine Resolution**, ein abschließender Beschluss. Ich darf Ihnen als Pastor von Jesus Christus, Pastor der Bremischen Kirche bin ich nur formal hier auf Erden, den abschließenden Beschluss des Königs dieser Welt mitteilen. Nämlich, dass dieser König Jesus beschlossen hat, dass du sein Kind sein sollst. Dieser König Jesus will niemanden dereinst im Gericht bestrafen. Das ist eben furchtbar, das will er nicht. Er will, dass alle gerettet werden. Deshalb ist er selber Mensch geworden, hat unsere Schuld getragen, auf dass wir für unsere Schuld nicht bestraft werden. Wir nennen das den „wunderbaren Tausch", der da geschehen ist. ER, der Hohe, macht sich niedrig, damit wir, die Niedrigen, erhöht werden können. ER möchte, dass wir seine Kinder werden. Das ist der schließende Beschluss von Gott, in 1. Johannes 3:

Seht, welch eine Liebe hat uns der Vater erwiesen, dass wir Gottes Kinder heißen sollen, und wir sind es auch.

Gott hat die Menschen lieb und möchte nicht, dass sie verloren werden. Deshalb wurde er in Jesus Mensch, damit wir seine Kinder werden können. Das heißt, wir werden Königskinder! Also das, was gestern der Fitness-Trainer in Schweden geschafft hat. Jetzt gehört er zur königlichen Familie und ist Herzog von einer Provinz. Der gehört jetzt dazu. „Oh, der hat es geschafft", sagen wir uns. Das werden wir auch. Wir werden auch Königskinder. Aber glaubt mir, das ist viel, viel, viel, viel mehr wert als irgendwie ein Titel, den irgendein Mensch verleihen kann. Wir sollen Königskinder heißen.

Nun versuch mal, in irgendein Adelsgeschlecht, gerade auch in den Hochadel in Europa, hineinzukommen. Also entweder müsstest du ganz viel Geld bezahlen, dass dich irgendeine verarmte Adlige adoptiert, oder du müsstest dich durch Zufall heiraten lassen, oder du schaffst es gar nicht. Das ist also so gut wie ausgeschlossen. Und die wählen sich ja alle auch. Ihr kennt alle den Prinz Albert von Monaco. Der wehrt sich immer dagegen, wenn da irgendwelche Frauen kommen und behaupten, sie hätten Kinder von ihm und das ist jetzt der Sohn... Und dann nimmt er seine Anwälte, dann kriegen die viel Geld bezahlt, damit sie es nicht weitersagen. Die wollen nicht, dass da irgendwelche Kinder dazukommen, mit denen will man nichts zu tun haben, die nicht standesgemäß sind.

Wir sind auch nicht standesgemäß Gott gegenüber. Gott ist der Heilige, der Ewige und wir, ich zuallererst, wir sind nur Sünder. Aber wisst ihr: ER will das unbedingt, dass wir seine Kinder werden. Das ist genau umgekehrt. ER will das unbedingt und wir wehren uns immer wieder dagegen, dass wir seine Kinder sind. Und ER will immer wieder, dass wir zu ihm kommen. Vor allen Dingen hat er auch alles dafür getan, dass alles was wir falsch machen aufgelöst wird und dass da ja nichts mehr im Wege steht. Wir müssen diesen Tausch, von dem ich gerade gesprochen habe - der Hohe wird niedrig, damit wir, die Niedrigen hoch werden - **nur annehmen**, dann sind wir ein Königskind. Wir haben einen Adel, der steht über dem von der Queen in England und dem König von Spanien und was weiß ich noch alles. Das möchte Gott für uns, das möchte ER für dich.

Ich weiß nicht, wo jeder Einzelne heute Morgen hier steht. Ob du diesen Tausch schon angenommen hast oder nicht. Wenn du den angenommen hast, dann darfst du dich heute Morgen neu darüber freuen, dass du ein Königskind bist. Du bist ein Königskind! Du bist Kind des Höchsten, dessen, der immer und ewig ist. Aber wenn du diesen Tausch in Jesus Christus noch nicht angenommen hast, dann darf ich dir im Namen Gottes zusprechen und darf dich bitten im Namen Gottes: Nimm diesen Tausch an. Das ist ja so bei einem Tauschgeschäft: da muss man einschlagen. Wie gut der Handel, der Deal dann auch ist, ich muss ihn akzeptieren. Das ist ein Handel, den wir da machen: Wir geben unsere Schuld ab, unsere Sünde, all unsere Verderblichkeit. Und der HERR gibt uns ewiges Leben. Großartig! Also, da muss man keine Sekunde drüber nachdenken. Wie schließe ich diesen Tausch ab? Man muss einfach nur an Jesus glauben und darauf vertrauen, dass das tatsächlich so ist. Das geht ganz klein los mit diesem Glauben. Da wächst so noch der Zweifel und alles. Aber du musst anfangen! Und dann bitte Gott immer wieder: „Mach mich nur stark im Glauben!" Du musst nur an Jesus glauben, dann ist dieser Tausch vollzogen. Dann darfst du wissen: du bist ein Königskind. Du bist ein Königskind, wenn du an Jesus Christus glaubst. Und ich darf dich noch mal bitten: Wenn du noch nicht zu Jesus gehörst, wenn du noch nicht geadelt bist durch das Blut unseres HERRN Jesus, nimm diesen Tausch an. Denn das ist der Wunsch Gottes an dich und der abschließende Beschluss auf Golgatha gewesen: ER will, dass alle seine Kinder werden. Johannes 1,3:

Seht, welch eine Liebe hat uns der Vater erwiesen, dass wir Gottes Kinder heißen sollen - und wir sind es auch!

Noch einmal. Diejenigen von euch, die schon lange mit Jesus gehen, ihr dürft es neu bestärkend für euer Leben annehmen: Ihr seid Königskinder. Euch kann überhaupt nichts geschehen, weil der, der über euch wacht, der König ist für immer und ewig!

Das war das Zweite, die Resolution, die Gott hat heute verkündigen lassen; seinen abschließenden Beschluss, dass alle seine Kinder werden sollen. Wir kommen zum **Dritten und Letzten** dieser Predigt, dieser PRI-Predigt. Nach Proklamationen und Resolution kommt **die Instruktion**: Du musst Bote des Königs sein. Eine Instruktion ist eine konkrete Handlungsanweisung. Jetzt kann man Instruktionen unterschiedlich formulieren. Und glauben Sie mir, an dieser Formulierung habe ich lange gefeilt und ich habe bewusst das „musst" eingesetzt.

Ich kriege das immer wieder vorgeworfen bzw. angemerkt, auch liebevoll korrigiert: „Mensch, Sie sind so hart! Geht das nicht ein bisschen weichgespülter?" Ich habe mir gerade in der letzten Woche darüber noch mal Gedanken gemacht: „Kann ich das ein bisschen mehr weichspülen?" Ich habe mir da juristisch kundigen Rat bei unserem Bauherrn geholt. Er ist ja promovierter Jurist. Den darf man da mal fragen. Und ich habe dann überlegt: „Was mache ich damit?" Denn ich hatte als Erstes „Du darfst Bote des Königs Jesus Christus" stehen. Nur wenn da „Dürfen" steht, das ist genau die juristische Definition, ist die Ausführung der Instruktion im persönlichen Belieben anheimgestellt. Also wenn hier stehen würde „Du darfst Bote des Königs Jesus sein", dann könntest du es dir überlegen, ob du es machst oder nicht.

Aber wir haben diese eigene Rechtsmacht nicht, weil es einen Chef gibt, der das angeordnet hat, der hat gesagt im Taufbefehl: ***Gehet hin in alle Welt und machet zu Jüngern alle Völker...*** Oder hier in dem Wort, was ich mitgebracht habe, Psalm 24, Vers 9: **Machet die Tore weit und die Türen in der Welt hoch, dass der König der Ehre einziehe!** Das ist ein Auftrag!

Wir sollen die Türen hoch machen! Da steht nicht: Überlegt euch mal, ob..." Das ist der Imperativ. Ihr sollt das tun!

Dann habe ich mir überlegt, könnte ich statt „müssen" vielleicht „sollen" schreiben: „Du sollst Bote des Königs." Bei Sollen würde es heißen: Die Ausführung dieser Instruktion soll ich eigentlich tun, aber bei massivsten Schwierigkeiten kann ich sie unterlassen. Klaus Bartels hat mir erklärt, das wäre ein Regel-Ausnahme-Verhältnis. Auch das steht in der Bibel nicht! Wir sollen es tun, unter gegebenen Umständen? Nein! Wir **müssen** es tun! Es gibt kein Regel-Ausnahme-Verhältnis. Es gibt nichts, was dem im Wege steht, dass wir Bote des Allmächtigen, dass wir Bote von Jesus Christus sind. Da steht **müssen**, das ist eine Instruktion, die müssen wir immer und unter allen Umständen umsetzen. Wir **müssen** verkündigen, dass Jesus Christus der dieser Welt ist, der König dieser Welt. Und zwar ich muss das tun! Und ihr müsst das tun! Wie gesagt, ich habe da lange darum gerungen und habe nicht nur mit unserem Juristen Klaus Bartels gesprochen. Ich habe vor allen Dingen mit dem HERRN gesprochen. Dann hat der HERR mir gestern ein Wort gegeben. ER hat mich dann noch mal ganz sicher gemacht. Das Wort steht in 1. Korinther 9,16. Da heißt es:

> ***Denn dass ich das Evangelium predige, dessen darf ich mich nicht rühmen; denn ich muss es tun. Und wehe mir, wenn ich das Evangelium nicht predigte!***

Wer das Evangelium nicht predigt, wer nicht davon weitererzählt, dass Jesus Christus der König ist, der ist nicht wirklich Königskind. Und ich sage das in aller Härte: Wenn ich Königskind bin, wenn ich den Heiligen Geist in mir habe, wenn ich erfüllt bin vom Glauben, von dem, was Jesus an mir getan hat, dann kann ich nicht schweigen, dann muss ich reden von diesem Jesus Christus! Es geht gar nicht anders. Dann muss ich davon weitererzählen. Wenn ich schweige, dann habe ich es letztlich im Heiligen Geist nicht begriffen. Deshalb **müssen** wir es tun! Weil, wenn wir es nicht tun, sind wir in letzter Konsequenz gar nicht gerettet. Aber wenn wir gerettet sind, wenn wir dieses Gefühl der Rettung, was Jesus für uns auf Golgatha getan hat als unser König, in uns spüren, dann geht es nicht mehr, dass wir die Klappe halten. Dann werden wir selbst reden, wenn sie uns in die Gefängnisse schmeißen, wenn sie uns foltern oder sonst was tun. Wir müssen davon sprechen! Wenn man ein Königskind ist, und das möchte Gott von uns und wir haben hier viele Königskinder sitzen, dann hat man viele Rechte, dann ist man reich beschenkt und kann viele Dinge tun. Aber man hat auch Pflichten. So ist es auch bei den Königskindern Jesu Christi. Die sind geheißen - wenn sie das gespürt haben, dass sie gerettet sind - in diese Welt zu gehen und das Rettungswerk weiterzutreiben.

Liebe Brüder und Schwestern, wir befinden uns in einem Kampf! Es kämpft der König Jesus Christus gegen den Widersacher. Denn der Widersacher versucht, Menschen zu töten, in die ewige Verdammnis zu führen. Unser HERR, König und Gott, Jesus Christus, versucht Menschen zu retten. Da geht es nicht drum, ob eine Fußballmannschaft gewinnt oder verliert, also so Nebensächlichkeiten. Hier geht's wirklich um Leben und Tod und zwar nicht um ein paar Jährchen und Jahrzehnte hier. Sondern es geht um ewigen Tod und ewiges Leben. Deshalb ist das nicht etwas, was wir uns ausdenken und aussuchen könnten, ob wir verkündigen oder nicht, dass Jesus Christus der König ist, sondern das müssen wir tun. So, wie Paulus das sagt: ***Und wehe mir, wenn ich das Evangelium nicht predigte!*** Wehe, wenn ich das Evangelium nicht weitersage! Da werden wieder einige sagen: „Was verlangt der denn da von uns?“ Ich verlange nichts, das sagt Gott in seiner Handlungsanweisung für unser Leben! Jesus sagt uns, dass ER der HERR ist. Und Jesus sagt uns, dass wir IHN zu verkündigen haben, dass wir seine Königswürde in dieser Welt zu sagen haben. Drehen wir es einmal um. Stellen wir uns einmal vor: Punkt 1 stimmt: Es gibt EINEN König für diese Welt, dass das wirklich wahr ist, es stimmt! Und es ist ja tatsächlich so, dass dieser König will, dass wir alle Königskinder werden, damit wir ewiges Leben kriegen. Ja, dann **müssen** wir doch reden. Wenn das stimmt, dann können wir nicht schweigen. Und zwar nicht nur der Pastor sonntagmorgens zwischen 10 und 11 Uhr, sondern die ganze Gemeinde. Jeder, der Königskind ist! Ich bin ja nicht irgendein privilegiertes Königskind. Ich habe zwar dieses schwarze Ding an halt, aber meine Aufgabe ist die öffentliche Verkündigung. Ihr sollt auch das weitersagen, dass Jesus DER König ist. Und das ist die Hausaufgabe für euch, für jeden von euch der Königskind ist, dass ihr in der nächsten Woche hingeht und das weitererzählt. Du hast als Hausaufgabe hinzugehen und einem anderen Menschen - wo du weißt, dass er Jesus noch nicht kennt - noch einmal zu bezeugen, zu proklamieren vor ihm, dass Jesus Christus DER König dieser Welt ist. Du kennst genug Menschen, die das nicht wissen, und Gott ruft dich heute auf, das weiterzutragen. Eine klare Instruktion. Und wenn du es nicht von Angesicht zu Angesicht machen kannst, dann schreib demjenigen einen Brief oder derjenigen eine E-Mail. Wo du das genau zum Thema machst und sagst, du hättest das am Sonntag im Gottesdienst neu gehört als Auftrag für dein Leben, und du müsstest das weitergeben. Du sollst mal sehen, was passiert. Bete da drum, dann passiert etwas!

Warum sieht es denn in unserem Vaterland so schlecht aus mit dem Wort Gottes? Warum läuft das denn nicht? Weil wir, die Kinder Gottes, zu schweigsam sind, weil wir darüber nicht sprechen, weil wir es nicht mehr öffentlich proklamieren! Ja, die Leute wissen: „Ja, der hat einen Fisch am Auto und sonntags fährt er in die Kirche." Na und? Gehen wir noch mal hin und sagen das Thema auf den Kopf zu: „Es gibt einen König in dieser Welt, der will, dass du sein Kind wirst. Er lädt dich ein." Was daraus wird, wird Gott selber machen. Aber das hat er uns gerufen zu tun: Wir sollen seine Zeugen sein. Er hat dich schon in deiner Taufe gerufen, Zeuge für ihn zu sein. Im Losungstext für heute, im Psalm 143,10 steht:

Lehre mich tun nach deinem Wohlgefallen, denn du bist mein Gott; dein guter Geist führe mich auf ebner Bahn.

Wenn du da ein bisschen innerlich aufgewühlt bist und sagst: „Ich will das nicht, was der Latzel mir sagt!“ Dann prüfe dich im Gebet vor Gott frage Gott „Ist das richtig? Soll ich das wirklich tun?“ Und der HERR wird dich durch seinen guten Geist führen. Er wird dir zeigen, ob das dran ist für dich und auch die Menschen oder den Menschen zeigen, dem du das weitergeben sollst. Du musst Bote des Königs Jesus Christus sein. Und ich will das eben nicht nur so theoretisch formuliert haben. Ich gebe euch das als Hausaufgabe mit für die nächste Woche: vor einem Menschen das zu bezeugen, dass Jesus Christus der HERR dieser Welt ist, der König dieser Welt. Der HERR wird König sein immer und ewig. Die Proklamation: Es gibt einen König dieser Welt: JESUS! Die Resolution: Dieser König Jesus möchte, dass du sein Kind bist. Und die Instruktion: Du **musst** Bote des Königs Jesus sein. Der HERR wird König sein immer und ewig.

Und der Friede unseres allmächtigen Gottes, der sehr viel höher ist als alle unsere menschliche Vernunft, ER bewahre unsere Herzen und Sinne in Christus, Jesus, unserem auferstandenen und lebendigen HERRN. Amen.

Das Tragen des HERRN

2. Mose 19,4

Gnade sei mit euch und Friede von dem, der da war und der da ist und der da sein wird in alle Ewigkeit. Unser HERR, Jesus Christus, Amen.

Liebe Gemeinde, das Wort, das ich uns heute mitgebracht habe als Predigttext, ist das Losungswort, das ich Ihnen schon zu Beginn des Gottesdienstes zugerufen hatte und das auch das Thema des Gottesdienstes heute gestalten wird. Wir wollen noch einmal hören auf 2. Mose 19, Vers 4:

Ihr habt gesehen, was ich mit den Ägyptern getan habe und wie ich euch getragen habe auf Adlerflügeln und euch zu mir gebracht. Amen.

Wir wollen beten: Lieber HERR und Heiland, wir wollen dir von Herzen Dank sagen für dieses wunderbare Wort, das du uns heute an diesem Sonntag schenkst als Losung. Du schenkst uns dieses Wort und wir dürfen neu darüber nachdenken, was es heißt, dass du uns trägst, dass du das Volk Israel getragen hast, dass du deine Gemeinde trägst, aber auch dass du einen jeden Einzelnen von uns ganz persönlich trägst. Darüber wollen wir nachdenken in dieser Predigt, HERR, und wir wollen dich bitten für die Predigt, dass du sie selber segnest, dass du uns jetzt begegnest durch deinen guten Heiligen Geist, auf dass wir dein Wort recht verstehen können, was du uns zu sagen hast. So wollen wir dich alle miteinander bitten, HERR, dass du das Reden und das Hören deines heiligen und lebendigen Wortes an uns allen segnen wollest. Amen.

Liebe Gemeinde, ich habe diese Predigt überschrieben mit: **Das Tragen des HERRN.** Natürlich ist hier in diesem Wort zuerst einmal das Volk Israel angesprochen, damals vor etwa dreieinhalbtausend Jahren, am Berg Sinai. Und ihnen wurde gesagt, dass sie darauf schauen sollten, was der HERR an den Ägyptern getan hat, wie er sie getragen hat auf Adlerflügeln und wie er sie nun gebracht hatte zum Berg Sinai, den Berg der Offenbarung, so wie er es verheißen hatte. Aber es ist nicht nur ein Wort, das dem Volk Israel zugesprochen wurde, sondern es ist eben auch ein Wort, das uns heute zugesprochen wird und in dem wir uns heute wiederfinden können und dürfen. Und darum soll es gehen in dieser Predigt, dass ich das versuchen möchte Ihnen deutlich zu machen, wo wir hier wirklich angesprochen sind, wo der HERR an unseren Ägyptern gehandelt hat, wo der HERR uns auf Adlerflügeln getragen hat und wo ER uns zum Berg der Offenbarung geführt hat.

Das Tragen des HERRN. Ich habe drei Punkte mitgebracht:

1. Das Tragen aus der Not.
2. Das Tragen durch das Wort.
3. Das Tragen zu IHM hin.

Erstens: Das Tragen aus der Not. Die historische geschichtliche Situation war diese, dass das Volk Israel lange in der Knechtschaft in Ägypten gelebt hatte. Sie waren versklavt worden. Sie waren unterdrückt worden. Es war versucht worden sie auszurotten, es hatte einen Genozid gegeben. Die Kinder wurden durch den Pharao getötet. Das war etwas ganz Furchtbares, eine ganz schlimme Zeit. Die Ägypter stehen für etwas, das für die Israeliten das Allerschlimmste war: für Verfolgung, für Unterdrückung, für Mord. Und daraus hat der HERR sie befreit. ER hat vieles an den Ägyptern getan und das haben die Israeliten gesehen. ER hat die Plagen gesandt. Furchtbares Leid wurde auf sie gelegt, weil sie die Israeliten unterdrückten und nicht gehen ließen, bis schließlich sogar ihre Erstgeburt sterben musste. Und dann schließlich ließ der Pharao das Volk der Israeliten gehen, aber dann entsann er sich eines anderen und jagte dem Volk Israel nach. Und dann standen sie dort am Schilfmeer, nach vorne das Meer, das ihnen den Tod bot, nach hinten die mordenden Ägypter, die voranzogen und da war nichts mehr. Und dann sagt Gott Mose, wie er zu handeln hat. Mose teilt auf den Befehl Gottes hin das Schilfmeer. Sie gehen trockenen Fußes hindurch. Und darüber hinaus wird das Heer der Ägypter ertränkt. All das haben die Israeliten gesehen. Und darauf nimmt hier Gott Bezug:

Ihr habt gesehen, was ich mit den Ägyptern getan habe.

Die Ägypter sind für die Israeliten das Sinnbild für die Nöte gewesen, aus denen sie jetzt befreit sind. Aber die Ägypter sind nicht nur das Sinnbild für die Nöte des Volkes Israel. Die Ägypter sind auch das Sinnbild, so dürfen wir diesen Text verstehen, für unsere Nöte, für unsere Probleme, für all das, was unser Leben in der Vergangenheit schon kaputt gemacht hat, was es zerstört hat und wo der Widersacher dran war. Unsere Ägypter haben ganz unterschiedliche Gesichter. Da waren die Ängste vor dem, was kommen würde, wo wir dachten, wir werden mit der Zukunft nicht fertig. Da waren unsere Ägypter Menschen, die uns drangsaliert haben oder Umstände, die unser Leben bedrängt haben. Da waren unsere Ägypter die großen Aufgaben, denen wir vermeintlich nicht gewachsen gewesen sind, die drohenden und bestehenden Lebenseinschränkungen wie Arbeitslosigkeit, Krankheiten und Glaubenskrisen. Und heute erinnert dich Gott an diese, deine Ägypter, die in deinem Leben waren und ER sagt dir: „Schau darauf! Schau darauf, was ich getan habe mit deinen Ägyptern, mit deinen Krisen, mit deinen Problemen. Wie ich das gelöst habe, was ich an deinen Ägyptern getan habe, wie ich sie im Bild gesprochen ersäuft habe durch meine Macht."

Wenn wir jetzt aufstehen und davon berichten würden, von unseren Ägyptern und dem Ersäufen, was der HERR in unserer Vergangenheit getan hat, ich glaube, dann würden wir noch Ende der Woche hier sitzen, wenn wir all das berichten würden, wie der HERR in unserem Leben gewirkt und gehandelt hat. Aber es ist ganz wichtig, dass wir in unserem Glaubensleben mit Jesus Christus immer wieder daran erinnert werden an das, was schon gewesen ist und wie Gott schon gehandelt hat. Gott nimmt sich immer wieder Gelegenheit, sein Volk daran zu erinnern. ER hat dann auch immer wieder Dinge geschaffen, damit sich sein Volk daran erinnert. So hat es im Volk Israel eine große Erinnerungskultur an die großen Taten Gottes gegeben. Denken wir zum Beispiel an die Feste, an das Passafest, das die Juden bis zum heutigen Tag feiern und das Volk an die Herausführung aus der Knechtschaft erinnert. Das sollen sie nicht vergessen. Sie sollen sich erinnern. Oder denken wir an all die Steinmale, die errichtet worden sind, damals im alten Israel. Beispielsweise als die Philister geschlagen wurden, Nach 1. Samuel 7 wurde das Steinmal „Eben-Eser" gebaut, damit alle Israeliten, die vorbeigingen, sich daran erinnern sollten: So hat der HERR an uns gehandelt. So hat ER uns geholfen aus unseren Nöten. So hat ER uns getragen. So hat ER uns von den Ägyptern befreit. Und es ist ganz wichtig für den Glauben, dass man das als festen Traggrund hat, dass man weiß, der HERR hat einen getragen in der Vergangenheit. Dass man sich darauf verlässt, damit man von den Sorgen der Zukunft ein stückweit befreit wird.

Und das erlebe ich leider immer wieder in der Seelsorge, auch bei gestandenen Christen. Die kommen mit ihren Problemen, obwohl die seit 40 oder 50 Jahren mit dem HERRN gehen und Unendliches erlebt haben. Jetzt kommt das nächste Problemchen und die tun so, als sei gar nichts gewesen. Und nicht nur mit Brüdern und Schwestern in der Seelsorge geht das so, mir geht es in meinem Leben auch so. Ich bin jetzt über dreißig Jahre Christ und da habe ich Unglaubliches erlebt mit diesem HERRN und Gott. Aber wenn dann die Probleme von morgen kommen, meine Ägypter, dann lass ich mich von diesen Ägyptern, die vor mir stehen, bestimmen und denke zu wenig über das nach, was der HERR in meinem Leben alles schon getan hat. Wenn mir das gelingt, wenn ich mich daran erinnern lasse, wie der HERR mich getragen hat in der Vergangenheit, aus meinen Nöten, dann krieg ich neue Zuversicht, für das was vor mir liegt.

Es gibt eine ganz tolle Geschichte im Alten Testament, die kennen wir alle und wird im Kindergottesdienst rauf und runter erzählt, die Geschichte von David und Goliath. Die lohnt sich aber mal nachzulesen. Es ist ein ganz langes Kapitel, 1. Samuel 17. Gerade der Dialog, wie David mit Saul spricht und dem Heerführer. Da ist das Heer der Israeliten und das Heer der Philister. Und die Philister, die haben einen Superkämpfer, den Goliath, der ist allen körperlich überlegen, weit über zwei Meter groß und nicht nur körperlich überlegen, der hat auch die neue Waffentechnik. Die Israeliten haben noch Bronzewaffen, der hat schon Eisenwaffen. Und jeden Tag aufs Neue läuft der Philister Goliath vor den Reihen der Israeliten auf und ab, die kämpfen noch nicht, der verspottet die immer nur. Er sagt: „Ihr seid ganz große Feiglinge, euer Gott taugt nichts!" Und keiner traut sich rauszutreten. Keiner traut sich dem entgegenzutreten und sie sagen: „Mit dem werden wir nicht fertig." Bis dann eines Tages der kleine Hirtenjunge David kommt und der hört sich das an und sagt: „Das kann es doch nicht gewesen sein. Ihr könnt euch doch nicht von diesem Goliath hier plattmachen und vor allem nicht den HERRN beleidigen lassen." Und dann fangen die an, den zu beschwichtigen: „Jetzt hör bloß auf, wiegel uns hier nicht auf! Was redest du hier für ein Blödsinn? Du bist gar kein streitbarer Mensch. Hör auf! Geh wieder nach Hause zu den Schafen!" Und dann entschließt sich David gegen den zu kämpfen. Und da sind die alle ganz entsetzt: „Das kannst du nicht. Das schaffst du nicht!"

Und dann kommt diese Stelle, auf die ich jetzt hin will. Das ist der Knackpunkt dieser Geschichte, woher dieser kleine David den Mut nimmt, dem Goliath entgegenzutreten. Der war nicht waffenfähig. Der kann nicht mal die Rüstung Sauls tragen, der kann nicht mal das Schwert bewegen. Aber dann sagt er etwas und das ist genau das Entscheidende in dieser Geschichte. Der sagt nämlich:

> ***Der HERR hat mich vor Löwen und Bären errettet. Er wird mich auch vor diesem Philister erretten.***

Das ist ganz großer Glauben. An das zurückzudenken, was der HERR in meinem Leben getan hat: vor Löwen und Bären hat er mich errettet, das habe ich miterlebt. Und wenn dieser HERR so an mir gehandelt hat, wenn er so wundertätig ist, wenn er mich da getragen hat, na, dann wird er mich auch tragen, wenn ich jetzt gleich mit meiner kleinen Steinschleuder diesen Riesen da wegputze. Das ist Zutrauen zum HERRN, gewonnen aus den Erfahrungen, die er persönlich gemacht hat. Es ist ja schön und gut, dass ihr kommt und euch anhört, was der Pastor Latzel in seinem Leben erfahren und erlebt hat und auch andere Prediger. Das ist gut. Aber viel wichtiger ist doch und glaubhafter für euch selber, dass ihr immer wieder schauen dürft auf das, was der HERR in eurem Leben schon getan hat.

Ihr habt gesehen, was ich mit den Ägyptern getan habe.

Das Wort Ägypter könnt ihr alle füllen. Und das ist ganz wichtig, das sollt ihr heute tun. Ihr sollt auf das zurückblicken auf das, was der HERR in eurem Leben schon getan hat, auf dass ihr Mut bekommt für die Zeit, die vor euch liegt. Ich weiß nicht, mit welchen Problemen, Schwierigkeiten und Ängsten ihr heute Morgen St. Martini betreten habt. Was euch so beschäftigt, was euch in der nächsten und übernächsten Woche schwierig und kompliziert ist. Euch mag das groß sein. Für euch mag das ein Goliath sein, aber für diesen HERRN dieser Welt ist das gar nichts. Nichts! Und ihr wisst doch, wie der HERR euch geholfen hat, wie er euch beigestanden hat und wie er euch durchgetragen hat. Erinnert euch daran, damit ihr Zuversicht bekommt für das, was vor euch liegt. Ihr dürft natürlich auch dem HERRN noch einmal die Ehre dafür geben, was er getan hat, gar keine Frage. Aber vor allem nehmt die Kraft daraus, wenn ihr das wisst: So wie der HERR gehandelt hat, so wird er auch wieder handeln, wenn ihr IHM vertraut. Das ist übrigens keine neue Botschaft von dieser Kanzel. Wir werden nachher singen vor dem Segen, unser Lied 240, was unser Pastor Neander hier in unserer Kirche geschrieben hat: „Lobe den HERREN, den mächtigen König der Ehren". Und da heißt es in der dritten Liedzeile: „In wieviel Not hat nicht der gnädige Gott über dir Flügel gebreitet!" Und das war so! ER hat über dir Flügel gebreitet. ER hat deine Ägypter vernichtet. Und du darfst wissen, dieser Gott, der so an dir gehandelt hat, der wird auch weiter so an dir handeln und dich bewahren vor den Ägyptern, wenn du IHM vertraust. Das ist das Erste: das Tragen aus der Not.

Das Zweite: Das Tragen durch das Wort. Da muss man hier auch wieder genau hingucken um zu verstehen, warum ich diesen zweiten Punkt als Überschrift mit gewählt habe: Das Tragen durch das Wort. Hier heißt es:

Ich habe euch auf Adlers Fittichen getragen.

Wir befinden uns im 19. Kapitel des 2.Buch Mose und wenn man die ersten 19 Kapitel dieses Buches liest, dann wird man feststellen, da hat der HERR nie irgendwo so einen Greifvogel geschickt. Also da ist kein Adler gekommen, der irgendwie mit seinen riesigen Krallen jeden der Juden genommen hätte und hätte den 20 Kilometer weiter in der Wüste transportiert. So ist es nicht gewesen, sondern das ist ein Bild, das hier gebraucht wird. Die „Adlers Fittichen" sind ein Bild. Die Frage ist, wofür steht das? Wofür stehen die „Adlers Fittichen"? Die stehen für das Wort. Wenn Sie die ersten 19 Kapitel bis zu diesem Punkt lesen, machen Sie das mal, das lohnt sich, dann werden Sie sehen wie Gott immer zuerst durch das Wort geholfen hat. Als sie durch das Schilfmeer gegangen sind, da heißt es, als die Israeliten verzagt sind, da gibt er einen Befehl: ***Geht gerade aus weiter!*** Das ist der Befehl Gottes und sie tun es dann. Und zu Mose sagt er: ***Recke die Hand aus!*** Bevor irgendetwas passiert, kommen immer erst die Befehle. Oder auch die Bewahrung, dass die Erstgeburt nicht von ihnen getötet wird, sondern nur von den Ägyptern, da sagt Gott: ***Streicht die Pfosten mit Blut an!*** Stellt euch unter das Blut, das ihr geschützt seid. Es ist das Wort, durch das Gott das Volk geleitet hat, durch das ER es getragen hat. Übrigens ist es wichtig, wenn man den

Kontext liest, im nächsten Vers heißt es: ***Werdet ihr nun heute meiner Stimme gehorchen***, - das ist der Anschlussvers - ***dann werdet ihr meine Priester sein.*** Das macht dieser Kontext deutlich, dass hier mit „Adlers Fittichen" das Wort gemeint ist. Übrigens ist in der Bibel immer wieder der Adler ein Bild für das Wort. Auch in der Kirchengeschichte ist das immer wieder so verstanden worden. Der Adler steht für das Wort. Wenn Sie in die Kirche reinkommen, die meisten von Ihnen wissen das, die es noch nicht wissen, denen sag ich es jetzt: An unserer Tür gibt es an den Beschlägen vier Zeichen. Da ist der Mensch, da ist der Stier, da ist der Löwe und da ist der Adler. Diese vier Symbole, die aus der Bibel kommen, aus Hesekiel und aus dem Buch der Offenbarung, die stehen für die Evangelisten. Der Mensch steht fürs Matthäusevangelium, weil das Matthäusevangelium mit dem Stammbaum Jesu beginnt. Der Löwe steht für das Markusevangelium, weil das Markusevangelium mit der Versuchung in der Wüste beginnt, wo der Löwe ist. Der Stier steht für Lukas, für die Geburtsgeschichte. Und der Adler steht für das Johannesevangelium, weil das Johannesevangelium mit dem Johannes-Prolog beginnt:

> ***Am Anfang war das Wort und das Wort war bei Gott und Gott selber ist das Wort.***

En archē ēn ho Lógos, Logos ist das Wort und Logos, das Wort, ist als Adler dargestellt worden, immer wieder. In der Antike, das steht in der Kirchengeschichte, da ist der Adler ***das Wort.*** Und das muss man in Zusammenhang bringen: ***das Wort*** und die ***Adlers Fittiche.*** Nicht anders auslegen! Glauben Sie mir und da wird es ganz schwierig, wenn Sie dieses Losungswort, die Adlers Fittichen nicht mit dem ***Wort*** vergleichen sondern mit irgendwelchen magischen Dingen oder mit irgendetwas anderem, dann geht die ganze Theologie den Bach runter. Dann versteht man alles falsch. Das vermeintlich größte Werk der deutschen Literatur, Goethes Faust, da passiert genau das. Da geht jemand hin und übersetzt (das wissen Sie alle aus dem Schulunterricht hoffentlich noch) den Johannesprolog und überlegt: „Wie soll ich denn ‚logos' übersetzen? Nicht mit ‚Wort', am Anfang war ‚das Wort' - das will ich nicht! Wie soll ich es denn übersetzen, mit ‚Sinn'? - Wie soll ich`s denn sagen, mit ‚Kraft'? - Nein! Mit ‚Tat'? - Wir übersetzen einfach ‚logos' mit ‚Tat'." Und schon ist alles kaputt. Und schon kommt der Teufel. Das ist übrigens der Moment, wo der Pudel, den er hat, zum Teufel wird, wo der Teufel Eingang findet. In dem Moment, wo nicht mehr das Wort der Mittelpunkt sein kann, wo der „logos" nicht das Wort sein kann, sondern irgendetwas anders, wird alles kaputt.

Das, was hier mit Adlers Fittichen gemeint ist, ist das Wort! Und das ist das, was Gott tut, ER trägt uns durch das Wort. ***Ihr habt gesehen, wie ich euch getragen habe auf Adlers Fittichen.*** Und dann kommt der Anschluss: ***Und werdet ihr nun meiner Stimme gehorchen, dann verheiße ich noch Größeres.*** In Hesekiel heißt es einmal: ***Jesus ist der Abglanz der Herrlichkeit Gottes und das Ebenbild seines Wesens*** und dann heißt es: ***Und er trägt alle Dinge mit seinem kräftigen Wort.*** Alles trägt Gott mit seinem kräftigen Wort.

Das Tragen durch das Wort, das hat das Volk Israel hier erleben dürfen. Das ist gemeint mit Adlers Fittichen, dass sie erleben durften, was der Urgrund ihrer Existenz ist, der Traggrund, nämlich das Wort Gottes. Und das galt nicht nur für die Israeliten. Das gilt für die gesamte Welt, für die gesamte Schöpfung und das gilt für die Gemeinde Jesu Christi und das gilt auch für dein persönliches Leben. Das, was dich trägt und wodurch dich Gott getragen hat, ist das Wort, nichts anderes. Und das ist das Größte, was es gibt, das Wort Gottes, durch das ER trägt. Und wenn du Kraft brauchst, wenn du Orientierung brauchst, wenn du Zuspruch brauchst, wenn du Stärkung brauchst, wenn du schwach bist, dann lass dich tragen durch das Wort Gottes. Aber das ist wichtig, dass wir das wirklich annehmen und aufnehmen. Das ist wie ein Medikament. Wenn wir krank sind, gehen wir zum Arzt, der verschreibt uns Antibiotika gegen unsere Angina oder was auch immer, gegen unsere Entzündungen und dann gibt er uns die Tabletten und dann müssen wir die einnehmen. Genauso ist der Pastor. Wenn die Leute kommen und sagen: „Ich bin schwach, ich bin angefochten, ich kann nicht mehr", da kann ich nicht irgendein Hokuspokus machen. Da kann ich euch nur das sagen, was hilft, was diese Welt trägt, was das Volk Israel getragen hat, was mich trägt, was euch trägt, das ist das Wort Gottes. Lasst euch vom Wort Gottes tragen. Es ist das Wort Gottes, es sind die Adlers Fittiche, auf denen ihr getragen worden seid. Ihr seid in diese Welt gekommen, weil Gott gesprochen hat. Eure Schöpfung war ein Sprachakt, darüber haben wir schon gesprochen. Er hat diese ganze Welt geschaffen durch einen Sprachakt. Und alles, was ihr seid, verdankt ihr dem Wort Gottes. Weil das Wort Gottes Jesus selber ist. Und wenn ihr Stärkung braucht, Kraft braucht, dann lasst euch auferbauen vom Wort Gottes.

Hier vorne sitzen ein paar Konfirmanden. Die kriegen von mir nicht nur im Konfirmandenunterricht das Wort Gottes gesagt, sondern denen habe ich auch das Losungsbuch vor Weihnachten geschenkt und gesagt: „Lest in den Losungen!" Letzte Stunde habe ich gefragt: „Wer von euch liest denn in dem Buch?" Es hat sich keiner gemeldet. Da habe ich es ihnen noch einmal erklärt und habe gesagt: „Mensch, ihr schneidet euch ab vom Wichtigsten was ihr braucht. Da trägt euch Gott, da hilft euch Gott."

Aber wisst ihr, das geht ja nicht nur Konfirmanden so. Das geht auch den gestandenen Christen so. Das ist die Hauptkrankheit, an der wir leiden: an der Vernachlässigung des Wortes Gottes, durch das der HERR uns tragen will. Und wichtig ist, dass wir das, was wir im Wort Gottes hören, nicht nur annehmen, sondern dass wir auch darauf vertrauen, dass wir es wirklich tun. Ich habe mal geguckt, nur für morgen und übermorgen, was uns Gott auch mal so im Losungswort sagt, das für die, die angefochten und traurig sind. Morgen im Lehrtext sagt Gott ein tolles Wort in Matthäus 6:

Seht die Vögel unter dem Himmel. Sie säen nicht, sie ernten nicht, sie sammeln nicht in Scheunen und euer himmlischer Vater ernähret sie doch.

Das ist der Lehrtext für morgen. Wenn du morgen den Lehrtext liest, dann zieh dir das Wort rein und vertraue darauf. Vertraue darauf, dass du einen so für dich sorgenden Vater hast. Oder die Losung für Dienstag:

Wohl den Menschen, die dich für ihre Stärke halten und von Herzen dir nachwandeln.

Allein diese beiden Worte, die sind so stark. Und ich weiß nicht, wenn heute Morgen unter uns Leute sind mit Problemen. Nimm die beiden Worte allein morgen und übermorgen als das, was Gott dir gibt und vertrau darauf und du wirst sehen, wie Gott dich trägt. Vertrau darauf! Das ist wichtig! Ich sage nicht, dass dann mit einem Mal - schwupp - alles anders ist. Aber dann wird auf einmal die Sicht darauf ganz anders.

Mein großes Predigtvorbild, Wilhelm Busch, hat einmal davon erzählt, wie er in Gelsenkirchen in der Einzelhaft bei der Gestapo inhaftiert ist. Seit mehreren Tagen hat er mit niemandem mehr gesprochen, immer nur von den Wärtern das Essen hingeknallt bekommen und in einer furchtbaren Glaubenskrise ist, ganz unten. Wo er selbst anfängt an Jesus Christus zu zweifeln. Seine beiden Söhne sind ja gestorben, einer verblutet in Russland. Er ist in einer tiefen Krise. Und er hat dann gefleht und geschrien und war vollkommen am Ende. Und dann kommt irgendwann einer der Wächter und sagt: „Herr Busch, da ist eines ihrer Gemeindemitglieder bei uns gewesen und hat hier einen Korb mit Obst abgegeben. Das Obst können wir Ihnen nicht geben, aber die Karte, die können sie haben." Da war ein lieber Mensch, ein liebes Gemeindeglied, das hatte einen Obstkorb gebracht, wollte vitaminmäßig etwas Gutes tun, aber hatte eben auch noch eine Karte geschrieben, mit etwas Geistlichem und gibt dort ein Wort Gottes an Wilhelm

Busch weiter. Wilhelm Busch berichtet davon, das sei für ihn gewesen wie eine Erweckung. Eben war noch alles dunkel, aber dann auf einmal, mit diesem einen Wort tritt der HERR persönlich in seine Gefängniszelle und zeigt ihm: Du brauchst keine Angst zu haben, ich bin bei dir. Wilhelm Busch berichtet dann davon, wie auf einmal in seiner Zelle Gottesdienst ist, wie diese tiefe Stunde der Depression, der Angst und der Verzweiflung durch dieses Wort gewendet wird und zu einer der größten Stunde seines Glaubenslebens wird. Weil er erleben durfte, wie das Wort ihn getragen hat. Und das tut das Wort Gottes, das diese Welt geschaffen hat, das mit einem Wort so einen Gelähmten zum Gehen bringt, das tut das Wort Gottes, wenn man ihm vertraut. Und das ist wichtig: Ihr müsst dem Wort vertrauen! Das, was der HERR euch sagt, vertraut dem! Nicht gucken auf das, was vor euch ist, nicht schauen auf all die Probleme und das Irdische. Vertraut dem Wort Gottes. Das ist wichtig!

Ich habe vor einiger Zeit von einer Ausgrabung einer Pyramide in Ägypten gelesen, dass man als Grabbeilage einen Korb mit Weizenkörnern gefunden hat, über 3000 Jahre alt. Und da sind diese Archäologen hingegangen (die Körner waren der Leiche beigegeben als Wegzehrung für irgendwelche Wege in blödsinnige Unterwelten - den Quatsch, den die damals geglaubt haben) und haben diese Weizenkörner genommen und haben dieses 3000 Jahre alte Korn eingepflanzt. Und es ist tatsächlich aufgegangen. Es hat getrieben. Da ist eine Pflanze draus geworden. Und wisst ihr, so ist es mit dem Wort Gottes. Neben vielen liegt das Wort Gottes wie so ein Weizenkorn, aber wir tun es nicht in die Erde. Wir lassen es nicht aufgehen. Wir wissen es ist da und wir wissen auch um die Potenzialität, die in so einem Wort drin steckt. Wir haben es gehört in Predigten. Wir haben es vielleicht auch schon selber in der Vergangenheit erlebt, aber wir sind nicht mehr bereit uns darauf zu verlassen, dass, wenn wir es wirklich annehmen und eingraben - im Bild gesprochen - es wirklich Frucht bringt. Aber darum geht es, dass ihr das wirklich wisst, dass das Wort Gottes euch trägt, dass ihr euch darauf verlassen könnt. Und deshalb möchte ich euch das noch einmal zusprechen, ganz gleich, was der HERR euch in der letzten Zeit gesagt hat, was ER euch heute in diesem Gottesdienst sagt oder in den nächsten Tagen: Gründet euch mit eurem Leben darauf, verlasst euch darauf, denn der HERR trägt auf Adlers Fittichen, ER trägt durch SEIN Wort.

Ein **Drittes und Letztes** über das Tragen des HERRN. **Der HERR trägt zu IHM hin.** Das Volk Israel ist jetzt gekommen zum Berg Sinai, zum Berg der Offenbarung, da, wo sie im nächsten Kapitel die Zehn Gebote bekommen werden, da, wo in besonderer Weise Mose dem HERRN nahe ist und damit auch das Volk dem HERRN nahe ist. Und zu diesem Berg Sinai, da hat ER sie wirklich hingetragen. Ja, man muss das vielleicht noch drastischer sagen, nicht nur getragen. ER hat sie gezogen, ER hat alle Widerstände weggefegt, ER hat sie bewahrt und behütet. Was hat ER sich nicht alles einfallen lassen müssen, dass sie dort hinkamen. Was hat ER ihnen nicht alles an Worten geben müssen. Was hat ER nicht alles für Wunder schicken müssen. Wenn ich da denke an die Wolken- und Feuersäule, die ER extra gebracht hat, damit sie ja nicht vom Weg abkommen, sondern genau zu IHM kommen, zum Berg der Offenbarung. Und was ER für großartige Männer geschickt hat: Mose, Aron, Josua. Und wie ER die Feinde weggefegt hat, nicht nur die Ägypter, unmittelbar vorher kämpften sie gegen die Amalekiter, die Erzfeinde des Volkes Israel. Eine Schlacht, wo das Volk Israel fast am Untergehen ist und wo der HERR eingreift und wo ER hilft. DER hat die getragen. Ohne den HERRN wären die keinen Zentimeter aus Ägypten rausgekommen, wären im Schilfmeer ersoffen. Aber ER hat dafür gesorgt, dass sie aus Ägypten jetzt zum Berg der Offenbarung, zum Sinai gekommen sind. Halleluja! Und da werden sie neu gesegnet mit dem Wort, mit den Zehn Geboten.

Und das ist genau auch unsere Situation. Wir sind auch in Ägypten. Wir sind in der Sünde. Wir sind ganz tief drin. Und das ist etwas, was unserem Schöpfer nicht gefällt, genauso wenig wie es ihm gefallen hat, dass die Israeliten in Ägypten waren. Und dann holt ER uns raus. Das ist die Wahrheit für all diejenigen von uns, die wiedergeboren sind, die den Heiligen Geist haben. Der HERR hat uns rausgeholt. Wenn ich das immer höre: „Ich bin an dem und dem Tag zum lebendigen Glauben gekommen, da habe ich mich bekehrt." Ich weiß, was gemeint ist. Das ist schön, aber das ist so falsch wie nichts anderes. Nicht „ich" habe mich bekehrt, nicht „ich" bin zum Glauben gekommen. Der HERR hat mich hingeschleppt, der ist mir nachgelaufen, er hat mich gesegnet mit Menschen um mich herum, bis ich dahin kommen konnte, dass ich durch seine Gnade Jesus erkennen durfte. Und der Berg, wo der HERR uns hinschleppt heute, das ist nicht der Sinai, das ist nicht so ein Fleckchen irgendwo. Das ist Golgatha. Da zieht uns der HERR hin und das tut ER immer wieder, auch heute noch, durch Wunder, durch Männer und Frauen, die uns zur Seite stehen. Wir haben eben diese Geschichte gehört, von diesem Gelähmten, der von Vieren getragen wird auch über ganz viele Widerstände. Die müssen übers Dach gehen bis er schließlich die Sündenvergebung bekommt. Aber das tut der HERR. ER tut es durch andere Menschen, ER tut es durch Wunder und vor allem durch SEIN heiliges und lebendiges Wort. Das tut der HERR. ER trägt uns zu IHM hin. ER trägt uns zum Berg seiner Offenbarung. ER trägt uns nach Golgatha. Das hat ER für uns getan, die wir wiedergeboren sind. Aber das tut ER auch immer wieder an uns, denn da müssen wir immer wieder hin, nicht nur einmal. Wir müssen immer wieder unters Kreuz. Da will der HERR uns immer wieder hinziehen. In uns ist so viel natürlicher Mensch, soviel alter Adam, der will immer wieder weg, der will immer wieder wegtreiben, immer wieder auf die anderen Wege gehen. In Jesaja 53, dem Vers, den wir eben auch hörten, heißt es: ***Wir gingen alle in die Irre wie Schafe, ein jeder sah auf seinem Weg.*** So ist der natürliche Mensch. Und deshalb ist es notwendig, dass der gute Hirte, Jesus Christus, uns immer wieder nachgeht, dass ER uns immer wieder auf die Arme nimmt und dass ER uns immer wieder unter das Kreuz trägt. Auch das Wort haben wir eben gehört, Jesaja 40:

Er wird die Lämmer in seinem Arm sammeln und im Bausch seines Gewandes tragen und die Mutterschafe führen.

Was tut der HERR Jesus? Er zieht uns immer wieder zu sich. ER trägt uns immer wieder zu sich selber hin. Aber, das macht ER nicht gegen unseren Willen. Das müssen wir zulassen. Gott möchte das, dass wir bei IHM sind, so wie ER wollte, dass sein Volk am Berg Sinai ist; so will ER, dass alle seine Geschöpfe unter seinem Kreuz sind, dass sie sich immer wieder reinigen lassen von seinem Blut und deshalb zieht ER und trägt ER uns immer wieder. Aber, ER lässt uns auch die Freiheit, Nein zu sagen.

Sie wissen, dass ich seit einigen Monaten wieder so ein kleines Hundchen habe, einige haben den schon mal gesehen, der ist nur drei Kilogramm schwer. Ich wiege hundertzehn Kilogramm und manchmal muss ich den packen und ihn muss tragen. Normalerweise lässt er sich das auch gerne gefallen. Aber, wenn dieses kleine Hundchen nicht will - die Hundebesitzer wissen, wie das ist - und der so zappelt, dann kann ich den kaum halten und lass den auch manchmal runter, weil ich dann sag: „Dann lass doch deinen Willen." Und genauso sind wir Menschen. Der HERR will uns tragen. Ich will meinem Hund auch nur Gutes, aber noch viel mehr Gutes will der HERR für mich. Und ER will mich immer wieder tragen, aber nicht gegen meinen Willen und nicht gegen deinen Willen. Wir haben einen Gott und HERRN, der uns immer wieder durch seinen guten Heiligen Geist unters Kreuz tragen will, zum Berg seiner Offenbarung, aber nicht gegen unseren Willen. Und auch heute möchte ER dich neu einladen zu seinem Berg zu kommen, zum Berg Golgatha. Und ich darf dich aufrufen: Lass dich von Gottes gutem Geist zu Jesus selber tragen. Das möchte Gott. ER möchte mit dir Gemeinschaft haben, nicht gegen deinen Willen, aber ER lädt dich ein, dass du zu IHM kommst. ER hat dich so lieb. ER will nur das Beste für dich und ER möchte dich zu IHM tragen. Und ER möchte dir neu heute zurufen, dass ER dich neu zu IHM bringen möchte, so, wie ER das Volk der

Israeliten aus Ägypten zu IHM gebracht hat, an den Berg Sinai. So ist unser Gott. Ein Gott, der trägt, der trägt aus der Not, der trägt durch das Wort und der trägt zu IHM selber hin. Möge unser HERR und Gott dieses Wort an eurem Leben segnen.

Ihr habt gesehen, was ich mit den Ägyptern getan habe und wie ich euch getragen habe auf Adlerflügeln und euch zu mir gebracht. Amen.

Und der Friede unseres allmächtigen Gottes, der sehr viel höher ist als alle unsere menschliche Vernunft, ER bewahre unsere Herzen und Sinne in Christus, Jesus, unserem auferstandenen und lebendigen HERRN. Amen.

Das vierte Gebot

2. Mose 20,8-11

Gnade sei mit euch und Friede von dem, der da war und der da ist und der da sein wird in alle Ewigkeit - unser HERR, Jesus Christus. Amen.

Liebe Gemeinde, wir haben es gerade gesungen in der letzten Liedstrophe, dass wir unser Leben nach dem ausrichten wollen, was Jesus gesagt und getan hat. Und das, was Jesus gesagt und getan hat, was Gott gesagt und getan hat, das lesen wir in seiner Schrift. Und wir lesen in dieser Schrift eine Kurzanweisung, wo noch mal komprimiert alles zusammengefasst ist für unser Leben, wie dieses gelingt und dass wir uns danach ausrichten. Diese Kurzanweisung innerhalb der Bibel, das sind die Zehn Gebote. Innerhalb der Zehn Gebote, die wir so denke ich alle im Konfirmandenunterricht auswendig gelernt haben, da gibt's das vierte Gebot. Es ist das längste Gebot, das man ganz ausführlich erfährt. Die Gebote werden zweimal überliefert, einmal in 2. Buch Mose und einmal im 5. Buch Mose. Das ist eine ganz unterschiedliche Begründung. Kein Gebot ist so lang und wird so ausführlich begründet. Mit diesem vierten Gebot wollen wir uns jetzt beschäftigen und ich lese als Predigttext sowohl die Überlieferung des vierten Gebotes aus 2. Mose 20, wie auch aus 5. Mose 5. Denn da werden wir in der Predigt gleich drauf zu sprechen kommen. Wir hören zunächst einmal 2. Mose 20. Der HERR ruft dir für dein Leben zu:

Gedenke des Sabbattages, dass Du ihn heiligest. Sechs Tage sollst du arbeiten und alle deine Werke tun; aber am siebenten Tage ist der Sabbat des HERRN, deines Gottes; da sollst du keine Arbeit tun, auch nicht dein Sohn, deine Tochter, dein Knecht, deine Magd, dein Vieh, auch nicht dein Fremdling, der in deiner Stadt lebt. Denn in sechs Tagen hat der HERR Himmel und Erde gemacht und das Meer und alles, was darinnen ist, und er ruhte am siebenten Tage. Darum segnete der HERR den Sabbattag und heiligte ihn.

Gott ruft dir aus 5. Mose 5 zu:

> ***Den Sabbattag sollst du halten, dass du ihn heiligest, wie dir der HERR dein Gott geboten hat. Sechs Tage sollst du arbeiten und alle deine Werke tun. Aber am siebenten Tag ist der Sabbat des HERRN, deines Gottes. Da sollst du keine Arbeit tun, auch nicht dein Sohn, deine Tochter, dein Knecht, deine Magd, dein Rind, dein Esel, all dein Vieh, auch nicht dein Fremdling, der in deiner Stadt lebt; auf dass dein Knecht und deine Magd ruhen, gleich wie du. Denn du sollst daran denken, dass auch du Knecht in Ägyptenland warst und der HERR, dein Gott, dich von dort herausgeführt hat mit mächtiger Hand und ausgestrecktem Arm. Darum hat dir der HERR, dein Gott, geboten, dass du den Sabbattag halten sollst.*** Amen.
>
> **Wir wollen beten:** Lieber himmlischer Vater, in Jesus Christus, du Heiliger Geist, wir wollen dir Dank sagen für deine Zehn Gebote, diese Kurzanweisung für unser Leben. Wir wollen dir insbesondere heute Morgen danken für das vierte Gebot, das wir haben hören dürfen, ganz neu für unser Leben. Wir wollen dich jetzt bitten, dass du die Bedeutung dieses Gebotes uns neu erschließen wollest. Wir wollen dich bitten für diese Predigt, dass du sie segnest durch deinen guten Heiligen Geist, dass du zu einem jeden von uns sprichst, dass wir dein Wort hören, es annehmen und unser Leben danach ausrichten. So segne du nun, lieber himmlischer Vater, in Jesus Christus, durch deinen Heiligen Geist das Reden und das Hören deines heiligen und lebendigen Wortes. Amen.

Liebe Gemeinde, ich habe uns heute Morgen **drei Fragen** mitgebracht **zum vierten Gebot**:

1. Warum sollen wir den Sonntag heiligen?
2. Wie sollen wir den Sonntag heiligen?
3. Wann sollen wir den Sonntag heiligen?

Die erste Frage: Warum sollen wir den Sonntag heiligen? Warum soll ich das vierte Gebot halten? Warum soll ich mich danach ausrichten, was hier drinsteht? Zu dieser ersten Frage, warum wir das vierte Gebot halten sollen, habe ich drei kurze Antworten. **Erstens, weil Gott es so festgelegt hat. Zweitens, weil ich Ruhe brauche. Und drittens, weil ich über Jesus Christus nachdenken soll.** Warum soll ich das vierte Gebot halten? Nun, **weil es Gott so festgelegt hat**. Es gibt einen HERRN über unser Leben. Das lesen wir im ersten Gebot: ***Ich bin der HERR, dein Gott.*** Dieser HERR hat uns hergestellt. Das haben wir vorhin gehört, als wir zu Beginn des Gottesdienstes den Schöpfungsbericht noch einmal gelesen haben. ER hat uns gemacht, mich und dich und die ganze Welt, das ganze Universum. ER hat uns hergestellt. Und unser Hersteller (übrigens: Hersteller und HERR, das hängt nicht nur phonetisch miteinander zusammen, also sprachlich, sondern da ist auch ein innerer Zusammenhang) hat das Wissen über das Produkt. Er weiß, was wichtig und richtig für das Produkt ist. Und dieser Gott und HERR hat Menschen hergestellt und sagt ihnen, was sie brauchen, nämlich Ruhe, dass sie den Sabbattag halten sollen. Gott sagt es und eigentlich müsste das schon genügen. Denn in anderen Bereichen machen wir das ja auch so.

Also, mein Skoda Octavia, der da draußen vor der Tür steht, hat ein Wartungsintervall. Alle 30 000 Kilometer braucht er neues Öl. Das sagt hier die Firma Skoda. Die schreibt das in ihr Garantieheft und Wartungsheft. Und ich tue das natürlich. Ich frage da ja nicht nach, so nach dem Motto, jetzt erklärt mir Theologen und Ingenieure mal, warum das denn sein muss und warum das nicht alle 25 000, alle 50 000 ist. Das interessiert mich überhaupt nicht. Ich mache das, was da drinsteht. Eine Kaffeemaschine von der Firma Jura, die haben auch so ein Heft dabei: Alle hundert Tassen, wenn die gezogen sind, muss die Maschine gereinigt werden. Da leuchtet ein Lichtchen und dann mache ich das auch. Selbstverständlich! Wenn der Hersteller das sagt! Da wäre ich ja bescheuert, wenn ich das nicht machen würde, dann geht das Ding doch kaputt. Das Auto oder eben die Kaffeemaschine. Unser HERR, der allmächtige Gott in Jesus Christus, unser Hersteller, hat auch so ein Wartungsintervall für uns festgelegt. Er hat gesagt, sechs Tage sollt ihr arbeiten. Am siebten Tag braucht ihr Ruhe. Das ist wichtig. Das sagt der HERR. Und eigentlich, wie gesagt, müsste das doch eingehen. (Ich komme gleich noch zu den Begründungen, warum das so ist.) Aber eigentlich würde das doch geschehen: Der HERR sagt etwas, dann geschieht das. Ob ich das verstehe oder nicht. Mensch, ich kann doch nicht wissen, was dieser Gott und HERR sich dabei gedacht hat. Aber der weiß es doch, der sitzt im Regiment und hat den Plan. Wisst ihr, wenn man das erste Gebot anerkennt, dass Gott der HERR ist: ***Ich bin der Herr, dein Gott***, wenn ich das anerkenne, dann werde ich auch das vierte Gebot halten. Und umgekehrt: Wenn ich das vierte Gebot nicht halte, dann habe ich auch Probleme mit dem ersten Gebot. Nun will ich ja schlauer sein als der Hersteller meines Lebens. Wenn ich meine, „Naja mit dem nicht töten das ist ja okay und nicht Ehe brechen, das sehe ich ja ein, aber Sonntagsruhe? Also da kann ich auch etwas anderes machen." Gott, der HERR, sagt es, und wir haben es zu tun! Die Einhaltung des Sonntages ist kein Kulturgut, das zur gesellschaftlichen oder politischen Verfügung steht. Als ob die da drüben in der Bürgerschaft entscheiden, dass irgendwelche Kaufhäuser jetzt sonntags offen sind oder nicht. Das ist mal deren Sache. Das sind nicht Leute, die sich treffen, weil sie zu Jesus Christus gehören. Das sind Politiker, korrupte und sündige Menschen wie wir alle. Das Einhalten des Sonntagsgebots ist kein politisches und kulturelles, sondern ist ein Bekenntnisakt der gläubigen Gemeinde Jesu Christi. Wenn ich zu Jesus Christus gehöre, wenn ich wiedergeborener Christ bin, wenn Jesus der HERR meines Lebens ist, dann werde ich auch seine Gebote befolgen. Und sein Gebot heißt: Sechs Tage arbeiten, am siebten ruhen. Die Einhaltung des Sabbatgebotes ist ein Bekenntnisakt des gläubigen Christen. Also Gott sagt es, und deshalb soll man es tun. Das ist der erste Punkt. Aber, und das ist das Tolle an Gott, der bleibt nicht dabei. Er ist nicht so brutal wie manchmal Pastor Latzel von der Kanzel, der begründet uns das sogar noch, der erklärt uns noch, warum wir den halten sollen.

Da kommen wir zum zweiten Punkt: **Weil ich Ruhe brauche**. Der HERR begründet das. Und deshalb habe ich auch das vierte Gebot zweimal mitgebracht, weil ER es in den beiden Tafeln unterschiedlich begründet. Einmal in zweite Mose 20, das seht ihr jetzt auf euren Zetteln, wenn ihr da nachlest. Ich habe das da fett gedruckt, da begründet er es schöpfungstheologisch, also von uns Menschen her. Da steht in dem Fettgedruckten:

> ***Denn in sechs Tagen hat der HERR Himmel und Erde gemacht und das Meer und alles, was darinnen ist, und er ruhte am siebenten Tage.***

In 2. Mose 20 wird der Sonntag mit der Ruhe begründet. Du sollst Ruhe haben, ich soll Ruhe haben an jedem siebten Tag, weil Gott selber am siebten Tag ruhte. Wir sind ja sein Ebenbild. Er hat uns als sein Gegenüber geschaffen. Und wenn das bei ihm so ist, dass er sechs Tage arbeitet und am siebten ruht, um sein Werk abzuschließen, dann sollen wir genau dasselbe tun, weil wir ruhebedürftig sind. In anderen Bereichen orientieren wir uns ja auch immer wieder an den großen Vorbildern. Ich habe einen Kumpel, der spielt leidenschaftlich Golf. Als der anfing, Golf zu spielen, hat er sich genau die Schläger gekauft, mit denen auch Bernhard Langer spielte. Weil, hat er sich gedacht, wenn der Bernhard Langer mit den Dingern spielt, und der kennt sich richtig aus, der ist Experte, dann kann ich nicht falsch liegen, wenn ich die Dinger auch kaufe. Da war er sicherlich gut beraten, da hat er nichts falsch gemacht mit den Golfschlägern.

Und so können wir es mit unserem Leben auch machen. Wenn Gott so handelt, wenn ER ruhte, so sagt er es selber, dann ist für uns das erst recht richtig, das wir Ruhe brauchen. Das erklären uns ja auch immer wieder die Therapeuten, die Arbeitsmediziner und Psychologen, dass wir Ruhe brauchen. Wenn man da hingeht und erzählt von dem Stress, den man hat, dann erzählen sie: „Sie müssen da weniger arbeiten, weniger tun. Sie brauchen Ruhe. Sie müssen mal loslassen." Wir brauchen Ruhe, deshalb hat Gott uns den Sonntag, den Sabbat geschenkt. Er segnet den Sabbat an uns. Und wenn wir den Sabbat, den Sonntag, nicht halten und dort Ruhe haben, dann kriegen wir die Segnungen Gottes nicht. Wenn wir pausenlos arbeiten, immer wieder in den Sorgen und Nöten drin sind und gar nicht loslassen können von dem Alltagsstress, dann geht es uns schlecht. Das kann man erfahren. Das kann einem dann der Arzt, der Mediziner erklären. Wir, das ist das Zweite, sollen den Sonntag, den Sabbat halten, weil wir Ruhe brauchen. Das ist die schöpfungstheologische Begründung.

Aber Gott gibt uns noch eine weitere Begründung, warum wir Ruhe haben sollen, warum wir den Sabbat halten sollen. Und das ist das Dritte: **Weil wir über Jesus Christus nachdenken sollen.** Da müsst ihr jetzt nochmal lesen auf eurem Zettel, nämlich die Überlieferungen in 5. Mose 5. Da steht als Begründung für dieses vierte Gebot:

> ***Denn du sollst daran denken, dass auch du Knecht in Ägyptenland warst und der HERR, dein Gott, dich von dort herausgeführt hat mit mächtiger Hand und ausgestrecktem Arm.***

Das ist eine weitere Begründung, die Gott uns in den Geboten schenkt, dass wir deshalb den Sonntag, den Sabbat halten sollen, um über Jesus Christus, unseren HERRN nachzudenken. Wir sollen also die Ruhe nicht dazu gebrauchen, uns jetzt nur vor den Fernseher zu knallen und dann zehn Stunden sonntagnachmittags das ganze Programm zu gucken. Nein, wir sollen und müssen den Sonntag, den Sabbat gebrauchen, um über den HERRN nachzudenken. Das steht hier:

> ***Denn du sollst daran denken, dass auch du Knecht in Ägyptenland warst und der HERR, dein Gott, dich von dort herausgeführt hat.***

Jetzt werden einige sagen: „Hoppla, ich war doch gar nicht in Ägyptenland damals dabei. Damals, vor 3500 Jahren, das waren doch die Israeliten. Muss ich da noch drüber nachdenken?" Liebe Brüder und Schwestern, im Alten Testament ist das Neue Testament verborgen und im Neuen Testament ist das Alte offenbart. Noch einmal: Im Alten Testament ist das Neue verborgen, und das Neue Testament ist im Alten offenbart. Das, wovon hier die Rede ist, ist natürlich das Geschehen, was damals passiert war, als der Frondienst mit den Pyramidenbauten geschehen war und die Israeliten herausgeführt wurden von Mose. Aber hier ist auch noch ganz etwas anderes gemeint. Denn der HERR, von dem hier die Rede ist, der Gott, ist ja Jesus Christus. Und der hat uns alle aus der Knechtschaft in Ägyptenland geführt, aus der Knechtschaft der Sünde, aus dem Frondienst, den wir hier immer wieder tun. Ägyptenland ist das Bild, ist das Greifbare für das Irdische. Ägyptenland ist das Irdische. Und darüber sollen wir alle jeden Sonntag nachdenken, dass uns Jesus Christus aus dieser irdischen Wirklichkeit herausgeführt hat in die himmlische Wirklichkeit. Wisst ihr: Wir alle, die wir hier zusammen sind, wir lassen uns immer wieder nur von dem Irdischen, von Ägyptenland bestimmen. Unsere Sorgen um die Familie, um den Job, um die Gesundheit, all das, was hier so auf dieser Welt zählt, das packt uns immer wieder, und da dürfen wir uns sechs Tage drum kümmern. Aber am siebten Tag sollen wir davon lassen und sollen darüber nachdenken, dass Jesus Christus uns herausgeführt hat in eine ganz andere Existenz, dass wir Wohnstätte haben im himmlischen Jerusalem; dass das das Leben ist, was uns erwartet, von dem wir uns bestimmen lassen sollen. Davon sollen wir uns wirklich Kraft geben lassen. Und darüber müssen wir immer wieder nachdenken. Der Teufel will uns immer wieder gefangen halten. Der Teufel will ja auch, dass wir die Gebote brechen, dass wir auch am Sonntag noch nachdenken über die Probleme in der Schule, in meiner Arbeitsstelle, und, und, und, und. Dass wir uns ja nicht konzentrieren auf Jesus Christus. Aber wenn wir uns auf Jesus Christus konzentrieren, dann werden diese Probleme auf einmal ganz klein, die gehen weg. Wisst ihr, wir leben alle häufig so, wie Menschen, die in so einen Schuhkarton gucken. Wir haben ja nächste Woche die Familienfreizeit, für die die Kinder jetzt alle schon Schuhkartons für die Bibelarbeit mit Abraham bauen. Dann wird so eine kleine Welt dargestellt in so einem kleinen Schuhkarton. Und so leben wir Menschen sechs Tage die Woche. Da gucken wir nur in unseren kleinen Schuhkarton. Die Welt, die wir überblicken, soweit unser Horizont hier reicht. Aber am siebten Tage, da will Gott unseren Blick wegführen von unserer Schuhkartonexistenz. ER will uns die Weite zeigen, die ER uns in Jesus Christus geschenkt hat. Aber dazu brauchen wir Ruhe. Ruhe, um Gegenwart mit Gott zu haben. Du sollst daran denken, dass du Knecht in Ägyptenland warst. Du warst in einer anderen Existenzform. Aber seit du wiedergeboren bist, seit du den Heiligen Geist hast, seit du zu Jesus Christus gehören darfst, da bist du in einer anderen Existenzform. Und das will Gott dir immer wieder neu am Sonntag zeigen. Deshalb sollst du den Sabbat, den Sonntag, heiligen.

Das war jetzt zur ersten Frage. Jetzt kommt **die zweite Frage: Wie sollen wir den Sonntag heiligen**, den Sabbat heiligen, den wir so brauchen? Man kann dabei, das ist ja bei allen Dingen im Glauben, von zwei Seiten vom Pferd fallen. Es gibt einmal die Menschen, die die Sonntagsheiligung, die Sabbatheiligung total übertreiben. Das haben wir eben gelesen, auch im Evangelium. Jesus ist an diesen Menschen mit gescheitert in seiner Sendung in diese Welt. Jesus geht hin mit seinen Jüngern, die raufen da die Ähren, dann kommen die Pharisäer und schmieren ihm direkt aufs Brot: „Das darf doch nicht sein! Das darf doch nicht sein!" Wir haben doch gelesen: Gesetz als toter Buchstabe. Und als er noch einige Verse weiter, gar am Sabbat, einen Menschen heilt, der eine verdorrte Hand hat, da sagen sie: Okay, den bringen wir um. So knallhart und pervertiert sind sie in ihrer Gesetzlichkeit, dass sie den Hersteller ihres Lebens dafür umbringen wollen, weil er vermeintlich ein Gesetz übertreten habe, das er ihnen zum Wohl gegeben hat. Der Sabbat ist um des Menschen willen geschaffen, nicht der Sabbat für den Menschen. Das dürfen wir auch bei aller Ernsthaftigkeit nicht vergessen. Bis zum heutigen Tag ist das im Judentum so. Die Juden haben zwei Kennzeichen für das Judentum. Das ist einmal die Beschneidung und das andere ist die Einhaltung des Sabbats, also dass die gläubigen Juden wirklich den Sabbat einhalten wie nichts anderes. Wer schon einmal in Israel war, der weiß, da passiert nichts mehr. Da ist wirklich Sabbat an unserem Samstag. Die gläubigen Juden machen da kein Feuer an, löschen auch kein Feuer, bewegen sich nicht mehr als 1000 Schritte. Aber die haben sich da auch ganz viele Ausnahmen ausgedacht oder Sachen, wie sie es umgehen können. Zum Beispiel kein Feuer anzumachen heißt auch, dass ich kein Auto starte, weil ich ja durch den Zündmechanismus eine Zündkerze aktiviere. Da gibt es bei denen so Mechanismen in israelischen Autos. Da werden dann solche Kästen vorgebaut, die dann zeitverzögert mit Schaltuhr das Auto starten. Da wird der Sinn und Zweck des vierten Gebotes total pervertiert. Aber das ist die eine Seite, von der man vom Pferd fallen kann. Die andere Seite ist einfach, zu sagen: „Naja, Jesus ist ja ein bisschen lockerer damit umgegangen mit dem vierten Gebot, da gehe ich noch lockerer damit um. Ob ich nun in den Gottesdienst gehe oder nicht und ob ich sonntagnachmittags noch die Wohnung tapeziere oder sonst irgendwas. Das ist dann vollkommen mir anheimgestellt." Also so geht es auch nicht. Nochmal, man kann von beiden Seiten vom Pferd fallen. Gott sagt deutlich in seinem Wort: Du sollst den Sabbat heiligen. Du sollst den Sonntag Ruhe haben. Aber ER sagt auch, dass du dich nicht unter dieses Gesetz versklaven sollst.

„Ja, bitteschön, Pastor Latzel", wirst du jetzt vielleicht sagen, „das haben wir jetzt verstanden. Wie soll man es denn jetzt konkret machen?" Wie? Auch da habe ich **drei kurze Punkte. Erstens, indem ich das Verhältnis von sechs zu eins berücksichtige.** Den Sabbat soll ich halten, und zwar genau in der angegebenen Form sechs zu eins. Sechs Tage arbeiten und einen Tag ruhen. Wir kommen gleich noch dazu, wann dieser Tag sein soll oder auch nicht. Aber das sollst du machen, das muss dein Verhältnis sein. Sechs Tage arbeiten und einen Tag ruhen. Das ist das Erste. Wir fragen ja auch nicht nach. Wir waren gerade bei meinem Skoda Octavia und bei meiner Kaffeemaschine. Da sagen wir ja auch nicht: 30 000 steht in der

Gebrauchsanweisung, dann muss Öl gewechselt werden, aber wir machen mal 40 000 draus oder 20 000. Nein! Sechs zu eins, das ist das Verhältnis, das wir tun müssen. **Zweitens, indem wir uns kein starres Gesetzeskonstrukt auferlegen.** Das beißt sich vielleicht so ein bisschen, aber die beiden Dinge müssen stehen bleiben. Das ist der zweite Tipp, den ich dir gebe aus dem Wort: Kein starres Gesetzeskonstrukt. Nur weil deine Eltern und Großeltern vielleicht so und so den Sonntag geheiligt haben, musst du nicht ganz genauso diese Dinge tun und die noch einmeißeln und deinen Kindern und Enkeln vielleicht noch härter mitgeben. Nein! Kein starres Gesetzeskonstrukt bei der Sabbatheiligung. Die kann bei dem einen so aussehen, bei dem anderen so. Das muss jeder vor Gott, vor dem Gesetz selber verantworten. Aber er soll den Sabbat halten, sechs Tage arbeiten, einen Tag ruhen.

Und ein Drittes. Das gehört als Tipp auch dazu und ist ganz wichtig: **indem ich den Sonntag, den Sabbat, wirklich den Tag des HERRN Jesus sein lasse.** Sonntag, Sabbat ohne Besinnung auf Gottes Wort, ohne Besinnung auf Jesus Christus ist wie Fußballspielen ohne Fußball. Da kann man sich auch bewegen am Sportplatz. Aber da passiert nichts ohne Fußball. So wäre der Sonntag ohne die Besinnung auf das Wort, ohne das Nachdenken über Jesus Christus. Das gehört zum Sonntag elementar mit dazu. Das habe ich mir nicht neu ausgedacht, das ist die alte Lehre der Bibel. Unsere Väter im Glauben, im Heidelberger Katechismus etwa, die haben das so formuliert in Frage 103. Da steht dann für die Konfirmanden erklärt: Was will Gott im vierten Gebot? Und da sind dann drei Antworten gegeben. Erstens, die Predigt hören. Zweitens, Gottes Wort lernen und drittens, den Geist Gottes in einem wirken lassen. Dazu brauchen wir Ruhe und das muss am Sonntag geschehen. Jesus, das Wort Gottes, in den Mittelpunkt stellen. Also nochmal meine drei Empfehlungen: Wie halte ich den Sonntag? Wie halte ich den Sabbat? Erstens, indem ich das Verhältnis sechs zu eins berücksichtige. Zweitens, indem ich mir kein starres Gesetzeskonstrukt auferlege. Und drittens, indem ich am Sonntag, am Sabbat wirklich den Tag des HERRN sein lasse, im Wort lese und über Jesus nachdenke.

Die **dritte und letzte Frage** zum Abschluss: **Wann soll ich den Sonntag, das vierte Gebot halten?** Da habe ich auch deutlich reingeschrieben am Sonntag, weil er der Tag der Auferstehung ist. Ich sage aber auch an dem Punkt: Da darf man gerne anderer Meinung sein. Es gibt Menschen, die sagen: „Nein, in Treue gegenüber dem Alten Testament muss ich am Samstag den Sabbat halten. Das ist der siebente Tag. Der achte Tag ist der Tag der Auferstehung." Denen will ich nicht den Glauben absprechen und auch nicht das Recht des Schriftverständnisses. Aber die Schrift lässt es auch ausdrücklich zu, dass wir am achten Tag den Sabbat setzen, weil es eben der Tag des HERRN, der Tag der Auferstehung ist. Wir lesen das in Apostelgeschichte 20, dass dort die erste Gemeinde anfängt am achten Tage wegen der Auferstehung den Sabbat zu halten, ihren Sonntag. Das Verhältnis von sechs zu eins ist eingehalten, ob ich das am Samstag tue oder am Sonntag. Wir tun es am Sonntag, weil wir da in Besonderheit über das zentrale Heilsereignis dieser Welt und unseres Glaubens nachdenken, nämlich die Auferstehung. Deshalb am Sonntag. Aber nochmal: Ich will niemandem den Glauben absprechen der meint, er muss es am Samstag tun. Übrigens, in der frühen Gemeinde war das weit verbreitet. Es gibt Schriften aus dem 70. und 80. Jahrzehnt nach Jesus. Da war schon klar. Die Gemeinden in der ersten Christenheit feierten alle den Sonntag. Und in dieser Tradition stehen wir bis heute. Das müssen wir eben auch sagen: Vieles wird uns in diesem Land ja noch geschenkt an Sonntagsruhe. Die meisten brauchen nicht am Sonntag zu arbeiten, sondern haben von ihrem Arbeitgeber frei. Und es ist Gott sei Dank noch die Ausnahme, dass, wenn Menschen beschäftigt sind, dass sie sonntags arbeiten müssen. Zum Beispiel habe ich vor einiger Zeit mit einer Krankenpflegerin gesprochen, eine gläubige Frau, für die das ein Problem war, dass sie an drei von vier Sonntagen arbeitete. Da hab ich das auch noch einmal sagen dürfen, dass sie an dem Sonntag Dienst am Nächsten tut, an Menschen die ihre Hilfe brauchen, das ist richtig. Aber das entnimmt sie nicht der Pflicht, für sich einfach auch wieder sechs Tage Arbeit und einen Tag Ruhe zu sehen. Aber da ist es egal, ob das nun der Sonntag ist oder der Montag. Ich kann Gott auch am Montag die Ehre geben, wenn ich für mich die Ruhe finde. Aber das soll die Ausnahme bleiben, weil der Sonntag ja für uns angelegt ist als Tag des HERRN, wo wir eben auch immer wieder Gelegenheit haben, unter die Predigt in die Gemeinde zu gehen. Drei Fragen zum vierten Gebot: Warum, wie und wann? Was hat dir diese Predigt gebracht? Hoffentlich das, dass du noch einmal neu nachdenkst über deine Sonntagsheiligung, wie du mit dieser Vorschrift, mit diesem Hinweis unseres HERRN und Gottes umgehst, der dir zuruft:

> ***Gedenke des Sabbattages, dass Du ihn heiligest. Sechs Tage sollst du arbeiten und alle deine Werke tun; aber am siebenten Tage ist der Sabbat des HERRN, deines Gottes; da sollst du keine Arbeit tun, auch nicht dein Sohn, deine Tochter, dein Knecht, deine Magd, dein Vieh, auch nicht dein Fremdling, der in deiner Stadt lebt. Denn in sechs Tagen hat der HERR Himmel und Erde gemacht und das Meer und alles, was darinnen ist, und er ruhte am siebenten Tage. Darum segnete der HERR den Sabbattag und heiligte ihn.***

Möge der HERR dieses Wort an dir segnen. Amen.

Der Friede unseres allmächtigen Gottes, der sehr viel höher ist als all unsere menschliche Vernunft, Er bewahre unsere Herzen und Sinne in Christus Jesus, unserem auferstandenen und lebendigen HERRN. Amen.

So ist Gott! Die Herrlichkeit Gottes!

2. Mose 33,18-23

Gnade sei mit euch und Friede von dem, der da war und der da ist und der da sein wird in alle Ewigkeit - unser HERR, Jesus Christus. Amen.

Liebe Gemeinde, wenn man über **die Herrlichkeit Gottes** predigen darf, dann hat man ein Problem: Man muss aus der Vielzahl der Texte in der Bibel, die darüber handeln, einen auswählen. Wer heute Nachmittag ein bisschen Zeit hat, den bitte ich einfach mal eine Konkordanz zu nehmen und unter Herrlichkeit nachzuschauen und dann zu gucken, was alles über die Herrlichkeit Gottes in der Bibel geschrieben steht. Da könnte man schon anfangen bei der Schöpfungsgeschichte, wie Gott den Menschen herrlich gemacht hat, wie zunächst im Paradies alles ganz wunderbar ist. Man könnte aufhören in der Bibel in der Offenbarung, wie alles wieder sein wird am Ende der Zeiten, in der Ewigkeit. Wenn wir da das Hochzeitsmahl des Lammes in aller Herrlichkeit mit Gott feiern. Wir könnten predigen über das Vaterunser, das da schließt mit den Worten „dein ist das Reich und die Kraft und die Herrlichkeit in Ewigkeit." Es gibt so viele Stellen! Aber eine Geschichte, die macht ganz besonders deutlich, zumindest für mich, was diese Herrlichkeit Gottes auf sich hat. Eine ganz starke, intensive, zutiefst menschliche Geschichte. Und ich hoffe, dass wir viel lernen können heute in dieser Predigt aus dieser wunderbaren Geschichte.

Vielleicht das vorweg: Es hat richtig Ärger gegeben im Volk Israel, so etwa im Jahr 3500 vor Christus. Mose hat die Tafeln bekommen und ist zum Volk hinabgestiegen. Da hatten doch die Blödmänner ein goldenes Kalb gebaut, sind nicht bei Gott geblieben, sondern wollten eine andere Herrlichkeit sehen. Mose hat die Tafeln zerschmissen, das Kalb eingerissen, geht wieder auf den Berg, hat eine ganz intensive Begegnung mit Gott, dem HERRN. Sie ist so intensiv, dass Mose noch mehr möchte. Und da steigen wir ein, wo Mose einen ganz tiefen Wunsch der Nähe mit Gott hat.

Wir wollen hören aus 2. Mose 33, Verse 18 bis 23:

> ***Und Mose sprach zu Gott: Lass mich deine Herrlichkeit sehen! Und Gott sprach: Ich will vor deinem Angesicht all meine Güte vorübergehen lassen und will vor dir kundtun den Namen des HERRN: Wem ich gnädig bin, dem bin ich gnädig, und wessen ich mich erbarme, dessen erbarme ich mich. Und Gott sprach weiter: Mein Angesicht kannst du nicht sehen; denn kein Mensch wird leben, der mich sieht. Und der HERR sprach weiter: Siehe, es ist ein Raum bei mir, da sollst du auf dem Fels stehen. Wenn dann meine Herrlichkeit vorübergeht, will ich dich in die Felskluft stellen und meine Hand über dir halten, bis ich vorübergegangen bin. Dann will ich meine Hand von dir tun und du darfst hinter mir her sehen; aber mein Angesicht kann man nicht sehen.*** Amen.

> **Lasst uns beten:** Lieber HERR und Heiland, du schenkst uns dieses herrliche Wort des Mose, der dein Angesicht sehen will. Du schenkst es uns heute Morgen in unser Leben hinein. Und ich möchte dich bitten, dass du uns dieses Wort öffnest, auf das wir ganz neu die Größe deiner Herrlichkeit erkennen können und auch merken, was das für unser Leben für eine Bedeutung hat. Das wird aber nur gelingen können, wenn du uns selber deinen Geist gibst für diese Predigt. Und darum wollen wir dich miteinander bitten, dass du diese Predigt segnest, das Reden und das Hören. Amen.

Es sind wieder drei Punkte, die ich heute Morgen mitgebracht habe.

1. Die Sehnsucht nach der Herrlichkeit Gottes.
2. Die Schwierigkeit mit der Herrlichkeit Gottes.
3. Die Sichtbarkeit der Herrlichkeit Gottes.

Das Erste: Ich möchte predigen über **die Sehnsucht nach der Herrlichkeit Gottes**. Denn das ist die Sehnsucht, die den Mose packt. Das lesen wir hier in Vers 18:

Lass mich deine Herrlichkeit sehen.

Nichts interessiert diesen Mose mehr, als dieses eine: die Herrlichkeit Gottes zu sehen. Er hat ein tiefes inneres Verlangen nach noch mehr Begegnung mit dem HERRN. Liebe Brüder und Schwestern, im Alten Bund hat es niemanden gegeben, der so nah beim HERRN war wie Mose. Wenn wir das lesen, welchen Umgang er mit Gott hatte in der Stiftshütte, im Zelt. Wenn wir lesen, was er bekommen hat in der Offenbarung, 2. Mose 3, als er den Namen Gottes offenbart bekommt. Keiner war so dicht dran am HERRN wie Mose. Und obwohl er schon so nah dran ist, will er noch sehr viel, viel näher an Gott: Er will das Angesicht Gottes sehen. Das ist übrigens so, liebe Brüder und Schwestern, je näher man bei Gott ist, je mehr man von Jesus erfährt, desto mehr will man von diesem Jesus. Das ist ein Zeichen der Frömmigkeit: die Sehnsucht nach der Herrlichkeit Gottes. Und je weniger man von Jesus verstanden hat, je weiter weg man von dem ist, desto schmaler ist das, was die Herrlichkeit Gottes ausmacht. Aber bei Mose ist das genau vorbildlich im Glauben. Deshalb wird er uns auch im Neuen Testament, im Hebräerbrief, als Glaubensvorbild vor die Augen gestellt. Er hat eine tiefe innere Sehnsucht nach der Herrlichkeit Gottes, nach mehr Begegnung.

Wir alle, die wir hier sind, wir haben auch Sehnsüchte, inniges Verlangen. Vielleicht nach einem Menschen, vielleicht nach einer Sache, vielleicht nach einem Zustand. Auch wir haben Sehnsüchte. Der eine oder andere unter uns sehnt sich nach einem lieben Menschen, weil er allein ist, Sehnsucht hat nach einem Ehepartner, einem Begleiter. Da sind die Mütter und Väter, sie sehnen sich nach einer ruhigen Weihnachtszeit, nach all dem Stress in der Arbeit und in der Familie. Sehnsucht nach ein paar ruhige Tage und die hoffentlich in aller Friedlichkeit in der Familie. Da gibt's unser aller Sehnsucht nach wirtschaftlicher Absicherung im Alter. Das wollen wir ja alle. Deshalb haben wir alle so Angst jetzt bei der Euro-Krise. Was passiert, wenn da die große Inflation kommt und alles zusammenbricht? Wie werde ich denn dann mein Alter bestreiten können? Hab ich noch genug zu essen? Wird es noch warm sein bei mir zu Hause? Da gibt's die Sehnsucht nach Gesundheit, nach Macht, nach Erfolg; die Sehnsucht nach Schönheit und nach so ganz, ganz, ganz vielen Dingen. Aber, liebe Brüder und Schwestern, all diese Sehnsüchte, ganz gleich worauf sie sich richten: das sind Sehnsüchte nach Dingen, die ganz schnell vorbei sind. Einen kleinen Moment - schnips - und schon ist es weg, dann ist das nicht mehr da! Das lohnt sich nicht, danach sich zu sehnen und danach sein Leben und Trachten zu richten. Weil's nur ganz kurz da ist! Die Dinge dieser Welt, die Herrlichkeiten dieser Welt, so haben wir es im Psalm 49 zu Anfang gehört, die sind ganz schnell weg. Das ist wie mit dem Vieh: kurze Zeit, dann ist es schon weg.

Ich denke immer an eine Geschichte des württembergischen Erweckungspredigers und Pfarrers Johann Blumhardt. Ein ganz vollmächtiger Mann. Leider hat ja Bremen nie eine Erweckungszeit erlebt, aber in Württemberg war die ganz stark. Zu Blumhardt ist mal eine seiner Konfirmandinnen gekommen, als sie ein bisschen älter geworden war. Eine wunderschöne Frau. Und sie hat ein Problem gehabt. Diese junge Frau war gläubig und sagt zu ihm in all Ihrer Bescheidenheit: „Herr Pfarrer, ist es eine Sünde, dass ich so schön bin?" Und die war wirklich sehr schön, so beschreibt es Blumhardt. Da hat der Pfarrer seiner Konfirmandin ganz liebevoll geantwortet: „Nein, mein Kindlein, eine Sünde ist es nicht, aber eine Täuschung." Das ist eine Täuschung, wenn du glaubst du bist schön. Schönheit ist nur eine ganz kurze Zeit. Diese junge hübsche Konfirmandin, diese junge Frau, die bei Pfarrer Blumhardt war, die nicht mehr. Wir wissen nicht, wie alt sie geworden ist, sie ist ja dann auch verschrumpelt gewesen. Gestorben ist sie, sie ist nicht mehr da. Die Schönheit, die Herrlichkeit dieser Welt, die ist nicht mehr.

Auch das Geld, was wir so herrlich finden in dieser Welt, das ist nur vergänglich. Das ist so eine tolle Szene hier: Unmittelbar bevor Mose die Herrlichkeit Gottes sehen will, da ist diese Geschichte mit dem goldenen Kalb. Mose hat das Wort Gottes gekriegt, das Kostbarste! Aber das Volk will das Wort Gottes gar nicht. Die wollen was anderes, die wollen das Geld anbeten und gießen aus ihren Ringen und aus ihren Münzen ein goldenes Kalb, einen Götzen und tanzen darum. Und Mose kommt vom Berg runter und er hat, ich sage das jetzt mal so, die Schnauze voll. Der zerbricht die Tafeln des Gesetzes und dann rechnet er mit dem Volk ab. Dann tritt er denen ihr Stierbild um, zermalmt das und da steht dann drin (das müsst ihr mal nachlesen, das wissen viele nicht und denken immer, der hat das nur kaputt gemacht hat, nein nein!), der hat das zerschlagen, hat es einschmelzen lassen und das, was übrig blieb von dem Gold - so steht es in der Schrift - hat er zerreiben lassen und den Goldstaub, der da war, den hat er aufs Wasser geträufelt und das Wasser mussten die Israeliten trinken. Und dann haben sie es getrunken. Und wir wissen ja, was passiert, wenn wir was trinken, wenn wir etwas zu uns nehmen. Die haben es dann verdaut und am nächsten Tag ausgeschieden. Dann wissen wir, wo es gelandet ist. Was sie heute noch angebetet haben, wonach ihre Sehnsucht war, nach dem Gold, die Herrlichkeit, die Sie hatten in dem goldenen Stier. Am anderen Tag haben Sie es da wieder rausgebracht, wo wir nicht drüber sprechen wollen. So ist das mit der Herrlichkeit dieser Welt, die vergeht! Die ist anders als die Herrlichkeit Gottes, die ewig bleibt. Vergesst das ja nicht! Alles Herrliche dieser Welt, egal wie groß das ist, selbst die größten Triumphe, die wir haben, die größte Macht ist nur einen kleinen Moment!

Im alten Rom ist das so gewesen. Wenn da einer der Feldherren einen großen Sieg errang, dann durfte er bei dem Senat einen Antrag stellen, dass ihm und seiner Legion ein Triumphzug gewährt würde. Das wurde selten gemacht, denn die Senatoren hatten so ein bisschen Angst. Oh, wenn die jetzt kommen mit ihren Militärs, da machen die vielleicht einen Putsch. Aber manchmal waren einfach die Siege so gewaltig, man wollte das Volk feiern und dann wurde den Feldherren ein Triumphzug gewährt. Und dann zogen die ein in Rom, vorneweg der Feldherr, der den großen Sieg errungen hatte. Er hat jetzt alle Macht. Der Höhepunkt seines Lebens. Aber - da waren die Römer, obwohl sie keine Christen waren, sehr schlau damals schon - da haben die folgendes gemacht: Wenn immer ein Triumphzug gewährt wurde war Verpflichtung, dass auf dem Wagen des Feldherren, des großen Offiziers und Generals der Truppen, ein Sklave stand mit einem Stab auf dem er Wolle hatte, ganz dünne Wolle. Während des ganzen Triumphzuges zündete der die Wolle an und hielt sie diesem Feldherrn vor Augen. Und diese Wolle, wie das mit dem Feuer ist bei Wolle, die verbrannte sofort. Und die ganze Zeit musste dieser Sklave sagen: „Sic transit gloria mundi", „So vergeht der Ruhm der Welt". So vergeht die Herrlichkeit der Welt. So schlau waren die damals schon im alten Rom. Und das müssen wir uns auch immer wieder vor Augen führen: So ist das mit all unsrer Herrlichkeit, die irdische Herrlichkeit, all das, was wir uns hier alles so supersupertoll wünschen, wonach wir uns sehnen, das ist nur ganz klein, kurze Zeit, dann ist es vergangen. Dann ist es nicht mehr da.

Der alte Pfarrer Bodelschwingh, der in Bielefeld die Bodelschwinghschen Anstalten Bethel gegründet hat, der hat gesagt: „Fragt nicht nach irdischen Dingen, fragt nicht nach Reichtum, fragt nicht nach eurer Ehre. Fragt allein nach der Herrlichkeit Gottes." Fragt allein nach der Herrlichkeit Gottes, wie hier Mose. Lass mich deine Herrlichkeit sehen. Wahres Christsein, liebe Brüder und Schwestern, heißt aufzuhören, den irdischen Zielen nachzujagen und den weltlichen Dingen nachzuhächeln. Wahres Christsein heißt, nach der Herrlichkeit Gottes zu fragen und das als primäres Ziel seines Lebens zu haben. Wir lesen in der Bibel ganz viel von den Männern und Frauen, die nach der Herrlichkeit Gottes gefragt und getrachtet haben. In den Psalmen, wenn wir die lesen. In Psalm 42 gefällt mir als Jäger eine Stelle so sehr. Die Söhne Korachs sagen da:

Wie der Hirsch lechzt nach frischem Wasser, so schreit meine Seele zu dir. Meine Seele dürstet nach Gott, nach dem lebendigen Gott. Wann werde ich dahin kommen, Gottes Angesicht zu schauen?

Oder der König David im Psalm 63, der überschrieben ist mit „Sehnsucht nach Gott", da heißt es:

Gott, du bist mein Gott, den ich suche. Es dürstet meine Seele nach dir, mein ganzer Mensch verlangt nach dir. Wenn ich zu Bette liege, so denke ich an dich. Und wenn ich wach liege, sinne ich über dich nach.

David ist erfüllt von der Sehnsucht nach der Herrlichkeit Gottes. Oder der Asafpsalm 73:

Wenn ich HERR dich nur habe, so frage ich nichts nach Himmel und Erde.

Wisst ihr, wenn ihr ein stückweit etwas verstanden habt von der Herrlichkeit des allmächtigen Gottes in Jesus Christus, dann ist euch dieses ganze bucklige Leben mit all den schönen Dingen, die es ja auch gibt auf dieser Welt, egal. Das ist das Wunderbare, dass die Herrlichkeit so groß ist, dass die uns hilft; dass wir nicht mehr irgendwelchen Zielen hier nachlaufen müssen, sondern dass wir selbst Hilfe haben in allem Elend und in aller Not. So groß und so stark ist die Herrlichkeit Gottes!

Im Moment wird in New York ein Musical aufgeführt, das hatte im Oktober seine Uraufführung dort am Broadway. Darin spielt Samuel Jackson, dieser berühmte Schauspieler, den Martin Luther King. Den berühmten Prediger kennen wir alle von dieser berühmten Rede Anfang der sechziger Jahre am Lincoln Memorial, diese gewaltige Rede: „I Have a Dream." Aber in diesem Stück am Broadway geht es jetzt nicht um diese Rede am Lincoln Memorial, sondern es geht schwerpunktmäßig um die letzte Predigt, die Martin Luther King gehalten hat, und zwar die Predigt am Vorabend seiner Ermordung. Der ist ja auch erschossen worden, so wie die Kennedy Brüder. Und am Abend vorher hält er noch in Memphis in einer Gemeinde eine Predigt, darin geht es um die Herrlichkeit Gottes. Ich lese euch nur die letzten Worte aus dieser Predigt vor, die Martin Luther King dort gehalten hat, der voll der Herrlichkeit Gottes ist und die ihm so viel Mut gibt. Da sagt er: „Es stehen schwere Tage vor mir. Ich würde gerne lange leben, aber das ist im Moment völlig egal. Ich will allein Gottes Willen tun. Und ich will, dass ihr Gläubige heute Abend alle wisst, dass wir in das Gelobte Land kommen werden. Ich fürchte mich vor nichts mehr, denn meine Augen haben die Herrlichkeit Gottes gesehen." Dann sagt er „Amen." Meine Augen haben die Herrlichkeit Gottes gesehen. Da hat dieser Mann keine Angst mehr, weil seine Augen die Herrlichkeit Gottes gesehen haben. Wisst ihr, wenn wir die Herrlichkeit Gottes anschauen und nach ihr uns sehnen und sie ein stückweit in unser Leben hineinkommt, dann kommen alle menschlichen Sehnsüchte und alle menschlichen Ängste zum Ende. Dann sind wir wirklich bei Gott, und dann sind wir in der Ruhe.

Und da möchte ich dich fragen, hier in diesem ersten Punkt: Wie sieht das aus mit deiner Sehnsucht nach Gottes Herrlichkeit? Gott sagt uns in seinem Wort, dass wir ihn lieben sollen, von ganzem Herzen, von ganzer Seele, von ganzem Gemüt und von all unseren Kräften. Das heißt, man könnte es kurz sagen, wir sollen uns nach seiner Herrlichkeit sehnen. Und ist das bei dir so? Und vielleicht sind ganz viele Probleme, die du hast, einfach darin begründet, weil du dich nach den falschen Dingen sehnst, nach den irdischen, nach den vergänglichen, weil doch immer wieder Enttäuschungen erleben musst und weil du nicht als Primäres hast die Sehnsucht nach der Herrlichkeit Gottes. Und deshalb möchte ich dich und darf dich im Namen Jesu neu einladen: Geh auf die Suche nach der Herrlichkeit Gottes. Sehn dich nach ihr, wie das der Mose getan hat. Die Sehnsucht nach der Herrlichkeit Gottes.

Ein Zweites: Die Schwierigkeit mit der Herrlichkeit Gottes. Die Schwierigkeit mit der Herrlichkeit Gottes, liebe Brüder und Schwestern, besteht darin, dass wir die Herrlichkeit Gottes, die ganze Größe der Herrlichkeit Gottes, überhaupt nicht sehen können. Wir lesen das hier in Vers 20. Mose bittet und da sagt Gott indirekt: Mein Angesicht kannst du nicht sehen. Kein Mensch wird leben, der mich sieht. Mose kann die Herrlichkeit Gottes nicht sehen. Nicht nur Mose! Auch wir können die tatsächliche Herrlichkeit Gottes direkt nicht sehen. Wir Menschen können so vieles sehen. Wir leben in einer Zeit, wo wir komplett reizüberflutet sind mit Bildern. Ob das nun im Internet ist oder ob wir aus dem Urlaub kommen mit rund 15 000 Bildern, weil wir die nicht mehr entwickeln lassen müssen. Wir haben Bilder, die wir sehen können. Wir können Bilder sehen von weit entfernten Sternen in anderen Galaxien, die uns irgendwelche Superteleskope machen. Wir haben die Elektronenmikroskope, da können wir die kleinsten Teilchen sehen. Wir können mittlerweile ganz, ganz vieles sehen. Aber, liebe Brüder und Schwestern, die Herrlichkeit des HERRN, die können wir nicht sehen. Menschen haben immer wieder geglaubt, die könnten das ein stückweit darstellen. Unser Gebäude hier, unsere Kirche, ist so ein Monument. Müsst euch vorstellen, wenn man da so reinkommt, 2011, und sieht die Kirche: „Schönes tolles Gebäude. Das ist schon was." Aber stellt euch mal 800 Jahre vorher die Kirche vor, wie die da aussah. Das wollten die auch machen: Die Kirchen im Mittelalter sollten widerspiegeln die Herrlichkeit Gottes, so groß und so hoch. Das wollte man machen. Aber wisst ihr, das ist zutiefst lächerlich! Wir wollen in diese paar Steine, in dieses 20 Meter hohe Gebäude die Heiligkeit des Ewigen darstellen? Das lächerlich! Genauso wie Menschen glauben, die fänden irgendwie in der Musik die Herrlichkeit Gottes. Hat mir mal einer gesagt: „In Händels Messias finde ich die Herrlichkeit Gottes. Da ist Gott komplett drin." Also, ein Stück von einem Menschen geschrieben, die Noten von Menschen geschrieben, auf Instrumenten gespielt, die von Menschen gemacht sind, da soll die Herrlichkeit Gottes drin sein? Das ist eine Anmaßung. Das kann gar nicht sein! Ein guter Freund von mir, Bergsteiger, war am Matterhorn, der hat gesagt: „Da habe ich Gott gefunden. Da war er. Da habe ich die ganze Herrlichkeit der Schöpfung und alles gesehen." Als ob auf einem viereinhalbtausend Meter hohen Felsen die Herrlichkeit Gottes drin wäre... Das ist eine Beleidigung des Schöpfers! Menschen können so viel und werden vielleicht eines Tages sogar das Energieproblem dieser Welt lösen. Wir werden vielleicht irgendwann mit Lichtgeschwindigkeit fliegen oder auch den Krebs besiegen können. Es wird so viel noch möglich sein, wenn die Welt nicht untergeht. Aber eines wird niemals geschehen: dass Menschen das Angesicht Gottes sehen oder auch nur ansatzweise die Herrlichkeit Gottes darstellen und das, was ER sagt widerspiegeln können, weder in der Predigt, noch in der Musik, noch in irgendwelchen Gebäuden. Das geht nicht! Auch ich kann euch die Herrlichkeit Gottes nicht klarmachen. Das geht nicht! Das funktioniert nicht! Die ist so groß, die ist so gewaltig, das übersteigt alles! Alles, was wir uns denken und vorstellen können! Noch einmal zurück zu unserem Predigttext. Der Mose will die Herrlichkeit Gottes sehen und Gott sagt ihm: Du kannst mein Angesicht nicht sehen. Aber dann kriegt er doch noch was mit von der Herrlichkeit Gottes. Aber wie funktioniert das? Dieses Bild, das müsst ihr euch mal wirklich ganz genau aufnehmen. Gott offenbart ihm die Herrlichkeit. Aber was passiert? Er muss Mose nehmen, stellt ihn auf einen Felsen, hält seine Hand über ihn, stellt ihn noch in eine Felsenkluft, dann geht die Herrlichkeit Gottes vorbei, und als sie vorbeigegangen ist, dann darf er hinterhergucken. So ist das. Also ein dreifacher Schutz, den Mose braucht, um überhaupt hinterhergucken zu können hinter der Herrlichkeit Gottes. So gewaltig ist die Herrlichkeit Gottes. Und wir können auch die Herrlichkeit Gottes nicht sehen, sondern wir können nur einen stückweiten Abglanz der Heiligkeit in uns haben, so sagt die Bibel, durch Jesus Christus im Heiligen Geist. Gott selber muss uns seine Herrlichkeit offenbaren. Nichts, was Menschen machen, kann die Herrlichkeit Gottes uns nahebringen. Das muss der Heilige Geist uns offenbaren. Und das ist wichtig, dass der Heilige Geist uns das offenbart. Wir haben eben die

Korintherstelle gelesen. Paulus hat das Apostelamt als ein Amt charakterisiert, das dafür da ist, damit die Herrlichkeit Gottes der Gemeinde offenbart wird. An anderer Stelle sagt er das nochmal im Epheserbrief. Ich lese euch diese ganz wichtigen Verse noch mal vor, damit ihr die vor Augen habt. Da geht es darum, dass Gott es selber im Heiligen Geist tun muss. Da sagt Paulus in Epheser 1,17 und spricht ein Gebet für die Gemeinde:

> ***Der Gott unseres HERRN Jesus Christus, der Vater der Herrlichkeit, gebe euch den Geist der Wahrheit*** (also den Heiligen Geist) ***ihn zu erkennen, und er gebe euch erleuchtete Augen des Herzens, damit ihr erkennen könnt, zu welcher Hoffnung ihr von ihm berufen seid und wie reich die Herrlichkeit seines Erbes für die Heiligen ist.***

Um das in kurzen Worten zu sagen: Paulus betet für die Gemeinde in Ephesus und sagt: Der Vater der Herrlichkeit muss euch selber im Heiligen Geist das offenbaren, dass sie erkennt, welche Herrlichkeit auf euch wartet, weil sie alles übersteigt, alles übersteigt, was wir uns menschlich vorstellen können. Es ist so unendlich größer, dass wir es gar nicht aushalten können, wenn wir es auch nur ansatzweise verstehen könnten. Denkt an Mose, der in einer Felsenkluft stehen muss und Gott muss ihn behüten. So groß ist die Herrlichkeit Gottes. Diese Herrlichkeit Gottes ist so groß, dass der Abglanz seiner Herrlichkeit schon reicht und uns auf dieser buckeligen Welt froh und freudig macht. Ich freue mich immens auf die Herrlichkeit Gottes. Ein schönes Leben, das ich hier auf Erden habe. Aber ich freue mich gewaltig auf das, was kommt, obwohl ich nichts von der Herrlichkeit Gottes gesehen habe. Ich habe nur ein bisschen was vom Abglanz gespürt. Vielleicht, wenn man das überhaupt im Bild fassen kann, ist es mit der Herrlichkeit Gottes so wie mit der Kraft der Sonne. Wenn man so einen Strahl der Sonne hier auf Erden empfängt, dann merkt man: Oh, jetzt wird's ein bisschen warm. Aber wie warm es wirklich bei der Sonne ist, da haben wir gar keine Erfahrung. Wenn wir dahin fliegen würden, da würden wir alle verglühen. Viel größer ist es mit der Herrlichkeit Gottes. Die ist unbeschreiblich! Und das ist unsere Schwierigkeit, dass wir die Größe dieser Herrlichkeit nicht erfassen können. Wir können sie einzig und allein ein stückweit sehen in Jesus Christus.

Und damit kommen wir zum **dritten Punkt**, **die Sichtbarkeit der Herrlichkeit Gottes**. Da heißt es hier in 2. Mose 33,19:

> ***Ich will vor deinem Angesicht all meine Güte vorübergehen lassen und will vor dir kundtun den Namen des HERRN: Wem ich gnädig bin, dem bin ich gnädig, und wessen ich mich erbarme, dessen erbarme ich mich.***

Auch wieder so ein seltsames Wort. Wie bei seiner Offenbarung am Dornbusch: ***Ich werde sein, der ich sein werde***, so sagt Gott hier, ***wie ich gnädig bin, dem bin ich gnädig und wessen ich mich erbarme, dessen erbarme ich mich.*** Ich sehe: Hier spricht Jesus Christus. Hier spricht die Gnade und das Erbarmen. Gottes Herrlichkeit mit Mose wird in Gnade und Erbarmen sichtbar. Nirgendwo anders sehen wir die Herrlichkeit Gottes als in seiner Gnade und in seinem Erbarmen. Und wo ist das sichtbar geworden? Am Kreuz! Am Kreuz! Ich habe sie begrüßt mit diesen Worten aus Johannes 1, Vers 14:

> ***Das Wort ward Fleisch und wohnte unter uns; und wir sahen seine Herrlichkeit, eine Herrlichkeit als des eingeborenen Sohnes vom Vater voller Gnade und Wahrheit.***

Es werden jetzt so die Kritischen unter uns vielleicht sagen: „Ach, jetzt kommt der Latzel wieder. Da hat er so einen alttestamentlichen Text und jetzt muss der so einen christologischen Rattenschwanz da drankleben, so nach dem Motto, als müsste man jeden Text auf Jesus auslegen." Liebe Brüder und Schwestern, den Text kann man nicht anders auslegen. In Jesus sehen wir die Gnade und das Erbarmen. Das, was Mose hier sehen kann, das sehen wir in deutlicherer Weise: die Gnade und das Erbarmen Gottes. Ich will deutlich machen, dass diese beiden Texte, 2. Mose 33 und die Kreuzigung Jesu ganz eng miteinander zu tun haben, diese Offenbarung. Dazu muss man wissen, dass die Herrlichkeit Gottes im Alten Testament an einer besonderen Stelle, in Hesekiel 43, in den Tempel einzieht. Der Tempel (der erste, der salomonische Tempel, war ja 587 zerstört worden) wurde 515 wieder aufgebaut und Hesekiel sieht, wie die Herrlichkeit Gottes in den Tempel einzieht. Das müsst ihr mal nachlesen, ein ganz wundersames Geschehen! Auch das sind Dinge, die verstehen wir nicht, die übersteigen unser Verständnis. Auch der Prophet kriegt nur eine Vision, aber die Herrlichkeit ist im Tempel. Im alten Tempel In Jerusalem war es ja so: Es gab drei Teile, die Vorhalle, das Heilige und das Allerheiligste. Und im Allerheiligsten war die Herrlichkeit Gottes, deshalb durfte da auch kein Mensch reingehen. Das Allerheiligste war mit purpurnen Vorhängen getrennt vom Heiligen. Das durfte niemand sehen. Da war die Herrlichkeit Gottes. Und dann wissen wir, als Jesus gekreuzigt wird, dass genau in dem Moment wo er stirbt, als die Gnade und das Erbarmen uns geschenkt ist, der Vorhang im Tempel zerreißt. So steht es in der Bibel, eine ganz wichtige Szene! Und dann ist auf einmal der Blick frei in das Heilige, da wo die Herrlichkeit Gottes ist. Da gucken die Menschen rein und was sehen die? Nichts mehr! Da ist die Heiligkeit Gottes nicht mehr. Die ist nicht mehr im Tempel. Die ist jetzt woanders. Die ist am Kreuz, im Kreuz! Dort ist alle Herrlichkeit Gottes.Da sagen jetzt vielleicht einige: „Hallo, Pastor Latzel, weißt du, was du da gepredigt hast? Eben hast du noch erzählt: Die Herrlichkeit Gottes ist so gewaltig, die kann kein Mensch fassen. Und jetzt erzählst du uns gleichzeitig: Alle Herrlichkeit ist am Kreuz?! In diesem elendiglichen Ende, wo ein Mensch hingerichtet wird?! Da soll die Herrlichkeit sein?!" Ja, das ist das Geheimnis des Glaubens. Da sehen wir alle Herrlichkeit, die Gnade und das Erbarmen. ***Das Wort vom Kreuz*** - die Botschaft vom Kreuz, liebe Brüder und Schwestern - ***ist denen eine Torheit, die verloren sind.*** Wer das nicht versteht, dass dort die Herrlichkeit Gottes ist, der ist verloren. ***Uns aber, die wir gerettet sind, ist es eine***

Kraft Gottes. Dynamis heißt es in der Bibel, eine Herrlichkeit Gottes. Das macht den Unterschied zwischen Christen und Nichtchristen: Christen erkennen, dass am Kreuz alle Herrlichkeit ist! Und das ist das Wunderbare: dass wir im Glauben, im Glauben an den Gekreuzigten, Anteil an dieser Herrlichkeit haben. Im Glauben! Nirgends woanders kriegen wir die Herrlichkeit. Nochmal: Wir können keine Bilder machen, wir können keine Kirchen bauen, wir können keine Musikstücke schreiben. Sondern nur im Glauben an den Gekreuzigten kriegen wir einen Blick auf die Herrlichkeit Gottes, wie bei Mose. Mose zeichnet sich dadurch aus, dass er an Gott geglaubt hat, so heißt es im Hebräerbief und so heißt es auch im Alten Testament. Und deshalb darf er ein stückweit etwas sehen von der Herrlichkeit Gottes, aber auch nur so im Vorbeigehen. Und wir erkennen etwas von der Herrlichkeit Gottes im Glauben, wenn wir auf den Gekreuzigten gucken. Wenn wir an IHN glauben, dann erleben wir die Herrlichkeit Gottes. Es gibt eine wunderbare Geschichte im Neuen Testament, die Geschichte von der Auferweckung des Lazarus, wo Maria und Martha um ihren Bruder ringen. Da ist der Bruder gestorben und Jesus kommt nicht und dann kommt er doch endlich. Und dann sagt Jesus: Wenn du an mich glaubst, dann wirst du die Auferstehung erleben. Dann ziehen sie alle zweifelnd zum Grab und stehen davor. Maria, Martha und ein ganzer Schwung Juden, der bei ihnen steht. Dann sagt Jesus etwas ganz Entscheidendes: Wenn du glaubst, wirst du die Herrlichkeit Gottes sehen. ***Wenn du glaubst, wirst du die Herrlichkeit Gottes sehen!*** Dann heißt es in der Bibel weiter: ***Da hoben sie den Stein weg.*** Da entscheidet es sich, liebe Brüder und Schwestern! Wenn der Stein weggehoben wird, wenn wir mit dem Tod konfrontiert sind, ob wir die Herrlichkeit Gottes sehen oder nicht, wenn du glaubst, wirst du die Herrlichkeit Gottes sehen! Dann brauchst du keine Angst davor zu haben, dass da der Stein liegt, dann hat der Tod keine Macht mehr, so wie in dieser Lazarus-Geschichte. Auf einmal kommt der schon Verwesende wieder aus dem Grab raus. Das dürfen wir auch wissen und das werden wir sehen. Das wirst du sehen! Das wirst du sehen, wenn du stirbst und an

Jesus Christus glaubst. Die Herrlichkeit Gottes wirst du sehen, wie der Schächer am Kreuz. Zu ihm sagt Jesus: ***Heute wirst du mit mir im Paradies sein.*** Von dieser Herrlichkeit spricht Jesus. Und das wirst du haben, wenn du an Jesus glaubst. Du brauchst keine Angst zu haben, wenn der Stein weggehoben wird und dass da irgendwas noch stinkt oder schlecht ist. Ganz im Gegenteil! Da wird die Herrlichkeit an dir offenbart. Nicht nur wenn du stirbst, wirst du das sehen. Nein, wir werden das alle sehen, wenn wir noch nicht gestorben sind und der HERR Jesus Christus wiederkommen wird. Auch dann werden wir seine Herrlichkeit sehen. Auch davon spricht die Bibel, wenn der Gekreuzigte wiederkommen wird, so heißt es in Matthäus 16, Vers 27:

> ***Denn es wird geschehen, dass der Menschensohn kommt in der Herrlichkeit seines Vaters mit seinen Engeln...***

Jesus Christus ist das erste Mal in diese Welt gekommen als kleines Kind. Da hat er gelebt in aller Niedrigkeit, in allem Elend und hat sich für uns kreuzigen lassen. Wenn der HERR Jesus aber wiederkommen wird, wird er wiederkommen in Herrlichkeit. So haben wir es eben gesungen in dem Lied „Macht hoch die Tür, die Tor macht weit. Es kommt der HERR der Herrlichkeit". Und zwar in einer Herrlichkeit, wo dann alles vernichtet wird, was gegen IHN ist, aber alles gesegnet wird, was IHM die Ehre gegeben hat. Es heißt in 1.Petrus 5,4:

> ***So werdet ihr, wenn erscheinen wird der Erzhirte*** - das ist Jesus - ***die unverwelkliche Krone der Herrlichkeit empfangen.***

Das heißt: Wenn der HERR der Herrlichkeit kommt, dann werden diejenigen, die zu ihm gehören, die Glieder an seinem Leib sind, teilhaftig werden an dieser Herrlichkeit. Sie werden die Krone der Herrlichkeit empfangen. Wir können Gott nicht schauen. Seine Herrlichkeit können wir nicht sehen. Aber in Jesus Christus haben wir den Abglanz der Herrlichkeit und das

Ebenbild seines Wesens. Und da haben wir Zugang zur Herrlichkeit Gottes. Wenn du auf den Gekreuzigten schaust und wenn du an den Gekreuzigten glaubst, an den gekreuzigten Jesus Christus, dann darfst du wissen, dass du nicht nur die Herrlichkeit sehen wirst, sondern du wirst Anteil haben an der Herrlichkeit Gottes. Du wirst die Krone der Herrlichkeit sehen. Und wenn du das auch nur ein stückweit verstanden hast und zwar nicht intellektuell hier oben im Kopf, sondern wenn der Heilige Geist dir das in dein Herz gegeben hat, dann wirst du nur eins sagen, so wie der Mose: „Lass mich deine Herrlichkeit schauen!“ Und das wünsche ich mir für diese Predigt, dass diese Predigt eins erreicht hat in deinem Leben: dass du neu gefüllt bist von der Sehnsucht nach der Herrlichkeit unseres allmächtigen Gottes, in Jesus Christus. Amen.

Und der Friede unseres allmächtigen Gottes, der sehr viel höher ist als all unsere menschliche Vernunft, Er bewahre unsere Herzen und Sinne in Christus Jesus, unserem auferstandenen und lebendigen HERRN. Amen.

Wohin Jesus dich führen möchte

4. Mose 13,20 - 14,11

Gnade sei mit euch und Friede von dem, der da war und der da ist und der da sein wird in aller Ewigkeit - unser HERR, Jesus Christus. Amen.

Liebe Gemeinde, diese Predigt und auch der Predigttext, um den es heute gehen wird, der hat eine Vorgeschichte. Diese Vorgeschichte hat zu tun mit dieser Statue, die wir hier sehen im Taufbecken. Für die, die ein bisschen weiter weg sitzen und für die, die den Gottesdienst jetzt über Internet hören, möchte ich sagen: Es ist eine in Ton gebrannte Statue. Sie ist etwa so 50 Zentimeter hoch. Es sind zwei Männer, die einen Stock auf ihren Schultern haben und die schwer schleppen an einer riesigen Weintraube, die fast so groß ist wie sie selber.Dieses Kunstwerk trug mir vor einigen Wochen ein liebes Gemeindeglied an. Er kam mit einem Bild, er hatte es bei einem Künstler gesehen und sagte: „Bruder Latzel, das würde ich so gern der Kirchengemeinde stiften." Da ist bei mir erst mal die Jalousie runtergegangen, denn sie wissen ja, ich bin sehr streng reformiert, mit Bildern und mit Statuen habe ich es nicht so. Mir ist am liebsten: die Kirche ist ganz kahl, da ist nichts als allein die Bibel, nur das Wort Gottes. Unseren neuen Gemeindesaal haben wir ja auch so eingerichtet. Jetzt kommt dieses liebe Gemeindeglied und sagt: „Ich habe da eine wunderbare Statue gesehen." Und weil das ein ganz lieber Mensch ist und insgesamt, weil ich mich ja Menschen zuwende, da habe ich gesagt: „Ich gucke mir das mal an." Da habe ich mir dieses Kunstwerk angesehen und es hat mich künstlerisch angesprochen; und vor allen Dingen von dem angesprochen, was es aussagt, dass da wirklich die biblische Botschaft in diesem drin ist. Das hat mich so gepackt, dass ich heute über den Text predigen möchte, der diesem Kunstwerk zugrunde liegt. Ich möchte sprechen über eine Geschichte, die sich vor etwa 1250 Jahren ereignet hat. Das Volk Israel ist herausgeführt worden von Mose aus der Knechtschaft in Ägypten. Die sind eine ganze Weile durch die Wüste gewandert. Jetzt kommen sie an die Grenzen des Gelobten Landes. Da geht Mose hin und er schickt unter der Führung Josuas und Kalebs Männer aus, die das neue Land erkunden sollen. Und an dieser Stelle, wo diese Männer ausgesandt sind, ins Gelobte Land, um dieses von Gott verheißene Land zu erkunden, da setzt der Predigttext ein. Und ich bitte Sie heute ausnahmsweise einmal sitzen zu bleiben, damit Sie aufmerksam diesen langen Text lesen können. Es ist eine lange Geschichte, eine wunderbare Geschichte, die wir heute als Predigttext hören wollen. Ich lese mit Ihnen zusammen aus dem 4. Buch Mose, Kapitel 13, Vers 20 bis Kapitel 14, Vers11:

Es war aber eben um die Zeit der ersten Weintrauben. Und sie gingen hinauf und erkundeten das Land von der Wüste Zin bis nach Rehob, von wo es nach Hamat geht. Sie gingen hinauf ins Südland und kamen bis nach Hebron; da lebten Ahiman, Scheschai und Talmai, die Söhne Anaks. Hebron aber war erbaut worden sieben Jahre vor Zoan in Ägypten. Und sie kamen bis an den Bach Eschkol und schnitten dort eine Rebe ab mit einer Weintraube und trugen sie zu zweien auf einer Stange, dazu auch Granatäpfel und Feigen. Der Ort heißt Bach Eschkol nach der Traube, die die Israeliten dort abgeschnitten hatten. Und nach vierzig Tagen, als sie das Land erkundet hatten, kehrten sie um, gingen hin und kamen zu Mose und Aaron und zu der ganzen Gemeinde der Israeliten in die Wüste Paran nach Kadesch und brachten ihnen und der ganzen Gemeinde Kunde, wie es stand, und ließen sie die Früchte des Landes sehen. Und sie erzählten ihnen und sprachen: Wir sind in das Land gekommen, in das ihr uns sandtet; und wahrlich, Milch und Honig fließen darin, und dies sind seine Früchte. Aber stark ist das Volk, das darin wohnt, und die Städte sind befestigt und sehr groß; und wir sahen dort auch Anaks Söhne. Es wohnen die Amalekiter im Südland, die Hetiter und Jebusiter und Amoriter wohnen auf dem Gebirge, die Kanaaniter aber wohnen am Meer und am Jordan. Kaleb aber brachte das

Volk vor Mose zum Schweigen und sprach: Lasst uns hinaufziehen und das Land einnehmen, denn wir können es überwältigen. Aber die Männer, die mit ihm hinaufgezogen waren, sprachen: Wir vermögen nicht hinaufzuziehen gegen dies Volk, denn sie sind uns zu stark. Und sie brachten über das Land, das sie erkundet hatten, ein böses Gerücht auf unter den Israeliten und sprachen: Das Land, durch das wir gegangen sind, um es zu erkunden, frisst seine Bewohner, und alles Volk, das wir darin sahen, sind Leute von hohem Wuchs. Wir sahen dort auch Riesen, Anaks Söhne aus dem Geschlecht der Riesen, und wir waren in unsern Augen klein wie Heuschrecken und waren es auch in ihren Augen. Da fuhr die ganze Gemeinde auf und schrie, und das Volk weinte in jener Nacht. Und alle Israeliten murrten gegen Mose und Aaron, und die ganze Gemeinde sprach zu ihnen: Ach dass wir gestorben wären in Ägyptenland oder in dieser Wüste, ach wären wir doch gestorben. Warum führt uns der HERR in dies Land, damit wir durchs Schwert fallen und unsere Frauen und unsere Kinder ein Raub werden? Ist's nicht besser, wir ziehen wieder nach Ägypten? Und einer sprach zu dem andern: Lasst uns einen Hauptmann über uns setzen und wieder nach Ägypten ziehen! Mose aber und Aaron fielen auf ihr Angesicht vor der ganzen Versammlung der Gemeinde der Israeliten. Und Josua, der Sohn Nuns, und Kaleb, der Sohn Jefunnes, die auch das Land erkundet hatten, zerrissen ihre Kleider und sprachen zu der ganzen Gemeinde der Israeliten: Das Land, das wir durchzogen haben, um es zu erkunden, ist sehr gut. Wenn der HERR uns gnädig ist, so wird er uns in dies Land bringen und es uns geben, ein Land, darin Milch und Honig fließt. Fallt nur nicht ab vom HERRN und fürchtet euch vor dem Volk dieses Landes nicht, denn wir wollen sie fressen wie Brot. Es ist ihr Schutz von ihnen gewichen, der HERR aber ist mit uns. Fürchtet euch nicht vor ihnen! Aber das ganze Volk sprach, man sollte sie steinigen. Da erschien die Herrlichkeit des HERRN über der Stiftshütte

allen Israeliten. Und der HERR sprach zu Mose: Wie lange lästert mich dies Volk? Und wie lange wollen sie nicht an mich glauben trotz all der Zeichen, die ich unter ihnen getan habe? Amen.

Wir wollen beten: HERR, du schenkst uns dieses wunderbare Wort von der Geschichte der Kundschafter, die das Land sehen durften und die Botschaft an dein Volk bringen. Und das Volk nimmt diese Botschaft nicht an. Du schenkst uns heute Morgen dieses wunderbare, alte Wort und wir wollen dich bitten, dass du zu einem jeden Einzelnen redest durch dieses Wort in dieser Predigt. Das kann nur dann geschehen, wenn du uns deinen Segen durch deinen Geist gibst, HERR. Und darum wollen wir bitten für diese Predigt: Segne du selber, HERR, durch deinen guten Heiligen Geist das Reden und das Hören deines heiligen und lebendigen Wortes an uns allen. Amen.

Liebe Gemeinde, nach einem sehr langen Predigttext muss ich noch eine Vorbemerkung machen, bis ich die Predigt beginne. Die ist dann aber nicht ganz so lang. Ich muss Ihnen erzählen was bei mir passiert, wenn ich das Wort Israel höre und lese. Das ist ein Wort, das mich elektrisiert. Das ist ein Wort, wo ich gemeint bin, wo Gott mit mir ganz persönlich spricht. Überall dort, wo Israel in der Bibel steht, da geht es um Olaf Latzel. Israel hat ganz viele Bedeutungen. Israel ist zunächst einmal der Beiname, den Jakob bekommt von Gott selber, als er mit ihm kämpft am Jabbok. Da heißt es dann: Du heißt nicht mehr fortan Jakob, sondern Israel, weil du gerungen hast mit Gott. Israel, die Bedeutung heißt: Streitet mit Gott, kämpft mit Gott. Israel ist erst einmal der Beiname von Jakob. Dann ist Israel, so wie hier in dieser Geschichte in diesem Predigttext, der Name des Volkes, das aus Ägypten befreit wurde von Mose. Es ist der Name des Volkes. Israel ist aber auch die Bezeichnung des Landes, wo das Volk lebte. Das ist in der Bibel die Bezeichnung für das Nordreich. Aber es ist noch etwas ganz anderes, neben diesen vielen Bedeutungen. Es ist die Bezeichnung für mich.

Israel heißt: Streitet mit Gott, widersteht Gott; man kann fast sagen „sündigt gegen Gott". Da bin ich immer wieder gemeint. Ich, Olaf Latzel, ich bin Israel. Ich bin immer wieder wie das Volk im Alten Testament. Das sind nicht nur Geschichten des Volkes Israel von vor über zweitausend Jahren. Es ist immer wieder meine Geschichte, die dort geschieht. Und so kann ich alle Geschichten, die im Alten Testament am Volk Israel geschehen sind, mit meinem Leben in Verbindung bringen. Ich möchte diese Geschichte des Volkes Israels an dieser Stelle, kurz vor dem Einzug, mit meinem Leben und mit Ihrem Leben in Verbindung bringen. Es ist und bleibt immer die Geschichte des Volkes Israel, aber es ist und bleibt auch immer unsere Geschichte. Und vor diesem Hintergrund wollen wir uns diesem Predigttext zuwenden. Dass ich immer wieder Israel bin und dass du immer wieder Israel bist. Drei Punkte in dieser Predigt.

1. Gott bereitet dem Volk Israel eine wundervolle Zukunft - Gott bereitet dir eine wundervolle Zukunft.

2. Das Volk glaubt nicht an diese wundervolle Zukunft - du glaubst nicht an diese wundevolle Zukunft.

3. Gott weiß, dass das Volk Israel nicht glauben kann, dass du nicht glauben kannst und sendet immer wieder eine Botschaft.

Der erste Punkt: Gott bereitet dem Volk Israel eine wundervolle Zukunft / Gott bereitet dir eine wundervolle Zukunft.
Eine wunderbare Botschaft! Das Volk Israel lebte vor 1400 Jahren in der Knechtschaft in Ägypten unter dem Pharao. Denen ging es dreckig, denen ging es richtig dreckig. Die waren Sklaven, die wurden ausgepeitscht, die hatten nicht genug zu essen. Die Hand der Ägypter lag schwer auf ihnen. Und dann kommt Gott. Gott bereitet für sie eine neue Zukunft; keine Zukunft der Knechtschaft, sondern die Zukunft der Freiheit in einem Gelobten Land. Das lässt der HERR sie immer wieder wissen: Ihr dürft in das gelobte, verheißene Land gehen, in das Land, in dem Milch und Honig fließt, wo man leben kann aus

der Fülle des Landes. Das sagen auch die Kundschafter, als sie wiederkommen als allererstes. Bevor sie anfangen zu zweifeln, sagen sie in Vers 27:

> ***Wir sind in das Land gekommen, in das ihr uns sandtet; und wahrlich, Milch und Honig fließen darin, und dies sind seine Früchte.***

Sie haben es ja gesehen. Solche Weintrauben hängen dort in diesem Land. Das ist vor über zwölfhundert Jahren vor Christus passiert, dass Gott den Israeliten, dem Volk Israel, eine neue und wundervolle Zukunft bereitet hat. Dass er sie führen wollte, immer wieder aus der Knechtschaft durch die Wüste in dieses Land hinein. Jetzt habe ich Ihnen eben gesagt. Das ist auch meine Geschichte. Ich bin genauso wie das Volk. Auch ich habe gelebt in der Knechtschaft, wie ihr alle zusammen, unter der Knechtschaft der Sünde, unter der Knechtschaft dieser Welt, den Sorgen, den Nöten, all den Dingen, die der Widersacher tut, um uns zu knechten. Aus dieser Knechtschaft hat uns Gott in Jesus Christus befreit. Er hat uns herausgeführt aus dieser Knechtschaft und will uns führen in ein verheißenes Land. Nicht in so ein Stückchen Erde irgendwo am östlichen Rand des Mittelmeeres, wie das Volk Israel, das war schon wunderbar genug. Nein! Uns, die wir an Jesus Christus glauben, führt ER in ein viel, viel, viel, viel besseres Land, in das himmlische Jerusalem. Die Israeliten bekamen ein Zeichen, als die Kundschafter kamen. Diese Weinrebe, dieses unglaublich große Gebilde, das zwei Männer tragen müssen. Ein wunderbares und großartiges Zeichen. Aber was haben wir nicht für ein Zeichen bekommen als Nachfolger Jesu! Gott wurde Mensch in Jesus, vergoss sein Blut. Wir dürfen das als Zeichen immer wieder im Abendmahl genießen, den Wein. Da sehen Sie die Verbindung des Weines im Abendmahl mit der Weintraube dort. Das Blut Christi, der Wein, den wir beim Abendmahl trinken, ist unser Zeichen für das, was wir bekommen werden, wenn wir Gemeinschaft haben. Das dürfen wir hier so ein bisschen schmecken. Letzten Sonntag durften wir es schmecken. Ein bisschen Gemeinschaft hatten wir. Aber in dieser Gemeinschaft mit Gott, so haben wir es soeben in der Offenbarung gehört zu Beginn des Gottesdienstes, werden wir da einst vollkommen leben. Das ist unsere Zukunft. Und glaubt mir bitte, ich bin nicht in der Lage, auch nur ansatzweise diese Zukunft euch mit Worten zu beschreiben. Das kann ich nicht. Das, was uns erwartet, kann ich nicht sprachlich ausdrücken. Das, was ich beschreibe und erzähle von der Ewigkeit, vom himmlischen Jerusalem, das ist, wie wenn man das Licht eines Streichholzes Menschen zeigt, das nur so für zehn, zwölf Sekunden brennt und dann verlischt. Das kann ich euch erklären, ein Streichholz. Aber das, was ich zu beschreiben habe, das ist die Sonne, um in diesem Bild zu bleiben. Die Sonne ist das, was uns erwartet. Beschreiben kann jeder Mensch nur das Streichholz. Das, was kommen wird, ist so unglaublich wunderbar und so wundervoll, das können wir gar nicht überbewerten. Das ist so großartig, so wundervoll, was Gott in Jesus Christus für uns bereithält. Wir können das nicht ausdrücken; nicht nur ich, kein Mensch kann das. Paulus schreibt:

> ***Was kein Auge je gesehen hat und kein Ohr je gehört hat und in keines Menschen Herz gegeben ist. Das hat Gott denen bereitet, die ihn lieben.***

Das hat ER dir bereitet. Du gehst auf eine wundervolle Zukunft zu. Die Zukunft, die dich als Nachfolger Jesu Christi erwartet, das ist etwas ganz Wundervolles. Das können wir uns hier gar nicht vorstellen mit unseren begrenzten Möglichkeiten. Das ist viel, viel, viel besser, als unser Verstand erfassen darf. Das ist das Erste, was du hören darfst aus diesem Predigttext. So wie das Volk Israel so einen kleinen Geschmack bekam von dem, was das gelobte Land heißt, an dieser riesigen Rebe, so darfst du heute Morgen hören im Wort Gottes, dass du eine viel viel bessere Zukunft hast, eine wundervolle Zukunft! Ich weiß nicht, was bei euch momentan los ist. Ob ihr vielleicht im Glauben so ein bisschen matt geworden seid nach all den Jahren und Jahrzehnten, oder ob ihr vielleicht momentan Probleme hier auf und in dieser Welt habt, wo ihr niedergeschlagen seid, wo ihr denkt, hier geht's nicht mehr weiter und düster in eure Zukunft hineinblickt. Ihr dürft wissen, ihr habt eine wundervolle Zukunft. Gott bereitet dir eine wundervolle Zukunft. Als ich an diesem ersten Punkt war, da habe ich zu Gott gebetet: „HERR, wie kann ich das der Gemeinde noch deutlicher machen?" Da habe ich angefangen zu suchen, im Internet und in Büchern nach irgendeiner Geschichte, um euch das plastisch zu machen. Und da, ich sage das mal so, ist ein Wunder passiert, etwas, was Gott mir gegeben hat, ein Wort. Er hat mir keine Geschichte gegeben, sondern ein Wort. Ich habe die Predigt im Computer gehabt und hatte vorher den Gottesdienstablauf rauskopiert, weil ich den noch verändert habe für diesen Gottesdienst. Und in diesem Formblatt war ein Wort drin, was auf einmal mitten in meinem Predigttext drinstand. Das habe ich nicht absichtlich reingemacht, sondern es ist durch irgendwelche Computerdinge da reingekommen. Für mich hat Gott das so gegeben. Ich hatte vorher darum gebetet: HERR gib mir etwas, was ich der Gemeinde sagen kann. Er hat mir keine Geschichte gegeben, er hat mir dieses Wort geschenkt. Ich möchte dir dieses Wort für deine Situation zusprechen. Du meinst vielleicht keine Zukunft zu haben. Gott schenkt dir dieses Wort in Jesaja 43, Verse 18 und 19. Gott spricht:

> ***Gedenkt nicht an das Frühere und achtet nicht auf das Vorige! Denn siehe, ich will ein Neues schaffen, jetzt wächst es auf, erkennt ihr's denn nicht? Ich, Gott, mache einen Weg in der Wüste und Wasserströme in der Einöde.***

Gott schenkt dir eine wundervolle Zukunft! **Das Zweite.** Nachdem wir jetzt gehört haben, dass Gott dem Volk Israel eine wunderbare Zukunft bereitet und uns eine wundervolle Zukunft bereitet, müssen wir uns jetzt damit auseinandersetzen, **dass das Volk daran nicht glaubt und dass du daran nicht glaubst.** Israel hat eine wunderbare Zukunft. Die durften diese Zukunft schon ein stückweit sehen in dieser Rebe. Sie standen kurz vor dem verheißenen Land, aber sie tun nur das, was alle Menschen tun: Sie bleiben bei dem hängen, was sie kennen, was sie sehen, was sie anfassen können. Da schreien sie: ***Ach,***

wenn wir doch in Ägypten gestorben wären. Warum führt uns der HERR in dieses Land? Dass wir durchs Schwert fallen, unsere Kinder ein Raub werden. Dann sagen sie: Es ist viel besser, wenn wir in Ägypten geblieben wären. Lasst uns einen Hauptmann über uns setzen. Wir ziehen zurück nach Ägypten.

So typisch menschlich, das ist so typisch wie ich bin, so typisch wie ihr seid. Wir lassen uns nicht von den Verheißungen Gottes bestimmen, sondern von dem, was wir anfassen können, von dem, was vor uns liegt. Und wir glauben, das ist es gewesen, so schlecht das ist, so kaputt das ist und so geknechtet das ist. Das wollen wir behalten. Da bin ich nicht anders als das Volk Israel. Und da seid ihr nicht anders als ich und das Volk Israel. Das ist doch unser Problem, was wir haben. Indem wir den Verheißungen Gottes nicht glauben, den Verheißungen Gottes nicht vertrauen, da werden wir der Verheißung nicht teilhaftig. Das erlebt das Volk hier. Das ist der Kampf, der da entbricht.

Da sind Josua und Kaleb die einzigen Getreuen, die stehen da, die zerreißen sich die Kleider. Die schreien: „Ihr könnt doch nicht" (entschuldigt bitte den Ausdruck) „so bescheuert sein und eure verheißene Zukunft wegschmeißen gegen die Knechtschaft! Das geht doch nicht! Traut dem HERRN etwas zu!" So ringen sie darum. Das Volk will das nicht und sie schreien: „Ach kommt, lasst uns die beiden Querulanten auch noch steinigen!" Das ist der Kampf! Und die, die dieser Verheißung nicht geglaubt haben, die dürfen alle nicht ins verheißene Land. Der Jordan war die Grenze. Das ist ja für uns sprichwörtlich geworden: „über den Jordan gehen." Das heißt zweierlei. Über den Jordan gehen heißt Sterben für die, die Gott nicht glauben und seinen Verheißungen nicht vertrauen. Aber über den Jordan gehen heißt für Menschen, wie Josua und Kaleb, ins Gelobte Land kommen. Die den Verheißungen Gottes vertrauen, die glauben „Jawohl, die Zukunft, die Gott verheißen hat, die wird doch Wirklichkeit!", die erleben diese Zukunft dann auch. Josua darf dann am Landtag zu Sichem (Josua 24) das Land verteilen, er darf das alles erleben. Etwas

Großartiges! Die Menschen haben eine Zukunft bei Jesus in Gott, aber sie glauben dieser Zukunft nicht. Und weil sie nicht glauben, deshalb werden sie an dieser Zukunft nicht teilhaftig.

Das hat Gott dem Volk Israel immer und immer wieder gesagt, dass sie nur glauben müssen. Er schickt die Propheten immer aus. Jesaja 7,9: ***Glaubt ihr nicht, so bleibt ihr nicht!***

Wer den Verheißungen Gottes nicht glaubt, der wird ihrer nicht teilhaftig. Wer sich nur bestimmen lässt von dem, was irdisch ist, von seinem Ägypten, seiner Gesundheit, seinem Bankkonto, seiner Familie, seinen Nachbarn, seinen Hobbys, was auch immer, der wird das Verheißene nicht erleben. Wer sein Leben nur aus der irdischen Perspektive, aus der Ägypten-Perspektive sieht, der bekommt das Verheißene nicht. Aber wer sein Leben aus der himmlischen Perspektive sieht, den Verheißungen Gottes traut, der wird der Verheißungen teilhaftig. Das gilt auch für uns. Uns ist genau, wie dem Volk Israel, etwas viel Größeres verheißen. Da haben wir eben darüber gehört: das himmlische Jerusalem. Das kriegen wir allein dadurch, dass wir glauben. Und nicht, dass wir etwas tun. Wir dürfen unser Leben hier auf Erden schon bestimmt sein lassen von dem Himmlischen. Das heißt christliche Existenz. Christliche Existenz heißt nicht, bestimmt sein lassen von all dem, was hier unten ist, mein Geld, meine Familie, sondern bestimmt sein lassen von dem, wozu uns Gott eingeladen hat. Im Evangelium haben wir es eben gehört in Lukas 14. Gott hat eine Zukunft bereitet, ein Abendmahl, hat die Leute eingeladen. Und dann kommt es wieder: Kann nicht kommen, hab den Acker gekauft; kann nicht kommen, hab geheiratet; kann nicht kommen, muss dieses und muss jenes tun. Christliche Existenz heißt: bestimmt sein lassen von den Verheißungen Gottes. Wenn ich mich davon bestimmt sein lasse, dann werde ich dieser Verheißungen teilhaftig.

Jetzt habe ich hier geschrieben: Gott bereitet dir eine wundervolle Zukunft, aber du glaubst nicht an sie. Ich tue das häufig nicht, und ihr tut es häufig nicht. Es gibt Phasen in meinem Leben, da tue ich das ganz fest und stark. Aber auch in meinem Leben kommen Momente des Zweifels. Aber da hat Gott mir auch gesagt, was ich tun muss, damit ich nicht in dieses Zweifeln komme. **Was muss ich tun? Das ist das Dritte.** Es gibt drei B's, um gegen den Zweifel an den Verheißungen Gottes anzugehen: Beten, Bibel, Bekennen. Beten, Bibel, Bekennen, das ist ein Dreiklang. Da gibt's nichts, was man zuerst tun muss, sondern alles auf einmal, wie in der Musik, so ein Dreiklang, der miteinander abgestimmt ist. Das eine bedingt das andere. Bekennen, die eigene Sünde bekennen, zu sagen: „HERR, ich schaff's nicht. Ich bin ein zweifelnder Mensch. Ich glaube, hilf meinem Unglauben." Bekennen: „Ich bin sündig, ich kriege es nicht hin." Bekennen und sagen: „Ja, HERR, ich kann es nicht. HERR, gib mir deinen Geist, hilf mir, dass ich den himmlischen Blick kriege." Dann Bibel: Bibellesen und auch die Botschaft der Bibel hören, dass ich von Gottes Wort angesprochen werde, dass es in mir wirken kann. Und drittens: Beten. Immer wieder beten: „HERR, schenk du mir deinen Geist, schenkt du mir diesen himmlischen Blick." Das müssen wir schon tun, diese drei B's: Bekennen, Bibel, Beten. Und glaubt mir, je intensiver ihr da drin seid, desto mehr bekommt ihr den himmlischen Blick.

Jetzt werden einige vielleicht sagen: „Meine Güte, so schön die Predigt begann, so gut mit so einem verheißenden Wort. Und jetzt holt der Pastor Latzel wieder die große Keule raus. Jetzt müssen wir wieder diese drei B Bekennen, Bibel, Beten..." Wisst ihr was passiert, wenn ihr das tut? Da wird es euch richtig gut gehen, da werdet ihr auf einmal in eine Freiheit kommen. Wenn ihr den himmlischen Blick habt, euch bestimmen lasst von den Verheißungen Gottes, dann werdet ihr frei von all dem, was euch hier auf Erden quält, eure Krankheit, eure familiären Problemen, eure Sorgen um euer Geld. Da werdet ihr auf einmal frei! Wir haben letzte Woche zusammen den Galaterbrief gelesen. In Galater 5, im ersten Vers, ein wunderbares Wort, da heißt es:

Zur Freiheit hat euch Christus befreit, so steht nun fest und lasst euch nicht wieder das Joch der Knechtschaft auflegen.

Wenn ich euch sage und anrate, betet, bekennt, lest die Bibel, dann deshalb, damit ihr in Freiheit lebt. Wenn ihr es intensiv macht, wird es euch richtig gut gehen. Wir sollten nicht irgendwelche Trappistenmönche oder sonst was sein, die sich kasteien und quälen. Nein! Ihr sollt frei leben! Das bekommt man geschenkt, wenn man den Geist Gottes hat und diese Freiheit erlebt. Die schenkt Gott uns. Diesen Blick, kriegen wir von ihm, den wir uns nicht selber zaubern können, wenn wir diese drei B beherzigen: Bibel, Bekennen, Beten. Das Erste war: Gott hat uns eine wundervolle Zukunft bereitet; das Zweite: Wir können an diese wundervolle Zukunft nicht glauben. **Und das Dritte? Gott weiß darum, dass wir das nicht können und sendet immer wieder eine Botschaft an dich und lädt dich zu dieser Zukunft ein, die er für dich bereitet hat.**

Das ist ja die Geschichte mit dem Volk Israel. Das war eine Geschichte der fortwährenden Enttäuschung über all die Jahrhunderte hinweg, das ganze Alte Testament. Gott macht es immer so gut mit denen und die fallen immer und immer wieder ab. Die murren, die enttäuschen und glauben immer wieder nicht der Verheißung Gottes ins Gelobte Land zu kommen; der Verheißung, allein IHM zu vertrauen, wenn sie Kriege führen und ER ihnen helfen wird und keine Angst haben sollen. Die Verheißungen, die ER ihnen schenkt für all das, was werden wird. Sie glauben es einfach nicht. Immer und immer wieder fallen sie ab. Und doch ist dieser Gott gnädig und barmherzig mit dem Volk Israel und schickt immer wieder neu Männer und Frauen los und auch Zeichen, die ihnen davon Botschaft geben, dass ER eine wunderbare Zukunft für sie bereithält. Die Propheten, die Richter, die Könige, all die Zeichen, die ER getan hat, dass ER sie wieder nach Hause bringen wird aus dem Exil. Das Umfallen von Jericho, all diese Dinge, immer wieder Botschaft an das Volk. Und immer wieder fallen sie ab und trotzdem werden sie immer wieder von Gott gerufen zu dieser wunderbaren Zukunft. Und zuletzt hat ER sie abschließend gerufen in Jesus Christus.

Wie zu Beginn gesagt: Israel ist meine Geschichte, das ist eure Geschichte, auch wir sind so. Wir leben in dieser Welt. Wir hören die wunderbaren Verheißungen. Wir glauben das, manchmal für einen Moment. Aber dann nimmt uns die Welt immer wieder gefangen. Wir werden da wankelmütig. Wie gut, dass wir einen barmherzigen Gott haben, der uns immer wieder neu ruft und stärkt in den Bibelstunden, in den Gottesdiensten, in den Predigten, in der Bibellese, indem er immer wieder zu uns kommt und Botschaft gibt davon, dass er eine wunderbare Zukunft für uns bereithält, dass er eine wunderbare Zukunft für dich bereithält. Dafür ist diese Kirche da, hier in Bremen. Nicht, damit irgendwelche Touristen hier hereinkommen und sagen: „Was für tolle Fenster, was für tolle Kronleuchter und was für eine wunderbare Orgel." Nein, die Kirche ist nur für das Eine da: Sie soll den Menschen Botschaft geben von der frohen Kunde, dass Gott eine wunderbare Zukunft für sie bereithält. Das sollte die Kirche tun vor 800 Jahren, das soll sie heute tun, und das soll sie auch in 800 Jahren tun, so sie denn da noch besteht. Das soll auch unser Gemeindesaal tun, den wir heute neu in den Dienst stellen. Er hat nur eine Aufgabe: Botschaft davon zu geben, dass Gott in Jesus Christus für uns eine wunderbare Zukunft bereithält. Das soll auch diese Statue tun, die da im Garten stehen wird, wo wir diese Riesenweintraube sehen. Sie soll dir und mir, die soll allen, die sie sehen, immer wieder sagen: Gott hält eine wunderbare Zukunft für dich bereit.

Als ich an diesem Punkt angekommen war in der Predigt, wo ich das noch einmal sagen wollte, dass Gott immer wieder neu ruft, dass er dich und mich immer wieder neu ruft, da bin ich wieder in diesen Prozess gekommen, dass ich gesagt habe: „HERR, wie kann ich es der Gemeinde deutlicher sagen. Gib mir ein Wort, gibt mir eine Geschichte, irgendwas, wie ich es verdeutlichen kann, damit sie es noch besser verstehen, dass du sie rufst zu dieser Zukunft." Und dann ist gestern etwas passiert. Das hat mich nochmal ganz neu gepackt und ganz neu umgehauen.

Gestern war der 31.10., da war nicht nur Reformationstag. Es ist auch der Tag meiner Ordination, also der Tag, an dem ich meine Lebzeitberufung für den Dienst an Wort und Sakrament bekommen habe. Bei dieser Berufung, das ist in Westfalen so üblich, da kommen ganz viele Pfarrer zusammen, und die geben dem, der ordiniert wird ein Wort mit. Ich habe mich gestern hingesetzt und habe noch einmal all die Worte gelesen, die mir die Geschwister mitgegeben haben. Und da war ein Wort dabei, das hat mich gestern ganz neu angesprochen. Und zwar hat mir das der Pfarrer gegeben, bei dem ich konfirmiert worden bin. Ich bin als Konfirmand nicht so ein besonders netter Konfirmand gewesen, weil ich noch nicht gläubig war und so viel PS wie ich als Pfarrer habe, die hatte ich damals auch als Jugendlicher, aber mit all der Boshaftigkeit dabei. Er hat mich mehrfach aus dem Konfirmandenunterricht rausgeschmissen, weil ich so Sachen gemacht habe. Er war auch mal bei meiner Mutter und hat gesagt: „Na, ob wir den Olli konfirmieren können, der ist immer so ungehorsam", und so. Aber er hat es dann trotzdem getan und ich bin dann zum Glauben gekommen, habe da auch mitgearbeitet in der Gemeinde und dann angefangen Theologie zu studieren. Er hat auch einmal gesagt, er hätte viele hundert Leute konfirmiert und wäre oft verzweifelt darüber. Aber dass einer der Bösartigsten und Wildesten dann zum Glauben gefunden hätte, das hätte ihn über vieles versöhnt. Der hat mich dann, als schon alter Mann, mit ordiniert und hat mir ein Wort gegeben, 2. Korinther 5, Vers 20. Und das hat mir Gott gestern gegeben, als ich darüber gebetet habe: „Was soll ich euch noch einmal sagen, um das deutlich zu machen, dass Gott so eine wunderbare Zukunft für uns hat." In 2. Korinther 5, Vers 20 steht:

So sind wir nun Botschafter an Christi statt, denn Gott ermahnt durch uns; so bitten wir nun an Christi statt: Lasst euch versöhnen mit Gott!

Ich lese es noch einmal, dieses wunderbare Wort: ***So sind wir nun Botschafter an Christi statt, denn Gott ermahnt durch uns; so bitten wir nun an Christi statt: Lasst euch versöhnen mit Gott!*** Ich weiß noch, wie er damals zu mir gesagt hat, er könne jetzt nicht mehr so und er würde die Fackel weitergeben und dass ich die Fackel weitertragen müsse. Und da hat er mir das Wort gegeben. Und das will ich heute Morgen tun, am Schluss dieser Predigt. Ich möchte euch an Christi statt bitten, und deshalb stehe ich hier, dass ihr euch versöhnen lasst mit Gott! Nehmt die Einladung Gottes in Jesus Christus für euer Leben an, für diese wunderbare Zukunft. Und ich drohe und schreie jetzt nicht so, wie ich es manchmal tue, sondern ich bitte euch noch einmal an Christi statt: Lass du dich versöhnen mit Gott, damit du der wunderbaren Zukunft teilhaftig wirst, die Gott für dich bereitet hat. Amen

Und der Friede unseres allmächtigen Gottes, der sehr viel höher ist als all unsere menschliche Vernunft, Er bewahre unsere Herzen und Sinne in Christus Jesus, unserem auferstandenen und lebendigen HERRN. Amen.

Worauf es ankommt: Die Treue zum HERRN!

4. Mose 32,10-12

Gnade sei mit euch und Friede von dem, der da war und der da ist und der da sein wird in alle Ewigkeit - unser HERR, Jesus Christus. Amen.

Liebe Gemeinde, in der letzten Woche habe ich sehr lange gebraucht, bis ich das Thema des Gottesdienstes und auch den Predigttext gefunden habe. Normalerweise ist das schon Montag so, dass ich weiß worum es gehen soll und bereite das vor. Jetzt waren schon zwei Tage weiter ins Land gegangen, ich wusste immer noch nicht, worum es gehen sollte und habe zu Gott gebetet, er möge mir da Klarheit schenken. Und dann sitze ich mit meiner 16jährigen Tochter im Auto, die mir auf einmal eine Frage stellt. Wer Kinder hat in dem Alter, der weiß, das ist nicht immer ganz einfach. Sie stellt mir die Frage: „Papa, welche Person der Bibel, außer Jesus, wärst du denn am liebsten gewesen?" Interessante Frage! Denken Sie ruhig mal darüber nach. Ich musste nicht lange darüber nachdenken und habe sofort gesagt: „Ich wäre gerne Josua gewesen." Dann kommt die Nachfrage „Warum?" Und dann habe ich ihr erklärt, was mich an dieser Person so begeistert und warum er für mich so ein Alleinstellungsmerkmal hat. Bei all den großen Männern und Frauen der Bibel ist er derjenige, der mit einem über allem glänzt: mit der Treue. Und ich habe ihr dann erklärt, dass Josua eben durch diese Treue ganz viele Segnungen erfahren hat. Und wie ich ihr das so erläutert habe im Auto, da ist mir so vieles nochmal neu klar geworden, was ich schon lange weiß. Da habe ich gedacht, das ist ein gutes Thema: Treue. Ein wichtiges Thema! Und dadurch ist es zum Thema dieses Gottesdienstes gekommen und eben auch zu dem Predigttext, die drei Verse, die ich mitgebracht habe. Denn in dem Gespräch mit meiner Tochter habe ich das eben auch erklärend angeführt und gesagt: „Weil er treu war, konnte er ins Gelobte Land gehen." Ein tiefes Bild im Alten Testament auch für die Gemeinde Jesu heute. Nur der, der treu zum HERRN steht, wird ins Gelobte Land, in die Ewigkeit gehen. Aber die, die nicht treu sind, die abfallen, die müssen mit dem Zorn und dem Gericht des lebendigen Gottes rechnen. Und so habe ich als Predigttext drei Verse aus 4. Mose 32 mitgebracht.

Hintergrund dieser Geschichte ist folgender. Israel ist an die Grenzen des Gelobten Landes gekommen und sie schicken aus jedem Stamm einen Kundschafter, also zwölf Männer in das Gelobte Land, um zu erkunden was da los ist. Dann kommen diese zwölf Männer zurück. Sie schleppen diese riesengroße Traube, dieses Bild, was wir draußen im Garten als Statue stehen haben. Sie kommen zurück und erzählen von dem, was gewesen ist. Und von diesen zwölf Männern sind zehn, die sagen: „Ja, das ist ein phantastisches Land, in dem Milch und Honig fließt. Das ist alles super. Aber die da drin leben, die sind riesengroß, die haben Waffen, wie wir sie nicht kennen. Und sie sind stark. Sie sind uns körperlich überlegen. Es bringt überhaupt gar nichts, da jetzt irgendwie einzuziehen, die machen uns alle nieder. Es ist das Beste, wir setzen einen Hauptmann über uns und ziehen uns zurück." Und dann kommen Josua und Kaleb, zerreißen ihre Kleider und sagen: „Nein! Nein! Das darf nicht sein, dass ihr solches einfach denkt, dass der HERR uns nicht retten könnte. Wir müssen da einziehen!" Und dann spricht Gott das Urteil über diese Zehn und über das ganze Volk, die nämlich diesen Zehn geglaubt haben und eben auch das Segenswort über Kaleb und Josua. Wir wollen hören, 4. Mose 32, Verse 10 bis 12:

> ***Und des HERRN Zorn entbrannte zur selben Zeit, und er schwor: Wahrlich, diese Leute, die aus Ägypten gezogen sind, von zwanzig Jahren an und darüber, sollen das Land nicht sehen, das ich Abraham, Isaak und Jakob zu geben geschworen habe, weil sie mir nicht treu nachgefolgt sind; ausgenommen Kaleb, der Sohn Jefunnes, des Kenasiters, und Josua, der Sohn Nuns; denn sie sind dem HERRN treu nachgefolgt.*** Amen.

Wir wollen beten: Lieber HERR und Heiland, wir wollen dir Dank sagen, dass du uns Kaleb, aber vor allen Dingen Josua als Bild für die Treue vor dir schenkst im Alten Testament. Und wir wollen jetzt die Predigt hören über die Treue zu dir. Wir wollen dich bitten, dass du uns für unseren Glauben das neu erschließt, was das für uns bedeutet, wo wir gemeint und gerufen sind, neu in die Treue mit dir einzutreten oder eben in dieser Treue zu bleiben. Und damit das gelingt, dass wir deine Stimme hören in dieser Predigt, dass wir merken wo wir gemeint sind, dazu brauchen wir deine Hilfe. Und darum wollen wir dich jetzt bitten für diese Predigt: Segne du selber das Reden und das Hören deines heiligen und lebendigen Wortes an uns allen. Amen.

Worauf es ankommt: die Treue zum HERRN. So habe ich diese Predigt überschrieben. Es sind zwei Männer, die das Gelobte Land sehen dürfen und hineinkommen. Von Kaleb wissen wir nicht so viel. Aber die Bibel schildert ganz, ganz viel von Josua. Und deshalb habe ich Josua herausgegriffen als Beispiel für diese Treue zum HERRN, wo wir das lernen können. Und wenn man seine Lebensgeschichte kennt, wie die Bibel sie schildert, so sind es, zumindest für mich, vier Punkte der besonderen Treue die er zeigt:

1. **Treu in der Gegenwart mit Gott.**
2. **Treu im Vertrauen zu Gott.**
3. **Treu im Gehorsam gegenüber Gott.**
4. **Treu zu Gott bis in den Tod.**

Das Erste: Treu in der Gegenwart mit Gott, Josua ist treu in der Gegenwart des HERRN. Es gibt in 2. Mose 33 einen ganz fantastischen Bibelvers. Da heißt es im Vers 11:

> ***Der HERR aber rede mit Mose von Angesicht zu Angesicht, wie ein Mann mit seinem Freunde redet. Dann kehrte Mose zum Lager zurück. Aber sein Diener Josua, der Sohn Nuns, wich nicht aus der Stiftshütte.***

Sie wissen: Die Stiftshütte ist der Vorläufer des Tempels in Jerusalem, so eine Art mobiles Heiligtum, in der die Gegenwart Gottes war. Da durfte niemand rein, außer den Priestern und eben Mose, der mit seinem Diener da hineinging. Mose war immer nur einige Zeit dort. Aber von Josua heißt es: ***Er wich nicht aus der Stiftshütte.*** Der Ort der Gegenwart des HERRN war für Josua so immens wichtig, dass das vor allem anderen stand und er immer wieder die Gegenwart des lebendigen Gottes gesucht hat.

Und darin zeigt sich Treue. Treue zeigt sich im unbedingten Festhalten an einer persönlichen Beziehung. Das können Sie nachlesen im Duden oder bei Wikipedia. Treue zeigt sich im unbedingten Festhalten an einer persönlichen Bindung. Und das ist das, was Josua tut. Diese persönliche Bindung mit Gott immer wieder suchen, seine Gegenwart; und dass er erlebt: Ich bin in Gemeinschaft mit dem lebendigen Gott. Das ist wichtiger und schöner und bedeutsamer als jede Gemeinschaft, die ich mit einem Menschen haben kann. Es ist wunderbar, Gemeinschaft mit der Ehefrau, dem Ehemann, den Kindern, den Freunden, wem auch immer zu haben. Aber jeder, der den Heiligen Geist hat, der wiedergeboren ist, der gläubig ist, der weiß: Es gibt nichts, nichts was schöner ist, als Gemeinschaft mit dem Lebendigen und Ewigen zu haben, in seiner Gegenwart zu sein.

Und doch machen es Menschen immer wieder, obwohl sie gläubig sind, dass sie so langsam, das ist ein schleichender Prozess, die Gegenwart des lebendigen Gottes nicht suchen und nicht treu in seiner Gegenwart bleiben. Und da nimmt der Glaube Schaden! Das Wichtigste was wir brauchen für unseren Glauben, das ist die immerwährende Gegenwart des lebendigen Gottes. Johannes 15,5:

> ***Ich bin der Weinstock,*** sagt Jesus Christus, ***ihr seid die Reben. Wer in mir bleibt und ich in ihm, der bringt viel Frucht. Aber ohne mich könnt ihr nichts tun.***

Wenn Sie von einem Weinstock einen Ast abschneiden, dann wissen Sie was passiert: der stirbt. Er muss am Stock bleiben! Und so müssen wir als Christen immer wieder bleiben in der Gegenwart des lebendigen Gottes. Da müssen wir treu sein. So wie Josua! Da werden Sie vielleicht fragen: „Der Josua hat es einfach gehabt. Der konnte in die Stiftshütte gehen. In der Stiftshütte war ja die Gegenwart des lebendigen Gottes. Da gab es ja einen Ort. Aber wo muss ich denn hingehen? Wo ist denn für mich der Ort, wo ich die Gegenwart Gottes erlebe?" Nun, da haben wir es noch einfacher als Josua! Wir müssen nicht an irgendeinen besonderen Platz gehen, sondern uns sind drei Dinge gegeben, wo wir Gemeinschaft mit Gott haben, wo wir seine Gegenwart erleben. Das sind **die drei G´s der Gegenwart Gottes.**

Das erste G ist Gottes Wort. Sie können zuhause die Bibel aufschlagen, in der Bibel lesen. Und weil Gott, wie die Schrift sagt, selber das Wort ist, werden Sie hier seine Gegenwart erleben. In seinem Wort ist ER gegenwärtig. Wenn Sie Bibel lesen oder wenn Sie bibeltreue Verkündigung hören, dann dürfen Sie fest darauf vertrauen, dass Ihnen hier Gott, der Allmächtige begegnet. Gott ruft uns auf dazu, dass wir das Wort Gottes reichlich unter uns wohnen lassen sollen (Kolosser 3,16), weil er selber immer wieder die Gemeinschaft mit uns sucht, seine Gegenwart uns anbietet. Und das ist ganz wichtig, dass wir das tun und immer wieder am Wort Gottes bleiben. Auch wenn ich das jeden zweiten Sonntag hier sage, es ist so wichtig für die Gemeinde Jesu Christi. Bitte bleibt im Wort und bleibt damit in der Gegenwart des HERRN. Seid da treu!

Das zweite G der Gegenwart Gottes ist der Gottesdienst. Wir singen es jeden Sonntag in unserer Liturgie: „Gott ist gegenwärtig." Hier ist die Anwesenheit Gottes und nicht in diesen Steinen, auf die kommt es nicht an! Da, wo die Gemeinde Jesu Christi sich in seinem Namen versammelt und da, wo das Wort klar gepredigt wird und die Sakramente recht verwaltet werden, da hat Gott verheißen, dass er bei ihnen sein wird:

Denn wo zwei oder drei versammelt sind in meinem Namen, da bin ich mitten unter ihnen (Matthäus 18,20).

Das ist das Zweite, und es ist so wichtig, dass Sie immer wieder in den Gottesdienst kommen, in die Versammlung. Nicht unbedingt hier in Martini, das spielt überhaupt keine Rolle wo Sie hingehen. Hauptsache, es ist eine gläubige Gemeinde, wo das Wort Gottes verkündigt wird. Wir Pastoren, wenn wir so zusammen sind, wir haben so eine eigene Sprache, wenn wir von den „Treuen" sprechen, dann sind das die Gemeindeglieder, die jeden Sonntag da sind, ob es schneit oder regnet. Ob da der Sohn seinen 50. Geburtstag hat oder nicht, das spielt keine Rolle. Gottesdienst ist für sie Gesetz und darauf kommt es an. Das sind die ganz Wichtigen, die Treuen, treu in der Gegenwart des lebendigen Gottes zu sein. Dazu möchte ich Sie immer wieder aufrufen, für sich selber, aber auch für die Kinder und Enkel, immer wieder darauf Wert zu legen, dass sich da nicht was einschleicht! Nochmal: Es ist nicht wichtig, dass Leute zu Martini oder sonstwo hingehen, aber sie müssen unterm Wort sein. Darauf Wert zu legen für die Erziehung, das ist etwas genauso Wichtiges, so wie man guckt, dass die Kinder eine gute Schulbildung bekommen. Gegenwart Gottes im Gottesdienst.

Das dritte G der Gegenwart Gottes ist das Gebet. Durch das Wort, durch die bibeltreue Verkündigung des Wortes spricht Gott zu uns. Aber im Gebet, da sprechen wir zum lebendigen Gott. Und auch das ist etwas ganz Wichtiges: Bleibt im Gebet, seid da treu! Und da ist meine Frage angesichts der Gegenwart Gottes: Wie sieht´s denn da mit deiner Treue in der Gegenwart des HERRN aus? Bist du treu am Wort Gottes? Bist du treu im Gottesdienst? Bist du treu im Gebet? Ich möchte dich im Namen des lebendigen Gottes vor dem Vorbild Josua neu dazu aufrufen: Bleibe treu in der Gegenwart des HERRN!
Ein Zweites: Treu im Vertrauen. Das ist das ganz Starke. So habe ich es meiner Tochter erklären können, dass dieser Typ Josua grenzenloses Vertrauen hatte. Ja, dieser Josua hatte

auch dort am Bach Eschkol (das war der Bach, wo sie dann zurückkamen aus dem Gelobten Land mit den großen Trauben) gesehen, was da los war. Er hatte gesehen, dass die anderen zahlenmäßig den Israeliten überlegen waren. Er hatte gesehen, dass die körperlich größer und stärker waren. Er hatte gesehen, dass die befestige Stätten hatten. Er hatte gesehen, dass die eine ganz andere Waffentechnik hatten. Das hatte er alles gesehen. Genauso wie die anderen. Aber er wusste, welchen Gott er auf seiner Seite hat. Und weil er dem treu vertraut hat, hat er sich nicht in die Hose gemacht, sondern hat gesagt, dass das überhaupt kein Problem ist. Ja! Da gibt es Schwierigkeiten, die vor uns liegen. Gar kein Thema! Und wenn man das Josua-Buch liest, dann weiß man auch, mit welchen Schwierigkeiten er dann später kämpfen muss, als er für das Volk das Land einnehmen musste. Aber er vertraute dem HERRN von ganzem Herzen. In 4. Mose 14 gibt's einen ganz fantastischen Satz. Den liebe ich sehr. Das ist genau das, was diese Zehn diskutieren. Die sagen: „Nee, da können wir nicht reingehen, lass uns einen neuen Hauptmann über uns setzen." Und dann, als Josua und Kaleb ihre Kleider zerreißen und das Volk anschreien: „Habt Vertrauen zum HERRN!", da sagt Josua einen Satz, der für mich so stark ist im Vertrauen zum HERRN. Da heißt es:

> ***Fallt nur nicht ab vom HERRN und fürchtet euch vor dem Volk dieses Landes nicht, - und dann kommt es: denn wir wollen sie wie Brot auffressen.***

Da ist der Schutz von ihnen gewichen. Der HERR aber ist mit uns. So muss man in die Zukunft gucken! Egal wie groß die Probleme sind! Wenn der HERR Jesus Christus auf meiner Seite ist, dann wollen wir die Probleme, die vor uns liegen, wie Brot auffressen. Das ist Treue! Es gibt zwei Möglichkeiten, wenn ich nach vorne gucke auf mein Leben. Entweder ich gucke auf meinen Gesundheitszustand, auf meine Finanzen und auf die Zukunft meiner sozialen Bindungen in Familie und am Arbeitsplatz und auf all die Probleme die ich damit habe, lasse mir vom Teufel Angst machen und sage: „Oh, ich werde es nicht schaffen und es wird alles so schwierig werden." Ich sage dann nichts anderes als: „Mein Gott hat´s nicht drauf. Gott ist zu schwach, um mit den Problemen meines Lebens fertig zu werden." Oder ich guck nach vorne im festen treuen Vertrauen zu Jesus Christus und kann dann sagen: „Mein Gott kann alles und ich werde mit IHM die Probleme auffressen." Es ist so ein schönes Wort: ***Wir werden sie auffressen wie Brot.***

Ich weiß nicht, mit welchen Problemen du heute Morgen gekommen bist, was dich momentan antreibt an Sorgen. Sei treu zum HERRN! Und dann darfst du wissen: Du kannst nach vorne gehen und du wirst die Sorgen und Probleme auffressen wie Brot. Da ist manches schwierig. Das will ich nicht bagatellisieren. Ich werde gleich Beispiele erzählen, wo Brüder und Schwestern das erlebt haben, die darüber gestorben sind, die erlebt haben, wie sie ob ihrer Treue in den Tod gehen mussten. Und trotzdem ist es die Wahrheit des Glaubens! Egal, was vor uns steht: Wir brauchen keine Angst zu haben! Wir haben am letzten Sonntag darüber gesprochen, dass Furcht und Angst die Werkzeuge des Widersachers, des Teufels sind. Wir brauchen uns nicht zu fürchten, egal wie dunkel die Zukunft sein mag, die vor uns steht. Wir haben einen lebendigen Gott, dem wir treu vertrauen dürfen in allen Situationen. Die Bibel kündet immer wieder davon. Sie spricht von Daniel. Irgendwann gibt's einen Befehl, da heißt es dann vom Perserkönig: Es ist verboten, einen anderen Gott anzubeten als den Perserkönig selber. Daniel weiß, es wird Schwierigkeiten geben und betet weiter fröhlich bei geöffnetem Fenster dreimal am Tag zum lebendigen Gott in Jesus Christus. Und da wird er gefangen genommen und sie schmeißen ihn in die Löwengrube. Und dann heißt es in dieser Geschichte, das ist so stark:

> ***Und sie zogen Daniel aus der Grube heraus, und man fand keine Verletzung an ihm; denn er hatte seinem Gott vertraut.***

Ja, da waren Löwen drin. Und als ein paar Minuten später seine Feinde in die Löwengrube geschmissen werden, werden die alle zerrissen. Aber Daniel hatte vertraut. Und dieses Vertrauen ist nicht nur im Deutschen derselbe Wortstamm wie Treue. Vertrauen und treu sein hängt ganz eng phonetisch miteinander zusammen, weil es dasselbe ist. Wem ich vertraue, dem bin ich auch treu. Und wenn ich die Treue des lebendigen Gottes erlebt habe zu mir, dann kann ich ihm vertrauen und ihm ebenfalls treu sein.

Da sind nicht nur die Geschichten der Bibel. Manche Leute sehen die Bibel ja manchmal ein bisschen skeptisch: „Ob das mal so alles stimmt?!" Wenn man auf die Kirchengeschichte guckt, da sind Männer und Frauen treu gewesen und haben Großartiges erlebt mit Schwierigkeiten, die vor ihnen waren. Großartig! Wir haben letztes Jahr die Geschwister aus Indonesien hier gehabt, die Batak. Sie erinnern sich sicherlich noch, wie dieser Chor, der hier war, so wunderbar gesungen hat. Wir haben das auf der Facebook-Seite noch stehen. Und sie haben sich bei uns bedankt, dass wir den evangelischen Missionar Ludwig Nommensen zu ihnen geschickt hatten. Der war 1918 gestorben und anlässlich des hundertjährigen Todestages sind die Indonesier hingegangen und haben gesagt: Denen schicken wir einen Chor, um uns zu bedanken für diesen großartigen Missionar und dass er uns das Evangelium gebracht hat. Nommensen ist in Nordfriesland geboren, der Vater ist schon früh durch einen schweren Unfall gestorben, es war alles dunkel und er war körperlich sehr eingeschränkt. Aber der HERR hat ihm als Zwölfjährigen aufs Herz gegeben, er müsse missionieren. Er hatte ganz klar Gottes Wort aus Matthäus 28 verstanden, in alle Welt hinzugehen. Und da hat er sich bei der Barmer Mission gemeldet. Die haben ihn erst nicht genommen und nach einigem Zögern hatten sie dann für diesen Typ einen Auftrag, im allerletzten Winkel der Welt. Er sollte eben zu diesen Batak hingehen. Die zwei Missionare, die sie zuvor gesandt hatten, die hatten die aufgefressen, die Batak waren damals noch Menschenfresser. Die haben die wirklich geschlachtet und rituell verspeist. Das war jetzt sein Auftrag. Das muss man sich mal vorstellen, so Mitte des vorletzten Jahrhunderts ans andere Ende der Welt. Und du weißt nur eins: Die beiden, die vorher dagewesen sind, die haben die aufgefressen. Der hat mit nichts anderem gerechnet, als dass er in den Tod geht. Ja, aber das war sein Leitsatz: „Gottes Wort treu sein! Mit Gottes Wort rechnen wie mit Zahlen. Und wenn Gott gesagt hat, ich muss da missionieren, dann missioniere ich da. Da spielt es keine Rolle, was passiert." Da waren auch Probleme. Er konnte weder die Sprache, noch wusste er, was ihn da erwartet. Er hatte keinen Reiseführer, sondern ist hingegangen und hat dann bei den Batak missioniert. Er war treu zu dem, was Gott ihm klar gesagt hatte. Als er gestorben ist, da gab es schon 180 000 Batak, die sich bekehrt hatten von ihrem heidnischen Unglauben hin zum lebendigen Gott in Jesus Christus. Heute ist die Batak-Kirche die größte evangelische Kirche in Südostasien. 2,5 Millionen Menschen, die dort an den lebendigen Gott in Jesus Christus glauben. Warum? Weil Nommensen treu im Vertrauen war. Die Probleme waren auch groß, gar keine Frage. Eine unlösbare Aufgabe. Aber er hat dem lebendigen Gott vertraut und mit seinem Wort gerechnet wie mit Zahlen. Er durfte dann erleben, dass die Probleme, die Schwierigkeiten, von Gott aufgefressen wurden, so wie man Brot isst.

Ich weiß nicht, was Gott dir und Ihnen in der letzten Zeit gesagt hat, was dein Auftrag ist, dieses vermeintlich unlösbare, das Schwierige, was vor dir liegt. Oder wo du vielleicht mit deinem Problem zu kämpfen hast in deinem Leben. Sei treu im Vertrauen zu Jesus Christus und du wirst die Probleme und Schwierigkeiten auffressen wie Brot. Ich möchte dich neu zur Treue im Vertrauen zum HERRN aufrufen!

Ein Drittes: Treu im Gehorsam. Auch das können wir an Josua lernen. Großartiger Mann, der wirklich ohne zu zucken gehorsam war. Da gibt's diese fantastische Geschichte, von der habe ich meiner Tochter dann auch berichtet aus Josua 6. Sie nehmen das Land ein und dann kommen sie nach Jericho. Wir alle kennen diese Geschichte noch aus dem Kindergottesdienst. Uneinnehmbare Stadt, so stark befestigt, nichts zu machen. Die hatten kein Kriegsgerät und nichts, was sie hätten machen können. Ein paar Steinschleudern, sonst nichts. Und was sagt der HERR? Lauft sechs Tage um die Stadt herum und blast immer die Posaune. Also nicht die Zugposaune, die hatten die damals nicht, sondern die Schofara, eine von den Kutus aus Afrika. Das waren ihre Posaunen. Und die blast ihr einfach. Und am siebten Tag lauft ihr sieben Mal um die Stadt und blast sie nochmal. Ich weiß nicht, was Sie gemacht hätten, wenn Gott Ihnen so einen Auftrag gegeben hätte oder was ich gemacht hätte. Vielleicht hätten wir gesagt: „Hallo?! Wir brauchen hier eine Belagerungsmaschine, wir brauchen mehr Leute, wir brauchen andere Waffen. Aber was soll denn hier so ein Musikauftritt? Was soll das denn bringen?" Davon lesen wir in der Bibel nichts. Josua sagt, als er den Befehl hört, sofort zum Volk: „Macht es genau so. Geht hin, lauft um die Stadt!" Ich frage mich auch, was das Volk gedacht hat. Aber das spielt keine Rolle. Und Josua war ein charismatischer Führer. Das Volk macht genau das, was er ihnen sagt: „Seid treu, der HERR hat diesen Befehl gegeben, den setzen wir eins zu eins um." Und dann passiert am siebten Tag genau das, was Gott schon wusste. Dann fallen die Mauern einfach um. Denn das ist Gott möglich, der mit einem Wort das ganze Universum geschaffen hat, der braucht kein Kriegsgerät, der braucht keine irgendwelchen Waffen. Da reicht es, wenn das Schofa-Horn geblasen wird und alles fällt um. Wichtig ist nur eins, dass seine Diener als treu befunden werden. Nicht zu meinen: „Naja, wir haben zwar klar verstanden, was Gott gesagt hat, aber da müssen wir vielleicht an der einen oder anderen Stelle nochmal nacharbeiten oder dieses und jenes machen." Nix! Was das Wort Gottes sagt, dem treu gehorchen! In 1. Korinther 4, in den Versen 1 und 2 heißt es:

> ***Dafür halte uns jedermann*** - das sagt die Bibel und so sollen wir sein: ***für Diener Christi und Haushalter über Gottes Geheimnisse.*** Und dann kommt es: ***Nun fordert man nicht mehr von den Haushaltern, als dass sie für treu befunden werden.***

Für treu... Die Bibel sagt nicht, ihr müsst wer weiß wie erfolgreich sein und folgende Leistung erwarte ich von euch, du musst erst dieses und jenes bringen... Das, was Gott von uns verlangt als seinen Nachfolgern, das ist Treue. Wir sind nicht dazu berufen, liebe Brüder und Schwestern, erfolgreich zu sein. Das ist dem einen geschenkt, dem anderen nicht. Wozu wir alle aber berufen sind: zur Treue gegenüber dem lebendigen Gott. Die Gemeinde braucht nicht glänzende Persönlichkeiten. Was die Gemeinde braucht, sind treue Diener Jesu, treue Diener für den HERRN und treue Diener gegenüber dem Nächsten. Darauf kommt es an. Das ist entscheidend, egal, was hinterher als Erfolg rauskommt. Ich habe ja eben diese Erfolgsgeschichte von dem Nommensen erzählt. Das lässt sich ja gut verkaufen, so nach dem Motto: Da ist einer treu und bums eine riesen Erweckung. Es gibt auch ganz andere Geschichten.

Traugott Hahn, von dem habe ich auch schon mal erzählt, der große Märtyrer Ostpreußens, der hat als Pastor und Professor in (dem früher deutschen) Dorpat gelebt und gelehrt. Und als am Ende des Ersten Weltkriegs die Rote Armee kommt, da wird gesagt: Ihr müsst alle gehen, die Kommunisten bringen alle Pastoren um. Er macht sich auch mit auf den Weg und flieht. Viele seiner Pastorenkollegen sitzen schon im Zug mit seiner Frau und seinen kleinen Kindern. Und er fährt und liest in der Bibel, wie man es als frommer Mann macht, und liest Johannes 10. Da steht diese Geschichte von dem Mietling, was ein guter Hirte ist und was ein Mietling ist. Da heißt es:

> ***Der Mietling, der nicht Hirte ist, dem die Schafe nicht gehören, sieht den Wolf kommen und verlässt die Schafe und flieht - und der Wolf stürzt sich auf die Schafe und zerstreut sie...***

Und da versteht er von Gottes Wort: „Ich bin jetzt nur ein Mietling, wenn ich hier im Zug sitzen bleibe. Ich bin Hirte meiner Gemeinde, die ich schutzlos zurückgelassen habe. Ich will mich als Pastor in Sicherheit bringen, aber meine Gemeinde ist schutzlos dem ausgesetzt. Da ist niemand, der ihnen das

Wort geben kann.“ Am nächsten Bahnhof steigt er aus, lässt seine Frau und seine Kinder weiterfahren gen Westen. Aber er kehrt zurück nach Dorpat, wo er fürchten muss umgebracht zu werden. Und diese Furcht ist nicht unberechtigt, sondern das passiert auch. Er hält da noch einige Tage Gottesdienst, wird verhaftet und schließlich mit vielen anderen Pastoren hingerichtet. Da kann man nun sagen: „Wie furchtbar, wie dumm, der wär doch besser bei seiner Frau geblieben, bei seinen Kindern.“ Für mich ist das so wichtig, solche Brüder als Vorbild zu haben, die wirklich Treue bis zum Letzten gezeigt haben, auch wenn kein Erfolg da war, auch wenn sie getötet wurden und die Rote Armee vermeintlich triumphierte. Aber da hat jemand das Wort gehört und ist treu im Gehorsam gewesen. Und darauf kommt es in der Gemeinde Jesu an. Mir persönlich ist so etwas ganz wichtig, zu sehen, wenn Brüder und Schwestern zu so einem Opfer bereit gewesen sind, dann muss ich mich fragen in meinem Wohlfühl-Pastoren-Beamtenstatus: „Wozu, Olaf Latzel, bist du eigentlich bereit im Gehorsam? Mir ist so etwas ganz wichtig, dieses Opfer von Traugott Hahn und anderen ist nicht umsonst gewesen. Sondern darauf kommt es an: treu und gehorsam zu sein, egal was hinterher als Ergebnis dabei rauskommt. Dazu möchte ich dich auch aufrufen. Treu im Gehorsam zu sein!

Das, was Gott dir sagt, was ER dir ganz klar und deutlich sagt, so wie Traugott Hahn, der das klar verstanden hat in Johannes 10, so gilt mir das. Was Gott dir heute in dem Gottesdienst gesagt oder in den letzten Wochen klar kommuniziert hat, da sei treu im Gehorsam. Wenn ER dir gesagt hat „Fürchte dich nicht, du brauchst keine Angst zu haben!“, dann ist das ein Befehl. Dem hast du treu einfach Folge zu leisten. Wenn ER dir gesagt hat „Tue Buße und lass von dieser Sünde!“, dann sei treu im Gehorsam gegenüber Gottes Wort. Wenn ER dir gesagt hat „Geht zu einem Menschen hin und erzähl von meinem Evangelium!“, dann sei treu und tue einfach den Gehorsam gegenüber dem lebendigen Gott. Das ist das, was Gott schätzt an seinen Nachfolgern: die Treue! Das ist das, was von uns verlangt wird. Nicht der Erfolg! Sondern dass wir treu befunden werden vor Gott.

Ein Viertes und Letztes: Treu bis in den Tod. Und das ist das ganz Starke an Josua. Das habe ich meiner Tochter auch versucht zu erklären. Es gibt viele große Männer und Frauen der Bibel. Aber viele von denen haben dann Schwächephasen gehabt. Elia, das ist auch ein ganz Großer. Aber das nimmt mich dann so ein bisschen gegen ihn ein, weil er da unter dem Dornbusch geflennt hat. Oder Petrus, auch ein ganz Großer. Er ist bereit für Jesus zu kämpfen. Aber vor der Magd am Kohlenfeuer, da verleugnet er den Heiland. Josua war da anders. Der hat´s durchgezogen bis zuletzt, bis zum Tod. Der ist nicht abgefallen. Der hat nicht ein einziges Mal gewackelt, er war treu bis in den Tod. Kurz bevor er stirbt, holt er nochmal ganz Israel zusammen, eine der gewaltigsten Stellen im ganzen Alten Testament! Und da hält er diese brennende Rede im Landtag zu Sichem, wo alle Israeliten versammelt sind. Er erklärt ihnen noch einmal, was Gott getan hat mit dem Auszug und welche Möglichkeiten jetzt vor ihnen liegen. Zu sagen: Entweder ihr folgt dem lebendigen Gott nach, dann ist das Heil für euch gegeben. Oder ihr lauft dem Baal, der Astarte und den anderen Götzen dieses Landes nach. Dann spricht er in Josua 24,15 diesen berühmten Satz

Ich aber und mein Haus wollen dem HERRN dienen.

Treu bis in den Tod, soll passieren was will! Ich bleib dabei, bis ich sterbe. Mein Haus, alles soll weitergehen und dann schreit auch ganz Israel: Treu bis in den Tod! Und solange Josua gelebt hat, sind sie auch treu beim HERRN. Er ist treu geblieben, bis in den Tod. Das ist etwas ganz Wichtiges für mich, zu sagen als Vorsatz: Egal was passiert, treu bleiben dem Heiland Jesus Christus, bis ich abberufen werde. Dass ich, solange der HERR mir Leben und Atem gibt, hingehen möchte und IHN loben und preisen und nicht nur weil ich Pastor bin! Das gilt für euch ganz genauso. IHM die Ehre zu geben, IHM immer wieder zu dienen, egal in welcher Situation, ob im Altenheim eines Tages oder wenn wir an einer Beatmungsmaschine liegen und es nur dem Pfleger noch sagen können, weil sonst niemand mehr zu Besuch kommt. Oder ob wir auf einer großen Familienfeier sind, egal wo. Treu bis in den Tod zu sein, bis zuletzt immer wieder dem HERRN die Ehre zu geben, immer wieder zu verkündigen, dass ER da ist und dass es sich lohnt, für IHN zu leben. Dazu sind wir berufen!

Jetzt ist das natürlich auch wieder so eine positive Geschichte. Der Josua ist sehr alt geworden und ihm wurde Erfolg geschenkt. Es gibt auch andere große Gottesmänner, die treu waren bis in den Tod und die Furchtbares erleben mussten. Auch das wollen wir nicht verheimlichen. Nächste Woche werden große Jubiläen gefeiert, in Deutschland und weltweit. Da ist einmal das Jubiläum 50 Jahre Mondlandung, was die Menschheit geschafft hat, da wird es nächste Woche darum gehen. Dann ist 75 Jahre des Gedenkens am 20. Juli, des missglückten Attentats auf Hitler. Auch daran wird nächste Woche gedacht werden. An ein Jubiläum wird vermutlich nicht gedacht werden, aber daran möchte ich heute erinnern: an den 18. Juli 1939. Damals, zwei Monate vor dem Beginn des Zweiten Weltkrieges, ist ein großer Märtyrer, ein großer Zeuge des lebendigen Evangeliums, treu in den Tod gegangen: Paul Schneider ist am 18.7.1939 im KZ totgespritzt worden. Paul Schneider war Pfarrer einer ganz kleinen und unbedeutenden Gemeinde im Hunsrück und hat eines Tages einen seiner Konfirmanden beerdigen müssen. Und am Ende dieser Beerdigung steht, nachdem der Sarg abgelassen ist, der NS-Kreisleiter auf, ergreift das Wort und erzählt einen heidnischen Dreck von irgendeinem Sturm Horst Wessels, wo er jetzt in der Ewigkeit in Walhalla sei. Das lässt, obwohl die Beerdigung zu Ende ist, Paul Schneider nicht stehen, sondern widerspricht und sagt: „Das ist gegen die biblische Lehre, das ist Irrlehre." Es kommt zu einem Streitgespräch zwischen diesem Kreisleiter und ihm. Das bricht dort ab, aber drei Tage später wird er erstmalig verhaftet. Und so geht das dann über Jahre weiter. Paul Schneider weigert sich, ungeistliche und furchtbare Abkündigungen der

Nationalsozialisten von der Kanzel zu verkündigen. Das macht er nicht und wird immer wieder verhaftet und zwar als verheirateter Mann mit zum Schluss sechs kleinen Kindern. Das ist ja eine Sache, ob du selber dein Leben aufs Spiel setzt oder ob du sagst, Mensch hier geht es um meine Familie, es geht um kleine Kinder. Aber das war ihm vollkommen egal, bis sie ihn schließlich dann nach Buchenwald gebracht haben. Auch dort, obwohl er zusammengeschlagen wurde - furchtbarste Dinge, wenn man dieses Leben liest, man glaubt es kaum - war er treu. Er war treu bis in den Tod. Selbst die katholische Kirche würdigt Paul Schneider als Märtyrer für den Glauben. Er hat immer wieder Brüder und Schwestern auferbaut und ist schließlich dann totgespritzt worden. Ein furchtbares Ende mit furchtbarem Leid, mit ganz vielen schlimmen Dingen. Aber auch hier, für mich etwas ganz Großartiges. Die Mondlandung ist etwas Tolles, aber hat mit meinem Leben nichts zu tun. Es ist mir vollkommen egal, ob einer auf dem Mond war oder da nochmal einer hinkommt, fertig. Das missglückte Attentat, Gewalt anzuwenden ist eine Sache, die kann man machen. Da will ich nicht drüber sprechen. Bedeutsam nächste Woche für mich ist der 18. Juli, wo ich daran denken werde: Vor 80 Jahren ist ein großer Bruder des Glaubens treu, treu bis in den Tod gewesen. Der hat alles bezahlt, auf Erden nichts dafür bekommen. Es sah ganz düster aus. Man muss sich vorstellen, 1939, wo der Nationalsozialismus in der Blüte war, wie das deutsche Volk geschrien hat und was die alles gemacht haben. Aber Recht hat Paul Schneider gehabt, und da ist er treu gewesen. Das sind nicht nur Geschichten der Bibel, sondern es sind Geschichten, die wir tagtäglich auch heute noch erleben, wo in islamischen Ländern Christen umgebracht werden. Vor drei Jahren in Libyen, wo 21 ägyptische Christen, Kopten, die Wahl hatten Allah anzubeten oder eben die Kehle durchgeschnitten zu bekommen. Und die haben nicht Allah angebetet, sondern die haben bis zuletzt nur den Namen Jesus Christus gerufen. Da gab´s ein furchtbares Video im Internet, das Gott sei Dank jetzt nicht mehr zu sehen ist. Da hört man immer nur „Jesus Christus! Jesus Christus!" und dann schneiden die diesen Menschen die Gurgel durch, einem nach dem anderen. Aber diese Brüder sind treu geblieben, treu bis in den Tod. Und das ist es, worauf es ankommt: dem Heiland Jesus Christus treu zu sein.

Das sind natürlich die Extrembeispiele. Aber das kann ich nur nochmal wiederholen, so wie eben bei Traugott Hahn: Wenn Brüder und Schwestern dazu bereit sind, das zu tragen um Christi Jesu willen, so will ich auch bereit sein, Treue diesem Gott zu zeigen. Bei all dem Einfachen, was bei uns hier ist. Wir haben ja schon manchmal Angst, wenn uns der Nachbar oder der Arbeitskollege ein bisschen auslacht, weil wir vom Heiland sprechen und dann erhalten wir die Klappe. Ganz viele Brüder und Schwestern sind bereit gewesen, im Laufe der 2000 Jahre Kirchengeschichte in den Tod zu gehen für diesen HERRN. Diese Treue wünsche ich mir, auch wenn ich nicht das Martyrium für mich ersehne, aber dass ich treu bleibe bis in den Tod. Dazu möchte ich auch aufrufen, dass ihr treu bleibt dem HERRN, egal was kommt, egal was für Schwierigkeiten da sind. Bleibt treu bis in den Tod unserem HERRN und Heiland Jesus Christus, so wie wir es zu Beginn in dem Lied gesungen haben „Bei dir Jesu will ich bleiben."

Treu in der Gegenwart, treu im Vertrauen, treu im Gehorsam und treu bis in den Tod. Ich komme noch einmal zurück zum Anbeginn dieser Predigt und von dem Bericht, wie ich mit meiner Tochter im Auto saß und sie mich gefragt hat „Welche Gestalt der Bibel wärst du am liebsten gewesen?". Jetzt hatte ich das meiner Tochter erklärt und wie das so ist bei pubertierenden Kindern oder Jugendlichen, dann sagt sie „Ja, aber wenn du Josua gewesen wärst, hättest du Jesus nicht gesehen." Das ist natürlich ein Argument. Also für sie war klar: Es muss eigentlich eine neutestamentliche Person sein, ein Jünger oder jemand anderes, die Jesus gesehen hat. Aber da konnte ich ihr als Pastor und Theologe so ein bisschen dann nochmal kontern und dann hat sie auch nichts mehr gesagt. Ich sagte: „Ja, das nicht, aber in Josua werden wir wohl kaum wie bei jemandem anderen an Jesus erinnert." Nicht nur an das, was er getan hat. Jesus war treu in der Gegenwart mit dem Vater. Jesus war treu im Vertrauen zum Vater. Jesus war treu im Gehorsam. Und er war treu bis in den Tod. Nein, dieses Wort Josua, hebräisch Joshua, heißt ja nichts anderes als Jesus. Das heißt, wenn wir auf Josua blicken, dann sehen wir immer auch Jesus dahinter. Josua hat es menschlich geschafft, eine ganz große Leistung. Aber noch viel größer ist die Leistung unseres HERRN und Heilandes Jesus Christus, der diese Treue in Vollendung gelebt hat. Und weil ER diese Treue in Vollendung gelebt hat, haben wir überhaupt die Kraft, diese Treue gegenüber Gott zu leben und zu sein. Und zu dieser Treue möchte ich euch noch einmal aufrufen. Möge unser HERR und Heiland diese Predigt an deinem Leben und an deinem Glauben segnen, Amen.

Und der Friede unseres allmächtigen Gottes, der sehr viel höher ist als all unsere menschliche Vernunft, Er bewahre unsere Herzen und Sinne in Christus Jesus, unserem auferstandenen und lebendigen HERRN. Amen.

Am Allerwichtigsten: Habe den HERRN lieb!

5. Mose 6,4-9

Gnade sei mit euch und Friede von dem, der da war und der da ist und der da sein wird in alle Ewigkeit - unser HERR, Jesus Christus. Amen.

Liebe Gemeinde, als Predigttext zum Thema Gott lieben, Jesus lieben, habe ich uns fünf ganz wichtige Verse aus dem Alten Testament mitgebracht. Es ist das sogenannte theologische Credo Israels. Wir wollen hören auf 5. Mose 6, Verse 4 bis 9. Dort heißt es:

Höre, Israel, der HERR ist unser Gott, der HERR allein. Und du sollst den HERRN, deinen Gott, lieb haben von ganzem Herzen, von ganzer Seele und mit all deiner Kraft. Und diese Worte, die ich dir heute gebiete, sollst du zu Herzen nehmen und sollst sie deinen Kindern einschärfen und davon reden, wenn du in deinem Hause sitzt oder unterwegs bist, wenn du dich niederlegst oder aufstehst. Und du sollst sie binden zum Zeichen auf deine Hand, und sie sollen dir ein Merkzeichen zwischen deinen Augen sein, und du sollst sie schreiben auf die Pfosten deines Hauses und an die Tore. Amen.

Wir wollen beten: Lieber HERR und Heiland, du schenkst uns diesen eindringlichen Appell aus dem 5. Mose-Buch als Predigttext, jetzt für diesen Sonntag, für unser Leben und für unseren Glauben. Und wir wollen dich bitten, HERR, dass du jetzt kommst mit deinem Heiligen Geist und diese Predigt segnest, damit wir das recht verstehen können und annehmen und umsetzen, was du uns zu sagen hast. Aber HERR, wir können das nicht aus uns selbst heraus, nicht das Predigen und auch nicht das Umsetzen von dem, was wir verstehen. Dazu brauchen wir deine Hilfe. Und darum wollen wir dich inständig bitten, jetzt für diese Predigt, HERR: Segne du selber Reden und Hören deines heiligen und lebendigen Wortes an uns allen. Amen.

Liebe Gemeinde, in diesem Text spricht mich ein Wort ganz besonders an: ***einschärfen***. Da wird dem Vater, da wird der Mutter gesagt: „Wenn du Kinder hast, Menschen, für die du Verantwortung in besonderer Weise trägst, dann musst du ihnen das einschärfen, dass es nur einen Gott gibt und dass du diesen Gott liebhaben sollst von ganzem Herzen, ganzer Seele und ganzer Kraft. Einschärfen! Jetzt seid ihr, jetzt sind Sie nicht meine leiblichen Kinder. Aber als Pastor eurer Gemeinde stehe ich in einer gewissen geistlichen Vaterschaft euch gegenüber, auch wenn einige von euch deutlich älter sind als ich und geistlich viel weiter. Aber das soll heute Morgen passieren in dieser Predigt, dass ich euch das einschärfen möchte, dass ihr Gott den HERRN, dass ihr Jesus Christus liebhaben sollt, von ganzem Herzen, ganzer Seele, all eurer Kraft.

Einschärfen heißt, jemanden eindringlich zu einem bestimmten Verhalten anhalten. Und ich habe mir überlegt, wie kann ich das denn tun? Ich kann mich natürlich jetzt eine halbe Stunde hier hinstellen und mit all meiner Lautstärke euch anbrüllen: „Nun liebt endlich den HERRN!" Aber ich glaube nicht, dass dann viel gewonnen ist. Also habe ich mich nicht für die akustische Lautstärke entschieden, um das rüberzubringen, sondern mich einer alten, guten reformierten Tradition zugewandt. Früher wurde sehr häufig die Katechismus-Predigt gehalten, das heißt, dass von einem Text ausgehend der Prediger versucht hat, in Frage und Antwort den Zuhörern das noch einmal vertiefend klarzumachen und ihnen die Bedeutung dessen, was im Predigttext steht, tiefer hineinzuschreiben, es ihnen einzuschärfen. Und zu diesem Weg habe ich mich entschieden. Ich möchte ihnen und euch eine Katechismus-Predigt halten, die ich überschrieben habe: **Am Allerwichtigsten: Habe den HERRN lieb!** Das ist das, was ich euch einschärfen möchte. Und ich möchte euch das erklären, anhand von vier Fragen, die ich dann beantworte.

1. Warum soll ich den HERRN lieb haben?
2. Wie kann ich den HERRN lieb haben?

3. Wie soll ich den HERRN lieb haben?
4. Was passiert, wenn ich den HERRN lieb habe?

Das Erste: Warum soll ich den HERRN lieb haben? Nun, wir sind ja, die meisten zumindest von uns und ich spreche sie heute Morgen an, wiedergeborene Christen. Wir sind Christen und wir haben dadurch einen Gott, einen HERRN, einen König, eine oberste Befehlsinstanz. Und diese oberste Befehlsinstanz befiehlt es, den HERRN lieb zu haben. Eigentlich könnten wir jetzt schon zur zweiten Frage kommen und sagen: „Das hat sich erledigt." Aber ich möchte einfach mal dabei bleiben, dass das keine Idee von mir ist, euch aufzufordern den HERRN zu lieben, sondern dass Gott selber dir noch einmal klar und deutlich sagt: „Das ist das Wichtigste für dein Leben: Du sollst mich lieb haben. Nicht so ein bisschen. Sondern von ganzer Seele, mit ganzer Kraft mit all deinem Gemüt." Ich weiß nicht, was Sie beruflich tun oder getan haben oder vielleicht auch tun werden, die Jüngeren unter uns. Aber wenn man in einem Betrieb arbeitet und hat dort einen Chef, der einem sagt: „Folgende vier Arbeitsaufträge, aber der hier ist der Allerallerwichtigste, den musst du machen!" Was werden wir denn dann tun? Den allerwichtigsten Auftrag natürlich machen! Wenn wir einen Vorgesetzten haben und er uns einen Befehl gibt und sagt: „Auf das kommt es am Allermeisten an", da sind wir als treue Diener dieses Staates so erzogen, dass wir sagen: „Das versuchen wir zu erfüllen." Wir haben es eben gehört in der ersten Lesung. Da sagt Jesus in Matthäus 22,37, als er gefragt wird ***Was ist denn das höchste Gebot?*** Das Wichtigste: ***Du sollst den HERRN, deinen Gott, lieben von ganzem Herzen, von ganzer Seele und von ganzem Gemüt***, und wiederholt noch mal: ***Dies ist das höchste und erste Gebot.*** Das ist genau das, was wir im Predigttext lesen. Diesen Text zitiert Jesus dann.

Das ist das, was Gott von uns an allererster Stelle will: Unsere Liebe zu ihm. Nicht unsere Kohle! Also, was könnten wir ihm auch geben, was er uns zuvor nicht schon gegeben hat. Also wenn wir den Zehnten einlegen, dann ist es ja nicht so, dass wir sagen „Naja, jetzt haben wir zehn Prozent unseres Einkommens abgegeben." Nein! Wir müssen sagen: „Neunzig Prozent dessen, was der HERR mir zuvor gegeben hat, das behalte ich für mich. Und lediglich zehn Prozent investiere ich in das Reich Gottes." Was können wir ihm geben, was er uns zuvor nicht selber geschenkt hat? Wir können auch letztlich nichts tun, was er nicht vor Grundlegung der Welt gewirkt hätte. In Epheser 2,10 steht das:

> ***Denn wir sind sein Werk, geschaffen in Christus Jesus zu guten Werken, die Gott zuvor bereitet hat, dass wir darin wandeln sollen.***

Wir sind dazu geschaffen, in guten Werken zu wandeln, die Gott zuvor gemacht hat. Also auch wenn uns irgendetwas gelingt im Dienst, im Reich Gottes, hat er das sowieso schon vorherbestimmt, vor Grundlegung der Zeit. Das Zentrale, was diesem Gott wichtig ist und aus dem alles andere dann heraus resultiert, das ist unsere Liebe. Dieser Gott liebt uns und er möchte als Erwiderung dieser Liebe unsere Liebe haben. Und das ist die Frage, die ich dir heute Morgen stelle, zu Beginn dieser Predigt. Die Frage, die Petrus zu Beginn der Kirchengeschichte gestellt bekommt (Johannes 21,16): ***Hast du mich lieb?*** In der Apostelgeschichte 2 hält er dann die vollmächtige Predigt zu Pfingsten, wo sich Hunderte bekehren. Voraussetzung für diese Predigt ist nicht, dass Jesus ihn gefragt hätte: „Hast du denn dieses oder jenes theologische Seminar belegt? Hast du dich damit nochmal rhetorisch auseinandergesetzt?" Nein! Wichtig für Petrus, für seinen Dienst ist nur eines: Hast du mich lieb? Das ist das, was Gott von uns möchte und das ist das, was er dich heute Morgen fragt: Hast du mich lieb, wirklich von ganzem Herzen, ganzer Seele, ganzer Kraft? Also wir sollen es tun, weil unser oberster Chef, weil unser HERR und Heiland, der König aller Könige, es befiehlt. Aber es gibt noch einen weiteren Grund. Wenn ich das tue, den HERRN lieben, dann werde ich den Sinn meines Lebens erfüllt haben. Ich sage ja, es gibt drei Fragen, die musst du beantworten als denken-

der Mensch: Wo kommst du her? Wo gehst du hin? Was ist der Sinn deines Lebens? Als Christ kann ich das einfach beantworten. Da kann ich sagen: Ich komme von Jesus, der hat mich geschaffen, der hat mir das Leben gegeben. Ich gehe zu Jesus. Wenn ich sterbe, dann bin ich im himmlischen Jerusalem bei ihm. Und ich lebe für Jesus, das ist der Sinn meines Lebens. Wenn Sie vielleicht sagen: „Naja, was hat das denn zu tun mit der Liebe? Der Sinn des Lebens, sagten Sie doch da gerade, ist für ihn zu leben."
Aber ich lebe ja deshalb für Jesus, weil ich ihn liebe! Das, was du liebst von ganzem Herzen, ganzer Seele, ganzer Kraft, dafür lebst du auch. Wenn ein Weltmensch die Kohle lieb hat, dann wird er fürs Geld leben. Wenn ein Weltmensch sich selber liebt, dann wird er egoistisch leben. Das, was du liebst, von ganzem Herzen, ganzer Seele, ganzer Kraft, dafür lebst du auch. Ich lebe für Jesus Christus, weil ich ihn liebe und nicht, weil die Landeskirche gutes Geld bezahlt oder dass das ein toller Arbeitsplatz wäre. Mitnichten! Ich bin Pastor, weil ich weiß, dass Jesus lebt und dass er mich liebt.

Mark Twain, der amerikanische Schriftsteller, der kein Christ gewesen ist, hat mal etwas sehr Bedenkenswertes gesagt. Ein sehr kluger Mann, der viele tolle Sprüche gebracht hat. Er hat einmal gesagt: „Die beiden wichtigsten Tage deines Lebens sind der Tag, an dem du geboren wurdest, und der Tag, an dem du herausfindest, warum." Also der Sinn des Lebens. Für Christen ist das klar: Ich werde leiblich geboren und am Tag meiner geistlichen Wiedergeburt finde ich dazu, was der Sinn meines Lebens ist. Aber das ist eben ganz wichtig zu wissen: Was ist der Sinn meines Lebens?! Und der besteht darin, Jesus zu lieben, vor allen anderen Dingen: vor dem, ein guter Familienvater zu sein; vor dem, viel Geld zu verdienen; vor dem, irgendwelche Gesundheitsvorsorge zu treffen. Das Wichtigste meines Lebens ist, Jesus zu lieben. Denn dann werde ich automatisch für ihn leben. Und das gibt mir den Sinn des Lebens. Es gibt nichts Schlimmeres, als wenn Leute sinnentleert vor sich her leben. Wenn du fragst, was ist der Sinn deines Lebens und sie können keine richtige Antwort geben. Wenn du Jesus lieb hast, kannst du diese Frage eindeutig beantworten. Wenn du ihn liebst, dann wirst du auch für ihn leben. Dass ist die erste Frage: Warum soll ich den HERRN lieben? Einmal, weil er es so befiehlt und zum anderen, weil ich dadurch die Sinnfrage meines Lebens geklärt bekomme.

Dann kommen wir zur **zweiten Frage: Wie kann ich den HERRN lieb haben?** Und dazu habe ich vier kurze Antworten. Wie kann ich den HERRN lieben? **Erstens**, und das ist ganz wichtig: **nur durch den Heiligen Geist**. Liebe kann ich nicht machen. Also ich kann nicht hingehen zu irgendeinem jungen Mann und sagen: „Du, da ist eine junge Frau, in die musst du dich jetzt verlieben!" Das funktioniert nicht. Liebe ist etwas, was wir nicht machen können. Wir können uns trainieren, dass wir über 5000 Meter irgendwann unter 25 Minuten laufen. Das kann man trainieren. Aber Liebe kann man nicht machen. Liebe ist ein Geschenk. Und diese Liebe zu Jesus, diese Liebe zu Gott, die bekommen wir nur durch den Heiligen Geist. Haben wir den Heiligen Geist nicht, dann ist alles „christliche Praktizieren" nur kirchliche Tradition und menschliche Religion. Das ist nur ein Theaterspiel und bringt nix. Da kannst du es gleich lassen. Das Entscheidende des Glaubens muss sein, dass ich den HERRN lieb habe. Aber diese Liebe bekomme ich nur durch den Heiligen Geist. Und wenn jetzt einer von euch feststellt in dieser Predigt „Entweder ich habe den noch gar nicht, diesen Heiligen Geist, ich liebe Jesus gar nicht" oder „Ich bin schwach geworden in meiner Liebe zu Jesus Christus", dann gibt's nur eins, Hände falten, auf die Knie gehen und den Heiland bitten: „HERR, schenke mir deinen Geist, damit du durch deinen Geist in mir die Liebe zu dir entzünden kannst." Wir können das nicht machen. Aber wenn wir Gott bitten: „Schenke uns deinen Geist, dann ist ER es, der uns die Liebe zu IHM selber schenkt. Das ist ganz wichtig! Also bitte prüft euch da, wo ihr steht, wie tief und wie stark eure Liebe zu Jesus ist. Wenn ihr feststellt in dieser Liebe: „Da muss ich mehr machen!", dann nicht anfangen, irgendwelche Spenden zu erhöhen oder irgendwelche

Dinge zu investieren, also mehr zu machen. Das ist Religiosität, das bringt euch nicht weiter. Ihr müsst als allererstes Gott um Vergebung bitten, dass ihr IHN nicht genügend geliebt habt und dann müsst ihr IHN bitten, dass ER euch seinen Geist gibt. Das ist ganz wichtig. Wir können nur durch den Heiligen Geist selber Gott lieben! **Ein Zweites**, wie ich Gott lieben kann, das ist **durch den Kontakt zu IHM**. Das ist ganz banal! Wenn man jemanden lieb hat, dann sucht man den Kontakt zu ihm. Also, wenn du verheiratet bist und als Ehemann liebst du deine Ehefrau, da wirst du nicht ein ganzes Jahr neben der her leben, mit der nicht sprechen, der keine SMS und WhatsApp schreiben. Sondern du wirst immer wieder den Kontakt zu ihr suchen, da wirst du mit ihr sprechen, morgens beim Frühstück, beim Mittagessen, beim Abendessen. Du wirst den Kontakt mit ihr suchen. Und das ist etwas, was auch in der Liebe zu Gott entscheidend ist. Wenn ER wirklich Gegenstand deiner Liebe ist, dann kannst du gar nicht anders, als immer wieder den Kontakt zu ihm suchen. Sei es, dass du die Hände faltest und zu ihm sprichst oder aber, dass du in der Bibel liest und hörst, wie er zu dir redet und dass du die bibeltreue Verkündigung des Wortes Gottes hörst. Das ist wichtig, dass man Kontakt hat. Und da kannst du dich auch fragen: „Wie sieht es denn jetzt momentan mit meiner Kontaktaufnahme zu Gott aus?“ Oder ist es bei dir in deiner Beziehung zum lebendigen Gott so, wie in so einer eingefahrenen Ehe nach 25 Jahren, wo man nebeneinander her lebt, nicht mehr miteinander spricht, keinen Kontakt mehr hat, sich nicht mehr austauscht? Also wenn ich den HERRN liebe, dann komme ich in der Liebe weiter, wenn ich im Kontakt mit ihm stehe. **Ein Drittes**, wie ich den HERRN lieben kann, das ist **durch Alleinverehrung**. Das steht hier im Bibeltext, da heißt es: ***Höre Israel, der HERR ist unser Gott, der HERR allein.*** Wenn ich Gott lieben will, dann muss man eins wissen: Dieser Gott ist eifersüchtig. Der verträgt eine Sache nicht, wenn neben IHM andere Dinge sind, andere Menschen, andere Gestalten oder Gegenstände, die vergottet werden. In 5. Mose 32, also einige Kapitel weiter als unser Predigttext, da heißt es:

Israel ist fett und dick und feist geworden und hat den Gott verworfen, der ihn gemacht hat. - Und jetzt kommt es***: Er hat den Fels seines Heils gering geachtet und hat ihn zur Eifersucht gereizt durch fremde Götter; durch Gräuel hat er ihn erzürnt.***

Das heißt, wenn wir uns anderen Größen zuwenden, also Götter für unser Leben haben, dann wird dieser Gott eifersüchtig und dann können wir ihn nicht mehr lieben. Dann zieht ER sich zurück und dann ist dieses Liebesverhältnis zu IHM gefährdet, bis hin, dass es zerstört wird. Das ist wie in jeder zwischenmenschlichen Beziehung, also zwischen Mann und Frau: Da ist es grundlegend, dass man treu ist, unabdingbar treu und dass man neben die Ehefrau kein Zweit-, Dritt- oder Viertprogramm setzt. Genauso ist es bei dem lebendigen Gott. ER will die Alleinverehrung. Du kannst Gott nur lieben, wenn du IHN alleine verehrst! Erstes Gebot: ***Ich bin der HERR, dein Gott. Du sollst keine anderen Götter haben neben mir.*** Diene ihnen nicht und bete sie nicht an. Das ist ganz wichtig! Nur durch die Alleinverehrung kann ich Gott lieben. **Und eine vierte Antwort** auf diese Frage, wie ich den HERRN lieben kann: **durch mein Lob und meinen Dank**. Wenn du feststellst in diesem Gottesdienst „Ja, ich habe hier Nachholbedarf in der Liebe zu Gott. Ich tu das nicht mit ganzer Seele, ganzem Herzen, ganzer Kraft. Ich weiß, dass ER ist, ich glaube an Jesus Christus, aber ich habe gemerkt, ich liebe ihn nicht stark genug." Da möchte ich dir den Tipp geben für diese Beziehung zu Gott: Fang neu an Gott zu loben und zu preisen. Als Pastor mache ich auch immer wieder Eheseelsorge. Also wenn so Ehen nach 10 oder 15 Jahren ein bisschen in die Krise gekommen sind, dann sitzen die vor mir, Mann und Frau. Dann sprichst du erst mit denen gemeinsam, dann einzeln und dann hörst du immer wieder dieselben Klagen. Es sind so stereotype Probleme, die auftreten wie bei einem Auto. Wenn man da eine Modellreihe hat, dass sind immer wieder dieselben Probleme, die so ein Motor dann macht. Und eines der ganz großen Probleme ist immer wieder, gerade auch was die Frauen dann benennen: „Ja, meinen Mann, ich hab ihn ja lieb, aber da kommt nix mehr rüber, kein Dankeschön, keine Anerkennung. Als wir uns damals kennengelernt haben, ja, da hat er mich vollgeschleimt und gemacht und getan, drei Briefe am Tag geschrieben und heute nix mehr!" Und ich mache das immer so in der Eheseelsorge, dass ich mir das Recht rausnehme, den Leuten mit denen ich zu tun habe, dann für sechs Wochen mal Handlungsanweisungen zu geben, wie sie neue Belebung in die Ehe bekommen. Da ist es ganz häufig, dass ich den Männern schreiben muss: „Weißt du was, ab sofort schreibst du deiner Frau dreimal am Tag eine SMS oder eine WhatsApp. Da schreibst du rein, wie sehr du sie lieb hast, wie wunderbar sie ist. Der Witz ist: Die Männer glauben das und sagen: „Ich lieb doch meine Frau, aber bring das eben nicht immer so zum Ausdruck." - „Da schreibst du rein: „Mensch, danke für das wunderbare Frühstück, danke dafür. Lob und Dank!" Und wenn man das nach sechs Wochen auswertet, obwohl die wissen, dass ich ihnen da so zielgerichtet etwas gegeben habe, kommt dann: „Es war eine ganz wunderbare Zeit, Pastor Latzel, das war richtig schön. Wunderbar!" Warum? Weil man eben das rübergebracht hat, weil das eine ganz andere Atmosphäre ist, wo man dem anderen Lob, Dank und Anerkennung entgegenbringt. Das ist ja so, wenn man sich kennenlernt, das ist was Selbstverständliches. Wenn man frisch verliebt ist, da läuft das automatisch. Aber so nach einigen Jahren ist die Beziehung eingerostet. Und so, wie das in der Ehe eben nicht sein soll, so soll es auch bei unserem lebendigen Gott nicht sein. Ich erinnere an den Wochenspruch für diese Woche, Psalm 103, Vers 2:

Lobe den HERRN meine Seele und vergiss nicht, was er dir Gutes getan hat.

Also zu diesem Thema „Gott lieben" hat Gott dir eine besondere Botschaft, auch einen Wochenspruch gegeben. Wenn du merkst, in der Liebe zu Jesus Christus bin ich eingerostet, dann immer auf die Knie gegangen und IHN gelobt, gepriesen und gedankt für alles Gute, was ER getan hat. Denn dadurch kann man Gott lieben, damit kann man diese Liebe neu beleben.

Das sind diese vier kurzen Antworten auf diese zweite Frage. Wie kann ich den HERRN lieben? Erstens durch den Heiligen Geist, zweitens durch Kontakt mit ihm, drittens durch Alleinverehrung und viertens durch Lob und Dank.

Eine **dritte Frage: Wann und wo soll ich den HERRN lieben?** Es ist eigentlich eine dämliche Frage, denn Liebe kann ich ja nicht abstellen. Man kann ja nicht zu einer Mutter sagen: „Es gibt gewisse Zeiten, wo du deine Tochter nicht lieb haben kannst.“ Nein, Liebe ist immer, die kannst du nicht abstellen. Ich habe die Frage deshalb mit hineingenommen, weil unser Predigttext diese Frage beantwortet. Der sagt nämlich ganz klar und deutlich, wann und wo ich den HERRN lieben soll, damit uns das nochmal klar vor Augen ist. Und zwar die Antwort lautet: Immer und überall! Die Bibel sagt es anders und ich lese noch mal drei Verse aus unserm Predigttext:

> ***Und diese Worte, die ich dir heute gebiete,*** - also dieses Gebot von der Liebe zum HERRN - ***sollst du zu Herzen nehmen und sollst sie deinen Kindern einschärfen und davon reden,*** - und jetzt kommt es: ***wenn du in deinem Hause sitzt oder unterwegs bist, wenn du dich niederlegst oder aufstehst. Und du sollst sie binden zum Zeichen auf deine Hand, und sie sollen dir ein Merkzeichen zwischen deinen Augen sein, und du sollst sie schreiben auf die Pfosten deines Hauses und an die Tore.***

Immer und überall. Dieser Text sagt: alle Lebensbereiche sollen davon durchdrungen sein. Wenn du wieder zu Hause mit deiner Familie dasitzt, dann sollst du das deinen Angehörigen sagen, dass es wichtig ist, den HERRN zu lieben von ganzem Herzen, ganzer Seele, ganzer Kraft. Aber auch wenn du unterwegs bist, so heißt es hier, also mit anderen zu tun hast und nicht zu Hause bist, sollst du davon sprechen. Du sollst dir das vergegenwärtigen. Es ist wunderbar: wenn du dich niederlegt oder aufstehst, also vorm Schlafengehen und direkt der erste Gedanke beim Aufstehen. Ich soll Gott den HERRN lieben. Alle

Bereiche, egal wo du hingehst, sollst du davon durchdrungen sein lassen.

Im Judentum ist es so, dass die frommen Juden das wörtlich nehmen. Derjenige, der schon mal Israel war oder vielleicht Bilder von Israel gesehen hat, der weiß, dass die orthodoxen Juden am linken Arm so ein Band tragen, das wickelt man siebenmal herum. Man nennt das Tefillin, das sind schwarze Gebetsriemen und die haben so eine schwarze Lederkapsel. Und in dieser schwarzen Lederkapsel, die sie oben tragen am Bizeps, so etwa auf Höhe des Herzens, da steht genau dieses Wort aus 5. Mose 6,5 drin: ***Du sollst den HERRN, deinen Gott, lieb haben von ganzem Herzen, von ganzer Seele und mit all deiner Kraft.*** Das tragen sie am Herzen. Aber dieses Band geht runter bis zur Hand. Das läuft aus in der Hand, Und das tragen sie auch am Kopf, das sind so komische Kästchen, die sehen aus wie ein Horn, das ist auch so ein Tefillin, auch so eine Lederkapsel. Das jüdische Verständnis ist zu sagen, dass Kopf, Herz und Hand, also unser Denken, unser Fühlen und unser Tun, davon durchdrungen sein soll, dass wir Gott lieben von ganzer Seele, ganzem Herzen, ganzer Kraft. Das ist denen so wichtig, dass sie es tatsächlich wörtlich mitnehmen und das permanent und präsent bei ihnen ist. Die haben noch einen anderen Brauch, nämlich dass man an jeder Tür, an jedem Stadttor, so eine Mesusa sieht. Das ist so Metallröhrchen, das ist innen hohl und in dem Röhrchen ist eine Schrift drin, eben genau mit diesem Text aus 5. Mose 6, unserem Predigttext: ***Du sollst den HERRN, deinen Gott, lieb haben von ganzem Herzen, von ganzer Seele und mit all deiner Kraft.*** Das heißt, jedes Tor und jede Tür, durch die man geht, da betritt man einen neuen Raum, quasi einen neuen Lebensabschnitt. Und jedes Mal, wenn man durch so eine Tür geht, soll man sich bei jedem Neuen, was jetzt beginnt, vergegenwärtigen: Ich soll den HERRN, meinen Gott, lieben von ganzem Herzen, von ganzer Seele und mit all meiner Kraft, immer und überall! Die gläubigen Juden gehen dahin, berühren diese Mesusa mit den Fingern oder küssen sie auch direkt, um sich zu vergegenwärtigen: Das ist jetzt wichtig bei dem Neuen, was ich beginne. Das ist das Zentrale: Ich soll den HERRN lieben, und nicht nur ein bisschen, sondern mit allem, was ich habe. Jetzt tragen wir keine Tefillin, wir haben auch nicht überall an jeder Tür und an jedem Tor so eine Mesusa. Aber doch sollen wir diesen Gedanken mitnehmen in jeden Lebensbereich, in den wir hineingehen. Es soll unser Denken durchdringen, es soll unser Fühlen durchdringen und es soll unser Tun beherrschen, dass wir Gott lieben, von ganzem Herzen, ganzer Seele, ganzer Kraft.

Ich hatte es euch heute einzuschärfen: diese Liebe zu Jesus Christus, diese Liebe zu Gott, die ist nicht so ein bisschen was, sondern sie gilt für den gesamten Lebensbereich, den wir bestreiten dürfen. Alles in deinem Leben soll davon durchdrungen und bestimmt sein, dass du den HERRN liebst. Denn dann wirst du ein ganz anderes Leben führen: ein Leben ohne Angst; ein Leben, wo die Dinge dieser Welt einem ganz anderen Koordinationssystem zugeführt werden. Du wirst ganz anders denken, fühlen und handeln, wenn dich das bestimmt: die Liebe zu Jesus Christus. Wenn die dich nicht bestimmt, dann bist du schnell dabei, dass der Widersacher dich durchdekliniert und du lebst wie der Weltmensch, neben dem du wohnst. Aber das ist ganz wichtig, dass wir immer und überall berücksichtigen, dass wir den HERRN lieb haben sollen von ganzer Seele, ganzer Kraft mit all unserem Gemüt.

Wir kommen zur **vierten und letzten Frage. Was passiert denn dann, wenn ich den HERRN lieb habe?** Wie sieht so ein Leben aus? Was verändert sich dann, wenn ich tatsächlich mit all meiner Kraft den HERRN liebe? Nun, dann werden wir **als Erstes: seinem Worte folgen.** Das ist interessant: Wenn wir Gott lieben, wirklich ganz intensiv, dann wird die Befolgung seiner Vorschriften, seiner Gesetze für uns ein Leichtes sein.
Ich sage das noch mal mit einem Beispiel. Wenn sich ein Zwanzigjähriger so das erste Mal richtig verliebt hat in so eine Zwanzigjährige. Und er ist so richtig voller Liebe. Und sie sagt: „Och, ich hab so richtig Hunger auf ein Eis." Ja, was passiert denn dann bei dem Zwanzigjährigen? Der flitzt los und da wird so

ein Becher geholt. Das wissen sie auch, wenn man über 30 Jahre verheiratet ist und die Frau sagt dann so nach dem Motto „Du, ich hab Hunger auf ein Eis", da sagt der Mann: „Dann hol dir doch eins!". Und so ist es eben manchmal auch im Glauben halt. Man kennt die Worte unseres HERRN. Aber man hat gar nicht mehr den Zug zur Erfüllung dazu. Aber das gehört miteinander zusammen: Die Liebe zu Gott und das Halten der Gebote. Das ist übrigens nicht meine eigene Idee. In 1. Johannes 5 heißt es:

> ***Daran erkennen wir, dass wir Gottes Kinder lieben, wenn wir Gott lieben und seine Gebote halten.***

Das wird beides hineingenommen: Gebote halten und IHN lieben. Das Eine hat aufs Engste mit dem Anderen zu tun. Wenn ihr merkt, „Mensch, mit dem Halten der Gebote der Heiligen Schrift habe ich so meine Probleme", dann ist vermutlich das grundlegende Problem deiner Nachfolge das, dass du Jesus nicht mehr lieb genug hast. Dann musst du jetzt nicht anfangen die Gebote intensiver zu halten und darum sich zu bemühen, das wird eine furchtbare Religiosität. Nein, da musst du nur in dich schlagen, den HERRN um den Geist bitten, dass ER dir Liebe zu IHM schenkt und dann wird das zum Automatismus werden. Das ist das Erste, was passiert, wenn wir den HERRN lieb haben, dass wir auch seinen Worten folgen. **Das Zweite**, was passiert: Wir werden dann automatisch **missionarisch sein**. Wenn wir den HERRN wirklich liebhaben, so richtig liebhaben, dann muss kein Pastor Latzel uns mehr erklären, wie wichtig das ist zu unserem Nächsten hinzugehen und den zu missionieren oder einzuladen, wenn wir im November Lutz Scheufler hier im Zelt zur Mission haben. Dann kannst du nicht nicht missionieren, dann musst du sprechen von unserem HERRN und Heiland. Wenn du den richtig lieb hast, dann passiert das, wovon es in Lukas 6 heißt, wo Jesus sagt: ***Denn wes das Herz voll ist, des geht der Mund über.*** Wenn Sie mich ansprechen auf Gartenarbeit, ich kann Gartenarbeit nicht leiden, das ist für mich eine Belastung, einfach furchtbar! Wir haben so rund 300 Quadratmeter Garten, da ist mir schon alles zu viel, das bisschen Rasenmähen, das Wegschneiden, eine Katastrophe! Wenn Sie mich da fragen „Na, Pastor Latzel, wie sieht es denn aus mit Ihrer Gartenarbeit?“, da sind wir mit dem Gespräch nach 15 Sekunden am Ende, das kann ich Ihnen sagen. Da sage ich: „Alles Belastung!“ Warum? „Da habe ich keinen Spaß dran, keine Liebe zu!“ Jetzt wissen Sie, dass ich begeisterter Jäger bin. Fragen Sie mich bitte mal: „Na, wie war das denn mit Ihrem letzten Abschuss?“ So, dann sind wir aber nicht nach 15 Sekunden fertig. Da müssen Sie nach 15 Minuten gucken, wie sie irgendwie von mir wegkommen, sonst quassel ich Sie die ganze Zeit voll. Wes das Herz voll ist, des geht der Mund über. Und so ist es bezogen auf das Geistliche. Wenn Jesus Christus so richtig stark in meinem Herzen ist und ich ihn lieb habe, dann kann ich gar nicht anders, als immer wieder von IHM zu sprechen und anderen Menschen zu erzählen, wie herrlich und großartig und fantastisch dieser Gott ist. Wir werden automatisch missionarisch sein. Und wenn du nicht missionarisch bist, dann liegt auch hier wieder der Grund garantiert darin, dass du defizitär in deiner Liebe zu Jesus Christus bist. **Ein Drittes**, was passiert, wenn ich den HERRN lieb habe: Da werde ich auch **meine Mitmenschen lieben**. Das ist etwas ganz Wunderbares, dass, wenn die Liebe Jesu Christi mich erfüllt, ich nicht nur in diesem Verhältnis zum lebendigen Gott ein ganz anderes Leben bekomme. Nein, mein Umfeld, meine Mitmenschen werden in einem ganz andern Licht für mich auf einmal erscheinen. Ich sehe die nicht mehr an mit meinem Adamsherz, sondern ich kann sie auf einmal sehen mit den Augen Jesu Christi. Und dann kann ich anfangen, meine Mitmenschen zu lieben. Ich weiß nicht, was aus mir geworden wäre, wenn Jesus Christus mir nicht begegnet wäre und ich nicht in die Liebe zu ihm gekommen wäre. Ich bin heute noch ein hartherziger und kalter Mensch. Aber ohne die Liebe Jesu Christi, da kann ich mir viele furchtbare Prognosen für meine Zukunft vorstellen, wie das hätte sein können als junger Mensch. Das war eine Katastrophe, weil ich viele Menschen verachtet habe, konnte die wirklich nicht annehmen und habe wirklich schlimme Dinge drüber gedacht. Heute kann ich Menschen anders sehen, weil ich Jesus Christus lieb habe und ich Menschen mit seinen Augen sehe, nicht mit meinen eigenen Augen. In 1. Johannes 4 heißt es:

Denn wer seinen Bruder nicht liebt, den er sieht, der kann nicht Gott lieben, den er nicht sieht.

Es ist unmöglich, dass, wenn jemand Gott liebt, dass er seinen Bruder nicht liebt. Das eine gehört zum anderen dazu. Und auch hier wieder: Wenn du in deinem Umfeld gestört bist, wenn du in Streit und Konflikt mit deinen Mitmenschen lebst, dann ist auch etwas mit deiner Gottesbeziehung nicht in Ordnung. Dann ist die Liebe zu Jesus Christus auch nicht in Ordnung. Nicht, dass ein Christ nicht auch ab und zu mal ein Problem kriegen kann. Aber wenn da permanente Streitsucht bei dir ist und du Verachtung für andere Menschen hast, dann ist etwas in dem Verhältnis zu Jesus Christus nicht in Ordnung. Und wenn du dich da verändern lässt, wenn Jesus dir Liebe zu IHM gibt und du die Liebe von IHM spürst, wirst du auch deine Mitmenschen mit einem ganz anderen Blick anschauen können. Und **ein Letztes** was passiert, wenn ich den HERRN liebe: **dann wird es mir gut gehen**. Einige Verse weiter in diesem sechsten Kapitel des fünften Mose-Buches, im Vers 17 heißt es dann weiter:

...sondern sollt halten die Gebote des HERRN, eures Gottes, seine Vermahnungen und seine Rechte, die er dir geboten hat, dass du tust, was recht und gut ist vor den Augen des HERRN. Und dann kommt es: ***...auf dass dir's wohlgehe und du hineinkommest und einnehmest das gute Land, von dem der HERR deinen Vätern geschworen hat...***

Es wird uns gut gehen, wenn wir den HERRN lieben. Wir werden gesegnet sein und wir werden das Land ererben. Für die Israeliten war es das Gelobte Land, dieses Fleckchen Israel dort im Vorderen Orient. Für uns ist es das himmlische Jerusalem. Das Beste, was du dir selber tun kannst, das ist: Jesus lieb haben. In dieser Liebesbeziehung zu Jesus, die ER eben auch will und die ER dir schenkt, wirst du weiterkommen und dann erleben, wie du neu gesegnet wirst.

Wir haben vor der Predigt das Lied gesungen: „Die Gott lieben werden sein wie die Sonne, die aufgeht in ihrer Pracht". Ein fantastisches Lied, denn es ist die Vertonung eines wunderbaren Verses aus der Bibel, Richter 5, Vers 31. Da heißt es genau so wörtlich: ***Die ihn aber lieb haben, sollen sein wie die Sonne, die aufgeht in ihrer Pracht!*** Das Bild musst du mal runterschlucken, das musst du mal verdauen. Wenn ich Jesus lieb habe, will ich den HERRN lieben von ganzer Seele, ganzem Herzen, ganzer Kraft; dann werde ich sein wie die Sonne, die aufgeht in ihrer Pracht. Drunter tut's unser Gott nicht! Mehr ist ja für uns nicht denkbar in diesem Universum, was wir überblicken können. Nicht so ein kleines, funzliges Licht. Nicht vergleichbar mit so einem Lagerfeuer, das dich wärmt in der Nacht oder ein Licht, das eine Kerze bringt. Nein! Wie die Sonne, die aufgeht in ihrer Pracht, mit aller Stärke, mit aller Herrlichkeit! Mehr ist nicht möglich! Und das ist das Motivierende. Das darfst du wissen: So wird der Segen Gottes in dein Leben fließen, wenn du IHN lieb hast, wie eine Sonne die aufgeht in all ihrer Pracht. Und das möchte Gott, dass diese Sonne aufgeht, dass es dir gut geht, dir, den Gott lieb hat und ER will es dir schenken, wenn du IHN wiederum lieb hast. Und deshalb wollte ich dir das heute Morgen einschärfen. Nicht wie so ein Unteroffizier, der seine Mannschaft antreten lässt und ihn nochmal ganz klar Tagesbefehl gibt: „Du musst den HERRN lieben!" Nein, eher wie ein guter Hirte, der versucht, seine Schafe auf grüne Weide auf saftige Felder zu führen, damit sie das Aufgehen der Sonne mit all ihrer Pracht erleben. Und deshalb möchte ich euch in diesem Sinne noch einmal dieses wunderbare Gotteswort zurufen, diesen Text aus 5. Mose 6, Verse 4 bis 9. Damit du das wirklich beherzigt. Denn das ist nicht Wunsch von Pastor Latzel, dass du Jesus Christus den HERRN lieb hast, sondern es sei dein eigener Wunsch.

Höre, Israel, der HERR ist unser Gott, der HERR ist einer. Und du sollst den HERRN, deinen Gott, lieb haben von ganzem Herzen, von ganzer Seele und mit all deiner Kraft. Und diese Worte, die ich dir heute gebiete, sollst du zu Herzen nehmen und sollst sie deinen Kindern einschärfen und davon reden, wenn du in deinem Hause sitzt oder unterwegs bist, wenn du dich niederlegst oder aufstehst. Und du sollst sie binden zum Zeichen auf deine Hand, und sie sollen dir ein Merkzeichen zwischen deinen Augen sein, und du sollst sie schreiben auf die Pfosten deines Hauses und an die Tore.

Das, liebe Gemeinde, ist das Allerwichtigste: Habt den HERRN lieb! Amen.

Und der Friede unseres allmächtigen Gottes, der sehr viel höher ist als all unsere menschliche Vernunft, bewahre unsere Herzen und Sinne in Christus Jesus, unserem auferstandenen und lebendigen HERRN. Amen.

Vier Schlaglichter auf Moses Tod
5. Mose 34,4-7

Gnade sei mit euch und Friede von dem, der da war und der da ist und der da sein wird in alle Ewigkeit - unser HERR Jesus Christus. Amen.

Liebe Gemeinde, die Predigtverse, die wir heute hören wollen am Ewigkeitssonntag, sie stammen aus dem letzten Kapitel der Thora, der fünf Bücher Mose. Sie beschreiben das Sterben und die Beerdigung des Mose. Wir wollen hören auf 5. Mose 34, die Verse 4 bis 7:

Und der HERR sprach zu ihm: Dies ist das Land, von dem ich Abraham, Isaak und Jakob geschworen habe: Ich will es deinen Nachkommen geben. - Du hast es mit deinen Augen gesehen, aber du sollst nicht hinübergehen. So starb Mose, der Knecht des HERRN, daselbst im Lande Moab nach dem Wort des HERRN. Und er begrub ihn im Tal, im Lande Moab gegenüber Beth-Peor. Und niemand hat sein Grab erfahren bis auf den heutigen Tag. Und Mose war hundertundzwanzig Jahre alt, als er starb. Seine Augen waren nicht schwach geworden, und seine Kraft war nicht verfallen. Amen.

Wir wollen beten: Lieber HERR und Heiland, wir wollen dir Dank sagen für diese vier Verse, die du uns schenkst aus dem Alten Testament, über die wir jetzt die Predigt hören werden. Wir wollen dich bitten für diese Predigt, dass sie wirklich dein Wort verkündigt, uns das sagt, was du uns hören lassen möchtest. Damit dieses Wunder geschieht, dass wir für unser Leben und unseren Glauben dein Wort vernehmen, dazu brauchen wir deine Hilfe, deine Führung für diese Predigt. Und darum wollen wir dich jetzt alle miteinander bitten: Segne du selber Reden und Hören deines heiligen und lebendigen Wortes an uns allen. Amen.

Liebe Gemeinde, die Älteren von Ihnen kennen eine Sendung, die die Jüngeren vermutlich nicht mehr vor Augen haben, und zwar die Sendung „Disco". Ilja Richter war der Moderator, und in den 1970er Jahren war diese Sendung sehr bekannt. Da guckte fast jeder montagabends, wenn er ein bisschen jünger war, diese Sendung „Disco". Da kamen dann die bekanntesten Bands, die in den Charts waren, und die spielten ihre Lieder, sangen was vor. Es gab in dieser Sendung etwas, das jedes Mal vorkam. Und zwar wurde immer ein Quiz ausgelost von der vorhergehenden Sendung und der Gewinner wurde dann prämiert. Der wurde insofern prämiert, als dann Ilja Richter sagte: „Licht aus!" Bumm! Da war das ganze Studio dunkel. Und dann hieß es: „Spot an!" Und dann wurde mit einem Spot der Gewinner beleuchtet. Also bei den vielen hundert Zuschauern kam dann der ganz große Kegel auf den Gewinner. Der war dann im gleißenden Licht und da trat Ilja Richter dazu, überreichte dem eine Kleinigkeit, und gratulierte ihm, weil er den ersten Preis gewonnen hatte. Die Älteren wissen das, die Jüngeren wissen gar nicht, wovon ich spreche. Aber das könnt ihr bei YouTube ja nachgucken. Das war wirklich so ein gängiger Gag damals: „Licht aus! Spot an!" Man warf einen Lichtkegel, ein Schlaglicht, auf etwas ganz Besonderes, herausgebrochen aus all den anderen Dingen.

So möchte ich das heute auch mit unserem Predigtvers machen. Ich möchte auch so einen Spot setzen, so ein Schlaglicht. Und zwar nicht nur ein Schlaglicht, sondern vier Schlaglichter hintereinander; wo ich aus diesen vier Predigtversen eines ganz besonders beleuchten möchte, um Ihnen Dinge deutlich zu machen, was hier in diesem wunderbaren Text drinsteht. Und so habe ich dann auch die Predigt überschrieben: **Vier Schlaglichter auf Moses Tod**. Vier Spots:

1. Das Sterben auf das Geheiß Gottes hin.
2. Die Folgen des Ungehorsams und Zweifelns gegenüber Gott.
3. Das Ablehnen des Götzendienstes durch Gott.
4. Das wunderbare Handeln Gottes.

Der erste Spot, **das erste Schlaglicht: Das Sterben auf das Geheiß Gottes hin.** Da heißt es hier im Vers 5, und da setze ich genau das Schlagwort, das Schlaglicht:

> ***So starb Mose, der Knecht des HERRN, daselbst im Lande Moab*** - und jetzt kommt es: ***nach dem Wort des HERRN.***

Nach dem Wort des HERRN. Es ist ganz bemerkenswert, dass die Bibel das hier eindeutig sagt: Gott schenkt genau den Moment, an dem Mose sterben soll. Er stirbt ***nach dem Wort des HERRN***, so übersetzt es die Lutherbibel.

In der Menge-Bibel oder in der Züricher Übersetzung - auch das sind hervorragende Übersetzungen - da heißt es: ***auf Befehl des HERRN***. - Bitte gebrauchen Sie immer gute Übersetzungen und nicht so einen Mist wie „Gute Nachricht", „Hoffnung für alle" und sowas, oder gar die „Bibel in gerechter Sprache". Luther, Züricher, Menge, Schlachter, Elberfelder, das sind gute Übersetzungen, weil wortgetreu!

Mose starb ***auf Befehl des HERRN***, nach Befehl des HERRN. Also ganz deutlich: Gott ruft den Mose hier ab, ganz eindeutig. Da ist keine Zufälligkeit. Gott schenkt ihm genau die Fülle der Jahre. Wir lesen hier genau 120 Jahre durfte er werden. Das ist ja die Höchstgrenze, die Gott für menschliches Leben auf Erden gesetzt hat, wie wir es im ersten Buch Mose lesen. Und da genau ruft er ihn ab. Gott hat Mose in das Leben gerufen, hat ihm damals in Ägypten das Leben geschenkt. Er hat ihn dann, nach 80 Jahren, auf Erden berufen. Er hat ihn angesprochen im brennenden Dornbusch, ist ihm begegnet, hat dann häufig mit ihm gesprochen in der Stiftshütte, hat ihm so viele Begegnungen geschenkt. Aber jetzt war der Tag gekommen, da ihn der HERR abberuft. Genau zu dem Zeitpunkt, genau an dem Ort, wo ER das möchte. Es ist die göttliche Zeit, die das Leben des Mose beendet und nicht irgendeine Zufälligkeit, nicht irgendeine mangelnde medizinische Versorgung, die der Mose nicht bekommen hätte von seinen Ärzten im Volk Israel. Nein, er stirbt auf das Geheiß Gottes hin.

Und das gilt nicht nur für den Mose, sondern für alle Menschen. Wenn wir sterben, dann sterben wir, weil Gott es so entscheidet. ER gibt den Menschen das Leben. Römer 4: ***... der die Toten lebendig macht und was nicht ist, ins Dasein ruft.*** ER ruft uns aus dem Nicht-Sein in das Sein. ER ruft uns ins Leben. ER schenkt es uns und ER ruft uns auch aus diesem Leben wieder ab. In Psalm 139 fasst es der König David im Heiligen Geist so wunderbar zusammen, wo er da schreibt:

> ***Alle Tage, die noch werden sollen, sind schon in dein Buch geschrieben.***

Das heißt, David weiß darum, dass die Zahl seiner Tage auf Erden nicht nur begrenzt ist, sondern sie ist auch bei Gott schon bekannt. Der HERR wusste schon vor Grundlegung der Welt, wann David geboren wird und er wusste auch schon immer, wann er David sterben lässt. Das war nicht nur bei dem Mose so, das war nicht nur bei David so, sondern das ist auch bei uns so. Gott hält unser Leben in seiner Hand. Und, so sagt es uns die Bergpredigt, wir können unseres Lebens Länge nicht eine Spanne zusetzen, so sehr wir uns auch darum mühen:

> ***Wer aber unter euch kann mit Sorgen seiner Lebenslänge eine Elle zusetzen?***

Wir sind in der Hand des lebendigen Gottes; und wir können, wenn Gott das nicht will, auch unserem Leben kein Ende setzen. Glauben Sie, ich habe schon Leute erlebt, die haben sich eine Kugel in den Kopf gejagt, aber die sind nicht gestorben. Die haben dann in einem Krankenhaus gelegen an den Schläuchen, waren behindert bis zum Lebensende, aber haben weitergelebt. Gott allein entscheidet über Anfang und Ende unseres Lebens.

Es gibt in der Bibel so viele wunderbare Stellen und Texte. Und Sie wissen, ich sage immer wieder: „Das ist ein tolles Wort!" Eins der bedenkenswertesten Worte und tiefsten Worte ist aus meiner Sicht Prediger 3, die Verse 14 und 15. Da heißt es:

Ich merkte, dass alles, was Gott tut, für ewig sein wird. Man kann nichts dazutun noch wegtun. Das alles tut Gott, dass man sich vor ihm fürchten soll. Was geschieht, das ist schon längst gewesen, und was sein wird, ist auch schon längst gewesen; und Gott holt wieder hervor, was vergangen ist.

Dieses Wort des König Salomo passt vor allen Dingen auf unser Leben, dass wir wissen dürfen: wir können nichts dazutun, noch wegtun. Es ist alles bei diesem Gott schon bekannt, und ER hält unser Leben in seiner Hand. ER ist der Schöpfer. Und ER macht mit uns Geschöpfen, was ER möchte. Und ER setzt Anfang und Ende.

Wir haben es eben gehört bei der Verlesung der Namen derer, die gestorben sind. Da war der kleine Kaleb, gerade mal zwei Wochen alt, und dann stirbt er. Gott hat seinem Leben ein Ende gesetzt. Dem ist ganz vieles verwehrt geblieben, was wir erlebt haben, aber er ist jetzt in der Ewigkeit bei unserem HERRN. Aber Gott hat das entschieden, dass dieses kleine Leben zu Ende gehen sollte. Als ich Kaleb beerdigt habe, da war es mir ein großer Trost, dass die Eltern gestandene Christen waren und dass sie wussten, wo ihr geliebtes Kind hingegangen ist. Denn wer das nicht weiß, was passiert wenn er stirbt, wer nicht weiß, dass es einen Gott in Jesus Christus gibt, der wird mit den Todeserfahrungen dieser Welt häufig nicht fertig werden. Nicht mit denen, wenn geliebte Menschen sterben und erst recht nicht damit, wenn er selber sterben muss.

Und ich kenne all diese kackfrechen Leute, die, wenn sie gesund und glücklich verheiratet und mitten im Saft stehen, dir erzählen: „Was brauche ich denn einen Gott? Das ist doch alles nur Schmu und Gerede und Menschenwort in der Bibel.“ Aber wenn sie dann im Krankenhaus liegen auf der letzten Strecke und wissen, ich werde nicht mehr rauskommen aus dem Hospiz, dann werden auf einmal Fragen gestellt und dann ist die ganze Selbstsicherheit, die vorher da war, perdu. Dann kommen die Fragen: „Warum ich denn?" „Warum denn jetzt?" „Warum denn meine geliebte Frau, die hat doch nichts Schlimmes getan?" Diese Fragen stellen auch manche Christen. Aber Sie dürfen wissen: Auch wenn wir nicht alles verstehen, das macht in letzter Konsequenz nichts, weil wir ja geborgen sind in den Händen des lebendigen Gottes.

Dass Gott den Mose abberufen hat nach seinem Wort, dass er David abberufen hat nach seinem Wort und dass er auch mich und euch abberufen wird, das lässt mich persönlich ruhig schlafen. Egal, wann es kommt. Ich weiß:

> ***Leben wir, so leben wir dem HERRN; sterben wir, so sterben wir dem HERRN. Darum: wir leben oder sterben, so sind wir des HERRN.*** (Römer 14,8)

Und ich weiß, dass Sterben sogar mein Gewinn ist (Philipper 1,21), dass ich geborgen bin in den Händen des Gottes, der seine Hände für mich auf Golgatha hat durchbohren lassen, damit der Tod für mich besiegt ist. Weil ich das weiß, muss ich mir keine Sorgen machen, ob ich 80 werde, 65, vielleicht sogar 96, keine Ahnung. ***Leben wir, so leben wir dem HERRN; sterben wir, so sterben wir dem HERRN.*** Es spielt letztlich keine Rolle. Wir sind in den Händen des lebendigen Gottes, des Gottes, der uns liebhat. Und wenn wir ihn angenommen haben, dann brauchen wir uns nicht zu fürchten. Dann können wir ganz entspannt auf den Tag zugehen, wenn ER uns heißt zu sterben, wenn ER uns abberuft von diesem Leben. Das ist das Erste, der erste Spot, den ich setzen wollte: Das Sterben auf das Geheiß Gottes hin.

Ein Zweites: Die Folgen des Ungehorsams und Zweifelns gegenüber Gott. Der Mose ist hier, wo diese Verse spielen, an der Grenze zum Gelobten Land. Vierzig Jahre hat er das Volk geführt wie niemand anderes, ein vollmächtiger Mann. Er hat gekämpft und gerungen für Israel, dass sie so weit gekommen sind. Es war immer nur ein Ziel: Wir wollen ins Gelobte Land, weg aus Ägypten, weg aus der Knechtschaft in das Land, in dem Milch und Honig fließt, das der Heiland verheißen hat. Aber er, dieser wunderbare Mann, dem Gott so nahe gestanden hat wie niemand anderem, diesem wunderbaren Mann wird es verweigert in das Gelobte Land hineinzugehen. Und hier möchte ich den Spot draufwerfen, im Vers 4 heißt es:

Aber Du sollst nicht hinübergehen.

Das wäre Gott ein Einfaches gewesen zu sagen: Komm, wir setzen noch ein paar Tage dran, wir haben es ein bisschen anders getimt. Da kannst du zumindest reingehen und dann im Gelobten Land sterben. Nein, Mose wird hier bestraft. Das ist der Hintergrund dieser Geschichte. Er wird bestraft. Das sind die Folgen seines Ungehorsams und seines Zweifelns. Mose war mit dem Volk am Haderwasser gewesen und sie hatten nichts zu trinken. Das Volk hatte gemurrt. Und dann sagt Gott zu ihm: Sprich mit dem Stein und lass Wasser kommen aus dem Stein. Was macht Mose? Er spricht nicht mit dem Stein, sondern als erstes geht er zum Volk und spricht mit dem Volk. Und dann geht er hin und schlägt mit dem Stab auf den Stein. Und dann sagt er noch zum Volk: Ja, werden wir euch wohl Wasser hervorbringen können aus diesem Felsen? Also stellt er das noch beim Volk zur Disposition. Also, erstens führt er den Befehl Gottes nicht aus, weil er mit dem Volk spricht statt mit dem Felsen und zweitens zweifelt er auch noch, als er sagt: Klappt das vielleicht? Und da sagt Gott ganz knallhart: Weil du so gehandelt hast, weil du ungehorsam gewesen bist gegenüber meinem Wort und weil du gezweifelt hast an meinem Wort, deshalb wirst du nicht in das Gelobte Land hineingehen. Mose hatte sich für einen kleinen Augenblick nicht am Felsen orientiert, wie Gott gesagt hatte. Und das sagt die Bibel! Die Bibel legt diese Stelle aus im ersten Korintherbrief. Da sagt sie: Der Fels ist Jesus, der Fels ist Jesus! Mose hat sich nicht orientiert an Jesus, hat sich nicht orientiert an Gottes Wort, sondern mit den Menschen gesprochen. Und dann verliert er den Eingang in das Gelobte Land. Er bringt sich um so viel in seinem Leben, um den Traum seines Lebens. Das hätte er sich so sehr gewünscht. Wenigstens einen Fuß auf das Land zu setzen, das Abraham, Isaak und Jakob verheißen war. Abraham, der ob des Glaubens willen dieses Land bekommen hat; und Mose, der ob das Unglaubens nicht hineinkommt. Er hat mit dem Volk gesprochen, sich an Menschen orientiert und nicht an Gott, der sagt: Sprich mit dem Felsen! Und wenn wir das tun, wenn wir uns an Menschen orientieren und unsere Rede bei ihnen ausrichten und nicht das tun was Gott sagt, dann bringen wir uns um so viele Segnungen in diesem Leben. Dann passiert so viel Gutes in unserem Leben nicht. Das ist die Folge des Ungehorsams. Wenn Mose gehorsam gewesen wäre, dann wäre er wie Josua und Kaleb ins Gelobte Land gekommen. Es sind nur zwei, die es aus Ägypten tatsächlich schaffen bis ins Gelobte Land. Alle anderen müssen wegen ihres Ungehorsams sterben in der Wüste. So eben auch Mose. Aber es ist eben nicht nur der Ungehorsam, sondern auch der Zweifel, der dem Mose den Eingang ins Gelobte Land verwehrt. Ja, werden wir das wohl schaffen? Da zweifelte er am Wort Gottes, so wie eben alle Sünde beginnt mit dem Zweifel am Wort Gottes. Adam und Eva im Paradies: Sollte Gott denn gesagt haben? Da ist der Urgrund aller Sünde. Dann geht bei Gott gar nichts mehr, wenn wir in irgendeiner Form, oder auch nur einen Millimeter sein Wort in Frage stellen. Ja sollte das denn klappen, dass aus dem Felsen Wasser kommen kann? Wir sollen ohne Zweifel im Gehorsam leben. Das ist das, was Gott uns sagt. Der Hauptfeind des Glaubens ist nicht der Atheismus, nicht der Spott irgendwelcher Feinde Jesu, nicht die Verfolgung dieser Welt. Der Hauptfeind des Glaubens an den lebendigen Gott sind der Zweifel und der Ungehorsam. Und das zeigt uns diese Stelle ganz deutlich, so sehr, dass der große Mose nicht ins Gelobte Land kommt. Das ist eigentlich auch selbstverständlich. Wir kennen das aus dem Alltäglichen heraus. Wenn wir den Vorschriften des Herstellers nicht gehorsam sind, dann können wir gewisse Dinge nicht erreichen, die möglich wären. Also, wenn ihr euer Auto, das ihr bekommen habt, nicht so wartet wie es der Hersteller, Mercedes, Audi, VW, wer auch immer das sagt, da müsst ihr euch nicht wundern, dass das Ding keine 300 000 Kilometer fährt, sondern dass es auf 50 000 Kilometer einen Motorschaden hat. Und so ist es, wenn man ungehorsam ist und wenn man zweifelt. Man bringt sich um die Segnungen dessen, was Gott für einen vorgesehen hat.

Jetzt werdet ihr vielleicht sagen: „Tja, also so ein kleiner Zweifel, so ein kleiner Ungehorsam bei den großen Leistungen, die Mose gebracht hat... Ja, wenn das so ist, wenn da Mose nicht ins Gelobte Land hineinkommen darf wegen dieser Dinge... Ja, was muss denn dann der lebendige Gott mit mir machen? Ich bin ja viel ungehorsamer. Ich habe ja viel häufiger gezweifelt und viel intensiver, nicht nur in so einer Sache. Gott hat zu mir noch nicht gesagt: Mach aus einem Stein Wasser. Sondern ich habe an anderen Dingen gezweifelt. Ja, dann darf ich doch eigentlich nicht ins Gelobte Land, ins himmlische Jerusalem." Tja, dann hast du es richtig verstanden. Ob deines Unglaubens und deines Zweifels darfst du eigentlich nicht ins Gelobte Land. Aber: Weil Gott das wusste, dass ich und dass ihr ungehorsam und dass wir zweifelnd sind, dafür ist ER selber auf Golgatha gestorben und hat gesagt: Ich sterbe für euch, bitte, das ist die Vergebung, die euch gegeben wird.

Diese Stelle macht deutlich: Wir brauchen so dringend die Vergebung Jesu, weil nur sie, sein Blut, uns reinwaschen kann von unserem Ungehorsam und unserem Zweifel. Und wenn man diese Stelle, diesen Spot, richtig betrachtet und weiß, wie ernst es Gott mit der Bestrafung ist, dass er selbst seinen geliebten Knecht nicht ins Gelobte Land gehen lässt, dann wissen wir was ER eigentlich an uns tun müsste. Aber Gott sei Dank handelt ER nicht mit uns nach unserer Schuld, nicht mit uns nach unserem Ungehorsam, nicht mit uns nach unserem Zweifeln, sondern er handelt mit uns aus der Gnade mit dem Blut seines Sohnes Jesus Christus. Halleluja! Gott sei Dank sind die Folgen unseres Ungehorsams und Zweifelns gegenüber Gott getragen auf Golgatha. Gott sei Dank ist für uns der Weg frei, dass wir trotz unserer Schuld, trotz unseres Ungehorsams Eingang finden in das Gelobte Land. Das ist der zweite Spot: Die Folgen des Ungehorsams und Zweifelns gegenüber Gott.

Ein dritter Punkt: Das Ablehnen des Götzendienstes durch Gott. Wenn Sie den Predigtzettel vielleicht zu Beginn des Gottesdienstes betrachtet haben, da haben Sie vielleicht gesagt: „Okay, die Punkte 1, 2 und 4 kann ich ja nachvollziehen. Aber wo steht denn das hier drin: Götzendienst? Davon ist doch überhaupt keine Rede! Wo kommt denn das vor? Ist das nicht vielleicht ein bisschen spekulativ? Wie dreht denn der Latzel das wieder hin?" Das will ich Ihnen sagen. Bei diesem Punkt, da müssen wir tatsächlich ein bisschen ausholen, aber das ist ganz wichtig. Diesen Spot, dieses Schlaglicht möchte ich auch setzen, denn hier heißt es im Vers 6:

Niemand hat sein Grab erfahren bis zum heutigen Tag.

Gott beerdigt den Mose selber. Was für eine wundersame Handlung! Und niemand, niemand hat das erfahren. Niemand aus dem Volk Israel durfte wissen, wo er ist. Übrigens auch ganz wichtig: Hier Mose, von dem niemand wissen darf, wo das Grab ist. Und dann ist da ein anderer Großer des Alten Testaments, Elia, den Gott ja direkt ganz von dieser Erde wegnimmt, weil er weiß, dass ansonsten die Israeliten anfangen würden irgendwelchen Blödsinn zu machen. Elia ist so vollmächtig, dass Elisa, der seinen Geist nur zu zwei Siebtel bekommt, als Elisa beerdigt wird; da schmeißen irgendwelche Israeliten eines Tages einen anderen Menschen da rein, weil Rotten der Moabiter kommen. Und als der in das Grab des Elisa reinfällt, wird der sofort wieder lebendig. Also ist es ein Geheimnis dessen, was diese besonders vollmächtigen Männer des lebendigen Gottes haben. Den einen entrückt Gott, den Elia, den nimmt er ganz weg; und Mose beerdigt Gott selber. Das sind übrigens die beiden Männer, die kommen, als Jesus verklärt wird. Bei dieser sonderbaren Begegnung in Matthäus 17 sind auf einmal Mose und Elia aus dem Alten Bund mit dem lebendigen Gott. Eine wunderbare Begegnung! Aber warum

Götzendienst? An diesen wunderbaren Mann Mose hat sich Israel geklammert, obwohl sie immer wieder auch ungehorsam waren, gegen ihn rebelliert haben und ihn sogar umbringen wollten. Das ist auch so eine Erfahrung: Eben weil Gott weiß, wenn Mose erstmal stirbt, dann besteht die Gefahr, dass die ihn verehren und zum Heiligen machen. Da werden Sie sagen: „Pastor Latzel, wo nimmst du das denn jetzt her?" Nun, an einer ganz besonderen Stelle wissen wir das. Es hat in der Wüste diese Geschichte gegeben, wo die gemurrt haben und dann schickt Gott die Schlangen, die die Israeliten töten. Dann hat Gott aber Erbarmen und da richtet Mose einen ehernen Stab auf. Wer diesen Stab anblickt, dieses Kreuz im Alten Testament, der ist gerettet. Und dieser Stab, der bleibt übrig. Der ist nicht mit Mose beerdigt worden. Von Mose heißt es am Ende dieses Kapitels:

> ***Es stand hinfort kein Prophet in Israel auf wie Mose, den der HERR erkannt hätte von Angesicht zu Angesicht mit all den Zeichen und Wundern, mit denen der HERR ihn gesandt hatte.***

Die Israeliten hatten einen richtigen Zug hin zu Mose. Es ist niemand anderes wie er gewesen. Und als dieses Bronzeding, also diese eherne Schlange dort stand, die beim Volk Israel geblieben ist, ist die nach dem Tod des Mose angebetet worden. Diese eherne Schlange hieß Nehuschtan. Erst der König Hiskija, viele hunderte Jahre später, entfernt die Schlange und macht sie kaputt, weil die zum Götzendienst geworden ist. In 2.Könige 18, 3-4 lesen wir:

> ***Und er tat, was dem HERRN wohlgefiel, ganz wie sein Vater David. Er entfernte die Höhen und zerbrach die Steinmale und hieb die Aschera um und zerschlug die eherne Schlange, die Mose gemacht hatte. Denn bis zu dieser Zeit hatten ihr die Israeliten geräuchert, und man nannte sie Nehuschtan.***

Der Mose war nicht da mit seinem Leichnam, aber er hatte ja damals diese eherne Schlange in der Hand gehabt. Und da sind die Israeliten hin und haben der geräuchert und haben ihr Opfer gebracht, die wollten etwas Irdisches haben. Ihnen reichte nicht der Gott, der nicht verfügbar ist, der gesagt hatte zu Mose: Ich bin, der ich bin. Sondern die wollten was zum Anfassen haben, zum Anbeten, zum Angucken und am besten noch irgendwas, was irgendein besonders heiliger Mann gemacht hat. Zu Lebzeiten haben sie den Mose angegriffen, haben sich gegen ihn gestellt, haben gemurrt. Aber kaum, dass er tot war, da gab es niemand größeren mehr als Mose.

Das kennen wir auch. Da wissen viele Pastoren ein Lied davon zu singen. Solange du in der Gemeinde bist, da kriegst du immer nur auf die Schienbeine. Aber kaum, dass du gestorben und in der Ewigkeit bist, da werden die alle verherrlicht und verklärt. Vorsicht! Bindet euch niemals an Pastoren und verherrlicht niemals Pastoren, die sind alle nur Sünder. Sowas, was bei dem Mose hätte passieren können, das erleben wir häufig. Da werden Päpste heiliggesprochen. Gegenstände, die Päpste angepackt haben, die werden dann auch als Reliquien verkauft. Die katholische Kirche oder auch die orthodoxe Kirche sind da ganz groß bis zum heutigen Tag mit dem Geschäft. Und wehe, du sagst was dagegen. Aber auch wir Protestanten haben das erfahren, dass, wenn große Männer irgendetwas getan haben und die Gläubigen meinten, wenn wir irgendwie in Verbindung mit denen treten, dann passiert irgendwas Heiliges, irgendetwas Gutes. In Eisleben, das ist ja der Geburtsort und der Sterbeort Luthers, hat man direkt nach dem Tode Luthers 1546 das Sterbehaus hergerichtet, wo Leute gesehen haben, wo er gestorben war. Und dann sind Leute hingegangen und haben immer wieder Stücke aus dem Bett rausgebrochen. Es gab sogar eine Industrie, die haben dann kleine Figürchen geschnitzt, wo sie sagten, das ist aus dem Sterbebett Martin Luthers. Da hat dann 1707 der Rat der Stadt, das waren klare Lutheraner, gesagt: Das kann niemals im Interesse Luthers sein, dass um sein Totenbett so ein Reliquienkult gemacht wird. Da hat man das Bett genommen, zerbrochen und verbrannt. Und so haben sie damals, um den Götzenkult zu verbieten, auch das Sterbehaus geschlossen. Weil einfach ein Kult um Luther entstanden ist. Bei all dem Guten, was er gemacht hat, das war das Letzte, was er gewollt hätte. Das ist etwas, was hier passiert. Und wenn Sie sagen: „Ja, aber Pastor Latzel, ist das nicht doch ein bisschen spekulativ?" Jetzt muss ich noch eine Sache aus der Bibel erzählen (dieser Punkt ist ein bisschen komplexer). Die Bibel berichtet uns im Judasbrief, dass, als Mose gestorben ist, der Teufel kommt und will den Leichnam Mose haben. Dann schickt Gott den Erzengel Michael, der mit ihm - so wird das dort berichtet - kämpft um den Leichnam. Das ist ein Blick in die unsichtbare Welt, wo uns die Bibel das zeigt. Und das ist nicht umsonst, sondern erklärt mir auch dieses Handeln Gottes, warum er Mose eben dort begräbt, wo es niemand weiß. Weil der Teufel schon wusste, was er mit diesem Leichnam anstellen kann! Mit dem hätte man gut Götzendienst tun können! Wenn wir da eine Grabstätte gehabt hätten, irgendwo in Israel, irgendwo im Lande Moab, wo Mose beerdigt liegt, da wären sie ja alle hingelaufen, hätten dann die Steine auf dem Grab angepackt und hätten bei dem gebetet. So war Israel aufgestellt und das wollten sie immer wieder: irgendwelche irdischen Sicherheiten, die sie anpacken konnten! Und deshalb der Spot hier, dass ich gesagt habe: Ja, ich bin fest davon überzeugt, dass Gott den Mose deshalb selber beerdigt hat und niemand wissen lässt, wo sein Grab ist, damit man gar nicht auf diese Idee kommt, irgendwelchen Götzendienst zu tun, sich irgendwie daran zu binden, an das Tote und an das Gestorbene. Und das ist etwas ganz Wichtiges: Unser Gott ist kein Gott der Toten! Ich bin sehr dafür, dass man eine gute Erinnerungskultur pflegt, dass man auf Friedhöfen vernünftige Grabsteine hat und dass man Menschen einfach auch dort die Würdigung über den Tod hinaus gibt. Aber es gibt noch ein Falsches: dass Menschen auch heute noch in so eine Art Götzendienst eintreten. Da ist ein ganz geliebter Mensch gestorben. Dann werden zu Hause, ich kenne das, die Schreine aufgebaut. Und dann ist nur noch dieser eine Mensch: die geliebte Frau, der geliebte Mann, das geliebte Kind. Alles dreht sich, auch 20 Jahre nach dem

Sterben dieses Menschen, nur noch um ihn. Gott möchte das nicht. Wir sollen an unsere Toten denken, gar keine Frage, dass wir sie wirklich nicht vergessen, uns erinnern, ganz klar. Aber keinen Götzendienst, keine falschen Bindungen und schon gar nicht irgendwelche falschen Hoffnungen, dass man anfängt, mit Verstorbenen irgendwelchen Götzendienst zu treiben, für sie betet oder sie gar von irgendwelchen Leuten anrufen lässt, von irgendwelchen Beschwörern. Das sind Dinge, die Gott nicht wohlgefällig sind. Bitte hütet euch davor! Und ich glaube, weil mit dem Leichnam des Mose diese Gefahr auch für Israel bestanden hätte, deshalb weiß niemand, wo sein Grab ist. Weil Gott eben keinen Götzendienst möchte und eben auch nicht wollte, dass das mit seinem Diener Mose passiert. Das war der dritte Spot.

Und **ein vierter und letzter Spot** auf diese Geschichte, ganz Wunderbares: ***Und er begrub ihn im Tal, im Lande Moab gegenüber Bet-Peor.*** Und da möchte ich den Spot setzen auf das ***ER***. So heißt es im Vers 6: ***Und ER***! Nicht irgendein Engel, auch nicht Josua, der sicherlich verschwiegen gewesen wäre. Gott hätte ihm das Beichtgeheimnis gegeben, der hätte das sicherlich nicht ausgebreit. Nein! Gott persönlich ist der Totengräber von Mose. Das ist ein Bild, da muss man sich mal reindenken. Ich weiß nicht, wie er das gemacht hat, wie er ihn begraben hat. Der brauchte keine Spitzhacke, keine Schaufel, das ist ja nun klar, der Schöpfer dieser Welt. Aber ER hat ihn begraben. ER hat irgendwie ein Loch in die Erde gemacht, und da hat er den Leichnam von Mose reingelegt, und dann hat er die Erde wieder drüber getan. Wie auch immer, ich weiß nicht wie, aber das sagt die Bibel, dass Gott selber es getan hat. Und dieser Punkt, dieser Spot ist so etwas Tolles, zu sehen, wie Gott sich um seinen geliebten Knecht kümmert. Mit diesem Mose war er in einer besonderen Beziehung. Der hat ihm Offenbarung gegeben wie keinem Menschen zuvor und danach. Ein ganz, ganz besonderer Mann. Dieser Mann hat ihn auch enttäuscht. Er hat auch gefehlt gegenüber Gott, da haben wir eben davon gehört. Aber Gott ist Mose in besonderer Weise zugetan. Jetzt ist er tot. Und jetzt kümmert sich der Lebendige und Ewige und Heilige um diesen Menschen Mose in dieser wunderbaren Art und Weise. Das ist etwas ganz Starkes, eine Kleinigkeit, aber etwas ganz Starkes, dass ER sich um die Beerdigung kümmert, dass ER der Totengräber von Mose ist und das selber im wahrsten Sinne des Wortes in die Hand nimmt. Und wenn man über dieses wunderbare Handeln, über dieses persönliche Kümmern Gottes nachdenkt, dann fällt mir natürlich so vieles ein, wo Gott sich um die Seinen so wunderbar kümmert, wo er ganz tolle und wunderbare Dinge tut.

Als Bileam sein geliebtes Volk verfluchen soll, da stellt er einen Engel vor den Esel und lässt den Esel erkennen, wer vor ihm steht und gibt dem Esel sogar Sprachfähigkeit, dass er dem Bileam erklären muss, was er zu tun hat. So wundervoll kümmert sich Gott um Israel. Einige Kapitel später gibt es eine große Schlacht, wo der Nachfolger des Mose, Josua, mit dem Volk Israel kämpft gegen fünf Könige Kanaans. Die Schlacht ist günstig und es läuft richtig gut. Nur leider geht der Tag zu Ende. Dann betet Josua vollmächtig und dann schenkt Gott seinem geliebten Knecht Josua, seinem geliebten Volk Gnade. Dann lässt er für 24 Stunden die Sonne stillstehen, weil Israel gerade gewinnt. Und dann lässt er nicht nur Israel gewinnen. Die Schlacht tobt weiter und sie töten die ganzen Feinde. Gott lässt zusätzlich noch Steine regnen vom Himmel, dass mehr von den Steinen erschlagen werden, als die Israeliten selber umbringen. Furchtbar für die Menschen Kanaans. Aber was tut Gott für seine geliebten Menschen. Oder Hiskia, der eine tödliche Krankheit hat und dann zu Gott betet und dann 15 Jahre Verlängerung bekommt. Oder Jesus, der da zu seinem geliebten Freund Lazarus kommt, der schon vier Tage im Grab liegt und ihn einfach herausruft zum Leben zurück. So ist das wunderbare Handeln Gottes, dass er immer wieder für die Seinen, die Menschen, die ihm lieb sind, besondere Dinge tut. Und dann darf ich mich kleines Licht und ihr euch als kleine Lichter mit hineinstellen. Wir sind kein Mose, wir sind kein Josua, wir sind kein Hiskia und auch kein Lazarus. Aber in einem sind wir diesen großen Männern gleich: Gott liebt uns, wie er sie geliebt hat. Und wenn wir ein Ja zu Gott gefunden haben, wenn wir „Ja“ zu Jesus sagen, dann dürfen wir wissen, dass Gott nicht nur wunderbar handelt an diesen großen Männern des Alten Bundes und des Neuen Bundes, sondern eben auch an uns. Nun weiß ich, dass das Handeln an mir sogar noch größer wird und größer ist als das, was hier beschrieben ist.

Hier beerdigt Gott den Mose. Herrlich! Wunderbar! Was für eine Ehre! Aber was macht er denn mit uns, wenn wir gestorben sind? Da kommt irgendein Beerdigungsinstitut, die beerdigen uns. Und wisst ihr, was Gott mit uns macht? Noch bevor das Beerdigungsinstitut uns unter die Erde gebracht hat, hat Gott uns schon neues Leben geschenkt. Das ist super! Das ist etwas Fantastisches! Und das ist etwas, das alles übersteigt, was wir uns vorstellen können an wunderbarer Hilfe in dieser Welt. Wir reduzieren ja Gott sehr häufig auf unser Denken, auf die Hilfe, dass das und das in der Beziehung gut funktioniert, bei meinem Kind oder bei meiner Krankheit, all diese Dinge. Und Gott soll immer wieder Helfer hier sein. Aber wisst ihr, das ist alles nichts gegen das wunderbare Handeln, was Gott uns schenken wird, wenn wir sterben. Wenn wir an ihn glauben, dass wir dann nämlich Gewinner sind.

Ich habe diese Predigt begonnen und gesagt: Bei dieser Sendung „Disco“ da ging das Licht aus und da wurde einer von den fünf-, sechs- oder siebenhundert Besuchern dort im Studio angeleuchtet. Denn er war der einzige Gewinner aus vielen 10 000, die dort Karten und Briefe geschrieben hatten. Wisst ihr, wenn bei uns das Licht ausgeht, dann sind all diejenigen Gewinner, die an Jesus glauben. Nicht nur einer, sondern alle, die ihn haben. Und das ist das wunderbare Handeln, dass Gott an uns tut, dass, wenn wir an IHN glauben, wir sicher wissen dürfen, dass wir Sieg haben über den Tod und ewig leben werden bei IHM.

Vier Schlaglichter auf Moses Tod. Erstens: Das Sterben auf das Geheiß Gottes hin. Zweitens: Die Folgen des Ungehorsams und Zweifelns gegenüber Gott. Drittens: Das Ablehnen des Götzendienstes durch Gott. Und viertens: Das wunderbare Handeln Gottes. Alle Ehre, Lob und Preis diesem herrlichen, wunderbaren Gott in Jesus Christus. Amen.

Und der Friede des lebendigen Gottes, der sehr viel höher ist als alle unsere menschliche Vernunft, bewahre unsere Herzen und Sinne in Christus Jesus, unserem auferstandenen und lebendigen HERRN. Amen.

Eine glasklare Ansage! Eine großartige Verheißung! Eine grandiose Zusage!

Josua 1,7-9 (Teil 1)

> Gnade sei mit euch und Friede von dem, der da war und der da ist und der da sein wird in alle Ewigkeit - unser HERR Jesus Christus. Amen.

Liebe Gemeinde, wir schreiben etwa das Jahr 1250 vor Christus. Ein großer Führer des Volkes Israel, Mose, ist tot. Er, der charismatische Führer, der durch die Kraft Gottes und auf Befehl des Allmächtigen das geknechtete Volk aus Ägyptenland geführt hatte, der es vierzig Jahre lang in der Wüste begleitet hatte, ist nun kurz vor Eintritt ins Gelobte Land gestorben. Er, auf den die Israeliten hier auf Erden schauten, er, dem Gott zugewandt war wie einem Freund, er ist tot. Er hat einen Nachfolger, der nun dieses Amt antreten muss, aber der nicht mehr in der Wüste herumlaufen muss, nein, der das Volk ins Gelobte Land führen darf und muss, Josua. Josua ist der Diener des Mose gewesen. Er war schon als Kind zu Mose gekommen. Damals hieß er noch nicht Josua, damals hieß er noch Hoschea. Mose hat ihm erst den Namen Josua gegeben und ihn vorbereitet auf diese Aufgabe. Und Josua war über all die Jahre und Jahrzehnte in der Wüste an der Seite des Mose gegangen, immer als zweiter Mann, immer treu dienend dem HERRN und immer treu dienend diesem Mose. Doch jetzt ist Mose nicht mehr da und er ist auf einmal der Führer des Volkes. Er, der doch eigentlich nur ein Diener eines anderen Mannes war, soll und muss nun diese große Aufgabe übernehmen.

Der Predigttext, den wir gleich hören, führt uns genau in diesen Moment hinein, da Josua diese Aufgabe übernommen hat und er vor dem Einzug ins Gelobte Land steht. Er steht vor dem Jordan und weiß, jetzt geht´s richtig los. Jetzt trage ich die Verantwortung und ich muss das Volk führen. Und ihm ist klar wie groß die Fußstapfen des Mannes sind, der vor ihm gegangen ist: Mose. Er weiß, wie breit dieser Fluss, der Jordan ist, der gerade über die Ufer getreten ist. Und er weiß nicht, wie er das Volk allein durch den Fluss zu bringen hat. Er kennt die Stadt, die direkt hinter dem Jordan liegt, Jericho. Er weiß, wie groß und stark befestigt diese Stadt ist. Und er kennt das große und unbekannte Land mit den großen und starken Menschen, die darin wohnen. Eine riesengroße Aufgabe steht vor dem Josua; und er weiß nicht, wie er diese Aufgabe schaffen soll. Und wie er vor dieser Aufgabe steht, in diesem Moment, spricht der ganz Große zu ihm, der Allmächtige spricht zu ihm bevor er seine Aufgabe antritt. Und das, was der Allmächtige diesem Josua zu sagen hat, das hören wir jetzt als Predigttext und erheben uns in Ehrfurcht gegenüber Gottes Wort. Der HERR spricht zu Josua:

> ***Sei nur getrost und ganz unverzagt, dass du hältst und tust in allen Dingen nach dem Gesetz, das dir Mose, mein Knecht, geboten hat. Weiche nicht davon, weder zur Rechten noch zur Linken, auf dass du es recht ausrichten kannst, wohin du auch gehst. Und lass das Buch dieses Gesetzes nicht von deinem Munde kommen, sondern betrachte es Tag und Nacht, dass du hältst und tust in allen Dingen nach dem, was darin geschrieben steht. Dann wird es dir auf deinen Wegen gelingen, und du wirst es recht ausrichten. Habe ich dir nicht geboten: Sei getrost und unverzagt? Lass dir nicht grauen und entsetze dich nicht; denn der HERR, dein Gott, ist mit dir in allem, was du tun wirst.*** Amen.

> **Wir wollen beten.** Lieber himmlischer Vater in Jesus Christus, du Heiliger Geist, wir wollen dir Dank sagen, dass du vor über 3000 Jahren den Josua in solcher Weise gesegnet hast, dass du solche Worte zu ihm gesprochen hast. Und diese Worte sprichst du auch heute Morgen zu uns, die wir hier sind. Du sprichst sie in unser Leben hinein, in unsere ganz konkrete Situation. HERR, wir wollen dich bitten jetzt für diese Predigt, dass sie dazu dient, dass wir die Bedeutung dieser deiner Worte für unser Leben erkennen, dass

wir merken, was du uns jetzt, heute, an diesem Sonntag zu sagen hast. HERR, das kann nur dann gelingen, wenn du selber diese Predigt segnest. Und darum wollen wir dich alle miteinander bitten, HERR: Segne du selber das Reden und das Hören deines heiligen und lebendigen Wortes an uns allen. Amen.

So hat der HERR zu Josua gesprochen und so spricht der HERR heute Morgen zu uns, spricht er zu dir. Und ich möchte uns diese drei Verse aus dem Josua-Buch, aus dem ersten Kapitel, noch einmal nahebringen, indem ich sie einmal inhaltlich aufschlüssele. Denn es gibt **drei Teile** in diesen Worten Gottes an Josua und an uns.

1. sind diese Worte eine glasklare Ansage!
2. sind diese Worte eine großartige Verheißung!
3. sind diese Worte eine grandiose Zusage!

Das Erste: Diese Worte sind eine glasklare Ansage! Klarer geht´s nimmer. Gott sagt Josua ganz genau, was er zu tun hat. Ich lese uns das noch einmal vor. Gott spricht so! Nicht, dass ihr hinterher wieder ankommt und sagt: „Aber, Bruder Latzel, musste es heute wieder so hart sein. Mussten Sie uns wieder so von der Bibel berichten?“ Und da sage ich: Ja, musste ich, weil Gott so spricht. Er sagt:

> ***...dass du hältst und tust in allen Dingen nach dem Gesetz, das dir Mose, mein Knecht, geboten hat. Weiche nicht davon, weder zur Rechten noch zur Linken, auf dass du es recht ausrichten kannst, wohin du auch gehst. Und lass das Buch dieses Gesetzes nicht von deinem Munde kommen, sondern betrachte es Tag und Nacht, dass du hältst und tust in allen Dingen nach dem, was darin geschrieben steht.***

Unmissverständlich, glasklar! Josua soll am Wort festhalten. Und zwar nicht so ein bisschen! Sondern: der HERR hämmert es ihm hier ein. Bleib beim Wort, Tag und Nacht, und weiche nicht vom Wort, nicht links, nicht rechts! Immer nur das Wort! Hör auf mein Wort! Nichts anderes hat dich zu interessieren! Gar nichts! Das wird der Josua auch tun. Wir werden das noch erleben in den nächsten Predigten, die kommen werden. Aber er wird es nicht nur tun, sondern er hat es auch bis dahin schon getan. Das ist das, was diesen Josua auszeichnet. Der hat immer festgehalten am Wort. Ein treuer Diener des Wortes Gottes. Treuer geht's kaum.

2. Mose 33, Vers 11, eines der ersten Dinge, die wir über Josua lesen. Da heißt es:

> ***Der HERR aber redete mit Mose von Angesicht zu Angesicht, wie ein Mann mit seinem Freunde redet. Dann kehrte er zum Lager zurück; - da kommt es: aber sein Diener Josua, der Sohn Nuns, wich nicht aus der Stiftshütte.***

Mose wird gesegnet. Gott redet zu ihm, wie ein Mann mit seinem Freund redet. Aber Josua, so sagt die Schrift hier, der blieb die ganze Zeit in der Stiftshütte, da wo die Lade war, da wo das Wort Gottes war. Da ging der nicht weg, da war der nicht wegzubringen. Tag und Nacht war er beim Wort gewesen und das sagt Gott ihm auch: Bleib weiter so, genauso in der Spur, in der du bisher gefahren bist, da fährst du weiter. Als sie dann in der Wüste gewesen waren, hatte Mose Kundschafter ausgesandt in das Gelobte Land, das er selber nicht mehr sehen durfte. Zwölf Mann hatte er ausgesandt. Die sind dann wiedergekommen und haben nur geschimpft und geschrien: Um Gottes willen, was für ein furchtbares Land. Da kommen wir nie rein. Wir haben Menschen gesehen, die sind doppelt so groß wie wir, die haben Waffen, die können wir nie einnehmen. Schnell zurück nach Ägypten. Nur zwei Männer, Kaleb und Josua, halten dem Wort die Treue. Sie sagen: Seid ihr verrückt geworden? Es ist doch vollkommen egal, was da für Typen wohnen! Der HERR hat gesprochen: Wir werden die ausradieren! Wenn der HERR das sagt, dann bleibt das so! Dann zerreißen sie ihre

Kleider und sprechen für Gott, für Gottes Wort, dass die Verheißungen stehen. Das ganze Volk schreit: Dann müssen wir sie steinigen, Kaleb und Josua. Gegen das ganze Volk stehen diese beiden. Josua immer treu am Wort, gegen alles Irdische. Es war ja nicht so, als ob die anderen Zehn Visionen oder Halluzinationen gehabt hätten. Das waren schon richtig brutale Schwierigkeiten, die aufs Volk warteten. Aber der HERR hat gesagt: Ich gebe euch dieses Land in die Hand. Und das hat gereicht. Daran hat Josua festgehalten. Übrigens, da übertrifft er auch Mose. Mose ist ein wahnsinnig guter Mann Gottes, aber er hat auch Schwächen. Am Haderwasser, als er den Befehl Gottes kriegt, Wasser aus dem Felsen zu machen, da haut er nicht einmal, sondern zweimal drauf. Der meinte, er muss ein bisschen nachhelfen. Deshalb sagt Gott: Weil du meinem Wort nicht gehorsam warst und zweimal geschlagen hast, darfst du nicht ins Land. Vom ganzen Volk Israel kommen nur zwei Mann ins Gelobte Land, Josua und Kaleb. Deshalb, weil die treu am Wort Gottes festgehalten haben und sich nicht am Irdischen irgendwie orientiert haben. Nur ausgerichtet am Wort allein! Und das sagt Gott hier auch nochmal: Das musst du tun!

Liebe Gemeinde, das ist die Grundvoraussetzung für Gottes Verheißungen und seine Zusage: Wer nicht einhundertprozentig am Wort Gottes bleibt, der wird nicht der Verheißungen und der Zusagen des Wortes Gottes teilhaftig. Das funktioniert nicht. Dafür ist übrigens das ganze Josua-Buch paradigmatisch. Das zeigt immer wieder: Da bleiben Menschen am Wort Gottes und dann gelingt ihnen alles. Ein Buch später, im Richter-Buch, da laufen sie immer weg vom Wort Gottes. Da wird genau das andere gezeigt. Wer das Wort Gottes nicht befolgt, dann klappt es nicht im Leben. Im Straßenverkehr ist uns das einsichtig. Wir alle wissen, es gibt eine Straßenverkehrsordnung, ein Gesetz, und da gibt's gewisse Regeln. Und wenn wir uns daran nicht halten, klappt's nicht. Also wenn wir permanent in der Stadt statt 50 Stundenkilometer 80 fahren, wissen wir, das dauert keine zwei Wochen, dann ist der Führerschein weg. Und irgendwann, wenn wir dann weiterfahren, dann gehen wir dafür ins Gefängnis. Die Straßenverkehrsordnung mit ihren Regeln sagt uns, wie der Straßenverkehr funktioniert. Und weil sich alle dran halten, wenn da ein Stoppschild steht und wenn Ampeln da sind, kann's klappen. Nur wenn Leute sich nicht dran halten, geht's schief. Die Straßenverkehrsordnung haben irgendwelche schlauen Verkehrsjuristen gemacht. Das Wort Gottes ist vom Schöpfer dieser Welt. Glaubt mir, was bei der Straßenverkehrsordnung gilt, gilt viel, viel mehr beim Wort Gottes. Wer meint „Na ja, hier ist das Wort Gottes, aber ich kann rechts so ein bisschen dran vorbei oder links...", da klappt's nicht im Leben. Wir müssen am Wort Gottes festhalten zu einhundert Prozent, so, wie es uns überliefert ist, und nicht meinen, wir wüssten es besser.

Ein Pastor, den ich sehr schätze, Winrich Scheffbuch, hat einmal gesagt in einer Predigt: „Das Wort Gottes gilt oder gilt überhaupt nicht." Das muss man entscheiden im Leben. Entweder ist es das wirkliche Wort Gottes, dann müssen wir uns auch in unserem Leben danach ausrichten. Oder das ist nicht das Wort Gottes und wir müssen das noch interpretieren. Dann ist das vollkommen falsch, dass ihr heute Morgen hier seid, denn da hättet ihr besser ausgeschlafen oder sonst irgendwas gemacht. Das Wort Gottes gilt oder gilt überhaupt nicht. Aber wenn es gilt, dann haben wir uns an diesem Wort auszurichten. Und nicht nur, dass wir befolgen was darin steht, sondern dass wir auch uns damit beschäftigen. Denn das sagt ja Gott dem Josua. Er soll in diesem Wort lesen Tag und Nacht, sich immer wieder mit dem Wort beschäftigen, damit er weiß was Gott ihm sagt.

Jetzt ist dieses Wort nicht nur an Josua ergangen, sondern auch an uns, an dich heute Morgen und an mich. Ich stelle mich da genauso drunter wie ihr. Und ich darf und muss euch sagen für euer Leben: Ihr beschäftigt euch nicht genügend mit dem Wort Gottes. Ihr gebt dem Wort Gottes nicht die Ehre. Denn das Wort Gottes ist die Bibel. Dann könnt ihr euer Leben betrachten, nur für die letzte Woche, und da könnt ihr selber entscheiden: Stimmt das, was Gott euch jetzt sagt? Ihr beschäftigt euch nicht genügend mit dem Wort Gottes! Und Gott sagt euch durch das Wort neu für euer Leben: Bleibt am Wort! Haltet das Wort! Und beschäftigt euch mit dem Wort!

Ich habe euch auf dem Predigtzettel heute Morgen, extra für die nächste Woche, jeden Tag noch einmal zwei Texte reingestellt, damit ihr das Nichtbeschäftigen mit dem Wort abstellen könnt. Man kann ja nicht nur sagen von Gottes Wort her: ihr tut es nicht genug. Ihr sollt auch wissen, was ihr zu tun habt, neben eurer normalen Bibellese, die ihr hoffentlich habt. Lest noch diese Texte zusätzlich, damit Gott euch segnen kann durch sein Wort. Und glaubt mir: Nicht, dass das irgendetwas ist, das euch etwas abverlangt. Nein! Das wird euch segnen! Dann wird es euch gut gehen. Und Gott ruft euch, ruft dich ganz neu dazu auf: Beschäftige du dich mit seinem Wort, Tag und Nacht und halte das, was er dir gesagt hat. Das ist die glasklare Ansage, die Josua bekommt. Und das ist die glasklare Ansage, die du heute Morgen als erste aus diesem Predigttext bekommst.

Ein Zweites: Dieser Text enthält nicht nur eine glasklare Ansage, sondern **diese Worte sind auch eine großartige Verheißung!** Denn wenn man das tut, diese glasklare Ansage umzusetzen, sich mit dem Wort Gottes zu beschäftigen und sein Leben danach wirklich auszurichten, dann, ja dann stimmt das, was Josua hier hören darf in Vers 8. So heißt es:

> ***Dann wird es dir auf deinen Wegen gelingen, und du wirst es recht ausrichten.***

Wer das tut, dem gelingt es in seinem Leben. Ich habe zu Beginn der Predigt gesagt, Josua steht vor großen Aufgaben, vor Schwierigkeiten, die kann er kaum bewältigen. Als Erstes ist da der Jordan. Der war über die Ufer getreten, ein riesenbreiter Fluss. Und da soll er jetzt mit dem Volk durch. Das muss man sich dann so vorstellen: Da sind nicht nur Rettungsschwimmer vom DLRG dabei gewesen. Damals konnten viele Menschen nicht schwimmen. Da waren auch kleine Kinder dabei und alte Menschen. Da war das Vieh dabei. Und die sollten alle durch den reißenden Strom. Das war lebensgefährlich. Seine Aufgabe als Führer des Volkes beginnt direkt mit einer fast unlösbaren Aufgabe. Dabei würden viele Menschen sterben. Das war klar. Diese Durchquerung des Jordans, die unmittelbar bevorstand, die würde Leben kosten. Der HERR sagt: Nimm die Lade und lass die Lade voranziehen. Denn da ist das Wort Gottes drin. Josua macht das genau so. Er lässt die Priester in den Jordan laufen. Und was passiert? Der Jordan bleibt stehen, wie ein Wall. Und das Volk geht trockenen Fußes durch den Jordan hindurch, weil Josua eins zu eins diese Anweisung befolgt. Das Wort Gottes voran in der Lade und alle Mann hinterher. Und die gehen durch das Wasser, stehen im Wasser, stellen Steine auf im trockenen Flussbett. Sie gehen alle trockenen Fußes durch. Josua befolgt das. Und es gelingt. Dann kommt die Stadt Jericho.

Es sind heute Morgen Soldaten von der Bundeswehr und sogar ehemalige Wehrmachtsangehörige unter uns, die wissen, wie man einen strategischen Krieg führt. Und nicht so, wie dann gegen Jericho Krieg geführt wird. Eine Stadt belagern geht anders als wie Gott das dem Josua sagt. Er sagt: Pass mal auf, da ist Jericho, jetzt machst du Folgendes: Sechs Tage lauft ihr einmal um die Stadt herum, spielt die Posaune, die Lade hinterher. Am siebten Tag lauft ihr sieben Mal rum, spielt die Posaune und dann schreit ihr alle laut. Dann fällt die Mauer um. Da wird jeder Offizier sagen: „Leute, so geht's nicht, da braucht man die dicken Geschütze, da müssen die Schwerter gezückt werden..." Nein! Gott spricht und Josua tut was Gott sagt. Eins zu eins setzt er das um. Die laufen sechs Tage einmal drum herum und am siebten Tag siebenmal, blasen die Posaunen und dann schreien sie beim letzten Posaunenhieb und dann fällt das ganze Ding um. Das war's. So ist Gottes Wort! Josua gelingt der Weg, weil er das tut, was der HERR ihm sagt. Im Buch Richter lesen wir immer wieder, wie es ist, wenn die

Israeliten nicht das tun, was Gott sagt. Das ist das Buch, was direkt nach dem Josua-Buch kommt. Sie verlassen immer wieder die Gebote und dann verlieren sie immer wieder, werden in die Hände der Moabiter, der Philister, der Kanaaniter gegeben. Und das, was das Volk Israel und der Josua erleben dürfen auf der einen Seite, wie es gelingt, wenn man dem Wort Gottes treu Gehorsam schenkt und sich damit beschäftigt und andersherum, wie das Leben misslingt, wenn man das Wort Gottes ignoriert und anderen Größen hinterherläuft, so ist das auch für unser Leben. Unser Leben gelingt, wenn wir es nach dem Wort Gottes ausrichten. Und es misslingt, wenn wir die Spielchen dieser Welt spielen und nach den Größen dieser Welt fragen.

Im Neuen Testament, im Lukasevangelium, gibt es die Geschichte von Maria und Martha. Jesus ist zu Besuch bei den beiden Schwestern. Maria setzt sich zu Füßen von Jesus und hört zu, was der sagt. Martha wuselt rum und bedient Jesus und die Jünger und läuft dann zu Jesus und sagt: Mensch, jetzt sag mal was zu meiner Schwester. Ich mache mir hier so Mühe und die sitzt da faul rum. Los, jetzt gib der mal Anweisung, dass die mir hilft. Und da sagt Jesus: Martha, du hast viel Mühe, Maria aber hat den guten Teil gewählt. Maria hört auf das Wort Gottes und nicht wie Martha, die wuselt und meint, sie muss selber das Leben bewirtschaften und sich um alles kümmern. Wer den Allmächtigen auf seiner Seite hat, der braucht sich nicht mehr um sein Leben zu sorgen. Das macht der HERR. Wer den Allmächtigen kennt, der soll nur noch eins tun: sein Wort lesen und sich auf sein Wort konzentrieren. ***Trachtet zuerst nach dem Reich Gottes, nach seiner Gerechtigkeit*** (Mathäuas 6,33). Alles andere, so sagt Jesus, fällt euch dann zu. Das sage nicht ich, das sagt der HERR. Das ist eine unglaubliche Verheißung! Solange wir hier in dieser Welt uns ausrichten an den Größen, die hier sind, an unserem Sparkonto, an der Gesundheit der Familie, am Chef in meiner Firma und, und, und, da bleiben wir an einem Leben gebunden, das immer von Sorgen gequält ist. Dann bleiben wir in den Sorgen, egal wieviel

Geld wir haben, egal wie gesund die Familie ist, egal wie toll der Chef ist. Wir bleiben in Sorgen. Aber wenn wir unser Leben ausrichten auf Gott hin, dann gehen die Sorgen weg. Weil wir dann erleben, dass sich ein anderer um uns sorgt. In der Bibel steht nirgendwo: Sorge dich um deine Gesundheit; sorge dich um das Wohlergehen der Rentenversicherung; mach ja alles, dass deine Kinder und Enkelkinder eines Tages viel Geld am Konto haben. Das sind alles die Eigengesetzlichkeiten, die uns diese Welt auferlegt, die wir so gerne annehmen. In der Bibel lesen wir: ***Alle eure Sorge werft auf den HERRN, denn er sorgt für euch*** (1.Petrus 5,7). Sei du nur beim HERRN. Kümmere dich um das Wort Gottes. ***Trachtet zuerst nach dem Reich Gottes und nach seiner Gerechtigkeit, so wird euch das alles zufallen.*** Das ist etwas, was ich, das bekenne ich offen, immer wieder vernachlässige. Ich gebe leider immer wieder in meinem Leben anderen Dingen den Vorrang, statt mich mit Gottes Wort zu beschäftigen. Da bin ich dankbar für diesen Predigttext, den ich ganz neu lesen durfte in der letzten Woche und der mich getroffen hat wie ein Hammer. Es sind immer nur ganz wenige Menschen, denen das im Leben gelingt, die ihr Leben wirklich nach dem Wort Gottes ausrichten und alles andere, das Irdische, an zweite Stelle stellen. Aber ich habe neu gehört, dass Gott mich zu solch einem Leben aufgerufen hat. Und er hat mir eine Verheißung gegeben und gesagt: Wenn du das tust, dann kann dir nichts passieren. Lass doch endlich los von deinem Klammern an deinem Geld und an deiner Gesundheit und nimm ganz mein Wort an! Dann wird dir alles gelingen, vertraue mir! Und genau dasselbe sagt Gott dir. Wenn du ganz allein ihm und seinem Wort vertraust, dann wird es dir gelingen. Du brauchst keine Angst zu haben, vor dem was kommen wird. Vertrau nur Gott! Aber wenn du bei dem Klammern an all den weltlichen und irdischen Dingen bleibst, dann bleibst du in der Angst und in der Sorge.

Wir sind ja eine reformierte Gemeinde, und im reformierten Protestantismus gibt es eine wichtige Erkenntnis, den „Syllogismus practicus", die Erkenntnis, dass ein Mensch, der fromm lebt und sich ganz besonders mit dem Wort Gottes beschäftigt und dort sein Heil hat, besonders gesegnet wird. Beim Segen Gottes, beim wirtschaftlichen Wohlergehen, in der Gesundheit, in der Familie kommt es nicht darauf an, dass wir das machen, sondern dass die Grundlage für all dessen darin besteht, dass man sich mit dem Wort beschäftigt. Wir haben das eben in Psalm 1 nochmal gelesen:

> ***Wohl dem, der Lust am Gesetz des HERRN und sinnt über seinem Gesetz Tag und Nacht! Der ist wie ein Baum, gepflanzt an den Wasserbächen, der seine Frucht bringt zu seiner Zeit, und seine Blätter verwelken nicht.***

Aber die Gottlosen sind nicht so, die sind wie Spreu, die der Wind verweht. Hiskija, der König, von dem wir vorhin gehört haben, der die Todesbotschaft bekam, der das Wort Gottes ernst nahm, sich damit auseinandergesetzt hat und mit Gott darum gerungen hat, der wird auf einmal gesegnet. Auf einmal sind noch mal 15 Jahre drin, weil er das Wort Gottes ernst nimmt, und nicht sagt: „Jetzt habe ich nur noch zwei, drei Tage. Jetzt mach ich noch mal schnell Party oder sonst irgendwas von dem Irdischen." Nein! Er setzt sich mit Gott auseinander und wird gesegnet. Wer die verheißenen Worte Gottes ernst nimmt und wer nach dem Wort Gottes lebt, sich damit beschäftigt Tag und Nacht, der wird gesegnet. Das ist die Verheißung des Wortes Gottes und dessen Leben gelingt. Das durfte Josua erfahren und das darfst du hören. Und wenn du es umsetzt wie Josua, bei dem was Gott dir sagt, dann wirst du es ebenso erfahren wie er.

Und **ein Drittes und Letztes. Diese Worte sind** nicht nur eine glasklare Ansage, nicht nur eine großartige Verheißung, sie sind auch **eine grandiose Zusage!** Josua steht vor dieser großen Aufgabe und Gott sagt ihm Unglaubliches zu:

> ***Siehe, ich habe dir geboten, dass du getrost und unverzagt seist. Lass dir nicht grauen und entsetze dich nicht.***
> - Und dann kommt es: ***Denn der HERR, dein Gott ist mit dir in allem, was du tun wirst.***

Gott sagt Josua seinen Beistand zu, weil dieser Josua treu mit ihm gegangen war. Weil er immer am Wort geblieben war darf er eins hören: dass der HERR mit ihm sein wird in allem, was er tun wird. Da, wo wir im Deutschen „HERR" stehen haben, steht im hebräischen Urtext „JAHWE", und der Name „JAHWE" bedeutet „Ich bin, der ich bin, ich werde sein, der ich sein werde". Man kann es auch freier übersetzen mit „Ich werde dahin mit dir gehen, wo du auch hingehst. Ich werde bei dir sein." Das ist der Name Gottes, und das ist das Programm, das Gott sich selber für Josua gegeben hat. Da habe ich soeben zu Beginn der Predigt gesagt, Josua war als kleines Kind zu Mose gekommen. Damals hieß er noch anders. Damals hieß er Hoschea, aber Mose hat ihm einen anderen Namen gegeben: Josua. Und Josua heißt nichts anderes als Joshua, JAHWE ist Hilfe, JAHWE ist Rettung, JAHWE ist Beistand. Das ist sein Name. Damit hat Mose diesem Knecht schon das Programm seines Lebens gegeben. Gott, der Allmächtige, ist deine Hilfe und dein Beistand. Und dieser, sein Name, wurde für Josua Lebensprogramm. Das war nicht nur das, mit dem er ihn gerufen hatte, sondern das war das, was ihn erfüllt hat, dass Gott ihm geholfen hat und ihm Beistand war. Das war der Name, den Mose ihm gegeben hat. Joshua und Jeshua sind im Hebräischen dieselben Worte. Jeshua ist der hebräische Name für Jesus. Bei uns ist dieser Name gegeben: Gott ist Hilfe, Gott ist Beistand, Gott ist Rettung, JAHWE ist Rettung. Im Namen, der über allen Namen ist: JESUS! Und so wie der Name Josua das Lebensprogramm für Josua war, ist der Name Jesus dein Lebensprogramm. Gott sagt dir das, dass in Jesus Christus Rettung ist. Dir ist dieser Name gegeben und der darf für dich genauso Kraft, Trost, Halt und Lebensprogramm sein, so wie für Josua sein Name Lebensprogramm war. JAHWE ist Hilfe. Das ist die grandiose Zusage. Egal, wo du hingehst, so sagt Gott zu Josua: Ich werde bei dir sein. Alles, was du tust, ich bin bei dir. Und wenn du den Namen Jesus annimmst für dein Leben, dann darfst du diese Zusage genauso hören für dein Leben. Dann bist du nie allein. Gott, der Allmächtige, JAHWE, geht dann mit dir in all die Dinge hinein, die vor dir liegen.

Ich weiß nicht, was jetzt vor dir liegt heute Nachmittag, in der folgenden Woche, in den nächsten Tagen. Aber eins weiß ich sicher: Wenn du an Jesus glaubst, dann gilt dir diese grandiose Zusage. Dann darf ich dir sagen für dein kleines und dein großes Problem, was dich momentan quält und bewegt. Der HERR sagt dir zu:

> ***Lass dir nicht grauen und entsetze dich nicht; denn der HERR, dein Gott, ist mit dir in allem, was du tun wirst.***

Josua stand vor großen Aufgaben, viel größeren Aufgaben als wir sie garantiert haben. Aber er war nicht allein. Der Allmächtige war bei ihm und ist mit ihm gegangen. Deshalb konnte er mit allen Aufgaben fertig werden. Du stehst vor Aufgaben, du stehst vor Problemen, aber du bist genauso wenig allein, wenn du den Namen Jesus, Jeshua, annimmst für dein Leben. Dann ist Gott bei dir und der hilft dir in deiner Aufgabe, in deinen Problemen. Und deshalb möchte ich dir nochmal zusagen, wenn du an Jesus glaubst, dieses Wort aus Josua 1 Vers 9 und neu zusprechen für deine Situation, für dein Leben:

> ***Habe ich dir nicht geboten: Sei getrost und unverzagt? Lass dir nicht grauen und entsetze dich nicht; denn der HERR, dein Gott, ist mit dir in allem, was du tun wirst.*** Amen.
>
> Und der Friede des lebendigen Gottes, der sehr viel höher ist als alle unsere menschliche Vernunft, bewahre unsere Herzen und Sinne in Christus Jesus, unserem auferstandenen und lebendigen HERRN. Amen.

Den Glauben von Rahab lernen

Josua 2,1-21 (Teil 2)

> Gnade sei mit euch und Friede von dem, der da war und der da ist und der da sein wird in alle Ewigkeit – unser HERR Jesus Christus. Amen.

Liebe Gemeinde, letzten Sonntag haben wir begonnen mit einer Predigtreihe zu Texten aus dem Josua-Buch. Wir hatten letzten Sonntag Josua 1 und kommen jetzt zu Josua 2 und damit zu einem ganz besonderen Menschen der Bibel, zu Rahab, zu der Hure Rahab. An dieser Prostituierten wollen wir Glauben lernen heute Morgen und was es heißt, wirklichen, lebendigen Glauben zu haben. Da werden Sie fragen: „Na, gibt's denn da nicht geeignetere Personen in der Bibel, an denen man das exemplarisch deutlich machen könnte als gerade an so einer verruchten Person, die nur einem Gewerbe nachgeht, das nicht nur heutzutage in einem schlechten Ruf steht, sondern damals auch ganz, ganz schlecht angesehen war. Warum muss es denn die Hure Rahab sein, Pastor Latzel? Muss man denn so etwas Schmutziges hervorziehen? Hätte man nicht im Josua-Buch andere finden können?" Da muss ich als Theologe entgegnen, so denn jemand so sprechen würde: Ich kenne kaum jemanden in der Bibel, der eine größere Wertschätzung erfährt als diese Frau, auch wenn sie diesem Gewerbe nachgegangen ist. Diese Frau ist nicht nur diejenige, die es dem Volk dann erlaubt, dass sie Jericho erobern können, weil sie die Kundschafter verbirgt. Nein, sie erfährt im Neuen Testament eine Wertschätzung, die ist durch nichts mehr zu überbieten. Als Erstes findet sie im ersten Kapitel des Neuen Testamentes, als eine von ganz wenigen Frauen, Erwähnung im Stammbaum Jesu. Nicht nur, dass sie denen geholfen hat, da vor Jericho. Nein, sie heiratet dann auch einen der Israeliten und Jesus nimmt sie, Gott nimmt sie in den Stammbaum mit auf. Was für eine Wertschätzung! Das würde schon allein genügen. Aber im Hebräerbrief, im 11. Kapitel, wird berichtet von den großen Zeugen des Glaubens. Und da ist sie auch dabei! Neben einem Abraham, neben einem Mose wird von dem Glauben der Rahab gesprochen, auf den wir schauen sollen. Und nicht nur das. Auch im Jakobusbrief, das ist ja der Brief im Neuen Testament, in dem es darum geht nicht nur Glauben zu haben sondern auch Werke zu tun, wird Rahab ausdrücklich gelobt für ihre Werke, die sie tut. Also es gibt kaum einen „normalen" Menschen, der eine höhere Wertschätzung bekommt, weder für seinen Glauben den er hat, noch für seinen Glauben den er lebt. Deshalb lohnt es sich, auf diese Frau mal ganz genau hinzublicken und an ihr Glauben zu lernen. Das wollen wir tun und wir hören heute einen längeren Text. Lesen Sie diesen Text bitte intensiv mit, den ich jetzt aus Josua 2 vorlese und dann auslegen möchte:

Josua aber, der Sohn Nuns, sandte von Schittim zwei Männer heimlich als Kundschafter aus und sagte ihnen: Geht hin, seht das Land an, auch Jericho. Die gingen hin und kamen in das Haus einer Hure, die hieß Rahab, und kehrten dort ein. Da wurde dem König von Jericho angesagt: Siehe, es sind in dieser Nacht Männer von Israel hereingekommen, um das Land zu erkunden. Da sandte der König von Jericho zu Rahab und ließ ihr sagen: Gib die Männer heraus, die zu dir in dein Haus gekommen sind; denn sie sind gekommen, um das ganze Land zu erkunden. Aber die Frau verbarg die beiden Männer und sprach: Ja, es sind Männer zu mir hereingekommen, aber ich wusste nicht, woher sie waren. Und als man die Stadttore zuschließen wollte, als es finster wurde, gingen sie hinaus, und ich weiß nicht wo sie hingegangen sind. Jagt ihnen eilends nach, dann werdet ihr sie ergreifen. Sie aber hatte sie auf das Dach steigen lassen und unter den Flachsstängeln versteckt, die sie auf dem Dach ausgebreitet hatte. Die aber jagten den Männern nach auf dem Wege zum Jordan bis an die Furten, und man schloss das Tor zu, als sie draußen waren, die ihnen nachjagten. Und ehe die Männer sich schlafen legten, stieg sie zu ihnen hinauf auf das Dach und sprach zu ihnen:

Ich weiß, dass der HERR euch das Land gegeben hat; denn ein Schrecken ist vor euch über uns alle gefallen, und alle Bewohner des Landes sind vor euch feige geworden. Denn wir haben gehört, wie der HERR das Wasser im Schilfmeer ausgetrocknet hat vor euch her, als ihr aus Ägypten zogt, und was ihr den beiden Königen der Amoriter, Sihon und Og, jenseits des Jordans getan habt, wie ihr an ihnen den Bann vollstreckt habt. Und seitdem wir das gehört haben, ist unser Herz verzagt und es wagt keiner mehr, vor euch zu atmen; denn der HERR, euer Gott, ist Gott oben im Himmel und unten auf Erden. So schwört mir nun bei dem HERRN, weil ich an euch Barmherzigkeit getan habe, dass auch ihr an meines Vaters Hause Barmherzigkeit tut, und gebt mir ein sicheres Zeichen, dass ihr leben lasst meinen Vater, meine Mutter, meine Brüder und meine Schwestern und alles, was sie haben, und uns vom Tode errettet. Die Männer sprachen zu ihr: Tun wir nicht Barmherzigkeit und Treue an dir, wenn uns der HERR das Land gibt, so wollen wir selbst des Todes sein, sofern du unsere Sache nicht verrätst. Da ließ Rahab sie an einem Seil durchs Fenster hernieder; denn ihr Haus war an der Stadtmauer, und sie wohnte an der Mauer. Und sie sprach zu ihnen: Geht auf das Gebirge, dass eure Verfolger euch nicht begegnen, die euch nachjagen und verbergt euch dort drei Tage, bis sie zurückkommen; danach geht eure Straße. Die Männer aber sprachen zu ihr: Wir wollen den Eid so einlösen, den du uns hast schwören lassen: Wenn wir in das Land kommen, so sollst du dies rote Seil in das Fenster knüpfen, durch das du uns hernieder gelassen hast, und zu dir ins Haus versammeln deinen Vater, deine Mutter, deine Brüder und deines Vaters ganzes Haus. Und wer zur Tür deines Hauses herausgeht, dessen Blut komme über ihn, aber wir seien unschuldig; doch das Blut aller, die in deinem Hause sind, soll über uns kommen, wenn Hand an sie gelegt wird. Und wenn du etwas von dieser Sache verrätst, so sind wir des Eides los, den du uns hast schwören lassen. Sie sprach: Es

sei, wie ihr sagt!, und ließ sie gehen. Und sie gingen weg. Und sie knüpfte das rote Seil ins Fenster. Amen.

Wir wollen beten: Lieber himmlischer Vater in Jesus Christus, du Heiliger Geist, du schenkst uns jetzt für diesen Sonntag diese Worte aus dem Josua-Buch und wir wollen an Rahab lernen, was es heißt an dich zu glauben und dir treu nachzufolgen. Wir können diese Worte nur recht verstehen, was das für unser Leben bedeutet, wenn du sie uns aufschließt. Und darum wollen wir dich jetzt bitten für diese Predigt: Schenke du uns deinen guten Heiligen Geist, öffne du uns dein Wort und zeige du einem jeden Einzelnen, wo du ihn rufst durch diese Worte, HERR: Segne du selber das Reden und das Hören deines heiligen und lebendigen Wortes. Amen.

Wir wollen den Glauben von Rahab lernen. Und ich habe fünf Punkte heute Morgen mitgebracht, an denen wir lernen können:

1. Rahab ist ein Vorbild im Hören auf Gottes Wort.
2. Rahab ist ein Vorbild im Einsatz für Gott.
3. Rahab ist ein Vorbild im Setzen der Lebensmaßstäbe.
4. Rahab ist ein Vorbild im Rettungseinsatz für andere.
5. Rahab ist ein Vorbild des Vertrauens auf die Zukunft Gottes.

Das Erste (und damit knüpfen wir an die Predigt vom letzten Sonntag an): **Rahab ist ein Vorbild im Hören auf Gottes Wort.** Wir lesen das in den Versen 9 und 11. Da heißt es: ***Seitdem wir das gehört haben, was der HERR an euch getan hat.*** Sie mit ihrem Haus hat gehört, was der HERR mit Israel getan hat. Wie er das Rote Meer gespalten hat und die Israeliten trockenen Fußes hindurchgegangen sind. Und dann sagt sie im übertragenen Sinn: Wir haben das gehört, und seitdem wir das gehört haben, da trauen wir uns überhaupt nicht mehr zu atmen, weil wir wissen, da kommt der allmächtige Gott. Wir nehmen das

Wort an, so sagt sie hier. Wir glauben dem, was da von diesem Gott erzählt worden ist. Sie hört aufs Wort Gottes, hört und gehorcht, weil sie sagt: Das, was ich hier höre, setze ich in Verbindung mit meinem Leben. Ich weiß, das hat etwas zu tun mit meiner Existenz, auch mit der Existenz dieser Stadt Jericho. Rahab hört auf das Wort und setzt es um. Das war ja auch das, was der Josua getan hatte. Der hörte auf das Wort Gottes und gehorchte dem eins zu eins, zu einhundert Prozent.

Ich denke, alle die wir hier sind wissen, dass es einen Gott gibt. Ob wir alle zu Jesus gehören, das ist nochmal was anderes. Aber um die Existenz Gottes wissen wir alle. Aber wisst ihr, was unser Problem ist? Obwohl wir das alle wissen und manche von uns besser als die anderen, lassen wir häufig Gott rechts liegen mit dem, was ER uns sagt. Als ob das so ein Popanz wäre, als ob das so eine Sache wäre für die Bibelstunde, für sonntagmorgens zum Gottesdienst, aber sonst bitteschön leben wir unser Leben wie wir wollen. Adam im Paradies wusste, dass es einen Gott gibt. Aber er hat sich einen Dreck geschert um das, was ihm dieser Gott gesagt hat. Gott hatte gesagt, iss nicht von dem Baum! Und da hat er das doch mal getan. Und so sind wir häufig auch. Wir wissen um die Existenz Gottes, das haben wir doch so häufig erlebt, aber die meiste Zeit unseres Lebens leben wir doch vollkommen selbstbestimmt unser Leben. Da sind wir doch autonom. Und die Existenz Gottes wird in den Kühlschrank gelegt, auf Eis gelegt und rausgeholt, wenn es gerade so passt, wenn mal die Not ganz groß ist oder bei einer großen Festivität. Da ist Rahab anders. Die hört das Wort Gottes, die hört von diesem Gott und das setzt sie in Bewegung. Sie sagt: Ich konnte kaum mehr atmen als ich das gehört habe. Und all ihr Handeln, was gleich kommt in den nächsten vier Punkten, ist davon bestimmt, dass sie von den Taten Gottes gehört und es angenommen hat für ihr Leben.

Ich habe euch letzten Sonntag eine Hausaufgabe gestellt: für jeden Tag zwei Texte aus dem Wort Gottes. Ich hoffe, dass ihr sie gelesen habt. Aber ich hoffe, dass ihr sie nicht nur gelesen habt, sondern auch, dass ihr euch danach ausgerichtet habt. Es ist ja eines, das zu machen was der Pastor sagt, nochmal lesen, so nach dem Motto „macht man besser; also die zehn Minuten investiere ich, vielleicht segnet mich der HERR ja dann." Aber darum geht es gar nicht, dass wir irgendwas machen, was der HERR dann tut. Nein, wir sollen hören, was ER uns sagt. Er hat ja gesprochen durch diese insgesamt zwölf Texte über Demut, über Umgang mit Geld, über IHM dankbar sein. Das, was ER in euerm Leben bewirkt, habt ihr das wirklich wirken lassen, oder habt ihr gesehen „Naja, das sind ja nette Texte" oder so. Ich weiß nicht, wie es bei euch gewesen ist. Rahab hat gehört und sie hat sich davon bestimmt sein lassen. Und das ist eben ein Vorbild im Glauben, dass sie hört und das, was sie gehört hat, wirklich auch umsetzt in ihrem Leben und wirklich Wort Gottes wahrhaftig sein lässt.

Wir haben ganz zu Anfang dieses Wort aus Lukas 8 mit dem vierfachen Ackerfeld gelesen: ***hören und nicht verstehen.*** Hören und Hören ist nicht dasselbe. Das Wort hören tun wir alle, akustisch wahrnehmen, aber ob wir es auch verstehen, ob wir es annehmen und dann umsetzen... Jesus Christus sagt in Lukas 11,28: ***Selig sind, die das Wort Gottes hören, bewahren und tun.*** Hören sonntagmorgens im Gottesdienst, das ist das eine. Es ist schon gut, dass ihr hier seid! Aber auch das Wort Gottes wirklich dann im Herzen annehmen und tun, so wie Rahab. Das sollen wir tun! Das ist das Erste: Rahab ist ein Vorbild im Hören auf das Wort Gottes. Da ist sie uns ein Vorbild für unseren Glauben.

Das Zweite, wo sie uns ein Vorbild ist im Glauben, das ist ihr Einsatz für Gott. **Rahab ist ein Vorbild im Einsatz für Gott.** In den Versen 3 und 4 lesen wir:

> ***Da sandte der König von Jericho zu Rahab und ließ ihr sagen: Gib die Männer heraus, die zu dir in dein Haus gekommen sind; denn sie sind gekommen, das ganze Land zu erkunden. Aber die Frau verbarg die beiden Männer.***

Also man muss kein Althistoriker sein, also jemand der die Geschichte dieser Völker damals, der Israeliten, der Ammoniter und Jebusiter und eben auch das dort in Jericho studiert hat, um zu wissen was passiert wäre, wenn der König rausbekommen hätte, dass diese Frau die Kundschafter verborgen, gelogen und paktiert hat mit den Feinden. Das ist ganz klar, was damals geschehen war. Das war zu allen Zeiten so, da wurden die Leute einen Kopf kürzer gemacht. Rahab riskiert hier ihr Leben und vermutlich auch das ihrer ganzen Familie gleich mit. Denn das war früher so: Da wurde nicht nur der Täter bestraft, sondern da gab es die Sippenhaft, da ging die ganze Familie mit in den Tod. Die riskiert hier eine Menge für Gott und setzt ihr Leben und auch das ihres Hauses mit ein, um der Sache Gottes zu dienen.

Wer wirklich erkannt hat, dass es einen allmächtigen Gott gibt in Jesus Christus, für den ist dieser Gott das Wichtigste. Wichtiger als die eigene Gesundheit, wichtiger als die eigene Familie, wichtiger als das eigene Geld. Nicht, dass man sich darum nicht sehr sorgfältig kümmern soll. Gar keine Frage! Aber es gibt etwas, was wichtiger ist als alles andere: der allmächtige Gott in Jesus Christus. Und ich habe überlegt, wie mache ich euch das nochmal deutlich, was das heißen kann. In der letzten Woche habe ich von einem Mitglied der Russlanddeutschen Gemeinde, von der Frau Rieker, eine Broschüre bekommen von ihrem Großvater, wie der seinen Glauben gelebt hat damals in den Zwanzigerjahren im kommunistischen Russland. Er war ein treuer Nachfolger unseres HERRN Jesus. Und dann ist er inhaftiert worden, weil er immer wieder diesen Jesus verkündigt hat. Die Kommunisten haben ja alles radikal versucht auszumerzen, was mit Jesus, mit Gott zu tun hat. Jetzt wurde er inhaftiert in ein Straflager. Und das sind nicht solche Kuranstalten wie unsere Gefängnisse heute, sondern da ging´s damals wirklich noch in Russland um Leben und Tod. Da gab es nicht genügend zu essen, da wurde man von den Wärtern gefoltert, geschlagen, da wurde man willkürlich umgebracht. Und dieser Herr Rieker, ein gläubiger Nachfolger, hat sechs

Tage in der Woche alles getan, was die Wärter ihm abverlangt haben: ganz unmenschlich gearbeitet, nie aufbegehrt, alles geduldig ertragen. Nur am siebenten Tag hat er nicht gearbeitet, da hat er sich geweigert, weil Gott der HERR sagt in seinem Gebot: Sechs Tage sollst du arbeiten, am siebenten sollst du ruhen. Da könnt ihr euch vorstellen, was das in einem sowjetischen KZ, in einem sowjetischen Straflager bedeutet hat, zu sagen: Ich erkläre den kommunistischen Atheisten, dass ich am siebenten Tag nicht arbeite. Was das an Prügel, an Leid bedeutete! Ein Mann, der mehrere Kinder hatte, nicht wusste wo die Familie war und der das trotzdem durchgezogen hat: Gott mehr zu gehorchen als den Menschen, selbst unter unmenschlichsten Opfern. Jetzt werden Sie vielleicht sagen: „Was will denn der Latzel von uns, was erzählt der uns denn da für Geschichten? Naja, hoppla, das verlangt er doch nicht von uns?!" Nein, das verlange ich nicht von euch und auch nicht unser allmächtiger Gott, weil der HERR uns ja gesegnet hat. Und in was für einem Land leben wir denn? Wir können uns frei und unverboten versammeln. Wir können alles für diesen Gott machen. Uns ist dieser Glaube so leicht und einfach gemacht. Uns ist es so einfach, den Glauben zu leben, dass er uns auch nichts mehr wert ist. Was sind wir bereit einzusetzen für diesen Jesus Christus, der für uns das Leben gegeben hat? Als ich das von dem Herrn Rieker gelesen habe, glaubt mal ja nicht, dass ich da auch bereit wäre, so etwas zu tun. Da habe ich mich echt geschämt zu sehen, was tun andere Brüder und Schwestern für den Glauben an Gott und was tue ich tatsächlich in diesem bequemen Wohlstand. Uns kostet der Glaube nichts, den kriegen wir so! Und deshalb ist er uns häufig so wenig wert. Und deshalb bringen wir uns so wenig ein. Da ist Rahab anders. Die ist ein Vorbild des Einsatzes für Gott. Die riskiert ihr Leben. Das darf mir und das darf euch neu Vorbild für unseren Glauben sein.

Ein Drittes: Rahab ist ein Vorbild im Setzen der Lebensmaßstäbe. Wir dürfen eins hier nicht vergessen in dieser Geschichte: Die Frau lügt das Blaue vom Himmel runter.

> ***Aber die Frau*** - wir lesen die Verse 4 bis 7 - ***nahm die beiden Männer und verbarg sie. Und sie sprach: Ja, es sind Männer zu mir hereingekommen, aber ich wusste nicht, woher sie waren. Und als man die Stadttore schließen wollte, da es finster wurde, gingen die Männer hinaus, und ich weiß nicht, wo sie hingegangen sind. Jagt ihnen eilends nach, dann werdet ihr sie ergreifen.***

Sie sagt, ich weiß nicht, wo die hergekommen sind. Aber sie wusste wohl, wo die herkommen, vom Volk Israel. Dann sagt sie: Ich weiß nicht, wo sie hingegangen sind. Aber sie hat sie ja nach oben gebracht aufs Dach! Die lügt das Blaue vom Himmel runter. Und was sagt die Bibel? Die lobt sie für diesen Einsatz. Rahab setzt die Lebensmaßstäbe richtig. Sie sagt: Alles für Gott. Und wenn ich dafür andere Menschen belügen muss. „Huch!", werden Sie jetzt sagen, „was sagt jetzt der Pastor Latzel? Wie! Es heißt doch, man soll nicht lügen!?" Ich sage nicht, dass man lügen soll, gar keine Frage. Aber es gibt Ausnahmesituationen, wenn man sich ethisch entscheiden muss: Was ist wichtiger, bei der absoluten Wahrheit zu bleiben oder dem Reich Gottes zu dienen? Da gibt es immer nur: dem Reich Gottes zu dienen. Das ist übrigens nicht die einzige Stelle in der Bibel, wo jemand lügt, und Gott findet das ganz gut. Da sind die Hebammen, die vom Pharao den Auftrag kriegen, die Erstgeborenen in Israel umzubringen (2.Mose 1). Da sagen sie zum Pharao: „Wenn wir hinkommen, haben die hebräischen Frauen schon die Kinder geboren. Wir können gar nichts machen." Auch die lügen den Pharao an, um das Volk Gottes zu schützen und werden dafür gesegnet.

„Das gefällt mir überhaupt nicht", werden Sie jetzt vielleicht sagen, „weil, man muss doch immer die Wahrheit sagen, man muss doch immer die Gebote halten!" Das ist Kants kategorischer Imperativ. Er ist kein Christ! Das ist einer unserer größten Philosophen, aber nur ein Mensch. Davon sind wir als Deutsche geprägt. Man muss doch immer das tun, wenn eine Sache immer gilt. Man muss nur eins: an Jesus Christus glauben und dem Reich Gottes dienen! Und auch der kategorische Imperativ hört auf zu gelten, wenn er gegen das Reich Gottes steht. Jesus Christus scheitert daran, als er hingeht und am Sabbat die Ähren rauft. Ich habe eben davon gesprochen, wie wichtig das ist, den Sabbat zu heiligen. Da zieht unser Jesus Christus, unser HERR, die Ähren. Und da kommen die Pharisäer und sagen: „Hoppla, Jesus, hier stehts doch: verboten am Sabbat!“ Darfst du nicht, darfst du nicht, muss gelten, tausendprozentig! Da sagt Jesus: Leute, ihr versteht das Gesetz falsch. Es geht nicht darum, zu sagen, möglichst wie bei einer Eislaufkür, keine Fehler zu machen, sondern das soll euch helfen zu einem gelingenden Leben. Aber das soll euch nicht versklaven, dass ihr meint, wenn ihr das haltet, dann würden die Dinge passieren. Und so kann es manchmal sein, dass man sogar das Gebot ***Du sollst nicht falsch Zeugnis reden wider deinem Nächsten*** aufhebeln muss, wenn es im Notfall dem Reich Gottes dient. Übrigens das sagt dasselbe auch Dietrich Bonhoeffer zum Gebot ***Du sollst nicht töten***, das ist ja heute Losungswort für diesen Sonntag. Er sagt, für den Christen war es geboten, ja die Pflicht, Hitler zu töten. Wir sollen nicht unrechtmäßig morden! Aber es gibt Dinge, Ausnahmen, wenn sie für das Reich Gottes, für das Volk Israel besser sind. Da hätte man diesen Hitler am besten schon 1934 getötet. Es wäre der Menschheit viel Elend erspart geblieben!

Und so auch hier. Die Rahab setzt die Lebensmaßstäbe allein nach dem Reich Gottes, nach dem allmächtigen Gott. Und da ist sie sogar bereit, die Unwahrheit zu sagen. Nochmal: Ich sage nicht, es ist erlaubt von Gott die Unwahrheit zu sagen. Damit würde ich das Gesetz aufheben. Aber ich sage: Es gibt etwas, was über allem steht, selbst über dem Gesetz: das Reich Gottes und Jesus Christus. Das ist das Entscheidende! Als Jesus Christus einen in die Nachfolge ruft in Lukas 9, sagt er: ***HERR, erlaube mir, zuvor hinzugehen und meinen Vater zu begraben!*** Da sagt Jesus: ***Lass die Toten ihre Toten begraben; du aber geh hin und verkündige das Reich Gottes!*** Auch da: Jesus verlangt von uns nicht, dass wir unseren Vater nicht beerdigen. Ganz im Gegenteil! Wir sind gehalten, uns um unsere Nächsten zu kümmern. Aber wenn da die Frage stünde: Was ist denn wichtiger, Nachfolge Jesu Christi, Dienst im Reich Gottes oder den eigenen Vater zu beerdigen? Bitteschön, dann kann es nur heißen: Dienst im Reich Gottes, Nachfolge Jesu Christi! Es gibt nichts Höheres als die Nachfolge Gottes, als den Dienst im Reich Gottes. Das steht über allem und das muss der Maßstab sein: Jesus, Gott über allem, gegen all unsere selbstgebastelten Philosophien, gegen unsere anthropomorphen Lebensweisheiten, gegen unsere finanzschwangeren Zukunftskonzepte. Reich Gottes steht über allem! Nachfolge Jesu Christi über allem! Das muss der Maßstab sein und das zeigt Rahab hier und das bestätigt die Bibel ausdrücklich. Im Jakobusbrief wird ihre Lügerei, ich sage das so deutlich, als große Tat gewürdigt. Da ist sie uns ein Vorbild, dass sie das Reich Gottes über alles stellt.

Ein Viertes, was wir an Rahab lernen können, wo sie uns Vorbild ist: **Sie ist ein Vorbild im Rettungseinsatz für andere.** Ich nehme mal an (das ist eine Vermutung, aber die könnte ich sehr evident machen), dass sie nicht das beliebteste Familienmitglied in Ihrem Clan war. Wer hat schon gern eine Tochter, eine Schwester, eine Schwägerin, die ihr Geld damit verdient, mit anderen zu schlafen, die eine Prostituierte, eine Hure ist? Also ich glaube nicht, dass sie die beliebteste war. Aber sie kümmert sich um ihre Familie. Sie weiß, dass sie gerettet wird, wenn sie für Gott arbeitet. Aber sie weiß, dass da noch andere Menschen sind, ihre Nächsten, die sind verloren, wenn dieser Gott kommt mit seinem Volk. Und er wird dieses Jericho ausradieren. Und die werden verloren gehen. Und da geht sie hin und sagt:

> ***So schwört mir nun bei dem HERRN, weil ich an euch Barmherzigkeit getan habe, dass ihr auch an meines Vaters Hause Barmherzigkeit tut, und gebt mir ein sicheres Zeichen, dass ihr leben lasst meinen Vater, meine Mutter, meine Brüder und meine Schwestern und alles, was sie haben...***

Sie weiß, da sind Menschen vom Tod bedroht. Und da setzt sie sich für die ein. Das ist etwas Wichtiges, etwas Wichtiges, was zum Glauben dazugehört: Menschen, die vom Tod bedroht sind, versuchen zu retten. Das sollen auch wir tun. Wir sollen auch Menschen vom Tode retten. Da werden Sie sagen: „Naja, selbstverständlich! Also, wenn hier einer umfällt, hat einen Herzinfarkt, also Pastor Latzel, ich bin sofort bereit 19 Cent ins Handy einzutippen und ruf den Krankenwagen an. Würde ich machen. Und wenn wir merken, der Nachbar, was weiß ich, der wäre im brennenden Haus ins Feuer geraten, würden wir versuchen zu löschen oder sonst was tun. Würden wir doch machen!" Wisst ihr, es geht für uns als Nachfolger Jesu Christi nicht darum, Feuerwehrdienst, Polizeidienst oder Medizinischen Dienst zu tun. Das, was von uns als Lebensrettung erwartet wird, ist zu helfen, dass Menschen zum lebendigen Glauben an Jesus Christus finden. Denn die Menschheit, die Welt, ist bedroht vom ewigen Tod. Menschen, die Jesus nicht haben, gehen verloren für Zeit und Ewigkeit. Ich sage das denjenigen, die zu Jesus gehören, heute Morgen ganz deutlich: Wir werden in der Ewigkeit sein und wir werden feststellen, wer alles nicht dabei war. Und wisst ihr, was das Schlimme ist? Wir werden es nicht erst in der Ewigkeit feststellen. Wir wissen es ja alle in unserem Umfeld. Ich weiß ja nicht wie, mit wem und wo du lebst. Aber ich weiß ganz genau, dass du Menschen kennst, die Jesus noch nicht für ihr Leben angenommen haben. Und diese Menschen gehen verloren.

Ich frage jetzt nicht in die Runde „Bitte meldet euch mal, wer in der letzten Woche einen angesprochen hat auf seine Beziehung zu Jesus Christus". Vermutlich würden sich nicht so viele, vielleicht sogar gar keiner melden. Aber ich könnte fragen: Habt ihr denn über Werder Bremen gesprochen, über die Fußballweltmeisterschaft. Da würden die Ärmchen hochgehen. Leute, das ist alles so egal. Wichtig ist nur eins, dass Menschen bei Jesus sind und dass sie gerettet werden. Wenn wir das im Glauben wirklich verstanden haben, was der HERR für uns getan hat auf Golgatha und dass das der einzige Weg zum ewigen Leben ist, dann muss uns das in Bewegung setzen und dass wir darauf zugehen anderen zu helfen!

Letzte Woche tagte die Synode unserer Bremischen Evangelischen Kirche. Da ging es die ganze Tagung über nur um die Armut in dieser Stadt. Wenn man das hörte, glaubt man, hier unter jedem Pflasterstein liegt einer, der am Verhungern wäre. Wir wollen uns um arme Menschen kümmern, gar kein Thema. Aber es geht um viel Wichtigeres, als um die Bekämpfung finanzieller Not. In dieser Stadt und in dieser ganzen Welt geht es darum, dass Menschen verloren werden, dass eine geistliche Armut da ist, dass wir ohne Jesus leben. Ohne Jesus sind wir verloren! Und da muss die Kirche handeln! Da müssen wir tätig werden; nicht nur die BEK, auch die St. Martini-Gemeinde, auch der Pastor Latzel und auch ihr! In eurem Umfeld leben Menschen, die Jesus Christus noch nicht angenommen haben. Und der HERR hat euch in ihre Gegenwart geschickt, um an ihnen helfend tätig zu werden. Und da gibt's nichts zu schämen, vom HERRN Jesus zu sprechen. Das ist doch nichts Schlimmes, da könnt ihr vorher dafür beten. Der HERR wird euch die rechten Worte geben. Geht hin, tut es wie die Rahab. Setzt euch ein, dass Menschen gerettet werden, die eigentlich bedroht sind vom ewigen Tod. Die Familie von der Rahab, die ging dann in ihr Haus, wo das rote Seil dran ist (dazu komme ich dann gleich noch) und die wurden gerettet von dem, was da kam an Katastrophe von diesem Gott. Denn ER hat ganz Jericho zerstört. Aber die, die bei der Rahab waren, um die sie sich gekümmert hat, die sind gerettet worden. Und du darfst auch hingehen, Menschen retten vom Zorn Gottes, der über diese Welt kommen wird und der jeden treffen wird, der ohne Jesus lebt. Und deshalb auch mein Appell an die Eltern und Paten: Nehmt das ernst! Bei all dem Guten, was ihr euren Kindern und Patenkindern tut an wirtschaftlicher Versorgung, an Liebe, die ihr gebt, all den Dingen. Das Wichtigste ist, dass sie zu Jesus finden, dass sie da einst gerettet sind für Zeit und Ewigkeit. Und gerettet werden wir durch das Blut Jesu Christi.

Und damit kommen wir zum **fünften Punkt**, wo uns die Rahab ein Vorbild ist: **Rahab sie ist ein Vorbild des Vertrauens auf die Zukunft Gottes.** Wir lesen hier im letzten Vers:

Sie sprach: Es sei, wie ihr sagt!, und sie ließ sie gehen. Sie gingen weg. Und sie knüpfte das rote Seil ins Fenster.

Jetzt hat sie alles riskiert, sich für diesen Gott eingesetzt und die Männer verborgen. Und jetzt machen die einen Deal. Das ist keine Geschäftsgrundlage wie mit PayPal, wo man abgesichert ist, sondern die Rahab kriegt ein Zeichen und sie sagen zu ihr: Häng das rote Seil an dein Haus und alle, die in diesem Haus sein werden und drinbleiben, werden - selbst wenn das Erdbeben kommt - gerettet. Lauft bloß nicht raus! Denn wer rausläuft, wird umgebracht. Gegen jede menschliche Vernunft! Denn man geht ja eigentlich beim Erdbeben aus dem Haus raus, wenn die Mauern umfallen. Vertraut nur, bleibt in diesem Haus, das unter dem Schutz des roten Seiles steht, dann seid ihr gerettet. Und so ist es dann auch geworden. Das tut die Rahab, die glaubt diesem Zeichen und wird gerettet mit ihrem Haus. Und dieses Zeichen des roten Seiles, man nennt das eine Typologie auf das, was Jesus für uns getan hat. Denn am Kreuz kommt auch ein roter Faden vom Kreuz runter, ein rotes Seil, nämlich aus der Wunde, die die Soldaten in Jesu Seite stechen. Da fließt, da tropft das rote Blut runter.

Und so ist das auch für uns. Wer unter dem roten Blut des HERRN Jesus steht, das auf Golgatha vergossen ist, der ist gerettet, dem passiert nichts. Wie bei der Hure Rahab. Aber ihr war das auch nur gegeben als Verheißung. „Würde das so werden, hat der Teufel sie vielleicht gefragt. Wird er es schicken?" Ja, das hat gereicht. Sie durfte dieser Zusage der Männer Gottes trauen. Und wir dürfen noch viel mehr dieser Zusage trauen, die uns gegeben ist. Wir haben nicht nur ein schlichtes Seil, wir haben das Blut Jesu Christi, das vom Kreuz herunterfließt. Und wenn wir uns da drunter stellen, dann sind wir gerettet. Und nur dann! Wenn der HERR sein Blut über unser

Leben gibt, über unsere Schuld, dann sind wir gerettet für Zeit und Ewigkeit. Dann wird das Gericht Gottes, das über diese Welt kommen wird, wie es über Jericho gekommen ist, an uns vorbeigehen. Ich weiß, dass jetzt einige wieder sagen: „Was sind das denn für apokalyptische Spinnereien?" Meine Güte! Glaubt mir, so sicher wie Jericho zerstört wurde, so sicher werden Himmel und Erde untergehen und nichts wird bestehen als allein das Wort Gottes. So sagt es die Schrift. Und diejenigen, die dem Wort Gottes trauen, die vertrauen diesem Gott, der für uns in Jesus Christus gestorben ist und der sein Blut über sein Leben gegeben hat. Und da möchte ich euch bitten, vor allen anderen Dingen, dass ihr das als Vorbild nehmt. So wie Rahab sich unter den Schutz des roten Seiles gestellt hat, so stellt ihr euch bitte immer wieder unter das Blut Jesu Christi, auf dass ihr gerettet werdet und eine Zukunft habt.

Fünf Punkte, die wir an der Hure Rahab heute Morgen lernen durften für unseren Glauben. Und seht ihr: Unser HERR baut sein Reich mit einer Hure, mit einer Prostituierten, mit einer Frau, die es nach unseren menschlichen Maßstäben vermutlich gar nicht wert gewesen wäre. Aber wisst ihr, das macht mir Mut, denn ich bin genauso ein Sünder wie diese Sünderin. Ich bin es genauso wenig wert und der HERR will mit mir Reich Gottes bauen, und das will er genauso mit dir Sünder auch tun. Und das wird er tun, wenn du dir ein Vorbild nimmst an dieser Frau, dieser Rahab, die der HERR dir heute Morgen für dein Leben vor Augen geführt hat, auf dass du dich an ihr orientieren mögest. Möge unser HERR Jesus Christus dieses Wort an dir und deinem Leben segnen. Amen.

Und der Friede des lebendigen Gottes, der sehr viel höher ist als alle unsere menschliche Vernunft, bewahre unsere Herzen und Sinne in Christus Jesus, unserem auferstandenen und lebendigen HERRN. Amen.

Ein Hilfsprogramm bei Sorgen

Josua 3, 9-17 (Teil 3)

> Gnade sei mit euch und Friede von dem, der da war und der da ist und der da sein wird in alle Ewigkeit - unser HERR, Jesus Christus. Amen.

Liebe Gemeinde, ich möchte Ihnen heute Morgen erzählen von einem Mann mit gewaltigen Problemen. Mit Problemen, die aus der Vergangenheit herrühren, mit Problemen, die in der Zukunft auf ihn warten und mit Problemen in einer ganz großen gegenwärtigen Aufgabe. Dieser Mann ist Josua. Josua hat Probleme. Da sind die Probleme der Vergangenheit. Er hat von Gott eine gewaltige Aufgabe übertragen bekommen. Er soll sich um das Volk der Israeliten kümmern. Er ist der Verantwortliche. Aber nicht nur das. Nicht nur, dass er sich ums Volk zu kümmern hat. Nein, denn der ihm vorausgegangen ist, das war die ganz große Nummer. Der große Mose. Die Fußstapfen, in die er trat, die waren viel zu groß für ihn. Immense Probleme! Da sind aber nicht nur die Probleme dessen, was hinter ihm liegt. Da sind auch die Probleme von dem, was vor ihm steht. Er soll das Volk ins Land führen und er hat das Land gesehen und die Menschen, die darin wohnen, die größer sind und stärker von Körpergestalt, die andere Kriegstechniken haben als die Israeliten. Er hat ihre befestigten Mauern und Städte gesehen. Eine scheinbar unerfüllbare Aufgabe, die vor ihm liegt. Und das ist die Zukunft. Aber damit beschäftigt er sich jetzt gar nicht, denn er hat ein gegenwärtiges Problem. Er ist jetzt nach vierzig Jahren in der Wüste am Jordan angekommen. Und der Jordan führt Hochwasser. Und er soll das Volk durch diesen Fluss führen. Ein Volk, das keine Boote besitzt und von dem fast alle Nichtschwimmer sind. Und selbst die, die schwimmen können, würden durch die reißenden Fluten ertränkt werden. Das ist die Situation, in der sich Josua befindet. Nicht so ein Miniproblem, wo ich die nächsten 500 Euro her kriege, um den Satz Winterreifen zu bezahlen, sondern es sind die ganz gewaltigen Probleme, die Josua hat. Und in diesem Problem, in dieser Situation, wo er aus Problemen kommt, vor Problemen steht und in Probleme hineingeht, da kommt Gott zu ihm. Und Gott spricht zu ihm. Er sagt zu ihm: „Heute Josua. Heute in dieser deiner Situation mit all den Problemen die hinter dir liegen, die noch kommen werden und die jetzt gerade aktuell sind, heute will ich anfangen dich groß zu machen. Du musst nur eins tun. Sag den Priestern, sie sollen die Bundeslade nehmen und ins Wasser des Jordans hineingehen." Punkt! Das ist die Botschaft von Gott an Josua in seinen Problemen. Und dann dürfen wir lesen und hören in der Bibel, wie er in seinen Problemen mit diesem Wort, mit dieser Zusage Gottes umgeht. Und das ist der Predigttext, den ich uns mitgebracht habe, Josua 3, die Verse 9 bis 17:

Josua sprach zu den Israeliten: Herzu! Hört die Worte des HERRN, eures Gottes! Daran sollt ihr merken, dass ein lebendiger Gott unter euch ist und dass er vor euch vertreiben wird die Kanaaniter, Hetiter, Hiwiter, Perisiter, Girgaschiter, Amoriter und Jebusiter: Siehe, die Lade des Bundes des Herrschers über alle Welt wird vor euch hergehen in den Jordan. So nehmt nun zwölf Männer aus den Stämmen Israels, aus jedem Stamm einen. Wenn dann die Fußsohlen der Priester, die die Lade des HERRN, des Herrschers über alle Welt, tragen, in dem Wasser des Jordans stillstehen, so wird das Wasser des Jordans, das von oben herabfließt, nicht weiterlaufen, sondern stehen bleiben wie ein einziger Wall. Als nun das Volk aus seinen Zelten auszog, um durch den Jordan zu gehen, und als die Priester die Bundeslade vor dem Volk hertrugen und an den Jordan kamen und ihre Füße vorn ins Wasser tauchten - der Jordan aber war die ganze Zeit der Ernte über alle seine Ufer getreten -, da stand das Wasser, das von oben herniederkam, aufgerichtet wie ein einziger Wall, sehr fern, bei der Stadt Adam, die zur Seite von Zaretan liegt; aber das Wasser, das zum Meer hinunterlief, zum Salzmeer, das nahm ab und floss ganz weg. So ging das Volk hindurch gegenüber von Jericho. Und die Priester,

die die Lade des Bundes des HERRN trugen, standen still im Trockenen mitten im Jordan. Und ganz Israel ging auf trockenem Boden hindurch, bis das ganze Volk über den Jordan gekommen war. Amen.

Wir wollen beten: Lieber HERR und Heiland, du schenkst uns heute Morgen in diesem Gottesdienst, wo es um unser Sorgen geht, diesen gewaltigen Text, dieses Durchzuges des Volkes durch den Jordan. Wir wollen jetzt hören auf die Predigt, auf diesen Text mit all dem, was Josua geschafft hat zu tun. Und wir wollen daraus lernen, für unser Leben, wie wir mit Sorgen, mit Problemen umzugehen haben. Und dass wir deine Stimme vernehmen und recht verstehen, was du uns zu sagen hast, HERR. Dazu brauchen wir deine Hilfe für diese Predigt. Deshalb wollen wir dich alle miteinander inständig bitten: Segne du selber das Reden und das Hören deines heiligen und lebendigen Wortes an uns allen. Amen.

Liebe Gemeinde, ich habe diese Predigt überschrieben: **Ein Hilfsprogramm bei Sorgen**. Das wird, so denke ich, im Duktus der Predigt dann deutlich, warum das ein Hilfsprogramm ist. Ich habe vier Punkte mitgebracht:

1. **Das Hören auf das Wort des HERRN.**
2. **Das Hinterherlaufen hinter dem Wort des HERRN.**
3. **Das Schauen auf die erlebten Wundertaten des HERRN.**
4. **Das Voranschreiten ohne Furcht mit dem HERRN.**

Ein Hilfsprogramm bei Sorgen. **Das Erste: Das Hören auf das Wort des HERRN.** Josua hat Probleme, so bin ich eingestiegen in diese Predigt, gewaltige Probleme. Und zu diesen Problemen stellt sich der HERR. Er stellt ihm jetzt nicht irgendwie eine ganze Engelarmee zur Seite, sondern gibt ihm ein Wort, eine Zusage. Er sagt: „Heute will ich anfangen, dich groß zu machen. Und du geh nur hinter der Bundeslade hinterher mit dem ganzen Volk.“ Wisst ihr, was Josua tut, als Reaktion darauf? Er holt das Volk zusammen. Er geht nicht zum Volk und stimmt das Klagelied an: „Oh, oh, die großen Schwierigkeiten die kommen! Das tiefe Wasser! Die Kälte des Wassers! Ihr könnt alle nicht schwimmen! Die Aufgaben, die vor uns liegen!" Nein, er schaut nicht auf die Probleme, lässt sein Denken, sein Dasein nicht von den Problemen bestimmen, sondern von dem was er gehört hat von Gott. Es hat eine gewaltige Zusage gegeben von dem Allmächtigen. Und er schreit auch, man hört das so richtig: ***Herzu! Hört die Worte des HERRN, eures Gottes!*** Da ist nichts mit dem Diskutieren über Probleme. Da muss geredet werden über das Wort Gottes. Indem er das macht, kommt er erst gar nicht, obwohl er Probleme hat, in den Kreislauf des Sorgens hinein. Er spricht nicht über seinen Burnout, den er vielleicht hat, weil diese Aufgabe des Führens des Volkes so groß ist. Er spricht nicht darüber, wie schlimm und wie hart das alles werden wird. Er kommt nicht in so eine selffulfilling prophecy, eine selbsterfüllende Prophezeiung, wo die Probleme immer größer werden, je mehr man nur in denen denkt. Nein, er macht angesichts seiner Probleme folgendes: „Hört auf das Wort Gottes und sagt das auch weiter." Darüber diskutiert er mit den Israeliten. Und damit kommt er erst gar nicht, ich wiederhole das noch einmal, in den Kreislauf des Sorgens hinein. Josua, so habe ich das schon mal in einigen vorigen Gottesdiensten hier gesagt, lebt so, wie es alle Männer Gottes zu tun haben, alle Christen zu tun haben: Er lebt nicht problemorientiert, sondern verheißungsorientiert. Er setzt nicht die bestehenden Probleme oben auf die Agenda und guckt auf die, sondern auf das Wort. Josua stellt vor die Realität seiner Probleme - und die Probleme sind da! - die Wirklichkeit des Wortes Gottes. Und davon lässt er seine Existenz, sein Dasein bestimmt sein. Nicht von den Problemen - die sind da, zweifelsohne. Aber es ist noch ein anderer da: der HERR mit seinem Wort. Und dieser HERR und Gott hat klar gesprochen zu ihm: „Heute will ich anfangen, dich groß zu machen." Jetzt hat er die Entscheidung zu treffen. Was soll denn sein Denken und in Folge davon auch sein Handeln bestimmen: die Probleme oder die Zusagen des Wortes Gottes? Die Entscheidung hat er zu treffen. Und er trifft die richtige Entscheidung. Er lässt sich bestimmt sein von dem Wort Gottes. Er will verheißungsorientiert leben, nicht problemorientiert. Leben wir problemorientiert, ist der nächste Step immer: das Sorgen! Aber leben wir verheißungsorientiert, ist der nächste Step immer: die Sorgenfreiheit!

Jetzt wird der eine oder andere vielleicht so ein bisschen sagen: „Der Josua hat's ja auch leicht gehabt. Da ist Gott zu ihm gekommen und Gott hat zu ihm gesprochen in seine Probleme hinein. Ja und da hat er das ja befolgt..." Da sage ich dir: Hallo! Genauso wie zu Josua spricht der lebendige Gott zu dir. Du, der du heute gekommen bist mit deinen Problemen. Wenn du gestern (das machen ja die meisten treuen Christen) Losung und Lehrtext gelesen hast, dann hat Gott dir gestern gesagt durch den Losungstext: ***Wirf dein Anliegen auf den HERRN, der wird dich versorgen.*** Psalm 55, Vers 23. Und da hat ER noch mal einen nachgeschoben, im Lehrtext: ***Darum werft euer Vertrauen nicht weg, welches eine große Belohnung hat.*** Hebräer 10, Vers 35. Das war gestern das Wort des lebendigen Gottes in deinen Problemen an dich! Und heute wiederholt der lebendige Gott ganz ähnlich diese Zusage im Wochenspruch: ***Alle eure Sorge werft auf ihn; denn er sorgt für euch.*** 1. Petrus 5, Vers 7. Wort für dich in deiner Situation mit deinen Problemen. Und wenn du die Losung nächste Woche liest, Dienstag, übermorgen, steht da: ***Auf Gott hoffe ich und fürchte mich nicht. Was können mir Menschen tun?*** Psalm 56, Vers 12. Dann hat Gott dir heute in dieser Lesung aus der Bergpredigt noch einmal klar gesagt: Lass das Sorgen bleiben! Damit ihr das auch wirklich richtig versteht, hat euer Pastor euch noch mal Hausaufgaben aufgeschrieben. Seht ihr, da sind ja nur Psalmen. Normalerweise macht er doch immer im Wechsel: einmal Altes Testament, einmal Neues Testament. Nächste Woche kommt es ganz dicke mit ganz viel wunderbaren Zusagen in den Psalmen, die Gott dir schenkt für deine Situation, für dich. Jetzt ist für dich nur die Frage in deinen Problemen: Wovon lässt du dich bestimmt sein? Von dem, was die Wirklichkeit dieser Welt ist oder von der Realität des Wortes Gottes. Das ist eine Frage! Und wenn du geholfen haben willst bei deinen Sorgen, dass du erst gar nicht da reinkommen willst, da kann ich dir nur eins sagen: Mach's wie Josua, egal wie groß deine Probleme sind, lasse dich davon nicht bestimmen, sondern von dem, was der lebendige Gott dir durch sein Wort sagt. Stelle vor die Realität deiner Probleme immer wieder die Wirklichkeit des Wortes Gottes. Das Hören auf das Wort des HERRN, das ist das Erste, was hilft, sodass wir erst gar nicht in die Sorgen kommen.

Ein Zweites aus diesem Hilfsprogramm bei Sorgen ist **das Hinterherlaufen hinter dem Wort des HERRN.** Josua hört es nicht nur, sondern er befolgt das auch. Und das sowohl im bildlichen Sinne, nämlich dass er den Gehorsam leistet, er macht ja auch alles das, was Gott sagt. Aber das ist das Starke an dieser Geschichte: Er tut's auch wirklich! Er läuft dem Wort hinterher. Also in der Lade, das wissen wir, waren neben dem Stab Aarons und dem Krug mit Manna vor allen Dingen ja eins: die Tafeln mit den Zehn Geboten, die standen und stehen für das Wort. Und jetzt sagt Gott: Lauft der Bundeslade hinterher. In der Bundeslade war das Wort und sie war auch der Ort der Gegenwart des lebendigen Gottes. Und da laufen sie hinterher und das ist eine Botschaft für uns in diesem Bild. So sollen wir wirklich auch mit dem Wort umgehen. Das Eine ist ja das Wort zu hören, aber das Andere ist auch das Wort zu tun. Es ist ja eine Sache, dass der HERR euch heute Morgen gesagt hat in 1. Petrus 5, Vers 7 im Wochenspruch: ***Alle eure Sorgen werft auf mich, ich sorge für euch.*** Das habt ihr gehört, das habt ihr auch verstanden. Das werden die meisten auch glauben und als dogmatische Wirklichkeit und Richtigkeit unterschreiben. Aber damit habt ihr es noch nicht umgesetzt.

Es gibt dieses wunderbare Zitat, was Konrad Lorenz dem großen Verhaltensforscher zugeschrieben wird, wo es wohl heißt: „Gesagt ist nicht gehört; gehört ist nicht verstanden; verstanden ist nicht umgesetzt und umgesetzt ist nicht beibehalten." An diesem Punkt „verstanden ist nicht umgesetzt", da hängt's bei vielen. Sie kennen die guten Verheißungen der Bibel und wissen um die Dinge. Sie hören die Worte Gottes, weil sie die Losung lesen, weil sie tagtäglich die Bibel lesen, weil sie in die Bibelstunde gehen, weil sie Predigten im Internet hören, weil sie sonntags in den Gottesdienst gehen. Sie hören es, die verstehen es auch. Aber sie setzen es nicht um. Es bleibt reines Theoriewissen.

Aber das ist so wichtig, dass wir, wenn wir die guten Worte des lebendigen Gottes gehört haben, dass wir sie umsetzen, dass wir es auch tun. Das ist jetzt keine Idee von Pastor Latzel, denn der sagt euch nur was in der Bibel drinsteht. In Jakobus 1,22 heißt es: ***Seid aber Täter des Worts und nicht Hörer allein; sonst betrügt ihr euch selbst.*** Wenn du das Wort Gottes hörst und es glaubst, es verstehst und nicht umsetzt, dann glaubst du dieses Wort nicht. Dann musst du dich auch drauf verlassen, wenn du es gehört hast, dann musst du ihm (deshalb diese Formulierung) ***hinterherlaufen***, so wie es Josua getan hat. Macht erstmal überhaupt keinen Sinn: Nimm die Lade und lauft hinterher, einfach in den Fluss rein und die Priester sollen mal in das Wasser reingehen. Das ist gegen jegliche Vernunft. Das ist gegen die Realität der Probleme. Und doch ist das der Schlüssel für die Lösung der Probleme und das Verhindern aller Sorgen. Und das nicht nur hier in der Geschichte. Immer wieder sehen wir das in der Bibel genauso, dass Männer und Frauen erleben, wie in ihren Problemen der lebendige Gott kommt mit einem Wort und es dann zur Entscheidung kommt. Mache ich es oder mache ich es nicht? Glaube ich dem und setze ich es auch um oder denke ich „Naja, das ist ja nett, so ein bisschen so ein Trostpflaster und Schulterklopfen. Aber eine wirkliche Hilfe kann mir Gott nicht sein.“ Petrus beispielsweise (die Geschichte in Lukas 5) der hat bei seinem Fischzug ein wirtschaftliches Problem. Da ist er mit seinen Leuten draußen gewesen - er hat ja mehrere Angestellte, die haben die ganze Nacht gefischt und nichts gefangen. Jetzt hat er als Chef keine Kohle, seine Leute zu bezahlen und hat vermutlich auch nichts zum Essen. Ein großes Problem! Dann trifft er Jesus. Und Jesus sagt zu ihm: „Geh hin und schmeiß noch mal die Netze aus." Totaler Schwachsinn, fischereitechnisch! Am See Genezareth, wo es so heiß am Tag ist, da gehen die Fische ganz nach unten, da wo es kühl ist, so etwa in 40 Meter Tiefe, da reichen die Netze gar nicht hin. Das macht überhaupt gar keinen Sinn. Wenn man am See Genezareth Fische fangen will, da muss man das in der Nacht tun. Aber Jesus sagt das: „Nimm und wirf deine Netze noch mal aus." Und dann kommt das Entscheidende, was Petrus dann sagt: „Wir haben die ganze Nacht nichts gefangen, also auch bei besten Bedingungen nichts, aber ***auf dein Wort hin*** will ich neu die Netze auswerfen." Und dann passiert der Fang des Jahrhunderts, dass die Netze drohen zu reißen. Die müssen andere Leute dazu bringen, überhaupt die Dinger reinzubringen; aber das spielt auf einmal für Petrus gar keine Rolle mehr, weil er den betriebswirtschaftlichen Coup seines Lebens gesetzt hat. Denn er hat auf einmal erlebt, wie stark und gewaltig das Wort Gottes ist und dass er sich fortan keine Sorgen mehr machen muss, ob er die Fische alle kriegt, die er braucht. Er hat nur eins gemacht: auf das Wort des lebendigen Gottes hin hat er neu die Netze ausgeworfen, auch wenn es fischereitechnisch totaler Schwachsinn war. Aber darauf kommt es an! Wie bei Petrus, wie bei Josua: Wenn wir das Wort Gottes klar gehört haben in unserer Situation mit unseren Problemen, müssen wir dem auch wirklich hinterherlaufen, dass wir das befolgen und annehmen. Das ist das Zweite, was wir zu tun haben, wenn uns geholfen werden soll bei unseren Problemen, damit sie nicht zu Sorgen werden: dass wir hinter dem gehörten Wort Gottes herlaufen und dass wir es tun.

Ein Drittes, was wir tun können und sollen, bei unseren Sorgen, das ist **das Schauen auf die erlebten Wundertaten des HERRN.** Ich versuche immer, wenn ich so Geschichten in der Bibel lese, mich in die Protagonisten hineinzuversetzen. Das habe ich auch hier getan mit dem Josua. Und der bekommt diese Zusage Gottes: ***Heute will ich dich groß machen.*** Und da frage ich mich: Was hatte der denn wohl gedacht? Bei Josua ist es jetzt keine Spekulation. Er hat sicherlich auf die Wundertaten des HERRN geschaut, die er in seinem langen Leben bis zu diesem Zeitpunkt schon erlebt hat. Denn wenn man die Geschichte von Josua erkennt, Josua 24, da hält er eine lange Rede und reflektiert genau auf das, was Gott getan hat. Das ist ihm präsent, das wunderbare Handeln des lebendigen Gottes bei ihm. Und wenn man dann so ein bisschen bibelkundig ist und weiß, der war ja von Anfang an dabei beim Auszug aus Ägypten, was hat der nicht alles erlebt an Wundertaten. Als sie Hunger hatten in der Wüste, da ließ der HERR Manna regnen. Da hat ER aus den Felsen mehrfach dem Volk zu Trinken gegeben. ER hat gewaltige Völker vor ihm geschlagen, gewaltige Erfolge hat ER gegeben. Das alles hat er erlebt. Und eines hat er auch erlebt. Da war schon mal so eine Problemsituation, da war schon mal eine Menge Wasser da, noch mehr als jetzt, nämlich damals am Roten Meer, am Schilfmeer. Da war Mose noch der Verantwortliche. Aber da ist er ja auch schon mal durchs Wasser hindurchgegangen. Da hat Gott schon einmal die Welle geschafft, zwei Wände. Und ich denke mir, dass Josua daran auch zurückdenkt und sagt: „Dieser Gott hat mir geholfen. Und dieser Gott wird mir helfen. Egal wie groß die Probleme sind, die ich habe. Gott ist größer. Und ich muss nicht auf die Probleme schauen. Ich darf auf meinen Gott vertrauen." Das ist ein Handeln, dass, wenn man auf die persönlich erlebten Wundertaten des HERRN blickt, dass einem dann bei den Problemen geholfen wird, dass sie nicht zu Sorgen werden. Ein anderer großer Mann der Bibel hat das getan: der David. Als da die Israeliten vor den Philistern liegen und der Goliath jeden Tag Gott lästert, sich vor das Heer hinstellt und sagt: „Die mach ich platt!" Und keiner hat die Traute, den Mut, sich diesem Superkrieger entgegenzustellen. Das ist auch eine Maschine, über zwei Meter groß, super bewaffnet mit Eisen, wo die Israeliten nur Bronze haben. Körperlich denen überlegen. Das ist der Superstar, das ist ein richtiger Krieger. Und keiner hat genügend Mut ihm entgegenzutreten. Und dann kommt der kleine Hirtenjunge, damals noch ein Jüngling. Die Bibel berichtet davon: der ist nicht in der Lage die Rüstung Sauls zu tragen. Also Riesenprobleme. Das kann nicht gut gehen. Ich habe das mal verglichen, diese Situation. Das ist etwa so, als wenn dieser Wladimir Klitschko, der ehemalige Boxweltmeister, gegen unsere Doris Hasselmann im Ring steht. Da wissen wir: Das dauert keine 30 Sekunden, da ist Doris Hasselmann erledigt. Das ist kein Thema. Aber was passiert hier bei David und Goliath in dieser Situation? David sagt: „Der HERR, der mich von Löwen und Bären errettet hat, der wird mich auch erretten von diesem Philister." Der guckt auf das, was er mit Gott erlebt hat. Er hat Erfahrungen gemacht als Hirte. Wenn die Löwen kamen, wenn die Bären kamen und wollten seine Schafe rauben. Und da ist er hingegangen und ist ihnen entgegengetreten. Nicht seine Stärke oder seine Wurfgewalt mit der Schleuder haben dann geholfen, sondern er sagt: „Gott hat mich errettet." Und in diesem Wissen geht er in diese problematische Situation in der Konfrontation mit dem Goliath hinein und darf erleben: Der Gott, der ihm geholfen hat gegen Löwen und Bären, ER hilft ihm eben auch gegen diesen Philister. Das ist das, was Jesus auch von uns einfordert. Jesus selber sagt, dass wir zu gucken haben auf das, was wir mit IHM erlebt haben und dass wir davon lernen. Es gibt eine wunderbare Geschichte aus Markus 8, da haben die Jünger sowohl die Speisung der Fünftausend erlebt wie auch die Speisung der Viertausend, also das sind riesen Menschenmassen. Und aus nichts hat Gott ihnen, hat Jesus ihnen Brot und Fische gegeben. Sie sind satt geworden. Und jetzt, unmittelbar danach, fahren sie wieder über den See Genezareth. Und dann sagt die Bibel: ***...und sie haben vergessen, Brot mitzunehmen.*** Sie haben es vergessen, kriegen Panik und sagen: „Wovon sollen wir denn jetzt leben, wir paar Männeken hier im Boot?" Und dann sagt Jesus, ich lese das vor aus Markus 8, 17 bis 21:

> ***Was bekümmert ihr euch, dass ihr kein Brot habt? Versteht ihr noch nicht, und begreift ihr noch nicht? Habt ihr ein erstarrtes Herz in euch? Habt ihr Augen und seht nicht und habt Ohren und hört nicht? Und denkt ihr nicht daran: Als ich die fünf Brote brach für die fünftausend, wie***

viele Körbe voll Brocken habt ihr da aufgesammelt? Sie sagten: Zwölf. Und als ich die sieben brach für die viertausend, wie viele Körbe voll Brocken habt ihr da aufgesammelt? Und sie sagten: Sieben. Und er sprach zu ihnen: Begreift ihr denn noch nicht?

Die haben es erlebt, die Jünger, aber checken es immer noch nicht. Und wisst ihr, das ist unsere Geschichte. Jeder von euch, der im Glauben mit Jesus Christus steht, hat großartige Dinge erlebt mit diesem lebendigen Gott. Dem muss kein Pastor Latzel oder Pastor Bierbaum oder Herbert Katzner als Prädikant irgendetwas erzählen. Ihr habt es doch selber erlebt, wie der lebendige Gott euch geholfen hat. Und da möchte ich euch zurufen im Namen des lebendigen Gottes: ***Begreift ihr's denn noch nicht?*** Der Gott, der euch versorgt und getragen hat, Wunder in eurem Leben getan und so wunderbar an euch gehandelt hat, Dinge, für denen ihr Lob und Dank zu bringen habt. ER wird weiter so an euch handeln. Das ist die Wahrheit. Warum zweifelt ihr denn? Warum lasst ihr euch von den Problemchen ziehen wie die Jünger, die dann in die Hosen machen?! Auf einmal reicht das eine Brot für uns 12 People nicht mehr. Begreift ihr es noch nicht? Schaut auf die erlebten Wundertaten des HERRN, dann werdet ihr angesichts all eurer Probleme sorgenlos nach vorne gehen können wie Josua. Übrigens ist das keine neue These von dieser Kanzel. Unser großer Pastor Neander, wir werden gleich sein Lied singen, unser Lied „Lobe den HERREN, den mächtigen König der Ehren!", schreibt in der dritten Strophe (das können wir gleich alle vor dem Segen laut mitsingen und da werden wir es uns dann gegenseitig zusingen): „In wie viel Not hat nicht der gnädige Gott **über dir** Flügel gebreitet?" Da kannst du mal in dich schlagen, da kannst du mal dein Leben durchgehen. Wo war ER überall da, hat über dir wunderbar Flügel gebreitet? Und das ist mein Tipp für dich: Wenn du momentan in großen Problemen bist, dann schau noch mal auf die Wunder, die du erlebt hast, du ganz persönlich. Wo du weißt, da war ER da. Da hat er mich aus der Situation wieder rausgezogen, die war unmöglich, die hätte gar nicht funktionieren können. Und wenn du das tust, werden zwei Dinge passieren. Erstens, da wirst du neu in die Dankbarkeit vor Gott gehen und ihm die Ehre geben, das ist etwas Wunderbares. Aber wir sind ja beim Sorgen. Dann wirst du zweitens neu zuversichtlich werden angesichts deiner Probleme. Dann wirst du von Sorgen verschont bleiben, weil du Vertrauen hast zum lebendigen Gott, der so wunderbar schon an dir gehandelt hat und weiter handeln wird. Das ist das Dritte: Das Schauen auf die erlebten Wundertaten des HERRN.

Und **das Vierte**: **Das Voranschreiten ohne Furcht mit dem HERRN.** Das ist ein fantastisches Motiv in dieser Geschichte, dass Gott nicht sagt: „Pass mal auf. Erstmal machen wir jetzt hier dieses Wunder. Das Wasser steht fest und wenn alles schön abgetrocknet ist, kein Fitzelchen Wasser mehr da ist, dann könnt ihr loslaufen. Nein, so ist es nicht. Die Probleme sind nach wie vor da und Gott sagt: „Lauft nur hinter dem Wort her." Und die Priester müssen, so steht es ganz wörtlich und ausführlich beschrieben, mit den Füßen schon ins Wasser rein. Also das ist noch aktuell das Problem. Das Wasser ist da, die Priester können nicht schwimmen und gehen rein und erst als sie im Wasser stehen, da bleibt eben die Wand stehen als Wasser und sie können trockenen Fußes gehen. Das heißt, sie gehen in das Problem hinein, zuversichtlich mit der Zusage Gottes. Nicht wir müssen helfen, weil wir wissen, dass Gott sich um alles kümmert und man sich keine Sorgen machen braucht.

Ich habe euch als Hausaufgabe aufgeschrieben für morgen: den Psalm 31. In diesem Psalm 31 stehen viele, viele wunderbare Verse. Aber einer der wunderbarsten Verse aus diesem Psalm 31 (den ich auch häufig Leuten in der Seelsorge zusage, wenn die wirklich so unter der Sorgenlast stecken, sich so selber klein machen und gar nichts mehr sehen als nur das Geld, die Krankheit, die kaputte Ehe, nichts anderes gilt mehr) das ist der Vers 9: ***HERR, du stellst meine Füße auf weiten Raum.*** Es ist ein ganz wunderbares Wort. Wenn wir Probleme haben, dann neigen wir dazu uns Sorgen zu machen und dann wird der Raum ganz eng, dann erleben wir Beengungen. Die Beengung, weil ein lieber Mensch, gestorben ist. Die Beengung der drohenden Arbeitslosigkeit, die Beengung einer gescheiterten Beziehung. Die Beengung durch eine schlimme Krankheitsdiagnose, die Beengung durch eine massive Anforderung in Beruf oder Familie, die Beengung der Ehelosigkeit oder die Beengung der furchtbaren Ehe, die man führt. Es gibt so viele Beengungen, die dann problematisch sind und zu Sorgen führen. Aber wir haben einen Gott, das dürfen wir nie vergessen, der unsere Füße auf weiten Raum stellt. Wir gehen immer und denken nur: „Hier geht es nimmer weiter. Hier ist der Weg zu Ende", wie bei den Priestern. Aber das ist die Aussage auch dieses Textes: Gott macht weite Räume. ER hat Möglichkeiten, wo wir die Wege gar nicht erahnen können. Aber was wir machen müssen, ist, mit diesem Gott fröhlich weiter voran gehen. Wir können den nächsten Schritt tun, weil ER da ist und weil ER sich um uns kümmert und weil ER sich um uns sorgt als der liebende Vater. ER stellt unsere Füße auf weiten Raum und deshalb können wir immer wieder neu nach vorne gehen, brauchen keine Angst vor der Zukunft zu haben. So wie die Israeliten hier, sind voranmarschiert und erst mal ans Wasser gegangen. Es sah nicht gut aus, aber ER war da!

Als meine Tochter klein gewesen ist, also mit vier Jahren, da sind wir mal am Spielplatz gewesen und da war so ein Klettergerüst. Das hatte so zwei seitliche Begrenzungen, war so knapp zwei Meter hoch und oben ging dann so ein Balken drum mit so Stufen. Da war zwischendrin Platz und da musste man auf so zwei Meter hin- und her balancieren. Da hat meine Tochter da oben gestanden und ich stand unter ihr. Ich bin ja nun auch über einmeterneunzig groß und hätte sie auffangen können, wäre sie runtergefallen. Ihr wär da nichts passiert. Aber sie stand oben und hätte drüber gehen müssen. Dann habe ich ihr gesagt: „Nun geh, ich fang dich auf!" Sie stand da und dann war die Angst zu groß und sie ist nicht voran gegangen. Ich weiß nicht, ob sie mir nicht vertraut hat. Auf jeden

Fall war die Angst so groß, da rüberzugehen. Heute würde die da auf Händen drüber gehen, das wäre kein Problem für sie. Aber damals hat sie sich nicht getraut, obwohl ich ja da war. Und das ist für mich ein Bild, wie viele Christen leben. Meine Tochter wusste auch: Da steht mein Papa. Der hat mich lieb. Aber sie hat sich nicht getraut voranzugehen. Viele Christen haben Probleme und Schwierigkeiten und trauen sich nicht mehr voranzugehen, obwohl sie wissen, dass der liebende Vater in Jesus Christus bei ihnen ist und ihnen sagt: Ich stelle deine Füße auf weiten Raum. Hab keine Furcht. Mit mir kannst du vorangehen. Aber das macht Christsein im tiefsten Sinne aus. Nicht nur zu wissen, ER ist da, sondern IHM auch etwas zuzutrauen. Wenn ER uns etwas zuruft, dass wir dann auch wirklich die nächsten Schritte machen. Ja, die Probleme sind da. Aber ER, Gott, ist da! Ja, meine Tochter stand in zwei Meter Höhe. Und ja, wenn man da runter fällt, dann tut das schon mal weh. Aber der Papa war doch da. Ja, deine Probleme sind da. Aber ER, der gute Hirte, Jesus Christus ist ebenfalls da und ER stellt deine Füße auf weiten Raum, dass du immer wieder weiter nach vorne gehen kannst.

Als ich angefangen habe mit meiner Mitarbeiterschaft im Reich Gottes (ich habe damit ja nicht erst als Pastor angefangen, sondern war erst einmal Jungscharhelfer, das war eine tolle Arbeit), da haben wir bei uns in der Jungschar einen Brauch eingeführt. Wenn wir die Andacht gemacht und das Programm abgearbeitet hatten und fertig waren, da kamen wir nochmal zusammen. Da wurde noch mal zusammen gebetet und anschließend sagte der Jungscharmitarbeiter: „Jungschar, Jungschar, mit Jesus Christus!" Und da mussten die Kinder rufen: „Mutig voran!" Und wenn die nicht laut genug schrien bei mir, da mussten sie es nochmal machen. Das war ganz wichtig, das musste richtig rausgeknallt werden. „Mit Jesus Christus!" „Mutig voran!" Ich habe überlegt, eigentlich müsste ich das hier in der Gemeinde auch einführen. Bei all den Sorgen, bei all den Nöten, müssten wir am Ende des Gottesdienstes sagen: „Sankt Martini! Sankt Martini! Mit Jesus Christus." „Mutig voran, mutig voran!" Das können wir. Denn ER ist da. Ja, die Probleme sind Realität, die ihr habt. Aber es ist die größere Wirklichkeit, dass Jesus Christus da ist? Und wir können mit ihm mutig vorangehen.

Ich habe diese Predigt begonnen, dass ich gesagt habe, da sei ein Mann mit Problemen. Und heute Morgen sind Männer und Frauen hier, die Probleme haben, die ihre ganz persönlichen Schwierigkeiten mitgebracht haben in diesem Gottesdienst. Wir wollten heute Morgen lernen von diesem Mann mit großen Problemen, Josua, wie er eben mit seinen Problemen umgegangen ist, damit sie nicht zu Sorgen geworden sind. Und das möchte ich euch bitten, dass ihr das angesichts eurer Probleme und Schwierigkeiten auch umsetzt. Macht es wie Josua mit euren großen oder kleinen Problemen. Hört auf das Wort des HERRN! Befolgt es, lauft ihm hinterher! Schaut selber auf die erlebten Wundertaten des HERRN und schreitet mit IHM ohne Furcht voran, damit eure Probleme nicht zu Sorgen werden. Denn das dürft ihr wissen: Einer ist da, der kümmert sich um deine Probleme. Der sorgt sich um dich. Das ist Jesus Christus. Und deshalb musst du dir keine Sorgen mehr machen. Amen.

Und der Friede des lebendigen Gottes, der sehr viel höher ist als alle unsere menschliche Vernunft, bewahre unsere Herzen und Sinne in Christus Jesus, unserem auferstandenen und lebendigen HERRN. Amen.

Vom alten Manna kannst du nicht leben!
Josua 5,11-12 (Teil 4)

Gnade sei mit euch und Friede von dem, der da war und der da ist und der da sein wird in alle Ewigkeit - unser HERR Jesus Christus. Amen.

Liebe Gemeinde, der Predigttext für den heutigen Sonntag, innerhalb unserer Reihe aus Texten zum Josua-Buch, steht in Josua 5. Wir hören auf die Verse 11b bis 12a:

An eben diesem Tage hörte das Manna auf, weil sie jetzt vom Getreide des Landes aßen. Amen.

Wir wollen beten: Lieber himmlischer Vater in Jesus Christus, Heiliger Geist, du schenkst uns für diesen Himmelfahrtstag diesen kurzen Vers davon, dass das Manna aufhörte und das Volk eine neue Nahrungsgrundlage bekam. Wir wollen dich bitten, dass du uns jetzt die Bedeutung dieses Wortes erschließen wollest für unser Leben. Wir wollen dich bitten, dass du zu einem jeden Einzelnen von uns sprichst, in unsere Situation hinein, dass wir erkennen, was du uns zu sagen hast. Danke, dass du nicht der Gott bist, der nur oben im Himmel thront, sondern dass du gegenwärtig jetzt hier bist und uns begegnest in deinem Wort. Und so wollen wir dich miteinander bitten, für uns alle: Segne du selber das Reden und das Hören deines heiligen und lebendigen Wortes an uns allen. Amen.

Ich möchte Ihnen erklären, wie es zu diesem Predigttext gekommen ist. Denn es ist ja kein vorgeschlagener Predigttext aus der Perikopen-Ordnung und er hat auch eine längere Vorgeschichte. Einmal ist es ja so, dass wir momentan eine Predigtreihe haben mit Texten aus dem Josua-Buch, aber eigentlich hatte ich mir einen anderen Text vorgenommen. Ich wollte heute predigen über die Eroberung Jerichos. Nun habe ich letzte Woche telefoniert mit Bernd Bierbaum, der ja am Sonntag Dienst hat hier bei uns. Und ich habe gesagt: „Bernd, wir machen jetzt diese Predigtreihe Josua-Buch (Bernd war ja in Israel 14 Tage), kannst du auch über einen Text aus dem Josua Buch predigen?'" „Oh", hat der gesagt, „super! Ich hab eine ganz tolle Predigt zu Josua 6." Nun, habe ich gedacht, wenn der Bernd eine tolle Predigt hat, dann dürfen wir uns freuen auf Sonntag, was da kommt. Aber ich muss dann neu auf die Suche gehen. Und jetzt hatten wir ja am letzten Sonntag Josua 2, die Hure Rahab und Josua 6, das waren jetzt nun die beiden Grenzpfähle. Und ich habe dann nochmal gelesen Josua 3 bis 5, wunderbare Worte mit dem Durchzug durch den Jordan. Und ich habe gebetet und gesagt: „HERR, zeig mir was dran ist für die Gemeinde. Was sollen die denn für ein Wort bekommen?" So habe ich gebetet, habe gelesen und hatte noch keine Antwort. Und momentan lese ich eine Reihe über Spurgeon, wo er Andachten geschrieben hat. Spurgeon, dieser große englische Erweckungsprediger. Da habe ich eine Andacht gelesen über 2. Mose 16. Das war der Text, den wir zu Beginn gelesen haben, da, wo das Manna vom Himmel kommt. Und Spurgeon hat eine kurze Andacht gehalten zum Thema: „Vom alten Manna kann man nicht leben." Und das war gerade der Text gewesen, den ich auch in Josua 5 gelesen hatte. Und da wusste ich, darum soll es gehen in diesem Gottesdienst. Das ist das, was ihr zu hören habt: **Vom alten Manna kann man nicht leben.** Das ist die Erfahrung, die das Volk Israel machen musste, zunächst einmal, als es ausgezogen war. Wir haben die Geschichte ja eben gehört. Die waren ausgezogen, noch keinen Monat unterwegs in der Wüste, da fangen die schon an zu meckern: „Alles so furchtbar. Wir hatten es so gut an den Fleischtöpfen Ägyptens!" und meckern und meckern. Der HERR hört es und schickt das Manna. Aber das Manna, diese Speise, die sie da bekommen, wo wir gar nicht recht erklären können was das genau war, hatte eine Besonderheit: das war morgens richtig frisch und knackig, aber ganz schnell war diese Speise vergänglich geworden. Die Israeliten waren immer wieder hingegangen und wollten dann für vier, fünf Tage das Manna sammeln, aber das verdarb sofort, mittags war das ganze Manna dahin. Die mussten das immer wieder neu sammeln, jeden Morgen neu. Nur wenn Sabbat war am nächsten Tag, dann kam mehr und dann blieb es erhalten. Vom alten Manna, diese Erfahrung, musste das Volk Israel machen. Ohne das Manna konnten sie nicht leben. Und jetzt hier, wo sie durch den Jordan gezogen und nach vierzig Jahren der Wüstenzeit endlich im Gelobten Land sind, da hört das Manna komplett auf. Mit Manna ist komplett Schluss. ***An eben diesem Tage hörte das Manna auf***, so heißt es hier, ***weil sie jetzt vom Getreide des Landes aßen.*** Jetzt haben die vierzig Jahre lang, zwei Generationen, immer von dem Manna gelebt. Und auf einmal hört das Manna auf. Und ich kann mir vorstellen, was damals im Volk Israel los war. Das waren ja nicht irgendwie so ganz fromme und tolle Leute, sondern eher so Meckerleute. Die haben bei jedem bisschen gemeckert und sofort Angst bekommen. Und jetzt ist das Manna nicht mehr da, das, wovon sie immer gelebt hatten. Ja, was soll jetzt werden? Was wird die Zukunft Gottes im Gelobten Land bringen? Das haben sie noch nicht gesehen, aber das Manna hat aufgehört. Vom alten Manna konnte das Volk nicht mehr leben. Es war nun endgültig Schluss. Nicht mehr nur, dass man es nicht bunkern konnte, nicht aufbewahren konnte. Nein, es war endgültig Schluss. Vom alten Manna konnten sie nicht mehr leben.

Und das darfst du auch für dein Leben hören, heute ganz neu: **Vom alten Manna kannst du nicht leben.** Und das gilt im Hinblick auf drei Beziehungen:

1. im Hinblick auf dein Geld,
2. im Hinblick auf deinen Glauben und
3. im Hinblick auf dein Leben.

Als Erstes: Vom alten Manna kann man nicht leben im Hinblick auf dein Geld. Die Israeliten sind so die Prototypen des modernen Menschen. Die wollten gerne das sammeln, was der HERR ihnen gab, damit sie mehr als genug haben für die nächsten Tage, am besten noch für die nächsten Wochen und

Monate. Schön sammeln, dass man immer genug hat. Aber der HERR hat ihnen nur immer gegeben für einen Tag. Vom alten Manna konnten sie nicht leben. Sie mussten immer wieder neu lernen: Sie können nicht sammeln! Prototypen des modernen Menschen, denn wir sind genau solche Sammler. Wir gucken ja immer so ein bisschen abfällig aufs Volk Israel, was die da alle falsch machen mit ihrem Leben. In Wirklichkeit sind wir genauso. Wir sind auch so Sammler. Ich bin auch ein Sammler. Ich bin bei der Sparkasse in Syke unten und die haben für mich ein Girokonto eingerichtet, da sammle ich drauf. Wenn da viel drauf ist, dann packe ich was auf meinen Sparbrief oder weiß der Kuckuck was, kaufe noch ein paar Aktien um Geld zu sammeln, damit ich mein Leben erhalten kann. Ich bin so ein Sammler. Ein Sammler, der versucht, sein Leben dadurch zu erhalten. Aber ich kann nicht von diesem Geld leben! Und kaum, dass da mal in Griechenland so ein bisschen der Euro wackelt, dass da die Finanzhaushalte nicht stimmen, da merke ich, wie meine vermeintlichen Vorräte, mit denen ich mein Leben bestreiten will, weniger und weniger werden. Der HERR sagt mir deutlich durch diese Geschichte: „Du, Olaf Latzel, du lebst nicht von dem, was du auf deinem Sparbuch hast. Und wenn du meinst, du kannst da irgendwas sammeln und dein Leben damit bestreiten, das funktioniert nicht."

Es gibt eine tolle Geschichte in Lukas 12: Der reiche Kornbauer. Das ist auch so ein Typ, der sammelt und sammelt, hat eine riesen Ernte, baut größere Scheunen, packt sein ganzes Korn rein und dann sagt er: ***Liebe Seele, du hast einen großen Vorrat für viele Jahre; habe nun Ruhe, iss, trink und habe guten Mut!*** Jetzt kann es dir gut gehen. Gott sagt: ***Du Narr! Diese Nacht wird man deine Seele von dir fordern. Und wem wird dann gehören, was du bereitet hast?*** Wir können nicht von unserem Geld leben. Das denken wir. Wir bilden uns ein, wenn die Konten gefüllt sind bis oben hin und die Aktienkurse immer mehr Geld einbringen, dann hätten wir was. Das ist gar nichts! Das mag im Moment gut sein, aber wir können nicht von unserem Geld leben. Jesus Christus sagt in der Bergpredigt (Matthäus 6,19-20): ***Ihr sollt euch nicht Schätze sammeln auf Erden, wo Motten und Rost sie fressen*** (ich mach mal Klammer auf) oder wo Währung, Spekulation und Griechenland-Krise oder andere Dinge sie kaputt machen können (Klammer zu) ***und wo Diebe einbrechen und stehlen. Sammelt euch aber Schätze im Himmel, wo weder Motten noch Rost sie fressen und wo Diebe nicht einbrechen und stehlen.***

Wir sollen nichts sammeln. Und Geld anhäufen ist nicht das, was die Aufgabe von uns Menschen ist. Und wenn du jetzt Probleme hast mit deinem Sparbuch, mit deinem Aktiendepot, dann darfst du das heute hören für dein Leben. Von dem, was du da angehäuft hast, lebst du eh nicht! Binde dich nicht da dran. Spurgeon hat mal etwas ganz Wichtiges gesagt übers Geldsammeln und über den Wunsch der Menschen, reicher zu werden. Er hat gesagt, ich zitiere wörtlich: „Das Reichwerden ist eine gefährliche Sache. Von allen Versuchungen, denen die Kinder Gottes ausgesetzt sind, ist dieses die schlimmste, weil es eine Versuchung ist, die sie nicht fürchten. Deshalb ist sie umso gefährlicher." Da kann ich nur sagen: Amen.

Das Reichwerden ist ja etwas, was wir alle ganz toll finden, das wünschen wir uns. Und wenn die Aktienkurse steigen, wenn wir ein gutes Investment gemacht haben und die Zinsen steigen, dann freuen wir uns. Es ist doch in Ordnung, das dürfen wir auch. Aber wir dürfen uns nicht davon abhängig machen. So wie das Volk Israel sich gefreut hat am Manna, was es da geregnet hat, hat's gegessen und sich dran gefreut, aber es durfte das nicht sammeln und sich nicht davon abhängig machen. Sie lebten nicht von dem Manna, sondern sie lebten vom HERRN. So dürfen wir uns auch nicht abhängig machen vom Geld. Und das ist eine große Gefahr. Der Widersacher, der arbeitet nicht nur mit der hübschen Nachbarin, mit der er dann den Mann verführt, oder mit Abgöttern. Der arbeitet vor allen Dingen mit dem Geld in dieser Welt und will uns immer wieder abhängig davon machen. Ein Wort aus der Bibel, 1. Timotheus 6, 7-9:

Denn wir haben nichts in die Welt gebracht; darum können wir auch nichts hinausbringen. Wenn wir aber Nahrung und Kleider haben, so wollen wir uns damit begnügen. Denn die reich werden wollen, die fallen in Versuchung und Verstrickung und in viele törichte und schädliche Begierden, welche die Menschen versinken lassen in Verderben und Verdammnis. Und jetzt hört gut zu: ***Denn Geldgier - Sammeln von Geld - ist eine Wurzel allen Übels; danach hat einige gelüstet und sie sind vom Glauben abgeirrt und machen sich selbst viel Schmerzen.***

So ist das mit dem Geld. Wir können vom Geld nicht leben, sagt die Bibel. Wer sich solch einer Lebensweise hingibt, der lebt ganz glatt an Gott, an Jesus vorbei. Vom alten Manna kann man nicht leben und vom Geld kann ich auch nicht leben, von dem was das Sammeln angeht. Ich darf das benutzen für mein Leben, der HERR schenkt es mir ja. Aber wir sollen nicht glauben, dieses Materielle, dieser Geldschein, dieses Bankkonto wäre das, von dem ich lebe. Übrigens, und das ist das Tolle, das sagt nicht nur die Bibel, sondern das sagen auch ganz, ganz, ganz, ganz schlaue Menschen. Es gibt in unserer Gesellschaft eine Philosophische Schule, die ganz viel geprägt hat in unserem deutschen Vaterland, die sogenannte Frankfurter Schule, Ende der 1960er, Anfang der 1970er Jahre. Und in dieser Frankfurter Schule da waren Leute wie Habermas, Horkheimer, Adorno. Das waren Marxisten und Atheisten. Also alles Leute, die nichts mit Jesus am Hut hatten. Aber das waren ganz intelligente Leute. Leute, die über Jahre die ganze Politikergenerationen geprägt haben: CDU, SPD, Grüne, alle miteinander. Und da gibt's einen ganz besonders Schlauen, Erich Fromm. Und dieser Mann hat ein Buch geschrieben mit dem Titel „Haben oder Sein". Und da hat er genau das beschrieben, dass es für die Menschen zwei Existenzformen gibt: entweder die Existenzform des Habens oder die des Seins. Und die des Habens, so sagt er, das ist „das Übel der gegenwärtigen Zivilisation". Das ist die Existenzform, die sagt: Ich habe, was ich bin. Und wenn ich mehr habe, wenn ich mehr Geld habe, geht es mir besser. Und je mehr Geld ich habe, desto mehr wert bin ich auch. Das ist die Existenzform des Profites, die immer danach trachtet, mehr Konsum zu haben und mehr Geld zu empfangen. Das ist, so nennt er das, eine nekrophile Lebensform, eine tote Lebensform, weil sie Götzendienst betreibt. Das sagt einer, der Atheist gewesen ist. Neben dieser Haben-Form stellt er die Form des Seins. Das ist die Lebensform des Teilens, Gebens und Lebens. Er nennt das die biophile, die lebensfreundliche Lebensform. Das ist das, was Christen tun, so sagt er das in seinem Buch.

Diese beiden Lebensformen gibt es. Und du kannst dir überlegen, wo du lebst: im Haben oder im Sein. Lebst du mit deinem Geld und von deinem Geld oder lebst du vom allmächtigen Gott, der dir auch immer wieder Geld gibt? Das sind die beiden Lebensformen, wo du unterscheiden musst und das müssen wir immer wieder neu entscheiden. Immer wieder neu! Wer reitet uns? Der allmächtige Gott oder das Geld? Luther sagte mal: Wir sind wie ein Reittier, das entweder vom Teufel oder von Gott geritten wird. ***Wir können nicht Gott dienen und dem Mammon*** (Lukas 16,13). Wir können nicht leben vom alten Mammon. Wir können nicht leben vom Geld. Wir müssen uns entscheiden. Wenn wir hier unten auf die A1 auffahren im Bremer Süden, dann müssen wir uns entscheiden: wollen wir auf der A1 fahren nach Hamburg oder nach Osnabrück. Beides geht nicht! Wir können nicht sagen: „Okay, wir machen einen Kompromiss. Auf der einen Seite stehe ich auf dem, was mir das Geld gibt und zum anderen auf dem, was Gott tut." Nein! Unser Leben beruht allein auf Gott. Und ER sagt dir für dein Leben nochmal ganz neu zu: Du lebst allein von dem, was ER dir gibt und nicht von deinem Bankkonto. Lebst du von Gott? Von Gott, von Jesus leben und immer wieder von IHM Hilfe erwarten, das ist Gottesdienst. Vom Geld leben wollen, was man hat und vom Geld Hilfe erwarten, das ist Götzendienst. Als die Israeliten das Wort Gottes bekommen sollten, haben sie als erstes ein goldenes Kalb gebaut als Zeichen des Mammons, den sie anbeten. Der Mammon stand schon immer gegen Gott. Vom alten Manna kann man nicht leben und vom vergänglichen Geld schon mal gar nicht. Das ist das Erste, was du hören darfst für dein Leben.

Ein Zweites: Vom alten Manna kann man nicht leben im Hinblick auf deinen Glauben. Das, was die Israeliten brauchten in der Wüste, um weiterzugehen, die Nahrung, das gab Gott ihnen immer wieder neu. Aber sie konnten es nicht lagern, sie konnten es nicht bunkern, sondern mussten sich immer wieder Tag für Tag neu zurüsten lassen und mussten das Manna immer wieder neu einholen. Die konnten nicht sagen: „Wir machen jetzt mal voll für zwei Wochen und dann brauchen wir nicht mehr rauszugehen aus dem Lager, sondern haben es immer wieder.

Und so ist es auch mit unserem Glauben. Der Glaube ist auch etwas, was immer wieder neu auferbaut werden muss, immer wieder neu trainiert werden muss. Und wenn wir meinen, wir können von dem, was wir schon haben, leben und brauchen das Wort Gottes nicht, wir brauchen nicht zu beten, wir brauchen nicht in den Gottesdienst zu gehen, dann verderben wir wie das Manna in der Wüste. Wir müssen da täglich trainieren.

Als ich noch jünger und sportlicher war und noch in Marburg studiert habe, da war ich Mitglied in einem Fitnessclub „AC 1888 Marburg", das ist der älteste Athleten- und Kraftsportclub in ganz Deutschland, lange bevor es Fitnesscenter gab. Und ich durfte da eine ganze Weile sogar erster Vorsitzender sein. Und weil unser Jugendtrainer eine zeitlang ausgefallen war, habe ich auch das Training mit den jungen Leuten übernommen. Eines Tages kam da ein Vater und brachte seinen 17jährigen Sohn. Der war so ein bisschen straffällig geworden, hat Autos geknackt, der hatte ein bisschen zu viele PS und wollte unbedingt trainieren. Da habe ich schon gesehen, das ist ein richtig netter Kerl und auch gewillt. Um den habe ich mich dann gekümmert. Er ist jeden Tag zum Training gekommen und wir haben sehr hart miteinander trainiert. Er hat, auch was das Essen angeht, was ja wichtig ist beim Kraftsport, genau das gemacht, was ich ihm gesagt habe. Und er wurde stärker und stärker. Ein Jahr war der bei uns im Athletenclub. Dann haben wir teilgenommen an den Hessen-Meisterschaften, er wurde Hessenmeister. Im nächsten Jahr nahm er teil an den deutschen Meisterschaften und wurde deutscher Vizemeister im Kraftdreikampf. Er drückte 180 Kilo auf der Bank, beugte 240, also war ein wahnsinnig starker junger Mann, weil der hart trainierte. So mit den Erfolgen im Sport, mit der Anerkennung, wurde der mit der Zeit immer ein bisschen lascher. Als er den deutschen Vizemeister-Titel hatte, da hat er sich schon zurückgezogen, kam nur noch jeden zweiten Tag, dann kam er mal eine ganze Woche gar nicht mehr. Dann lebte er nicht mehr diszipliniert nach den Ernährungsvorgaben, sondern fing an auch wieder Alkohol zu trinken und und und... Irgendwann kam er gar nicht mehr. So nach einem halben Jahr habe ich ihn dann getroffen, da hatte der 20 Kilo zugenommen und da merkte man einfach, wie das alles weniger geworden war. Da sprach ich ihn daraufhin an und der glaubte immer noch: „Ich habe da noch Kraft. Ist doch kein Thema. In zwei Wochen bin ich wieder da!" Aber da hat er sich selber was vorgemacht. Er hat nie wieder richtig angefangen und hat nie wieder an die Leistung anknüpfen können. Er hat nicht weiter trainiert und heute, wenn man den sieht, da ist nichts mehr von einem athletischen und kräftigen jungen Mann, sondern der ist einfach nur ein vollgegessener und vollgesoffener Typ. So muss man das sagen, leider!

Genauso ist es mit dem Glauben. Da reicht es nicht, wenn wir mal eine gute Phase hatten mit Jesus. Sondern wir müssen immer wieder neu trainieren. Wir müssen immer wieder neu unseren Glauben stärken. Den können wir nicht bunkern. Und auch wenn wir mal Höhen mit ihm erlebt haben, wir müssen neu unseren Glauben trainieren. Ja, wie trainiert man denn den Glauben? Also im Kraftsport ist das ganz einfach. Da muss man entsprechend die Gewichte nach einem bestimmten Programm drücken, sich entsprechend ernähren und dann geht das schon. Und wie ist es im Glauben? Im Glauben ist es genauso einfach, noch einfacher! Dafür braucht man auch nur zwei Dinge: erstens das Wort Gottes, indem man liest und zweitens das Gebet. Es ist wichtig, dass ihr das Wort Gottes täglich zu euch nehmt. Wenn ihr das einen Tag schon nicht habt, dann werdet ihr schwächer im Glauben! Glaubt mir das: Wenn ihr einen Tag nicht betet, dann werdet ihr schwächer im Glauben! Man merkt das vielleicht nicht, das ist so schleichend. Aber glaubt mir, das passiert. Wenn ihr das dann zwei, drei, vier Tage macht, der Widersacher kriegt immer mehr Möglichkeiten an euch zu arbeiten. Aber wenn ihr am Wort bleibt und betet, dann trainiert ihr euren Glauben. Dann seid ihr stark im Glauben! Ihr könnt nicht von euerm alten Glauben leben, sondern ihr müsst den Glauben trainieren! Ich erlebe das immer wieder, wenn ich Menschen besuche. Auch in meiner alten Gemeinde im Siegerland war das so. Wenn da die Leute sitzen beim Besuch zur Trauung oder zur Taufe, gerade wenn die so ein bisschen weg sind von der Kirche, dann kommen die und sagen: „Pfarrer Latzel, das wollen wir mal zeigen: unsere Familienbibel!". Und da laufen sie zum Wohnzimmerschrank, machen den auf und dann kommen sie an mit einer Bibel aus dem Jahr 1630 oder von 1700 und so. Dann zeigen sie ihre Schätze, die natürlich auch einen gewissen materiellen Wert haben. Ich frag dann immer: „Ja und lesen Sie denn auch in der Bibel?" „Nö." Ja, was nützt es mir denn, wenn ich so ein Ding im Wohnzimmerschrank habe und das einen gewissen Wert hat. Da habe ich gar nichts von! Ich muss das Wort Gottes lesen, jeden Tag! Es nützt mir nichts, wenn ich den schönsten Fitnessraum in mein Haus reinbaue, vielleicht noch mit einem Swimming-Pool dabei, aber nicht trainieren gehe. Da habe ich überhaupt nichts von, da tue ich meinem Körper nichts Gutes. Ich muss da trainieren. Da ist es besser, ich habe zwei, drei Hanteln und trainiere jeden Tag. Da tue ich was für meinen Körper. Und so ist das mit dem Wort Gottes: Die Bibel im Regal, die nützt mir nichts! Übrigens hat deshalb auch der Buddhismus so hohe Konjunktur hier in unserer Zivilisation. Das ist so schön. Man stellt sich so eine Buddha-Statue, so einen dicken Götzen ins Regal und meint, man hätte irgendetwas davon. Nichts! Wir müssen mit dem Wort Gottes leben. Das Wort Gottes ist lebendig und will uns ansprechen. Und dazu möchte ich euch aufrufen, dass ihr das tut. Vom alten Manna könnt ihr nicht leben, von eurem alten Glauben nicht! Das, was gestern euch noch Kraft gegeben hat, das muss erneuert werden.

Wenn ihr jetzt mal auf euren Predigtzettel guckt, den ich euch gegeben habe, dann könnt ihr den mal umdrehen. Man darf der Gemeinde nicht nur sagen: „Das müsst ihr, müsst ihr, müsst ihr tun..." Man muss der Gemeinde am besten auch sagen, wie sie es machen soll.

Ich habe in der letzten Woche am Montag mich von Gott unglaublich beschenken lassen durch den Psalm 34. Ich war auf der Jagd, habe am Hochsitz gesessen und immer wieder den Psalm 34 durchgelesen. Ich weiß nicht, wie viel Rehe an mir vorbeigelaufen sind, die ich nicht gesehen habe, aber ich habe immer wieder den gelesen und er hat mich so gesegnet. Da habe ich gedacht: „Das musst du den Brüdern und Schwestern mitbringen." Nehmt den mit für Morgen und setzt euch mal hin und schreibt mir alles raus, was der HERR euch durch dieses Wort sagt. Betet vorher, betet vorher fünf Minuten und sagt: „HERR, sprich bitte durch diesen Psalm." Bittet ganz intensiv darum, dass er das segnet dieses Wort. Steckt euch das in die Tasche, lest es, wenn ihr in der Straßenbahn sitzt, wenn ihr beim Arzt wartet. Lasst das Wort Gottes reichlich unter euch wohnen, und ihr werdet merken, wie ihr gestärkt werdet, wie ihr trainiert werdet. Ihr dürft natürlich noch viele andere Dinge lesen, aber das ist nur so ein kleiner Happen Training dieser Psalm 34, den ich euch mitgebe. Und glaubt mir, wenn ihr den lest, der HERR wird euch dadurch segnen. Es wird etwas passieren. Denn ihr braucht immer wieder neue Nahrung für euren Glauben, immer wieder neues Training. Es reicht nicht von dem zu leben, was mal war. Wenn ihr euch mal gefreut habt über das, was ihr im Konfirmandenunterricht von Euerm Herrn Pastor erfahren habt, oder wenn ihr vor 14 Tagen eine gute Predigt gehört habt, oder wenn ihr vor drei Wochen eine gute Bibellese hattet. Ihr müsst es immer wieder neu machen! Vom alten Manna könnt ihr nicht leben. Aber der HERR bereitet immer etwas Neues für euch vor, das gilt auch für euren Glauben. Deshalb lest im Wort Gottes!

Ein Drittes und Letztes: Vom alten Manna kann man nicht leben im Hinblick auf dein Leben. Das Manna, das die Israeliten bekamen, das war dem Verfall ausgesetzt. Das war morgens noch frisch und - so heißt es in der Bibel - mittags, wenn die Sonne da war, da war es wie aufgetaut, da war es verdorben. Und ganz so, wie das Manna dem Verfall ausgesetzt ist, so ist nicht nur das was wir zum Leben brauchen, alles dem Verfall ausgesetzt, sondern auch das in dem wir leben, unser Körper. Das, was uns ausmacht, ist dem Verfall ausgesetzt. Das ist eine ganz kurze Zeit, die wir mit diesem Leib verbringen. Das hört irgendwann auf. Die Älteren, die wissen das besser noch als ich. Das geht so schnell! Da ist man eben noch 25 und rucki zucki sind 50 Jahre rum. Dann ist man 75 und das, was mit 25 noch ganz einfach ging, mal vier Treppen hoch zu laufen, das geht heute gar nicht mehr. Eine Kiste aus dem Auto heben kann man dann bald nicht mehr. Das ist Verfall. Nicht nur, dass der Körper immer weniger wird. Irgendwann hört es ganz auf. Irgendwann hört das Ding hier in meiner Brust auf zu schlagen. Irgendwann hört das alte Manna auf. Das, wovon ich gelebt habe, hört auf. Früher oder später. Ich weiß nicht, wie lange das Ding hier noch tickt. Es ist auch gar nicht so schlimm, dass ich nicht weiß, wie lange das noch ist. Ich weiß nur eins, wenn das aufhört zu ticken wie beim Volk Israel, dann werde ich ***essen von dem Getreide des Landes.*** Das Volk Israel kam auch an einen Punkt, wo das aufhörte, was ihnen bisher das Leben gegeben hatte, nämlich das Manna. Ohne das Manna hätten sie in der Wüste nicht überlebt. Aber da kam der Punkt, als sie durch den Jordan gegangen waren, da hörte es auf. Das Manna hörte auf, aber etwas viel Großartigeres ging für das Volk weiter. Jetzt durften sie leben von dem Getreide des Landes, von dem verheißenen. Vierzig Jahre waren sie durch die Wüste gelaufen. Und alles in den vierzig Jahren hatte ja nur den Sinn gehabt, dass sie ins Gelobte Land kamen. Jetzt durften sie endlich essen von dem Getreide des Landes. Wir haben draußen diese wunderbare Statue stehen. Da, wo die beiden Männer die große Traube bringen als Zeichen. So wunderbar sind die Früchte in dem Land, in dem Milch und Honig fließen. Das alte Manna hörte auf, endgültig. Aber nun gab's Getreide im verheißenen Land.

So ist das für mein Leben. Irgendwann ist dieses Leben, ist dieser Leib zu Ende. Der wird jetzt schon so langsam immer weniger. Und irgendwann ist ganz Schluss, vielleicht nächstes Jahr, vielleicht in zehn Jahren, vielleicht in vierzig Jahren. Aber wisst ihr was!? Dann bin ich im verheißenen Land, im himmlischen Jerusalem. Und dann bin ich an dem Baum des Lebens. Da werde ich Leben haben ohne Ende. Und dann wird das hier verwandelt werden. Dann ist das hier nicht so ein irdischer Körper mit all den Mängeln, mit Haarausfall und zu vielen Kalorien, zu viel Fett und weiß der Kuckuck was alles...

Nein, da gibt's einen wunderbaren, verherrlichten Leib in der Ewigkeit, den ich bekommen werde. Ich lese euch vor: 1. Korinther 15,42-44. Das ist das, was mich und was euch erwartet, wenn ihr zu Jesus gehört.

> ***So auch die Auferstehung der Toten. Es wird gesät verweslich und wird auferstehen unverweslich. Es wird gesät in Niedrigkeit und wird auferstehen in Herrlichkeit. Es wird gesät in Schwachheit und wird auferstehen in Kraft. Es wird gesät ein natürlicher Leib und wird auferstehen ein geistlicher Leib. Gibt es einen natürlichen Leib, so gibt es auch einen geistlichen Leib.***

Seht ihr, ich bin noch im natürlichen Leib, und das seid ihr auch. Aber dieser natürliche Leib, das alte Manna, das vergeht. Davon können wir eh nicht leben, früher oder später ist es zu

Ende. Aber es gibt eine Perspektive. Es gibt den geistlichen Leib. Es gibt etwas Verheißenes. Und darauf gehen wir zu. Und darauf dürfen wir uns freuen! Niemand muss von uns Angst haben, wenn dieses Alter aufhört. Dieses Volk Israel brauchte keine Angst zu haben, dass es jetzt auf einmal nicht mehr Manna regnete. Ich kann mir gut vorstellen, dass Sie schon wieder gedacht haben: „Na was ist denn jetzt? Meine Güte, das Manna hört auf! Was ist denn jetzt!?" Ja, Gott hat doch was viel Großartiges vorbereitet. Und so ist es auch für uns. Wenn dieser natürliche Leib aufhört, das alte Manna zu Ende geht, dann geht's erst richtig los. Dann gibt's den geistlichen Leib bei Jesus Christus. Da haben wir ewiges Leben!

Vor einiger Zeit kam einer in der Kirche nach dem Gottesdienst zu mir (ich freue mich immer, wenn Leute kommen) und sagte: „Also wissen Sie was, Pastor Latzel, Sie sprechen immer vom ewigen Leben. Haben Sie nicht mal etwas anderes drauf?" So nach dem Motto: „Sind Sie theologisch so begrenzt?" So ähnlich war das, aber sehr freundlich ausgedrückt.

Ja, wovon soll ich denn reden? Von Werder Bremen, wie es nächsten Samstag in Berlin wird? Soll ich reden vom Wetter oder von der Finanzkrise in Griechenland? Leute, das sind doch unwichtigste Dinge! Wenn Jesus Christus lebt - und er lebt! - und schenkt uns ewiges Leben und wir werden da eines Tages in Ewigkeit sein, ja, dann ist es das! Was habe ich den Leuten denn zu bringen als Pastor, als die Botschaft davon, dass wir Zugang zum ewigen Leben haben? Ja, für mehr hat mich Jesus Christus nicht Pastor sein lassen. Es gibt ewiges Leben für alle, die an Jesus Christus glauben. ER ist, Johannes 6,35, ***das Brot des Lebens***! Die Israeliten lebten von dem, was da vom Himmel regnete, was da morgens da war. Wir leben von Jesus Christus, vom Brot des Lebens. Von diesem alten Leben werde ich nicht leben können, von dem alten Leib. Aber von Jesus, in Jesus, mit Jesus werde ich leben können! Jesus sagt in Johannes 11,25:

Ich bin die Auferstehung und das Leben. Wer an mich glaubt, wird leben, auch wenn er stirbt; und jeder, der lebt und an mich glaubt, wird nimmermehr sterben. Oder Johannes 14,6: ***Ich bin der Weg, die Wahrheit und das Leben. Niemand kommt zum Vater, denn durch mich.***

Jesus ist das Leben, ER ist das Brot des Lebens, von dem wir und aus dem wir leben. Und wenn wir Jesus haben, brauchen wir uns um die Vergänglichkeit in dieser Welt keine Gedanken mehr zu machen. Das ist wirklich Trost im Leben und im Sterben.

Gestern haben wir die Schwester Weber beerdigt, die immer wieder hier bei uns gesessen hat und die lange zu uns gehört hat. Und ich habe sie vorletzte Woche am Montag - am Dienstag ist sie gestorben - besucht. Sie lag da in ihrem Bett, hatte schwer Krebs, hat kaum mehr etwas gehört, hat nur mal gestöhnt bei den Schmerzen, weil sie voller Tumore war. Was soll man so einem Menschen sagen? Soll ich da hingehen und sagen: „Hallo, wie wird denn das Wetter werden, Frau Weber? Wie ist es denn mit Werder Bremen? Wie wird das sein in Berlin? Oder wie ist es mit Ihrem Geld, was Sie vielleicht verlieren?" Das interessiert die Frau überhaupt nicht. Die liegt da und weiß: Ich werde sterben. Wovon habe ich gesprochen? Natürlich habe ich vom ewigen Leben gesprochen. Das war eine Frau, die mit Jesus gegangen ist. Und wie wunderbar, zu der Frau hingehen zu können und zu sagen: „Wissen Sie was, Frau Weber? Ganz kurze Zeit, dann ruft der HERR Sie ab. Ich wusste nicht, dass sie am nächsten Tag schon stirbt. Hätte ja auch sein können, sie lebt noch zwei oder drei Monate. Keine Ahnung! Aber ich wusste: Sie wird in der Ewigkeit sein. „Wenn Sie Jesus haben, passiert Ihnen nichts, da dürfen Sie sich freuen auf das, was kommt." Und in all ihrer Schmerzverzehrtheit hat man gemerkt, dass sie das angenommen hat. Darüber hat sie noch ein stückweit lächeln können, in ihren Schmerzen, in ihrem Elend. Weil sie das Brot des Lebens für einen Moment noch mal neu kosten konnte. Jetzt kann sie es in der Fülle nehmen.

Da werden einige sagen: „Ja, können Sie mir das denn garantieren?“ So einen Fall habe ich schon mal gehabt. Da ist jemand zu mir gekommen, der Chef der Feuerwehr in Siegen. In Siegen hat man eine hauptamtliche Wache mit 150 Leuten. Und mit dem Chef der Feuerwehr, der nicht an Gott glaubte, habe ich über Jesus gesprochen. Und ihm habe ich gesagt: „Hast du Jesus nicht, dann bist du verloren!“ Da sagte der: „Kannst du mir das garantieren?“ Er hatte mir damals meine Ernennungsurkunde zum Fachberater ausgestellt. Da sagte ich: „Weißt du was, Matthias, das kann ich dir genauso garantieren, wie du mich zum Fachberater Seelsorge ernannt hast, mit Urkunde. Ich schreib dir eine Urkunde aus, da siegele ich dir das mit Stempel und garantiere dir: Wenn du an Jesus Christus glaubst, wirst du ewig leben. Du kannst mit dieser Urkunde (wir dürfen das als Kirchengemeinden) zu jedem Gericht gehen und sagen: Das ist eine richtig ordnungsgemäße Urkunde.“ Dem habe ich die Urkunde geschrieben: „Wenn du an Jesus Christus glaubst“, da habe ich auch Johannes 11,25 dazu geschrieben, „garantiere ich dir im Namen Jesu Christi ewiges Leben.“ Unterschrieben, zack, mit Datum! Die Urkunde hat er sich dann in sein Büro gehängt.

Das kann ich garantieren! Und wenn das einer von euch braucht, das kann ich euch schriftlich geben. Ihr könnt dann zu jedem Gericht der Welt hingehen und sagen: „Ja, das haben die garantiert. Das hat die Kirchengemeinde Martini garantiert. Die ist rechtsgültig diese Urkunde.“ Das kann ich jedem garantieren, weil ich diesen Jesus kennengelernt habe! Ich kenne Jesus. Ich bin ein sündiger Mensch. Ich tauge nichts. Ich bin gar nichts! Das Einzige was ich habe ist Jesus, der gen Himmel gefahren und im Heiligen Geist wiedergekommen ist. Den habe ich kennengelernt. Ich weiß, dass erlebt. Ich weiß es. Ich weiß es sicherer, als dass zwei und zwei Vier ist. Und das kann ich jedem garantieren, dass es so ist. Da kommt ein anderer Pfarrer zu diesem Feuerwehrmann ins Büro und sagt zu dem: „Was ist das denn?“ Da erklärte er ihm die Geschichte. Und dann ruft mich dieser Pfarrer an und sagt: „Das darfst du nicht!" Ich sage: „Wie, das darf ich nicht...." – „Ja, du darfst nicht so eine Urkunde ausstellen, du hast doch gar keine Rechtssicherheit!" Das sprach ich: „Wenn ich diese Urkunde nicht ausstellen kann, dann lege ich heute auf den Tag meinen Talar ab. Ich kann es garantieren. Es gibt ewiges Leben!" Wir leben nicht von dem allen hier. Wir leben nicht von unserem Geld. Wir leben nicht von unseren Ärzten. Wir leben nicht von der gesunden Ernährung. Wir leben nur von Einem und durch Einen: Jesus! Und wer diesen Jesus hat, der darf wissen: Er lebt nicht von diesem irdischen Leben, sondern er lebt von dem, was auf ihn wartet: von der Ewigkeit. Und er wird dabei sein. Du darfst von und in Jesus leben, wenn du an IHN glaubst. Vom alten Manna kannst du nicht leben, aber vom Brot des Lebens Jesus Christus!

An eben diesem Tage hörte das Manna auf, weil sie jetzt vom Getreide des Landes aßen. Das durfte das Volk Israel erleben, dass es nicht mehr auf das Alte blicken musste, sondern sich verheißungsvoll dem Neuen zuwenden konnte. Das gilt auch für dein Leben. Vom alten Manna kannst du nicht leben. Aber unser HERR und Gott in Jesus Christus hält immer wieder für dich Neues bereit. Amen.

Und der Friede des lebendigen Gottes, der sehr viel höher ist als alle unsere menschliche Vernunft, bewahre unsere Herzen und Sinne in Christus Jesus, unserem auferstandenen und lebendigen HERRN. Amen.

Ich aber und mein Haus wollen dem HERRN dienen!

Josua 24,15 (Teil 5)

Gnade sei mit euch und Friede von dem, der da war und der da ist und der da sein wird in alle Ewigkeit - unser HERR Jesus Christus. Amen.

Liebe Gemeinde, diese Predigt ist bestimmt von zwei Dingen. Einmal davon, dass wir uns über Nachfolge heute Gedanken machen. Und zum anderen schließen wir heute die Predigtreihe zu Texten aus dem Josua-Buch ab. Und da ist uns heute ein ganz wunderbares Wort gegeben; nur ein einziger Vers aus der Bibel, der der Predigttext ist. Und in Ehrfurcht gegenüber Gottes Wort wollen wir uns gegenüber diesem Predigttext erheben. Der HERR schenkt dir, er schenkt mir für diesen Sonntag, für die nächste Zeit folgendes Wort:

Ich aber und mein Haus wollen dem HERRN dienen. Amen.

Wir wollen beten: Lieber himmlischer Vater in Jesus Christus, Heiliger Geist, danke, dass du uns jetzt dieses Wort gibst. Dieses Wort, was wir brauchen, von dem wir leben, durch das du uns tröstest und korrigierst, aus dem wir alles zu nehmen haben, was wir brauchen. HERR, wir wollen uns jetzt Gedanken machen in dieser Predigt was es heißt, wenn Josua das sagt, dass er und sein Haus dir dienen wollen. Wir wollen dich bitten, dass du uns aus dieser Predigt Frucht schenkst für unser Leben. HERR, das kann nur dann gelingen, wenn du Segen schenkst durch deinen guten Heiligen Geist. Und darum wollen wir dich bitten für diese Predigt. Segne du selber das Reden und das Hören deines heiligen und lebendigen Wortes. Amen.

Jetzt ist es endlich geschafft! Nach über 40 Jahren in der Wüste und der harten Zeit der Eroberung des verheißenen Landes, hat das Volk nun endgültig und abschließend das verheißene Land eingenommen. Nun bricht eine neue Zeit an. Die Wanderung in der Wüste mit Wachteln und Manna, mit den vielen Kämpfen, das wohnen in Zelten, das ist nun zu Ende. Jetzt gibt's feste Häuser. Jetzt kann man leben von den Früchten des Feldes und von den Weinbergen. Jetzt geht die neue Zeit los für das Volk Israel. Das Volk Israel stellt sich die Frage, so wie es immer ist bei den neuen Zeiten: Wie wird's denn werden? Was wird diese neue Zeit bringen? Und in Israel entsteht die Frage: Taugt denn unser Gott noch etwas, den wir in der Wüste hatten? Ja, in der Wüste, da hat er sich als brauchbar erwiesen. In den zurückliegenden Zeiten war es ja ganz gut mit Wachteln, mit dem Manna, mit der Lade, wenn sie gekämpft haben gegen die fremden Völker und Könige. Aber jetzt in der neuen Zeit? Versteht denn dieser alte Gott, dieser alte Glaube etwas von Ackerbau und von Viehzucht, von Weinbergen? Ist es da nicht besser, sich mit den Vegetationsgottheiten der ehemals hier ansässigen Fremdvölker auseinanderzusetzen, mit den Baalen und mit den Astarten? Hat dieser Gott uns noch etwas für die neue Zeit zu sagen? Das sind die Fragen, die jetzt in Israel brandaktuell sind, und die sind immer wieder bei Menschen brandaktuell. Hat dieser alte Gott uns noch etwas zu sagen? Kann der noch helfen oder muss man sich anderen Größen zuwenden?

Da ist der Führer des Volkes, Josua, der treue Diener des HERRN, am Ende seines Lebens, schon alt, aber nicht schwach, weil er den Geist Gottes hat. Und er lässt alle nochmal antreten, das ganze Volk. In Sichem lässt er sie alle antreten. Die Oberen, die Unteren, alle, Mann und Maus, ganz Israel tritt an. Und da hält er eine bewegende Rede. Er erzählt davon, was gewesen ist. Wie Gott Abraham herausgeführt hat aus Ur in Chaldäa, wie er ihn bewahrt und behütet hat; was er getan hat mit Isaak, mit Josef, wie er bei ihnen war, wie er sie durch die Wüste geführt hat. Er erzählt all die großen Taten Gottes. Und dann kommt er zum Punkt. Und jetzt sind wir hier, sagt er. Und jetzt stehen wir vor der Wahl. Jetzt müssen wir uns entscheiden, jeder einzelne: für diesen Gott, der immer bei uns war, oder für die Götzen dieses Landes. Und dann kommt dieses Wort, dieser Predigttext: ***Ich aber und mein Haus wollen dem HERRN dienen.*** In diesem Satz, da können wir eine Menge lernen für unsere Nachfolge. An diesem Josua, der da den letzten Auftritt vor dem Volk hat, das Volk noch einmal einschwört auf die Nachfolge Gottes, auf die Nachfolge des HERRN. Wir können an Josua lernen, was es heißt, Nachfolger des lebendigen Gottes zu sein. Es ist ein Vierfaches, was wir an ihm erkennen und sehen dürfen:

1. Josua ist der Entscheider.
2. Josua ist der Bekenner.
3. Josua ist der Wegweiser.
4. Josua ist der Diener.

Das Erste: Josua ist der Entscheider. Dieser Predigtvers ist eine Entscheidung. Er stellt sich stellvertretend vor das Volk und sagt: Ihr könnt machen, was ihr wollt. ***Ich aber und mein Haus, wir werden dem HERRN dienen.*** Ihr könnt hingehen und mit diesen Baalen und Astarten machen was ihr wollt. Wir ziehen das durch, indem wir gegangen sind und bleiben treu beim HERRN. Er trifft eine Entscheidung und er legt dem Volk die Entscheidung vor. In diesem Punkt sind sie dann auch so, dass sie sich entscheiden für den HERRN. Ja, dann schreien sie alle: Wir wollen auch dem HERRN dienen. Und weil sie diese Entscheidung treffen, so heißt es dann einige Verse später: ***Solange Josua lebt, bleiben sie dabei und werden gesegnet.***

Josua ist ein Entscheider. Er entscheidet sich glasklar für den HERRN. Übrigens nicht nur hier, sondern immer und immer wieder. Wir haben das ja gehört an den zurückliegenden Sonntagen. Wenn da das Volk gemurrt hatte und die wollten nur zurück. Immer wieder hat er sich für den HERRN entschieden. Nur er und Kaleb durften ja von Ägypten in das verheißene Land, bis nach Israel kommen. Er trifft die Entscheidung für den HERRN. Und auch Israel trifft an dieser Stelle hier die Entscheidung für den HERRN. Und das muss man immer wieder machen: immer wieder die Entscheidung für Gott treffen.

Wir haben in unserem Leben immer wieder Dinge zu entscheiden. Heute Nachmittag, wenn du in der Eisdiele sitzt, da kannst du dich entscheiden, was du haben willst: Schokolade, Vanille, Stracciatella, weiß der Kuckuck. Du kannst dich heute Abend entscheiden, welches Fernsehprogramm du anschaltest. Das sind so die unwichtigen Entscheidungen. Es gibt wichtigere Entscheidungen. Du kannst entscheiden, wo du im Sommer oder im Herbst in den Urlaub hinfährst, auf Gran Canaria, an die Ostsee oder in den Harz. Du darfst dich entscheiden, welchen Namen deine Kinder kriegen. Du darfst natürlich entscheiden, welche Frau, welchen Mann du heiratest. Du darfst dich entscheiden, welchen Beruf du erlangst. Du darfst entscheiden, ob du ein vierstöckiges, zweistöckiges, einstöckiges Haus baust. Du darfst dich über so Vieles entscheiden. Da gibt es wichtige, ganz wichtige und unwichtige Entscheidungen. Aber die wichtigste Entscheidung deines Lebens, das ist die: Welchem Gott und HERRN folgst du nach in deinem Leben? Wem folgst du nach? Wer ist dein Gott?

Wir haben eben ein Negativbeispiel gehört in der Lesung vor der Predigt, Matthäus 19. Da hat sich einer entschieden, wenn auch schweren Herzens. Der fand ja diesen Jesus und sein Konzept gut. Aber sein Geld aufgeben, das konnte und wollte er nicht. Entscheidung gefallen, wenn auch schweren Herzens, aber gegen diesen Gott. Und Glaube ist zuallererst immer wieder eine Entscheidung. Als Erstes hat sich Gott für uns entschieden. Er hat sich für mich entschieden und für dich entschieden. Er legte dir das Angebot hin, so wie Josua dem Volk Israel. Er zwingt niemanden. Dieser Gott ist ein Gott, der uns lieb hat. Und Liebe zwingt nicht! Aber ER ruft uns zur klaren Entscheidung. ER fragt uns: Mit wem willst du leben? Wem willst du nachfolgen? Wer ist der HERR deines Lebens? ER ruft dich zur Entscheidung. Glaube ist kein Gefühl, sondern Glaube ist für uns zuallererst eine Entscheidung: „Ja, ich nehme dieses

Angebot in Jesus Christus an." Oder: „Nein, ich lehne es ab." Ich kann niemanden ins Reich Gottes reinprügeln. Ich würde es tun, wenn es ginge, aber es funktioniert nicht. Gott prügelt auch niemanden rein. Aber was ich zu tun habe als Pastor und als gläubiger Christ: Menschen klar vor die Entscheidung zu stellen, so wie Josua hier. Du musst dich entscheiden, wem du dienen und nachfolgen willst. Wer ist der HERR deines Lebens? Und da frage ich die heute Morgen unter uns, so denn welche hier sind, die Jesus Christus noch nicht als HERRN ihres Lebens angenommen haben: Was hindert dich? Was sind deine Götter und Götzen, die du runterdrücken musst, damit der HERR an der ersten Stelle ist? Jesus ruft dich heute neu. Er will, dass du und dein Haus, dass du ihm nachfolgst, dass du ihm dienst. Er ruft dich dazu auf, sich für IHN zu entscheiden; weil, wenn du dich für IHN entscheidest, kriegst du ewiges Leben. Dann hast du alles, was du brauchst. Das haben wir eben schon gehört. Aber wenn du dich nicht für IHN entscheidest, wirst du eines Tages im Tod alleine dastehen. Aber Jesus ruft nicht nur diejenigen heute Morgen zur Entscheidung, die ihm noch nicht gehören, sondern auch uns, die wir zu ihm gehören, dass wir uns neu entscheiden, so wie das Volk Israel. Die sind auch immer wieder gerufen worden, Josua 6, beim Durchzug durch den Jordan. Immer wieder neu musste die Entscheidung festgemacht werden. Das ist nicht nur ein einmaliger Akt, so nach dem Motto: „Bei meiner Konfirmation mit 14 habe ich es klargemacht. Na ja, dann habe ich es ja. Da kann ich es einschließen." Nein! Die Entscheidung für Jesus muss immer wieder neu bekräftigt werden! Gott ruft dich heute Morgen auf, diese Entscheidung neu für dein Leben zu begreifen. Du darfst dich darüber freuen, wenn du das hörst und merkst „Jawohl, das will ich, das muss ich tun!"

Der HERR wird dich segnen, wenn du dich für IHN entscheidest. So, wie das Volk Israel gesegnet wurde, solange sie bei der Entscheidung für Jesus geblieben sind. Josua, der Entscheider, an ihm können wir Nachfolge Jesu Christi lernen. Wir haben uns immer wieder neu zu entscheiden für unseren HERRN.

Das Zweite: Josua ist der Bekenner. Josua legt hier ein Bekenntnis ab. Er macht das nicht in aller Stille. Der verheimlicht nicht das, was in der Zukunft sein soll, an wen er glaubt. Nein, der sagt es in aller Öffentlichkeit. Er bekennt sich dazu! Und das ist auch so: Wenn ich mich für etwas entschieden habe, das war ja der erste Punkt, wenn ich die Entscheidung getroffen habe, dann bin ich auch entschieden dafür! Wenn ich mich als junger Mann entscheide, diese Frau zu heiraten, dann werde ich die natürlich auch allen zeigen und mich dazu bekennen, dass das meine Ehefrau ist. Was wäre das denn für eine Beziehung, wenn ich mich entscheide für eine Frau und ich verheimliche die überall, zeige die nicht und schäme mich sogar dafür. Das passt doch nicht zusammen! Wenn ich mich für Jesus entschieden habe, wenn ich dem HERRN dienen will, dann werde ich auch immer wieder nach vorne gehen und bekennen. Das geht gar nicht anders. Wer klar beim HERRN ist, der kann nicht anders als den HERRN bekennen!

Ich möchte euch eine Geschichte erzählen von einem großen Bekenner in der Kirchengeschichte. Das ist der Bischof Polykarp gewesen. Er lebte 69 bis 155 nach Christus und war fast 90 Jahre alt, als er verhaftet wurde in Smyrna (diese Stadt ist in der Türkei und heißt heute Izmir). Er wurde verhaftet, weil damals eine große Christenverfolgung angesagt worden war. Marc Aurel, der Kaiser, hatte das befohlen. Und der Prokonsul dort in dieser Stadt, also der römische Machthaber, dem tat dieser alte Mann, der Polykarp, ein bisschen leid. (Die hatten da in Smyrna eine schöne Arena mit Löwen. Da hatten die schon eine ganze Menge Christen hingeschmissen, die wurden schon alle gefressen von den Löwen.) Der Prokonsul machte dem Polykarp ein Angebot: „Du wirst nicht vor die Löwen geworfen, wenn du jetzt noch verleugnest, wenn du Jesus Christus abschwörst, dann kannst du frei laufen. Du bist ein alter Mann, ist ja nicht so schlimm!" Da ist Polykarp hingegangen und hat eine Stunde christlichen Unterricht mit diesem Prokonsul gemacht. Er hat dem erklärt, was Jesus Christus für ihn getan hat. Er sagte: „Ich kann den doch nicht verleugnen, der mich selig macht. Das geht überhaupt gar nicht." So befiehlt der Prokonsul, den Polykarp vor die Löwen zu schmeißen. Aber weil schon so viele Christen verfüttert worden waren, hatten die Löwen gar keinen Hunger mehr. Die Löwen sitzen einfach da rum und in der Arena passiert nichts. Der Prokonsul ist so richtig böse, weil der ihm die Stirn geboten hat, weil er sich zu Jesus bekannt hat. Dann befiehlt er, ihn zu verbrennen. Er befiehlt, ihn zu fesseln, weil er Angst hat, der würde sich losreißen. Da sagt der Polykarp: „Ihr braucht mich nicht zu fesseln, ich gehe da hin. Das ist mein Bekenntnis." Er stellt sich ohne Fesseln auf den Scheiterhaufen und unter Loblieder singend stirbt er das Martyrium. Damit bekennt er den HERRN. „Oh!", werden jetzt wieder einige sagen: „Der Latzel mit seinen drastischen Beispielen. Was verlangt der denn da von mir ab? Dass ich da auf den Scheiterhaufen gehen soll? Was sind denn das für Messlatten?" Das habe ich nicht gesagt, dass du das tun sollst! Aber ich sage dir für dein Umfeld, dass du Jesus bekennen sollst! Und ich will dir und auch mir deutlich machen, was die Väter im Glauben zum Teil für Opfer gebracht haben, um den HERRN zu bekennen. Was da für ein Segen drauf liegt! Ich weiß nicht, ob ihr heute Morgen schon Losung und Lehrtext gelesen habt. In Matthäus 10, da steht im Vers 32:

> ***Jesus Christus spricht: Wer mich bekennt vor den Menschen, den will auch ich bekennen vor meinem himmlischen Vater.***

Das ist der Lehrtext. Aber der geht noch einen Vers weiter, den haben die nicht mit reingenommen. Die sind bei den Herrnhutern mit den Losungstexten da auch so ein bisschen weich geworden. Die nehmen lieber nur die verheißenden Worte! Der nächste Vers heißt nämlich dann:

> ***Wer mich aber verleugnet vor den Menschen, den will auch ich verleugnen vor meinem himmlischen Vater.***

Wisst ihr, ich stelle es immer wieder fest, hier in unserer Gemeinde, aber auch in der Gemeinde, wo ich herkomme und auch manchmal bei mir selber, dass wir so eine irrationale Angst haben, den HERRN zu bekennen vor Menschen. So in unserem Freundeskreis, wenn man da abends beim Grillen zusammensitzt oder an der Arbeitsstelle, wenn dann irgendwie die falschen Witzchen erzählt werden oder sonst irgendwas. Und wir sind dann immer so im Rückwärtsgang. Da ist so wenig Bekennermut! Das Problem ist: Wenn wir, so sagt Jesus, ihn nicht bekennen, da bekennt er uns auch nicht vor seinem himmlischen Vater! Das sag ich jetzt nicht mit drohendem Finger. Das sage ich als das, was in der Bibel steht. Aber er verheißt uns auch, dass er uns bekennt vor dem Vater, wenn wir da treu sind. Und dann frage ich mich allen Ernstes: Was haben wir denn zu verlieren, wenn wir den Allmächtigen bekennen vor irgendwelchen Kegelbrüdern, vor irgendwelchen Nachbarn oder vor den Enkeln oder was weiß ich auch immer? Was haben wir denn bitteschön zu verlieren? Nichts! Und was haben wir zu gewinnen? Alles! Bekennen, Gott bekennen, so habe ich das eben auch im Glaubensbekenntnis gesagt. Gib als Erstes Gott die Ehre! Und wenn ich Gott nicht bekenne, dann versage ich ihm die Ehre.Das Zweite, was ich gesagt hatte: Wenn ich Gott bekenne, dann stärkt mich das im Glauben. Und glaubt mir, wenn ihr nicht bekennt, dann werdet ihr im Glauben nicht gestärkt. Wenn ihr erst einmal den Rückwärtsgang eingelegt habt und Jesus - nicht direkt verleugnet - aber so halb totgeschwiegen und so ein bisschen weggehört habt, das nimmt der Widersacher und macht euren Glauben kaputt. Wir sind aufgerufen zu bekennen!

Ich habe einen guten Freund. Er ist Christ und hat immer schön den Fisch hinten am Auto. Irgendwann sind die Eltern zu ihm gekommen, weil er ein erfolgreicher Mensch ist mit Versicherungen und sowas alles, und haben zu ihm gesagt: „Du, vielleicht stößt du ja einigen damit vor den Kopf!“ Also hat er überlegt: Was mach ich denn? Da hat der den Fisch abgekratzt. Könnte ja irgendwo schlecht ankommen, dass ich mich zu Jesus bekenne. Aber wenn man mal drüber nachdenkt, das kann vielleicht schlecht beim Allmächtigen ankommen, wenn ich mich nicht für ihn bekenne! Das habe ich nochmal neu für mein Leben aus dieser Geschichte, aus diesem Wort gehört. Also ich will mutiger werden, noch mutiger, immer klar bekennen. Ob das allen in der Gemeinde passt, ob das meinen Eltern oder meinem Nachbarn passt, das interessiert mich nicht! Für mein Leben ist nur entscheidend, dass es dem HERRN passt. Ich will treuer bekennen, weil das zur Nachfolge dazugehört. Wenn ich für Jesus mich entschieden habe, dann gehört auch das klare Bekenntnis für diesen Jesus dazu. Und du bist auch aufgerufen, neu den HERRN zu bekennen. Und ich weiß, ER wird dir in der nächsten Woche oder im nächsten Monat Situationen geben, wo du gefordert bist in deiner Nachfolge, in der Schule, am Arbeitsplatz, in der Familie, wo auch immer. Ich kenne die Situationen nicht, nur darf ich dir das als Wort Gottes mitgeben: Steh treu zu IHM, folge IHM nach und bekenne IHN wie Josua es getan hat!

Ein Drittes: Josua ist der Wegweiser. Dieses 24. Kapitel, aus dem der Predigtvers ist, das ist das Ende des Josua-Buches. Ich sagte das eben schon, einige Verse weiter heißt es dann: ***Israel diente dem HERRN, solange Josua lebte.*** Solange die den hatten und er sich hinstellte und hat ihnen ganz klar gesagt wo's lang geht, da ist es gut gelaufen, da hatten die klare und deutliche Wegführung. Wir wissen das aus der späteren Geschichte Israels, wenn dann die Könige da waren, die dann so gewackelt haben, die sich orientiert hatten an den Baalen und Astarten und den Fremdgöttern. Da ist es mit dem Volk immer wieder schwierig geworden. Das Volk brauchte klare Wegweisung durch Menschen, die sich hingestellt und den Weg ganz klar gezeigt haben, der von Gott aus zu gehen ist. Keine Vorbilder! Vorbild ist nur einer: das ist Jesus Christus! Aber Orientierungsgeber, Wegweiser. Und das brauchte nicht nur das Volk Israel, das braucht die Gemeinde, das braucht dein Umfeld in dem du lebst. Da sind Menschen, die laufen in der Dunkelheit umher. Die kennen Jesus Christus, das Licht der Welt, nicht! Und wer soll es ihnen denn bringen in dieser Welt, wenn nicht du, wenn du in ihrer Nähe vielleicht der einzige Christ bist?

Wir sind aufgerufen, Wegweiser zu Jesus Christus zu sein, Orientierungshilfen zu geben in der Zeit, in der wir sind! Wir sollen ja nicht hingehen und Jesus Christus bekennen und von ihm reden, weil Gott uns das so abverlangt als eine Aufgabe, dann machst du einen Haken dahinter wie so ein TÜV-Gutachter. So nach dem Motto: „Ja, ja, ja." Nein! Ein Nachfolger Jesu macht das, weil er Gottes Rettungswerk weitergetragen haben möchte. Wenn wir nicht von Jesus sprechen, wenn wir IHN nicht bekennen, dann können andere nicht von diesem Jesus erfahren, dann bleiben sie in der Finsternis. Wir sollen Wegweiser zu Gott sein, wie Josua Wegweiser gewesen ist zu Gott. Und das müssen wir natürlich mit unseren Worten, aber auch mit unseren Werken. Das ist ein hoher Anspruch, das ist ganz wichtig!

Ich habe da eben ein bisschen meinen Freund bloßgestellt und gesagt, er hat den Fisch vom Auto abgekratzt. Ich sag da mal ein kritisches Beispiel über mich. Letzte Woche fahr ich mit meinem Auto - ich trage da gerade so an meiner Predigtvorbereitung schwanger - in die Stadt nach Bremen rein. Ich war ein bisschen mit der Zeit knapp und es war natürlich wieder Stau. Da fahr ich so und drängle, der eine lässt mich nicht rein und ich habe gehupt und noch mit meinem Finger gedroht und so. Dann habe ich mich so reingeschlängelt und denke: „Ach, ohweih! Was wird der wohl denken, wenn der meinen Fisch hinten drauf sieht? Ein Wegweiser zu Jesus Christus, der ich bin? Vollkommen versagt!"

Und da ist mir das, was ich in der Predigtvorbereitung genau zu diesem Punkt gerade hatte, durch den Kopf gegangen: „Da liegst du voll daneben! Du bist ja ganz schnell mit der großen Klappe, Latzel, im Bekennen. Das ist nicht dein Problem. Aber die Taten sprechen zu lassen...!" Ich sage das hier vor der Gemeinde: Da habe ich so meine Probleme, weil ich manchmal lieblos und hart bin. Aber wir sind aufgerufen, Wegweiser zu sein zu Jesus Christus mit unserem Leben, mit der Ganzheitlichkeit, mit den Worten und mit den Werken.

Ich möchte euch da eine kleine Geschichte erzählen aus dem Süddeutschen, von jemandem, der da vorbildlich gewesen ist. Auch nur ein Mensch, der viele Fehler gemacht hat, aber dem immer wieder vieles gelungen ist. Das ist der alte Kässbohrer gewesen. Ich weiß nicht, ob die Firma der eine oder andere vielleicht kennt. Dort werden die Busse mit allem ausgestattet. Kässbohrer ist ein ganz großes Unternehmen, eine riesige Firma mit mehreren Tausend Beschäftigten. Und da wird erzählt von einer Begebenheit. Da war eine große Betriebsversammlung am Nachmittag angesetzt. Und zum Mittagessen in der Kantine war dieser Kässbohrer, der Chef der Firma, auch da. Da kommt der runter, geht in die Kantine und stellt sich mit seinen Mitarbeitern in der allerletzten Reihe an, wo alle warten mit dem Tablett. Er steht da so zehn Minuten, bis er dran ist. Er, dem die Firma gehört! Und da sagten die: „Meine Güte. Sie können doch, Herr Kässbohrer, bitte, Sie dürfen vor!" Nein! Ganz brav in der Reihe. Und dann kommt er bis zur Kasse. Nochmal, der Laden gehört ihm! Und da hat er das Essensmärkchen vergessen in seinem Büro. Da kann man doch sagen: Der geht doch für lau durch. Was heißt für lau, das ist doch sein Essen. Nein! Dann lässt er das Tablett stehen, geht wieder nach oben ins Büro, holt sein Essensmärkchen und stellt sich wieder hinten an. Beispielgebend! Und dann hat er bei der Betriebsversammlung über Jesus Christus geredet und seinen Glauben bezeugt. Was meint ihr, wie das angekommen wäre, wenn der sich so mit „Ich mach hier mal den dicken Chef, bin ich ja auch..." direkt vorne angestellt hätte und ohne Märkchen durchgegangen wäre?!

Wegweiser für Jesus sein! Das muss ein Pastor sein, wenn er auf der Kanzel steht. Das darf aber auch die alte Dame im Altersheim, mit 89 Jahren sein, an den Miteinwohnern im Altenheim. Das kann der Schüler am Schulhof sein. Das sind vielleicht manchmal ganz kleine Dinge unseres Lebens. Aber wenn wir den HERRN bekennen mit unserem Mund, dann wollen wir auch mit unseren Taten, mit unserem Leben Zeugnis für den HERRN sein. So wie Josua das gewesen ist, der immer in Wort und Tat Wegweiser für unseren HERRN war. Bist du Wegweiser für Jesus?

Und **das Vierte und Letzte**, was wir über unsere Nachfolge für Jesus am Nachfolger Josua lernen können: **Josua ist der Diener.** Josua ist wirklich ein treuer Diener des HERRN gewesen, nie abgewichen. Das sagt die Bibel ausdrücklich. Und weil das so war, darf er ins Gelobte Land kommen. Immer wieder gedient, ohne abzufallen. Und das hat er immer wieder getan: Er hat andere auch immer wieder zum Dienst für Gott, für den HERRN, dem er dient, aufgerufen. Wir sind auch alle aufgerufen, wie das Volk Israel, Gott zu dienen. Wir sind aufgerufen, Gott zu dienen! In 1. Korinther 4 gibt es ein Wort von Paulus. Da heißt es:

> ***Dafür halte uns jedermann: für Diener Christi und Haushalter über Gottes Geheimnisse. Nun fordert man nicht mehr von den Haushaltern, als dass sie für treu befunden werden.***

Wir sollen Diener sein! Wenn wir Glieder am Leib Christi sind, wenn wir also dieses Glaubensbekenntnis, was wir vorhin gesprochen haben vor der Predigt, wenn wir das wirklich glauben, dann sind wir Glieder am Leib Christi. Dann gehören wir zum allmächtigen Gott. Und dann haben wir als Glieder eine Funktion. Dann haben wir Dienstaufgaben. Die sind ganz unterschiedlich. Meine ist eine andere als eure. Niemand hat dieselben Aufgaben, so wie mein Finger eine andere Aufgabe hat als mein Ohr, als meine Augen, meine Haare. Jeder hat eine Aufgabe. Jeder wird gebraucht, damit dieser Leib Christi, diese Gemeinde Jesu Christi, diese für uns unsichtbare Gemeinde funktionieren kann. Wir sind gerufen, den Dienst zu tun. Du bist gerufen, deinen Dienst einzunehmen. Und wenn du nicht genau weißt, was dein Dienst ist, ja bitte, dann mach dich auf und suche danach! Frag den HERRN! Frag in der Gemeinde nach! Es gibt so viele Dinge hier in Martini zu tun. Wir haben so viele Dienste, die unbearbeitet da liegen. Du kannst nicht Glied am Leib Christi sein, ohne Dienst zu tun. Ein nicht dienender Christ, das ist ein Widerspruch in sich selber. Das ist wie ein Olympiasieger über 100 Meter Freistil, der nicht schwimmen kann. Das geht nicht! Ein nicht dienender Christ ist ein Widerspruch in sich selber. In Amerika gibt es Gemeinden, die gehen durch die Gemeinden und fragen die Leute: Was ist denn dein Dienst? Und die fangen an Leute auszuschließen, die keinen Dienst tun, weil die sagen: „Dann gehören die nicht dazu." Das ist eine Lebensäußerung; wie ein Baum, der Früchte bringt. Wenn ein Baum keine Früchte bringt, dann ist irgendwas nicht in Ordnung. Dann wird der abgehauen. Da wirst du sagen: „Was kann ich denn tun? Ohwei, ohwei! Wenn der Latzel mal wüsste, wie wenig Geld ich habe und dass ich nicht reden kann..." Und egal was. Aber wisst ihr, der wichtigste Dienst in der Gemeinde ist das Gebet, das kann jeder. Der wichtigste Dienst im Reich Gottes ist das Gebet. Gebet unterstützt nicht die Arbeit im Reich Gottes, Gebet ist die Arbeit des Reiches Gottes. Du kannst schon mal anfangen zu beten, wenn du sonst noch keinen Dienst hast. Den dürfen wir sowieso alle tun, den Gebetsdienst. Aber es gibt viele Dinge, und da bin ich mir ganz sicher, für jeden finden wir auch einen Dienst hier oder in einer anderen Gemeinde. Es geht ja nicht um St. Martini. Es geht um das Reich Gottes. Gott hat einen Masterplan mit deinem Leben. Der hat dich geschaffen, so wie du bist, mit all deinen Fähigkeiten, damit du IHM dienst, so wie Josua: ***Ich aber und mein Haus wollen dem HERRN dienen.*** Mit all unseren Schwächen, aber auch mit all unseren Gaben, mit all unseren Kräften, die der HERR gegeben hat. Das gehört zur Nachfolge dazu: der Dienst!

Josua, der Diener. Josua, der Wegweiser. Josua, der Bekenner. Josua, der Entscheider. Wieder so vier Punkte, wo ich vermeintlich ganz viel gefordert habe jetzt in dieser Predigt. Manch einer wird denken: „Das war doch wieder sehr mit dem Imperativ." Ich möchte die Predigt schließen mit etwas, wo ich vielleicht denjenigen, der sich jetzt so fühlt, etwas Mut machen möchte. In der letzten Woche, als ich diese Predigt schwanger getragen habe, war der 90. Geburtstag von Marcel Reich-Ranicki, das hat vielleicht der eine oder andere mitbekommen. Und ich habe in der letzten Woche ein Interview mit ihm gelesen. Ein Interview, was Mathias Döpfner geführt hat, das ist der Vorstandschef des Springer-Verlages. Da ist nicht irgendein Reporter gekommen zu Marcel Reich-Ranicki, da haben die direkt den Vorstandschef des Springer-Verlages geschickt. Und er hat mit ihm ein Interview geführt. Und in dem Interview hat Reich-Ranicki, der Atheist ist und der hat das auch nochmal bekannt, über sein Leben gesprochen, über alles, was er getan hat und auch über seine Zukunft. Und da hat er ganz offen gesagt, er hätte furchtbare Angst vor dem Sterben und er würde sich nur eins wünschen fürs nächste Jahrzehnt: Gesundheit, dass er gesund und am Leben bliebe. Jemand, der so schlau ist wie Marcel Reich-Ranicki, der so viel Literatur gelesen hat wie vermutlich keiner von uns, hat das Wesentliche nicht verstanden: Wenn man Jesus Christus nicht hat, dann ist alles verloren.

Ich bin Nachfolger Jesu Christi. Wenn ich 90 werde, wenn der HERR mir so viel schenkt, weiß ich eins ganz genau: Zu mir kommt nicht der Vorstandsvorsitzende vom Springer-Verlag und ich habe auch nicht so viele Bücher gelesen wie Marcel Reich-Ranicki. Aber ich habe das hier gelesen. Und das hat mir gezeigt, dass ich ein Sünder bin, dass ich eigentlich gar nichts tauge. Aber ich habe mich für die Nachfolge Jesu Christi entschieden. Und weil das so ist, werde ich mit 90 Jahren keine Angst vorm Tod haben müssen. Denn ich weiß, das Beste kommt noch. Denn ich habe einen Gott, der mir und dir zuruft:

> ***Ich bin das Licht der Welt. Wer mir nachfolgt, der wird nicht wandeln in der Finsternis, sondern wird das Licht des Lebens haben.***

Neben all dem, was uns Nachfolge abverlangt, dürfen wir uns immer wieder darüber freuen, was uns die Nachfolge schenkt in Jesus Christus, unserem HERRN. Und deshalb möchte ich das heute Morgen zum Abschluss dieser Predigt euch als Gemeinde zurufen:

Ich aber und mein Haus wollen dem HERRN dienen.
Amen.

Und der Friede des lebendigen Gottes, der sehr viel höher ist als alle unsere menschliche Vernunft, bewahre unsere Herzen und Sinne in Christus Jesus, unserem auferstandenen und lebendigen HERRN. Amen.

Wie ist Gott?

Olaf Latzel

Wie ist Gott? - Eine Frage, die immer aktuell war und bleibt. Eine Frage, die mit ihrer Beantwortung über das Wohl und das Wehe einer jeden Gesellschaft entscheidet. Eine Frage, die für die persönliche Lebensführung zentral ist. Eine Frage, deren Antwort Klarheit über das ewige Leben schafft. Eine Frage, die letztlich nichts anderes ist als das Herz der Theologie. Eine Frage, der viele Menschen heute nichts mehr entgegnen können, und in diesem Buch anhand der Bibel beantwortet wird.

96 Seiten, Hardcover
548431 **€ 9,95**